춤추는 사람들의 웰니스
Dancer Wellness

Dancer Wellness
Text: M. Virginia Wilmerding, Donna H. Krasnow
© Copyright 2017 by M. Virginia Wilmerding and Donna H. Krasnow
All rights reserved. Except for use in a review, the reproduction or utilization of this work in any form or by any electronic, mechanical, or other means, now known or hereafter invented, including xerography, photocopying, and recording, and in any information storage and retrieval system, is forbidden without the written permission of the publisher.

© Copyright of this korean edition: DH MEDIA Co., Ltd.
Korean translation right was arranged with Human Kinetics Publishers, Inc. in U.S.A
이 책의 한국어판 저작권은 Human Kinetics사와의 독점계약으로 도서출판 DH미디어가 소유합니다.
저작권법에 의하여 대한민국 내에서 보호받는 저작물이므로 무단전재와 무단복제를 금합니다.

춤추는 사람들의 웰니스
Dancer Wellness

저자 M. Virginia Wilmerding, Donna H. Krasnow
역자 김지안 · 김형남 · 홍애령 · 차은주 · 김은혜

초판 1쇄 발행 / 2022년 3월 30일

발 행 인 / 양원석
발 행 처 / DH미디어
등록번호 / 288-58-00294
전   화 / 02-2267-9731
팩   스 / 02-2271-1469
디 자 인 / 최연정

ISBN 979-11-90021-37-1 93680
정가 28,000원

※ DH미디어는 대한미디어의 취미, 실용, 스포츠 전문 브랜드입니다.
※ 잘못 만들어진 책은 구입처 및 DH미디어 본사에서 교환해 드립니다.

춤추는 삶, 건강한 환경과 실행을 위한 지침서

춤추는 사람들의 웰니스
Dancer Wellness

M. Virginia Wilmerding, Donna H. Krasnow 저

김지안·김형남·홍애령·차은주·김은혜 역

Preface
서문

도나 H. 크래스노, M.버지니아 윌멀딩

현대의 무용수로서 당신은 이전 세대의 무용수들보다 훨씬 더 탐구적인 자세로 자신의 몸을 어떻게 돌봐야 하는지 생각해보고 다음과 같은 경험을 가질 것이다.

춤을 출 때 몸이 어떻게 작동하는지 질문을 하게 되고, 탄성이 없는 바닥과 잘 맞지 않는 슈즈의 문제를 이해하기 시작한다. 추가적인 운동이나 수업이 당신의 기술을 향상시킬 수 있는지 궁금해 한다. 수업시간에 분위기와 수업방식이 감정에 어떤 영향을 미치는지, 훈련에 영향을 주는 이미지에 더 의존한다. 수업이나 공연 전에 무엇을 먹을지, 어떻게 하면 필요한 영양소를 모두 섭취하면서 날씬한 상태를 유지할 수 있을지 고민한다. 그리고 부상에 대해 걱정한다. 어떻게 좋은 통증과 나쁜 통증을 구별할 수 있는가(즉, 실제 부상이 아닌 근육이 아플 때)에 대해 질문한다. 충분한 휴식을 취하고 있는지 생각해 본다. 때때로 부상을 입고 누구를 찾아가야 할지 모른다는 것에 대해 걱정하고, 부상으로 인해 무용수 경력이 끝날지도 모른다는 것을 두려워한다.

이러한 모든 생각과 우려는 무용수들의 건강과 안녕이라는 범주에 속한다. 건강health은 활력, 에너지, 도전에 적응하는 능력 면에서 몸과 마음 모두의 일반적인 조건이다. 웰니스Wellness는 의식적이고 의도적인 선택과 노력을 통해 심신이 모두 건강해지는 상태를 규정한다. 무용 웰니스에는 여러 가지 요소가 있지만, 보통 전반적인 건강과 웰빙을 의미한다.

이 책은 고등학교, 대학교, 지역 무용 스튜디오, 사전 감정 훈련 프로그램 또는 무용단을 포함한 모든 분야의 무용수들과 무용을 배우는 학생들을 위한 것이다. 이전의 교육이나 전문지식의 수준과 상관없이 무용수들의 건강과 웰빙에 관심이 있는 누구나 이 책을 통해 정보를 얻을 수 있다. 이 책은 환경적, 육체적, 심리적 무용수 건강의 각 측면을 다루고 있다. 무용 분야의 저명한 전문가들이 이 책의 각 주제를 제시하였다. 저자들은 무용 분야의 연구와 저술, 그리고 그 분야의 리더로서 명성을 바탕으로 선발되었다. 이 책은 이론적인 개념 외에도 춤 연습의 일환으로 건강과 웰빙을 증진시키기 위해 사용할 수 있는 실용적인 응용 프로그램들을 제공한다.

웰니스의 영역 Dimensions of Wellness

국립 웰니스 연구소The National Wellness Institute: NWI와 보건 분야의 지도자들은 웰니스에 대한 생각에 다음과 같이 동의했다.

> 웰니스는 의식적이고 자기주도적이며 진화하는 잠재력을 달성하는 과정이다.
> 웰니스는 다차원적이고 총체적이며, 라이프스타일, 정신적, 영적 행복, 환경을 포괄한다.
> 웰니스는 긍정적이다.

또한 국립 웰니스 연구소는 〈그림 1〉처럼 웰니스의 6차원을 정의하는데, 이는 무용을 포함한 거의 모든 활동에 적용될 수 있다.

1. **직업적 웰니스**Occupational wellness는 공연자, 선생님, 안무가, 무용 스튜디오의 소유주 등과 같은 자신의 일을 통해 만족과 풍요를 가져야 한다는 것을 의미한다. 그것은 선택한 직업에 대한 성공과 만

족, 그리고 미래를 위한 계획을 아는 것이다. 무용에서 직업적 행복의 일부는 훈련하는 환경과 관련이 있다. 다시 말하면, 육체적 공간과 정서적 기후는 직업적 행복에 영향을 미친다. 부적절한 바닥floor과 부정적인 교육 전략과 같은 요소들이 환경에 영향을 줄 수 있다.

2. 신체적 웰니스Physical wellness는 안전을 보장하기 위해 몸을 돌보면서 체력(유연성, 지구력)을 얻기 위해 노력해야 한다는 것을 의미한다. 그것은 전반적인 건강을 포함하지만, 특히 무용수들의 기술, 부상 예방, 신체조건 조절과 관련이 있다. 이 접근방식은 경미한 부상에 대해 개인적인 책임과 치료를 수행하고 전문적인 의료 지원이 필요한 시기를 아는 것을 의미한다.

3. 사회적 웰니스Social wellness는 자기 자신만을 생각하지 말고 공동체의 복지에 기여해야 한다는 것을 의미 한다. 다시 말해, 다른 사람들과 어떻게 상호작용 하고 지원을 받는지 여부를 묘사한다. 무용 환경이 너무 경쟁적이면 무용수들을 서로 경쟁시키고 긴장을 조성하는 분위기가 발생될 수 있다.

4. 지적 웰니스Intellectual wellness는 무용 연습을 통해 정신에 도전하고 창의력을 자극하며 잠재적인 문제를 파악하는 것을 포용한다. 마음과 몸의 연결, 주의하는 법을 배우고, 무용 용어처럼 배워야 할 정보를 탐구하는 사상을 포함한다.

5. 영적 웰니스Spiritual wellness는 가치관과 신념에 부합하는 방식으로 살면 더 큰 만족을 갖게 된다는 것을 내포하고 있다. 그것은 신념에 대한 이해와 무용에서 선택한 작품에서 목적을 발전시키는 것을 암시한다.

6. 정서적 웰니스Emotional wellness는 타인의 감정뿐만 아니라 자신의 감정에 대해 인식 및 수용하고 무용에 대한 접근에서 낙관적인 것을 강조한다. 자존감, 완벽주의, 신체 이미지, 스트레스 등 심리적 이슈를 포용한다.

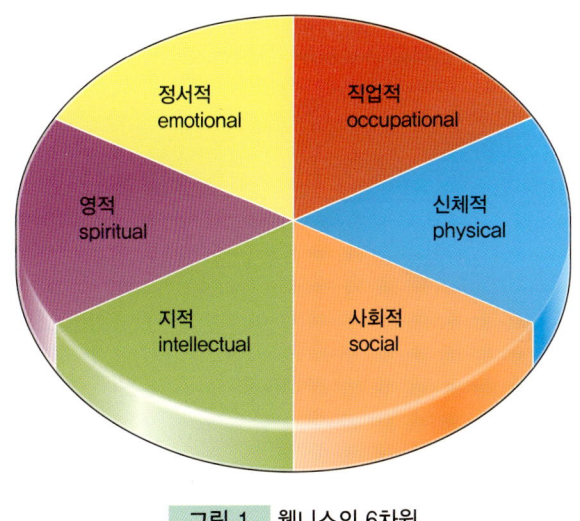

그림 1 웰니스의 6차원

무용학 연구자들은 이러한 웰니스의 6차원을 무용연습과 연관시켜 확장해 왔다. 1990년대 이후 무용 연구자들과 교육자들은 무용 의학, 무용 과학, 운동학 분야로부터 이끌어낸 웰니스 측면 그리고 일반 대중을 위한 웰니스와 자립에 대한 정보를 통합한 교육적 환경에서 무용 훈련 프로그램을 설계하기 시작했다. 균형 잡힌 학제간 접근법을 개발하려고 시도하면서, 이러한 측면이 해부학, 부상 예방, 영양학, 심리학, 그리고 운동 학습과 같은 무용수들을 위한 커리큘럼에 포함되어야 한다고 제안해왔다.

이 책의 구성 방식 How This Book Is Organized

무용 웰니스의 새로운 모델은 크게 세 가지 범주를 가지고 있으며, 이는 책의 처음 세 부분과 일치한다.

1. 무용 웰니스의 기초 (part I)
2. 무용 웰니스의 심리적 요소 (part II)
3. 무용 웰니스의 기능적 요소 (part III)

이 책에서는 건강과 웰니스에 있어서 이러한 요소들의 중요성을 인식하고, 국제무용의·과학협회의 연구자, 교사, 의료인들이 무용 웰니스에 대한 모든 측면을 철저히 조사하고 그들의 전문분야에 대해 논한다. 무용 웰니스의 기초는 무용 트레이닝을 위한 기초가 된다. 무용 웰니스의 심리적 요소들은 정신에 초점을 맞추고 무용 경험을 동반하는 모든 도구들을 포함한다. 무용 웰니스의 기능적 요소는 기초를 넘어 신체에 영향을 미치는 모든 추가 영역을 탐구한다. 이 세 가지 범주 각각은 오늘날 무용에 참여하는 모든 사람들에게 필수적인 하위 주제를 가지고 있다. 그것들은 이 책의 각 장에서 논의될 것이다.

1부: 무용 웰니스의 기초

무용 웰니스의 기초는 1장에서 제시하는 적절한 무용 복장과 스튜디오 공간 등 물리적 환경부터 시작한다. 또한 기초는 신체, 훈련을 지원하는 과학을 배우고 훈련하는 것(2장)이다. 오늘날의 무용 훈련에서는 보충적 컨디션 조절(힘 훈련 등)도 무용 훈련(3장)의 토대가 된다. 1부를 구성하는 3개의 장은 무용 웰니스의 기초, 즉 무용 환경, 무용 훈련과 기술의 과학적 기초(해부학, 운동학습, 물리학 등), 무용수들을 위한 컨디셔닝 등을 다루고 있다. 이 세 가지 요소는 각각 건강과 웰빙에 큰 영향을 미친다.

2부: 무용 웰니스의 심리적 요소

2부는 견고한 정신과 심리적 건강을 위한 방법을 이해하는데 도움을 준다. 무용을 생각할 때, 첫 이미지는 우주를 누비며 움직이는 신체의 우아함과 육체적인 아름다움에 대한 것이다. 그러나 무용수를 훈련시키는 데는 많은 정신적 요인이 작용한다. 그것들은 4장에서 논의된다. 인간의 뇌가 어떻게 움직임을 제어하고 지시하는지에 대해 배울 수 있다. 이 과정을 돕고 기술을 향상시키는 정신 전략을 개발하기 위해 이미지와 체질을 사용할 수 있다. 무용수의 심리적인 측면도 다룬다(5장). 심리학은 마음과 기능, 특히 행동에 영향을 미치는 것들을 연구하는 과학이다. 무용 심리학은 무용가들에게 특정 심리학적 측면에 대한 연구로서, 자존감, 완벽주의, 신체 이미지, 스트레스, 불안감, 경쟁, 사회적 압력 등을 포함한다. 6장에서는 제3의 심리적 요소인 휴식, 피로, 번아웃 등이 학습, 기술, 상해에 어떤 영향을 미치는지 살펴본다. 무용의 심리적 측면은 건강과 웰빙에 극적으로 영향을 미칠 수 있다.

3부: 무용 웰니스의 기능적 요소

3부는 무용 웰니스의 신체적인 측면을 다룬다. 무용수들의 영양은 단순히 먹는 것의 내용뿐 아니라 다양한 음식의 섭취 시기, 좋은 영양을 얻기 위한 도전, 체중과 관련된 문제(7장)에 관한 것이다. 뼈 건강(8장)은 일생에 걸쳐 매우 중요하므로 그 자체로 장(章)이 주어졌다. 춤에서 부상 위험이 높기 때문에, 웰니스에 대한 논의에 부상 예방을 포함시켜야 한다. 만약 부상을 당한다면, 즉각적인 치료에 대해 알 필요가 있다. 그래서 9장은 부상 예방과 응급처치를 다룬다.

4부: 무용 웰니스를 위한 평가

마지막으로, 4부에서는 무용수의 현재 상태를 평가하고 개선 목표를 설정하는 방법을 고려한다. 검진은 종종 무용수들에게 제공되며, 검진이 어떻게 수행되고 보관되는지 10장에서 다룬다. 앞의 내용에서 제시된 무용 웰니스의 3가지 범주에서 얻은 지식으로 개인의 능력을 점검하고 평가한 후 무용수로서의 장기적 건강을 위한 현실적인 웰니스 계획(11장)을 설계할 수 있다. 웰니스라는 측면에서 동기부여는 진행과정을 보고 신체와 정신에 가장 좋은 일을 하고 있다는 것을 아는 데서 온다.

이 책의 특징 및 장점
Benefits and Features of This Book

이 책에는 정보뿐만 아니라 학습 과정에서 이루어지는 운동과 활동도 포함되어 있다. 여러분이 얻게 될 지식은 일상적인 훈련과 연습을 향상시키고 보완할 수 있다. 또한, 이 책은 무용수로써 자신을 발전시키기 위해 이미 하고 있는 것을 적극적으로 뒷받침할 많은 전략을 제공한다. 개인의 역량과 요구가 명확해져 자기계발을 위한 독특한 프로그램을 설계할 수 있게 된다. 마지막으로, 각 장의 특정 활동들이 개인화된 무용수들의 건강 계획을 만들도록 안내할 것이다.

시작 부분에서는 이 장에서 추구하는 내용에 대한 학습목표를 제시한다. 각 장의 끝에는 일련의 복습질문이 있어, 각 장에서 읽고 기억하는 내용을 상기시킬 수 있다. 이 질문들은 놓쳤을 수도 있는 중요한 것을 다시 읽도록 격려한다.

또한 각 장에는 스스로 진단하기, 역량강화하기, 목표 설정하기, 다양성에 도전하기 등 4가지의 영역을 망라하는 가치 있는 부분들이 수록되어 있다. 스스로 진단하기는 자기성찰의 능력과 자신을 타인과 분리된 개인으로 인식하는 능력이다. 역량강화하기는 책임감 있고 자기결정적인 방식으로 자신의 이익을 뒷받침할 수 있도록 생활 속의 독립성과 자기결정성의 정도를 높이기 위해 고안된 조치를 말한다. 목표 설정하기는 인생에서 이루고자 하는 것을 결정하고, 무엇이 중요한지, 무엇이 주의를 산만하게 하는지를 결정하고, 자신에게 동기를 부여하는 중요한 방법이다. 다양성에 도전하기는 많은 다른 형태, 유형, 아이디어, 심지어 개성의 질이나 상태를 말한다. 이러한 각각의 부분들은 책을 읽으면서 독자들이 할 수 있는 활동들을 제공하여 책의 내용에 대한 개인적인 접근을 개발하는데 도움을 줄 것이다. 마지막 장은 무용수들의 건강계획을 개발하기 위해 이 모든 부분들의 활동을 함께 하는 데 도움이 될 것이다.

각 장을 읽은 후에는 www.HumanKinetics.com/DancerWellness를 방문하여 보충학습활동, 학습보조도구, 제안된 판독치 및 웹 링크를 확인하자. 시간이 흘러도 무용 웰니스 공부를 계속하여 웰니스 계획을 재평가한 후 변화하는 요구에 따라 수정하도록 하자. 무용 웰니스는 무용 연습에서 보람 있는 즐거움과 배움의 원천이 될 수 있는 평생의 프로젝트가 될 것이다.

How to Access the Web Resource
온라인 콘텐츠에 접근하는 방법

무용 웰니스 전체에서 온라인 콘텐츠에 대한 언급에 주목하게 될 것이다. 이 온라인 콘텐츠는 새로운 인쇄물이나 전자책을 구입할 때 무료로 이용할 수 있다. 온라인 콘텐츠는 보충학습활동, 학습보조도구, 웹 링크 등을 제공한다. 온라인 콘텐츠에 접근하려면 휴먼 키네틱스 웹 사이트에 등록해야 한다. 그 방법은 다음과 같다.

1. www.HumanKinetics.com/DancerWellness에 방문한다.
2. 해당 초판 책 표지 옆에 있는 초판 링크를 클릭한다.
3. 페이지 왼쪽 또는 맨 위에 있는 로그인 링크를 누른다. 휴먼 키네틱스 계정이 없는 경우 계정을 만들라는 메시지가 표시된다.
4. 등록한 후 왼쪽의 보조 항목 상자에 온라인 제품이 나타나지 않으면 해당 상자에서 암호 입력 옵션을 클릭한다. 다음의 패스코드를 여기에 인쇄된 그대로 모든 대문자화 및 하이픈까지 입력한다. WILLMERDING-7TU49-WR.
5. 온라인 제품의 잠금을 해제하려면 제출 단추를 클릭한다.
6. 처음 패스코드를 입력하면 이후 이 온라인 제품에 접근하기 위해 그것을 다시 입력할 필요가 없을 것이다. 제품 잠금을 해제하면 왼쪽에 있는 메뉴에 제품에 대한 링크가 영구적으로 나타난다. 이후 방문 시 온라인 콘텐츠에 접근하려면 www.HumanKinetics.com/DancerWellness에 로그인하고 링크를 따라가기만 하면 된다.

도움이 필요하면 책 웹 사이트에서 도움말Need Help 버튼을 클릭하라.

Acknowledgments
감사의 글

무용 웰니스 분야에서 신체 지식에 공헌한 많은 무용 교육자, 의료인, 연구자, 과학자들에게 감사하고 싶다. 이 중요한 여정에서 댄스 커뮤니티를 발전시키기 위한 그들의 지속적인 노력에 감사한다. 이 책의 저자들은 이러한 학문의 구성원들이 프로젝트에 계속 협력하고 모든 무용수들의 이익을 위해 노력하기를 희망한다.

M. Virginia Wilmerding, Donna H. Krasnow

건강한 삶의 중요성을 전 세계 모든 사람들이 깨닫고 있습니다. 좋은 공기를 마시고 땀을 흘리며 춤을 추고 몸과 마음의 변화를 느끼며 즐기는 생활이 인간에게 얼마나 중요한지 체감하는 요즘입니다. 더욱이 무용은 이제 전문 무용수들만의 영역이 아닙니다. 한국에서도 무용을 통해 삶의 의미를 발견하고 건강한 삶을 누리는 분들의 수요가 크게 늘었습니다. 남녀노소를 헤아리기 어려울 정도로 춤과 무용에 대한 관심이 지극하십니다.

저희들이 이 책의 원저 명인 'Dancer Wellness'를 '춤추는 사람들의 웰니스'로 해석한 이유도 그 때문입니다. 이 책은 국제무용의·과학협회 International Association for Dance Medicine & Science, IADMS와 전 세계 무용전문가들이 실행했던 연구를 기반으로, 춤추는 사람들이라면 누구나 알고 있어야 할 '웰니스'의 개념과 실천에 대한 지침을 제공하고 있습니다. 이 책을 읽는 독자분들이 무용의 과학적 기초를 바탕으로 삶 속에서 무용을 통해 행복을 느낄 수 있기를 바랍니다. 아울러 춤추는 삶의 기쁨을 많은 사람들이 누릴 수 있도록 건강한 환경과 교육의 기회가 마련되기를 기대합니다.

2022년 2월
'춤추는 사람들의 웰니스'
역자 대표 김지안

Contents 목차

서문 **4**
감사의 글 **9**

Part I 무용 웰니스의 기초

1. 무용의 환경
무용공간과 시설 **14**
무용복 **20**
요약 **23**

2. 무용 훈련과 테크닉
기초해부학 **26**
정렬 **39**
무용기법에서 특정한 개념들 **41**
무용에서 운동 학습 **44**
물리학의 적용 **47**
요약 **49**

3. 교차 훈련 및 컨디셔닝
교차 훈련의 이점 **52**
훈련을 통한 준비와 회복 **53**
훈련 원리 **55**
근력, 근파워, 근지구력 훈련 **58**
유연성 훈련 **59**
심폐지구력과 무산소 운동 능력 **62**
무용 전문 체계 및 소매틱 훈련 **64**
컨디셔닝에 관한 근거 없는 통념 **67**
요약 **68**

Part II 무용 웰니스의 심리적 요소

4. 멘탈 트레이닝
신체를 움직이는 뇌의 역할 **72**
피드백 유형 **76**
거울 시스템 **78**
소매틱과 감각지각 **78**
심상 **79**
멘탈 연습과 멘탈 리허설 **82**
마음챙김 **83**
몰입 **83**
요약 **84**

5. 심리적 웰니스
무용 동기부여 **87**
춤과 자아 **89**
스트레스 다루기 **92**
대처 전략 **94**
요약 **97**

6. 휴식과 회복
충분한 휴식의 이점 **99**
무용 훈련 일정 최적화 **100**
과용, 과잉훈련, 번아웃 피하기 **102**
적극적인 자기관리 관행 **105**
요약 **107**

Part III 무용 웰니스의 기능적 요소

7. 무용수에게 적합한 최적의 영양
영양의 기본 **113**
영양소 부족의 위험 **122**
건강한 식습관 기르기 **123**
식이 보충제 **129**
적정한 체중 유지하기 **130**
요약 **131**

8. 뼈 건강
골격 **133**
관절 구조 **142**
요약 **148**

9. 상해 예방과 응급 처치
무용 상해 **149**
상해를 야기할 수 있는 무용 활동 **154**
무용 상해의 예방 **155**
특정 무용의 상해 예방 **159**
응급처치: 일반적인 무용 상해 치료 **171**
요약 **174**

Part IV 무용 웰니스를 위한 평가

10. 무용수 검진 프로그램
검진과정의 이해 **178**
상해 방지를 위한 검진 데이터의 활용 **184**
검진 프로그램 운영 전략 **186**
검진과 관련된 요인 및 결과 **187**
검진을 최대한 활용하기 **191**
요약 **195**

11. 무용 웰니스 계획
스스로 진단하기 **197**
역량강화하기 **198**
목표 설정하기 **199**
다양성에 도전하기 **201**
무용 웰니스 계획의 완료 **202**
요약 **202**

용어해설 **203**
참고문헌 **210**
색인 **216**
편집자 정보 **219**
기고자 정보 **221**
국제무용의·과학협회에 관하여 **223**
역자소개 **224**

춤추는 사람들의 웰니스
Dancer Wellness

이 책의 앞부분(1장부터 3장)에서는 '무용 웰니스Dancer Wellness'에 관한 기초를 다룬다. 1장 무용 웰니스는 무용을 수행하는데 적합한 공간, 의상과 같은 물리적 환경을 고려하는 것에서부터 시작한다. 2장은 해부학, 운동학습, 물리학 등 무용을 위한 훈련과 기법적 향상에 도움이 되는 과학적 기초를 다룬다. 3장은 무용 웰니스를 위한 필수 방법으로 꼽히고 있는 근력향상 훈련과 컨디셔닝에 대해 알아본다.

1장에서는 무용의 환경에 대해 다룬다. 무용이 이루어지는 스튜디오 또는 무대의 바닥, 장비, 온도, 환기, 조명, 심지어 의상과 분장조차도 무용을 둘러싼 물리적 환경이라 할 수 있다. 어쩌면 이러한 물리적 환경이 당연한 것이라고 생각하여 지나칠 수도 있다. 또한 웰빙에 포함되는 요인들로 생각하지 않을 수 있다. 그러나 무용 환경은 무용인의 삶과 건강, 웰빙에 큰 영향을 미치는 중요한 요인이기에 반드시 알아둘 필요가 있다.

2장에서는 무용 훈련과 테크닉이 무용 웰니스에 어떠한 영향을 미치는지 살펴본다. 가장 큰 영향을 미치는 과학적 기초는 해부학, 정렬alignment, 기능학, 운동학습, 물리학 등이다. 이러한 원리는 무용 뿐 아니라 일상생활에서도 중요한 기능을 한다. 기본적으로 해부학은 구조를 다루는 과학 분야이다. 이 중 인체해부학은 인간의 뼈, 근육과 같은 신체 구조에 초점을 둔다. 무용을 위한 정렬은 자세와 동작에서 신체 부위들이 어떻게 조직되는지를 정의하는 것이다. 무용수행에서 다루는 정렬은 가르치는 교수자에 의해 다양한 방식으로 설명된다. 무용의 기법을 뒷받침하는 몇 가지 방식들이 존재하기 때문이다. 즉, 시연이나 직접적인 시범을 보면서 배우는 것을 익숙해 할 수도 있고 움직임이나 동선이 어떻게 이루어지는지 다른 무용수의 움직임을 통해 설명을 듣는 것을 선호할 수도 있다. 또한, 다른 무용수들이 스텝을 어떻게 하는지에 대해 궁금해할 수도 있다. 이러한 차이는 각기 다른 학습 유형과도 관련이 있다. 운동학습motor learning은 운동기술 생산 능력을 결정하는 경험 또는 연습을 통해 일어나는 변화를 의미한다. 물리학physics은 운동과 관련된 에너지에 관한 과학이다. 예를 들어, 중력gravity과 가속도momentum는 회전turns, 점프jumps, 파트너링 리프트partnering lifts, 신체균형balance 등이 수행에 어떻게 역할 하는지를 규명하는 것이다. 이러한 과학적 원리의 적용은 무용기법을 향상시키고 신체에 무리를 덜 줄 수 있기에 필수적이라 할 수 있다.

3장에서는 훈련 및 컨디셔닝에 대해 알아본다. 무용을 위한 컨디셔닝에는 근력, 유연성, 유산소 훈련을 포함한 피트니스fitness의 많은 요소들이 포함된다. 그동안 무용의 효과적인 수행을 위해 컨디셔닝의 많은 영역들이 중요하게 다루어져 왔다. 최근의 안무경향은 난이도와 복잡성을 추구하기 때문에 보다 심도 있는 지식과 정보, 이해를 필요로 하게 된다. 따라서 이 장에서는 기존 컨디셔닝의 전통적인 방법을 넘어 무용 또는 무용 관련 동작들을 사용하는 방식에 있어서 체력의 다양한 요소들을 다루는 흥미로운 접근방법을 제안한다.

무용 환경과 신체 훈련의 중요성을 인식하고 무용 테크닉 향상을 위하여 피트니스의 방법을 적용해 보자. 이러한 시도는 유연하고 단단한 신체, 그리고 체력의 목표를 설정함으로써 부상의 위험을 최소화할 수 있다. 때로는 약한 체력, 잘못된 정렬, 나쁜 동작 등의 습관으로 인해 스스로 몸 상태와 지속적인 스트레스를 잘 인지하지 못하는 경우가 있다. 무용 웰니스의 기초를 잘 이해한다면 무용의 예술적, 기법적 향상 뿐 아니라, 장기적인 측면에서 건강과 체력을 위한 기본적인 역량도 함께 키울 수 있다.

Part I

무용 웰니스의 기초
Foundation of Dancer Wellness

Chapter 1
무용의 환경
The Dance Environment

루크 호퍼, 알리시아 퐁 얀

핵심 용어

- 데시벨(음의 강도) decibels/dB
- 면적 변형 area deformation
- 미드솔 midsole
- 바이트 bite
- 상부 upper
- 송진/로진 rosin
- 수직 변형 vertical detrormation
- 슈즈창 outsole
- 에너지 회수 energy return
- 인솔 insole
- 지면마찰 friction
- 탄성 있는 플로어 sprung floor
- 힘의 감소 force reduction

학습목표

1. 탄성 있는 바닥이 무용 수행에 어떠한 영향을 미치는지를 이해할 수 있다.
2. 무용 공간의 온도 및 환기의 중요성에 대해 이해할 수 있다.
3. 무용 수행에 있어 바와 거울 활용의 장단점을 생각해 볼 수 있다.
4. 무용에서 조명의 역할과 특징에 대해 생각해 볼 수 있다.
5. 무용의 유형과 특성에 맞는 의상을 적절하게 선택해 볼 수 있다.

무용의 본질은 공간에서 표현되는 인간의 움직임이다. 공간을 이루는 플로어floor, 바barres, 거울mirrors, 환경environment의 전체 분위기, 면적과 같은 요인들은 무용수의 동작, 표현력, 웰빙에 직·간접적인 영향을 미치게 된다. 무용슈즈와 의상 역시 무용수가 움직이는 방법과 무용수의 경험이 환경과 이어지는데 큰 영향을 미친다. 이번 장에서는 무용을 위해 반드시 고려되어야 하는 중요한 환경적인 사항들을 개략적으로 설명한다. 특히, 안전하고 효과적인 무용의 환경이 무용수행과 훈련에 어떻게 반영되는지에 대해 소개한다.

무용공간과 시설 Dance Space and Facilities

무용수들은 스튜디오와 무대 등 훈련을 할 수 있는 다양한 유형의 공간에서 움직임 예술을 수행한다. 이러한 공간은 무용수의 연기, 부상 위험, 전반적인 웰빙에 직접적으로 영향을 미치게 된다. 그러므로 무용수, 교사, 안무가들은 공간이 무용수행에 적합한지, 스튜디오나 극장에서 어떠한 시설을 이용할 수 있는지, 안전한 연습을 수행하려면 어떻게 해야 하는지를 고려해야 한다.

댄스 플로어 Dance Floors

일반적으로 무용수들은 동작을 완벽하게 익히기 위해서 댄스 플로어에서 많은 시간을 보내야 한다. 물리적인 환경 가운데에서도 댄스 플로어는 춤을 추는데 직접적인 영향력을 미친다. 대부분의 무용 동작들이 댄스 플로어와의 상호작용을 통해 만들어지기 때문이다. 따라서 웰빙의 관점에서 최적의 무용을 수행하기 위해서는 댄스 플로어의 기능과 역할에 관하여 기본적인 지식을 갖출 필요가 있다.

탄성 있는 플로어 Sprung Floors

댄스 플로어는 무용의 기능을 향상시키고 부상을 방지할 수 있어야 하기 때문에 마치 용수철이 달린 것처럼 충격을 잘 흡수할 수 있어야 한다. 그래서 댄스 플로어를 지칭할 때, '탄성 있는sprung'이라는 용어로 형용되기도 하는데, 이는 무용 수행과 훈련에 영향을 미칠 수 있는 바닥의 탄성을 표현한 것이다. 이처럼 바닥에 대한 특성에는 무용수들의 의견이 반영되기도 한다. 또한 댄스 플로어에 적합한 바닥으로 분류하기 위해서 제조사들이 제시하는 특정 기준에 부합하는지를 증명하는 일정한 검사를 거쳐야 한다.

산업 기준에 따라 일정한 검사를 거친 댄스 플로어의 핵심 속성들에 대해 알아보자. 일반적으로 탄성이 좋은 댄스 플로어는 나무 표면으로 감싼 고무 패드나 직조 구조로 만들어진다(그림 1.1 참조). 이러한 두 가지 설계 구조는 점프와 착지 시, 바닥 지면이 상하로 움직일 수 있도록 되어 있다. 이 상하 운동을 플로어의 '**수직 변형**vertical deformation'이라고 한다. 이 수직 변형은 무용수에게 두 가지 중요한 속성, 즉 에너지의 감소와 회수 기능을 한다.

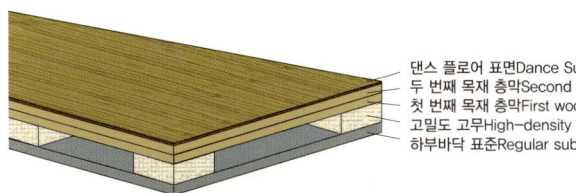

- 댄스 플로어 표면Dance Surface
- 두 번째 목재 층막Second wood layer
- 첫 번째 목재 층막First wood layer
- 고밀도 고무High-density foam
- 하부바닥 표준Regular sub-floor

그림 1.1 탄성 있는 플로어

힘의 감소force reduction는 바닥이 충격을 흡수하는 속성을 의미한다. 무용수가 탄성 있는 플로어에 착지할 때, 바닥이 아래로 움직이면서 에너지를 흡수하는 것이다. 이때, 에너지의 감소량이 높은 바닥은 상대적으로 낮은 바닥보다 더 많은 에너지를 흡수할 수 있게 된다. 이러한 에너지 흡수는 무용수 다리의 근육, 뼈, 연조직에서 흡수되는 에너지량을 감소시킬 수 있기 때문에 피로와 부상의 위험을 감소시킬 수 있다. **에너지 회수**energy return는 무용수가 바닥으로부터 점프할 때 바닥의 상향 수직 움직임과 관련된다. 이러한 상향 움직임은 바닥으로부터 저장된 에너지를 무용수에게 방출하게 된다. 특히, 트램펄린trampoline과 같이 탄성이 있는 속성을 가진 바닥은 에너지를 저장할 수 있다. 무용수가 착지할 때의 충격을 바닥은 에너지로 저장시킬 수 있으며 이러한 에너지는 무용수가 바닥으로부터 다시 점프하여 뛰어오를 때 방출된다. 마치 트램펄린처럼 에너지 회수율이 매우 높은 바닥의 에너지 회수는 무용수가 더 높이 점프할 수 있도록 도움을 줄 수 있다. 그러나 지나치게 힘의 감소나 에너지 회수가 너무 많다면 이 역시 문제가 될 수 있다. 심한 수직 변형으로 인해 바닥이 불안정해져 오히려 균형 잡는 동작을 어렵게 만들 수 있기 때문이다. 예를 들어, 에너지의 감소나 회수가 너무 심한 바닥, 즉 발아래에서 바닥이 너무 심하게 움직이는 플로어에서는 발레 피루엣pirouette이나 아라베스크arabesque를 수행하는 것이 더 어려울 수 있다. 이는 바닥이 균형에 필요한 안정성을 제공하지 않다는 것을 의미한다. 특히, 에너지 감소와 회수는 발이 바닥에 처음 접촉하게 되는 시점에서 매우 중요하다. 성공적인 동작을 위해서 빠르게 균형을 잡고 유지할 수 있어야 하기 때문이다.

대부분의 플로어는 나무로 만들어지기 때문에 무용수를 둘러싸고 있는 바닥의 표면적은 바닥에 착지할 때, 트램펄린의 탄성처럼 수직으로 변형된다. 이를 바닥의 **면적 변형**area deformation이라고 한다. 낮은 면적 변형은 무용을 위한 바닥에 있어 중요한 속성이다. 광범위한 면적 변형은 무용수가 서 있거나 다른 무용수 주변에서 움직이기에 불안정하게 만들 수 있다. 예를 들어, 가까이에서 무용수 그룹이 함께 움직일 경우, 각각 바닥에 접촉하게 되는 지면이 넓어지면서 바닥의 수직 변형을 초래하게 된다. 변형이 크다는 것은 바닥이 흔들리게 되고 서로 가까이에서 움직이는 모든 무용수들의 지면을 불안정하게 만들 수 있기 때문에 발목 염좌와 같은 부상 위험이 높아질 수 있다. 또한 무용수 그룹이 무대의 세트 가까이에서 움직인다면 무대

세트 밑의 바닥이 불안정해지면서 최악의 경우에는 세트가 떨어질 수도 있다는 것을 주의해야 한다.

댄스 플로어의 마지막 중요한 속성은 바닥에서 에너지 감소의 일관성이다. 에너지 감소가 바닥에서 일관적이지 않다면 착지가 어려워지기 때문이다. 무용수는 바닥에서 움직일 때 끊임없는 조정을 해야 하며, 이 때문에 정확한 착지가 어려울 수 있고 부상 위험이 증가할 수 있다. 점프 후 착지 시, 다리 근육은 성공적인 착지를 수행하기 위해 에너지를 흡수해야 한다. 일관적이지 않은 바닥은 다리와 바닥 사이에서 이러한 에너지 흡수를 조정하는 것을 매우 어렵게 만든다. 또한 무용수가 바닥의 힘 감소와 에너지 흡수 비율이 매우 높을 것으로 기대하지만, 대신 딱딱하며, 힘의 감소가 낮은 바닥 부분으로 착지한다면, 다리 근육, 뼈, 연조직에 예상치 못한 큰 충격을 가하여 부상 위험을 높일 수 있다.

비닐 표면 Vinyl Surfaces

일반적으로 무용을 위한 플로어 상단에는 비닐vinyl 재질로 표면을 입힌다. 이러한 바닥 유형을 칭하는 그 밖의 일반적인 용어는 말리marley 또는 리놀륨linoleum이다. 일부 비닐 표면에는 폼foam을 깔아 수직 변형, 힘의 감소, 무용수로의 에너지 회수를 제공한다. 그러나 무용수를 위한 이러한 표면의 주요한 기능은 바닥으로부터 마찰을 일으키는 것이다. **마찰**friction은 무용수의 발과 바닥 사이에서 일어나는 수평력을 지칭한다. 무용수와 바닥 사이의 마찰 양의 균형을 맞추는 것은 중요하고도, 어려운 일이다. 마찰이 너무 심하거나 너무 적은 것은 모두 무용수의 웰빙에 좋지 않은 결과를 초래할 수 있다.

마찰이 너무 적은 것은 본질적으로 바닥이 너무 미끄럽다는 것을 의미한다. 미끄러운 바닥은 무용수가 빠른 회전, 달리기, 점프 동작을 할 때 넘어지지 않도록 주의해야 한다는 뜻이다. 춤을 추다가 넘어지는 것은 고통스러운 경험일 수 있으며 심각한 부상을 초래할 수 있다. 마찰이 너무 심한 바닥 또한 무용에 이상적이지는 않다. 마찰이 너무 심하다면, 무용수의 발과 몸이 바닥에 붙어 잠재적으로 피부에 찰과상을 초래하며, 다리가 과도하게 비틀려 염좌와 골절로 이어질 수 있다. 무용의 유형과 무용 슈즈에 따라 무용수마다 같은 바닥으로부터의 서로 다른 수준의 마찰을 필요로 할 수도 있다. 예를 들어, 앙 포엥트en pointe 춤을 추는 것은 비닐 표면을 필요로 한다. 또한 여성 무용수의 앙 포엥트에는 남성 무용수와는 다른 비닐이 요구된다. 여성 무용수의 앙 포엥트를 위해서는 종종 균형 잡기와 같은 동작 시, 슈즈와 바닥 사이의 마찰을 높이기 위해 슈즈로 바닥을 약간 무는bite 동작을 할 수 있어야 한다. 무는 동작이라 함은 토 박스toe box(앞심)의 바깥쪽 가장자리가 비닐표면으로 파고들 수 있다는 것이며 이를 통해 표면의 저항이 높아지고 바닥에서 슈즈가 미끄러지는 것을 막는다는 것을 의미하다. 바닥이 너무 미끄럽다면, 일부 무용수들은 마찰을 높이기 위해 슈즈 밑창 아래에 끈적한 소재인 송진을 묻혀 넘어지거나 미끄러질 위험을 최소화한다.

> ⚠️ **안전수칙**
>
> ### 스텝을 주의하라!
>
> 송진가루가 균일하게 뿌려져 있지 않은 스튜디오나 무대 바닥에서 무용을 할 때에는 항상 주의를 기울여야 한다. 송진가루에 다리가 붙게 되어 발을 헛디디거나 발목이 비틀어질 수도 있기 때문이다. 또는 송진이 뿌려진 곳으로부터 벗어나, 더 부드러운 공간으로 이동하는 과정에서 낙상으로 인한 부상을 초래할 수도 있다.

유지관리 Maintenance

평상시 습관만으로 얼마든지 무용 스튜디오를 안전하고 깨끗하게 유지할 수 있다. 무용을 하는 공간에는 가급적

병에 담긴 물을 제외하고 음식이나 음료는 들이지 않는 것이 좋다. 유리는 무용 공간에서 매우 위험하다. 따라서 스튜디오나 극장에는 유리를 들이지 않도록 주의한다. 야외에서 일상적으로 신는 신발은 스튜디오 내에서 신어서는 안 된다. 과도한 먼지가 바닥 표면을 끈적하고 위험하게 만들 수 있기 때문이다. 또한 댄스슈즈도 깨끗한 바닥을 유지하기 위해서 규칙적으로 세탁해야 한다. 모든 쓰레기는 가능한 빨리 치워야 하며 사고를 유발할 수 있는 부수품은 무용 공간 밖에 두도록 한다. 바닥에 엎지른 흔적이나 날카로운 물건이 있다면 이를 제거하거나 반드시 다른 사람에게 알려주어야 한다. 사고나 부상이 일어나기 전에 미리 방지하는 것이 중요하다. 바닥을 깨끗하게 유지하는 것 뿐 아니라 감기가 유행하는 계절에는 바barres와 같이 공동으로 사용하는 표면을 살균 세정제로 닦는 것이 좋다. 이처럼 건강한 환경을 유지하는 것이 중요하다.

는 센터center에서의 발전된 동작을 하기 전에 기본기를 다지는 연습을 위하여 도움을 주는 훈련 도구이다. 우선적인 고려사항은 바의 높이이다. 바의 높이가 개인적인 키(키가 작거나 키가 매우 큰 경우 등)에 적합한 스튜디오를 찾는 것이 어려울 수 있다. 바가 너무 높으면, 어깨를 들어 올려 목의 긴장을 유발할 수 있고 반대로, 바가 너무 낮으면 바를 향해 아래쪽으로 뻗어야 할 때 자세에 영향을 미칠 수 있다. 그러나 상업적으로 이용 가능한 많은 바는 다양한 무용수들에게 맞춰 조정할 수 있도록 두 가지 다른 높이에서 벽에 고정될 수 있으며, 이동식 바는 높이 조절이 가능하다. 일반적 지침으로 성인의 경우 42인치(106.7cm), 아동의 경우 36인치(91.4cm) 바의 높이를 요구한다. 바에서 연습을 할 때에는 바 사이에 충분한 공간을 남겨두어 바트망battement과 회전 시, 바를 차지 않고

> 📋 **목표 설정하기**
>
> ### 자신의 무용 환경을 최대한 활용하라!
>
> 다음 사항들을 참조하여 무용 환경을 최대한 활용할 수 있는 목표를 설정해 보자.
> - 무용 스튜디오 또는 그 밖의 공간에서 어떻게 춤을 출 준비를 할 수 있는가?
> - 물이나 간식을 가져올 필요가 있는가?
> - 무용실이나 외부 공간으로 가기 전에 알레르기 약을 복용해야 하는가?
> - 무용실이 항상 덥다면 수건을 가져가야 하는가?
> - 무용실에서 매일 할 일을 기록하기 위해서 일지나 노트를 가져가야 하는가?

바 Barres

바는 신체와 훈련에 다양한 방식으로 영향을 미칠 수 있는 무용 환경의 또 다른 중요한 측면이다. 기본적으로 바

무용수는 적절한 높이의 바에서 훈련해야 한다.

자유롭게 움직일 수 있게 해야 한다. 바를 사용한 후에는 더 안전한 무용 공간을 조성하기 위하여 이동식 바를 한쪽으로 잘 치워 두어 센터에서의 운동을 방해하지 않도록 해야 한다.

무용 환경에서 바닥과 바는 무용수의 웰빙, 훈련, 연기에 직접적으로 영향을 미칠 수 있는 물리적 요인들이다. 면적, 거울, 조명, 소리, 주변 대기의 질과 같은 그 밖의 몇 가지 요인들 또한 영향을 미칠 수 있다. 그러나 이러한 요인들은 어떤 문제가 발생하기 전까지 잘 인식되지 않는 편이기 때문에 미리 점검하고 고려하는 태도를 갖는 것이 중요하다.

경사진 무대 Raked Stages

일부 공연장 무대와 무용 스튜디오는 지면에 비해 일정한 높이가 아니라, 의도적으로 관객을 향하게 하기 위해 기울여진 형태를 띠고 있다. 이러한 유형의 바닥을 *경사rake*라 칭한다. 경사진 무대는 비율로 측정된다. 경사 비율은 바닥이 관객으로부터 얼마나 떨어져 있는가에 비하며, 바닥의 높이가 얼마나 올라가는지의 비율로 계산된다. 즉, 경사진 바닥의 높이가 무대 앞쪽으로부터 10피트(약 3미터) 떨어진 지점의 무대 앞보다 1피트(약 30cm) 더 높다면 이 바닥은 1:10 경사로 간주된다. 경사진 바닥에서 움직일 때에는 이동 방향에 따른 바닥의 영향에 주의하여야 한다. 예를 들어, 대각선으로 무대 앞쪽에서 그랑 쥬떼 *grand jeté*를 연기한다면 착지하게 될 지면보다 더 높은 바닥으로부터 점프를 하게 될 것이다. 이는 점프 높이를 효과적으로 증가시켜 착지 시 충격의 힘도 증가시킬 수 있다. 무대를 가로지를 때에는 신체를 가로지르는 기울기를 경험하게 된다. 이는 발목의 각도와 서 있는 다리의 무릎에 충격을 주어 발목 염좌로 인한 합병증, 또는 관절에 충격을 줄 수도 있다. 무대 안쪽에서의 많은 동작이 포함되는 안무는 기본적으로 오르막에서 무용을 하게 만들며 이는 편평한 바닥에 비해 더 빨리 피로를 유발할 수 있다. 피로에 의해 야기되는 문제에 관해서는 6장에서 다룰 것이다.

거울 Mirrors

거울은 신체 정렬을 이해하고 동작의 순서와 그룹 루틴에서 무용수들의 간격을 학습할 수 있게 하는 도구로서 유용하다. 그러나 지나치게 거울에 의존하는 것은 위험하다. 무용에서 거울의 장소나 사용은 논쟁의 대상이 되기도 한다. 거울이 신체를 완벽하게 표현해주는 것은 아니다. 실제의 자세와 거울의 다른 시선으로부터 비추어진 신체 각도 사이에는 차이가 발생할 수 있기에 정렬과 자세를 잘못 해석하게 만들 수도 있다. 따라서 거울을 사용하는 시간만큼 거울을 보지 않고 연습하는 것이 필요하다. 무용 공간에 거울을 가릴 수 있는 커튼이 설치되어 있다면 일부 수업 동안 커튼으로 가리고 하는 것도 좋은 방법이 될 것이다. 스스로 거울의 피드백에 많이 의존하고 있다고 생각된다면, 거울이 보이지 않는 공간에서도 연습 시간을 충분히 가짐으로써 스스로 올바른 정렬과 자세를 인지하는 것이 효과적일 것이다.

역량강화하기

함께 사용하는 무용 공간에서 어떤 문제가 눈에 들어온다면?

▶ 무용 스튜디오의 어떤 특정 요인들이 웰니스를 방해한다면 이를 거리낌 없이 제기하는가?

▶ 조명이나 환기를 위해 창문을 열거나 커튼을 닫도록 요청하는가?

▶ 스튜디오를 깨끗하고 어수선하지 않게 유지하고 있는가?

▶ 다른 무용수들과 함께 더 나은 무용 환경을 협력적으로 조성하기 위해 함께 의논을 하는가?

무용 환경에 긍정적인 영향을 미칠 수 있는 의지를 갖고 이와 관련하여 정중하게 협조를 요청할 수 있어야 한다.

조명과 음향 Light and Sound

무용수들은 스튜디오에서 무대로 옮겨가면서 다양한 조명 조건에서 공연하게 된다. 스튜디오는 보통 조명이 적절하다. 무대에서는 완전히 어두운 공간을 내다볼 수도 있으며, 스포트라이트나 여러 색상의 조명, 다른 각도의 조명을 다룰 수 있어야 한다. 조명의 변화는 방향 감각에 혼란을 줄 수 있으며, 균형이 손상될 수도 있다. 균형에는 눈으로부터의 입력, 지지 표면과 관련된 신체 동작에 관한 뇌의 정보를 제공하기 위한 피부의 센서, 자기수용을 위한 센서, 내이inner ear의 조합이 요구된다. 무용수들은 균형을 유지하기 위해 시력에 크게 의존하는 것으로 알려져 있다. 눈을 감고 균형을 연습할 시간을 가질 수 있어야 하며, 이는 균형의 다른 요소들이 기여하는 정도를 증가시킬 수 있다. 이러한 연습을 통해 눈을 뜨고 하는 연습에서는 더 안정감을 찾을 수 있다. 따라서 다양한 조명 조건에서 연습함으로써 여러 위치에서 경험할 수 있는 변화에 대비하는 데 도움을 줄 수 있다. 무엇보다 가장 좋은 조건은 매일의 연습 상황에서 무용 훈련을 방해하지 않는 환경에 균형 잡힌 빛의 정도를 유지하는 것이다. 예를 들어, 스튜디오 창문에 커튼이 있다면 햇빛이 직접 눈으로 들어오거나 거울을 통해 반사할 수 있는 각도에 있는 경우 발생하는 문제를 피하기 위해 수업을 시작하기 전, 잊지 않고 커튼을 닫아야 한다.

다양한 소리는 무용 환경으로부터 발산된다. 바닥으로부터의 충격이 너무 심한 경우 다리를 다칠 수 있듯이 인간의 청력 기관은 소음에 너무 많이 노출되면 손상될 수 있다. 무용수들은 피아노, 스테레오, 목소리, 바닥과의 접촉(탭댄스 등)으로부터 소리를 듣는다. 이러한 모든 소리는 소음 수준에 대한 전반적인 노출에 기여할 수 있다. 스튜디오에서 과도한 소음이 일어날 수 있지만 많은 수의 뮤지션이나 증폭된 음악이 포함되는 공연 중에는 문제가 될 가능성이 높다. 스튜디오는 청력 손상을 예방하기 위해서 안전한 소리 노출 수준을 결정해야 한다. 이 때, 소리의 강도는 데시벨(dB)로 측정된다. 무용 환경에서 소리의 수준을 측정하기 위해 다양한 모바일 및 온라인 어플리케이션application을 사용할 수도 있다. 일반적으로 85dB 이하는 지속적인 노출에 안전한 소리 수준으로 간주된다. 그러나 85dB 이상이라면 소리 수준을 줄이거나 무용 환경에서의 노출 시간을 줄일 것을 권장한다. 혼자 또는 다른 무용수들과 함께 연습하는 경우, 소리 수준이 과도하게 높지 않도록 주의해야 한다.

환기 Ventilation, 온도 Temperature, 기류 Airflow

무용은 종종 짧은 시간 동안 강렬한 동작을 취한 뒤, 짧은 휴식 시간을 갖는 것을 특징으로 하는 간헐적인 운동이다. 이러한 간헐적 활동 사이에 깨끗하고 신선한 공기를 마시는 것은 강도 있는 연습 후 회복을 위해 필수적이다. 따라서 지속적으로 무용 환경 내의 공기가 흘러 들어갔다가 나올 수 있어야 한다. 무용연습 과정에서 숨을 내쉬고 신선한 공기를 들이마셔야 하기 때문에 지속적으로 공기가 탁해지지 않도록 새로운 공기의 흐름이 원활할 수 있게 환기해 주는 것이 필수적이다. 환기가 잘 되지 않아 스튜디오에서 숨쉬기 힘들다고 생각된다면 그 공간이 규칙적으로 환기될 수 있는지를 점검해야 한다.

또한 규칙적인 공기의 흐름은 훈련 및 연기 시 신체가 과열되지 않도록 막아준다. 신체의 코어 온도가 단 몇 도라도 과열되면 웰빙에 심각한 영향을 미칠 수 있다. 안전한 무용 연습을 위해 적절한 워밍업이 필수라는 전제만큼 과열 되는 것을 막는 것 또한 중요하다. 열은 에너지를 사용하여 근육을 통해 생성되어 동작을 만들어낼 수 있다. 운동 환경의 주변 온도는 신체 온도에 큰 영향을 미친다. 신체가 과열되면 순환계, 신경계를 포함한 신체의 많은 체계가 심각하게 영향을 받게 된다. 특히, 더운 날에는 규칙적으로 수분을 공급하며 자주 환기를 시켜 주어야 한다.

스스로 진단하기

환경 척도 Environmental Inventory

☐ 무용 환경을 조사한다. 바닥과 바닥 표면은 어떠한가?
☐ 온도, 환기, 조명, 소리 측면에서 공간은 어떠한가?
☐ 공간에는 거울과 바가 있는가?

무용 공간의 모든 요소들을 인식하고, 어떻게 이를 가장 잘 사용할 수 있을지를 생각해보자.

지금까지 무용 공연 및 무용 웰빙에 영향을 미칠 수 있는 무용 공간 및 시설에 대해 개략적으로 설명하였다. 댄스 플로어, 거울, 바, 면적, 주변 환경과 같은 요인들은 신체와 움직이는 능력에 직접적인 영향을 미칠 것이다. 또한 환경적 요인들이 훈련과 성과에 미칠 수 있는 영향에 대해 인지하고 가능한 조정할 수 있도록 해야 한다. 바닥의 표면과 같은 일부 요인들은 종종 직접 조정이 불가하기 때문에 환경에 맞추어 행동을 조정하도록 해야 한다. 예를 들어, 전에 사용했던 바닥보다 더 딱딱한 새로운 바닥에서 춤을 출 때에는 더 낮은 강도에서 움직임을 시작하여 점차 강도를 높여야 한다. 온도와 같은 그 밖의 요인들은 더 쉽게 조정될 수 있다. 웰빙에 영향을 미칠 수 있는 환경적 요인들에 대한 통찰력을 가지고 무용 환경에서의 웰빙에 대한 책임을 굳건히 해야 할 것이다.

무용복 Dance Apparel

무용슈즈와 복장은 무용 성과와 무용수의 건강에 잠재적으로 영향을 미칠 수 있다. 연습복, 무대의상, 슈즈 등은 무용의 장르와 주제에 따라 매우 달라진다. 다음 항목에서는 수업 또는 공연을 위한 무용슈즈와 복장을 선택할 때 주지해야 하는 점들에 대해 논의한다. 이러한 인식의 목표는 부상 위험을 최소화하는 것이며 잠재적으로 무용 성과를 높이는 것이다.

무용슈즈 Footwear

무용슈즈의 디자인과 구조는 무용수의 발을 보호하고 지지해줄 수 있지만 일부의 경우, 부상 위험에 기여하는 요인이 될 수 있다. 슈즈 디자인에는 발가락을 덮는 토 캡(박스), 발바닥을 따라 이어지는 생크 shank, 전체 발꿈치 뼈부터 발목까지 둘러싸는 힐 컵 heel cup, 발의 상단과 측면에 상부 upper가 포함된다. 생크는 슈즈의 디자인과 목적에 따라 한 개 층일 수도 있고 여러 개의 층일 수도 있다. 전통적인 슈즈에는 아웃솔(지면과 접촉), 인솔(발과 접촉), 미드솔 midsole(아웃솔과 인솔의 가운데에 놓임)이 있다.

굽이 없는 무용슈즈의 예시

무용 유형에 따라 무용수들은 수업과 공연을 위한 다양한 슈즈 디자인을 선택할 수 있다. 먼저, 현대무용을 위한 얇은 반 슈즈barre shoes는 한 쪽 끝에 탄력이 있는 끈, 미세한 메쉬 소재로 고정시킨 발아래 웨이드 조각이 달려 있다. 이 미니멀한 디자인은 무용수로 하여금 거의 맨발로 움직이며 회전을 하는 동안 발에 손상을 가하지 않게 하며 발가락의 악력을 잘 사용할 수 있게 도와준다. 슬라이드와 회전력을 위해 양말을 착용한다면, 바닥의 마찰에 따라 미끄러짐과 낙상의 위험이 증가할 수 있다. 또한 굽이 높은 특징의 슈즈, 포인트 슈즈, 재즈 스니커즈가 있다. 이러한 슈즈들은 각 장르의 미적 요건을 충족시키는 다양한 소재로 구성되어 있다. 그러나 이들은 기능성과 부상 위험 측면에서 보면, 디자인의 단점도 존재한다. 따라서 다양한 디자인의 특성을 지닌 슈즈들 중에서도 디자인과 안전에 관한 중요성을 감안할 때, 무용 장르 뿐 아니라 부상으로부터 안전하고 기능에 적절한 슈즈를 신중하게 선택하여야 한다.

무용슈즈의 굽 Heels

무용의 유형에 따라 어떤 경우에는 굽이 있는 슈즈를 신기도 한다. 그러나 굽이 높은 슈즈는 무용수의 웰빙에 위험요소가 될 수 있다. 굽의 높이를 바꾸면 발과 발목뼈의 위치가 바뀐다. 발의 자세를 바꾼다면 직립 자세와 균형을 유지하기 위하여 체중을 발등 위에서 앞쪽으로 바꾸게 된다. 이러한 자세는 신체의 더 높은 곳에서 변화를 일으키게 된다. 무릎과 척추의 정렬을 변경하기 위해 다양한 방식으로 신체에 가해지는 압력이 커질 수 있다.

무릎 관절은 맨발로 착지하는 것에 비해 높은 굽을 신고 점프 후 착지할 때, 가해지는 하중이 더 심하다. 굽의 위치가 더 높아지면 '드미 플리에demi-plié' 동작 시 발목이 충격을 흡수하는 능력이 감소하기 때문에 무릎을 더 구부려야 한다. 굽의 위치가 올라가고 발목이 편평한 슈즈를 신을 때만큼의 힘을 만들어낼 수 없기 때문에 점프 높이도 감소한다. 편평한 슈즈를 신고 점프를 포함하는 무용의 조합을 연습하고 이후 높은 굽을 신고 공연을 하는 경우, 슈즈의 변화 때문에 공연이 무겁게 느껴질 수 있다. 따라서 점프의 타이밍과 높이를 최적화하기 위해서 공연에 신게 될 슈즈를 착용하고 연습해야 한다.

공연에서 높은 굽을 신어야 한다면 보다 주의해야 한다. 높은 굽을 신고 무용하기 위해서는 발목의 힘을 키워야 하며 무릎 관절 주변의 근육도 훈련해야 한다. 발목과 무릎을 위한 근력 훈련을 점차적으로 높이고, 이후 높은 굽을 신고 무용하는 시간을 점차 늘려야 한다. 점차 신체가 적응할 수 있도록 함으로써 부상의 위험을 최소화할 수 있다. 또한 근력을 키우고 더 낮은 굽 높이로 시작하여 근력이 상승하게 되면, 굽의 높이를 점차 높여 나감으로써 숙련도를 높일 수 있다.

굽이 있는 무용슈즈의 예시

무용슈즈 밑창의 두께 Sole Thickness

무용수들은 수업과 리허설의 상당 부분에서 다양한 유형의 점프를 한다. 하지의 반복적인 충격은 체중의 거의 2~3배와 동일할 수 있다. 슈즈 디자인의 혁신은 부상 위험을 줄이기 위해 신체로 전달되는 힘의 양을 줄이는 데 사용되는 소재 개발을 이끌었다. 슈즈 디자인의 이러한 측면은 바닥 설계에서 볼 수 있는 힘의 감소 속성과 같다. 발레 슈즈 디자인은 1700년대 후반부터 크게 변하지는 않았지만, 재즈 슈즈의 디자인은 패션과 음악 트렌드에 따라 변화되는 것으로 보인다. 1980년대 스트리트 댄스 유형의 인기가 높아지면서 스니커즈와 비슷해 보이지만 슬라이드, 스핀, 토 스탠드와 같은 무용슈즈에 대한 공연에서의 이점을 위한 요구가 증대하였다. 아웃솔이 가장 두껍고, 쿠션감이 가장 좋은 슈즈가 충격을 줄이는 데 최선일 것이라고 생각할 수도 있다. 최근 연구에서는 댄스 스니커즈의 두 가지 디자인이 편평한 슈즈 및 높은 굽의 슈즈에 비해 충격을 줄이는 데 더 나은 성과를 보였음을 밝혔다. 비록 예전 모델의 댄스 스니커즈는 아웃솔이 더 두껍고 쿠션감이 더 좋은 것처럼 보이지만 쿠션감이 덜하고, 아웃솔이 더 얇은 새로운 댄스 스니커즈 모델이 충격을 가장 잘 흡수할 수 있다. 미드솔에 더 많은 충격을 흡수할 수 있는 더 얇은 소재를 사용하고 아웃솔에서는 부피가 작은 소재를 사용하는 방식으로 소재 기술에서의 큰 발전이 이루어졌다.

포엥뜨 슈즈 Pointe Shoes

포엥뜨 슈즈는 종이, 직물, 접착제의 층으로 단단히 채워지며 여기에 토박스의 끝을 보강하고 편평하게 하기 위해 판지가 더해진다. 뻣뻣하고 무거운 소재가 없다면 발은 엥 포엥뜨 동작을 하는 신체의 전체 무게를 지탱할 수 없을 것이다. 한 편으로는 슈즈의 뻣뻣함은 착지 시 발을 구르고 펴서 충격을 흡수하지 못하게 한다.

토 박스는 그 안에서 발가락이 정렬되기 때문에 무용수들의 부상 원인이 된다. 발의 날렵한 윤곽을 목표로 하는 무용수들은 발가락에 손상을 가하는 더 좁은 토 박스를 선택할 수 있다. 발가락을 이런 식으로 좁히는 것은 건막류 발생, 발가락이 겹쳐지며 발생하는 발가락 관절의 굳은살, 발가락 전체에 걸쳐 균일하게 힘이 분포되지 않아 발생하는 피로 골절을 초래할 수 있다. 포엥뜨 슈즈가 무용수의 발보다 더 좁다면 발가락이 밀집하는 위치는 편평하게 서 있거나 체중을 이동시키거나 포엥뜨로부터 몸을 낮추거나 점프 후 착지할 때, 무용수에게 문제를 일으킬 수 있다. 발은 균형을 유지하고 체중을 분산시키며 충격을 흡수하기 위해서 자연스럽게 더 넓게 펴길 원한다. 너무 좁은 슈즈는 불편할 뿐 아니라 체중이 적절히 분산되지 않는다면, 하지의 다른 부위로 충격이 흡수되어 만성 부상의 위험을 높일 것이다.

슈즈의 구조가 발과 발목의 동작을 제한한다면 제대로 포엥뜨를 하지 못할 것이다. 또한 다른 디자인의 재즈 슈즈를 신는 것이 맨발일 때보다 제대로 포엥뜨 자세를 취할 수 없다. 따라서 댄스슈즈를 선택할 때에는 무용 장르에 적합한 스타일과 관객이 보게 될 발의 미학적 특성을 적절히 절충해야 한다.

연습복 Practice Clothing

무용 장르에 따라 수업용 무용 복장의 스타일과 요소들은 동작 성과에 영향을 미칠 수 있으며 부상 위험을 높일 수 있다. 무용수들은 복장을 선택한 결과로 동작의 질과 성과를 제한하거나, 변경을 가져올 수 있다는 점을 인지해야 한다.

> **다양성에 도전하기**
>
> ### 문화적 스타일을 표현하는 무용의상
>
> 아프리카 무용 수업에서 랩 스타일의 치마를 입거나, 스트리트 댄스에서 배기 바지를 입는 등, 특정한 무용 유형에서 특정한 의상을 입는다는 것을 알고 있다면, 가능한 빨리 이러한 의상에 익숙해지도록 입고 움직이도록 한다.

무용복장은 다양한 소재로 만들 수 있으며 이는 신체가 적절한 체온을 유지하는 능력에 영향을 미칠 수 있다. 동작의 가능한 범위를 제한할 수도 있으며 미끄러지거나 발을 헛디딜 위험을 초래할 수 있다. 장신구가 옷에 걸리거나 자신 또는 다른 사람의 머리나 의상에 엉킬 수도 있다. 무용 수업 중 특히 파트너와 함께 작업을 할 때에는 장신구 착용을 피해야 하며, 공연을 위해 장신구를 선택할 때에는 의상의 디자인과 안무를 염두에 두어야 한다.

무용복은 이동 능력에 직접 영향을 미칠 수 있지만 슈즈와 의상은 쉽게 변경이 가능하다. 다음은 무용 환경을 직접 조절하여 공연 능력을 향상시키고 부상을 최소화할 수 있는 몇 가지 방법이다.

> 무용 유형에 가장 적합한 슈즈를 선택하고, 슈즈가 잘 맞고 원하는 대로 기능하는지 확인한다.
> 공연을 위한 특정한 유형의 슈즈를 신어야 할 때, 슈즈를 단계적으로 바꿔나가며 점차 신고 있는 시간을 늘려야 한다.
> 복장 선택으로 인해 큰 스트레스를 받을 수 있는 신체 부위의 근력과 지구력을 높일 수 있는 추가 운동을 실시한다.
> 공연을 위한 의상 선택이 이루어지고 나면, 연습과 리허설 동안 유사한 디자인의 의상을 착용하고 연습하도록 한다.

무용복장은 움직이는 방식이나 무용 환경에서 웰니스에 직접적인 영향을 미칠 수 있다. 잘 맞고 신체를 지탱해주며 무용 공간에서 기능할 수 있는 의상과 슈즈를 선택해야 한다. 예를 들어, 바닥 표면에 신경 쓰며 슈즈의 밑창을 선택해야 한다. 최선의 복장을 선택할 때에는, 최고의 공연을 보장할 수 있어야 한다.

요약 Summary

무용 환경은 다양한 방식으로 '무용 웰니스'에 영향을 미칠 수 있는 요인들 중 하나이다. 무용시설은 탄성이 있는 플로어 sprung floor 여야 하며 표면은 너무 미끄럽거나 달라붙지 않아야 한다. 바 barres 는 안전한 정렬을 위해 높이가 적절해야 하며 거울을 많이 사용하는 것은 바람직하지 않다. 조명과 소리는 훈련에서 중요한 요소이다. 따라서 적절하게 볼 수 있어야 하며 명확하게 그리고 적당한 볼륨으로 들을 수 있어야 한다. 무용복장 또한 환경의 일부라 할 수 있다. 의상과 슈즈는 무용 장르에 따라 문화와 감정을 적절하게 표현하는 수단이 되어야 하며 춤을 추는데 크게 지장을 주어서는 안 된다. 이처럼 무용 환경의 요인들을 이해하는 것은 무용수행을 향상시키는 데 도움을 줄 수 있다.

■ 응용활동: **무용 환경에 대한 평가**

댄스 스튜디오, 극장, 거실과 같이 자신이 가장 시간을 많이 보내는 무용 환경을 고려해 본다. 물론 어떠한 무용 환경도 완벽하게 안전하지는 않다는 것을 유념하자. 안전한 무용연습의 중요한 초점은 무용수의 웰빙 위험을 인지하고 최소화하는 것이다. 이러한 활동을 위해서 이번 장에서 설명된 다양한 환경적 요인들을 고려하여 무용 환경의 위험에 대해 평가해 보자. 간단한 방법은 각각의 환경 요인에 '고, 중, 저'위험의 순위를 매겨 보는 것이다. 고위험과 중위험 요인의 경우, 무용수에게 왜 위험이 되는지에 대한 간략한 설명을 작성해 본다. 그리고 이러한 위험 요인들을 최소화할 수 있는 방안들을 제안해 보도록 한다.

■ **복습질문**

1. 탄성 있는 플로어에서 무용을 하는 것의 이점은 무엇인가?
2. 스튜디오의 온도와 환기가 웰니스에 최적인지를 어떻게 알 수 있으며, 공간을 개선하기 위해 어떠한 조치를 취할 수 있는가?
3. 바와 거울을 사용하는 것의 장단점은 무엇인가?
4. 스튜디오의 조명과 소리는 훈련에 필요한 부분에 적합한가, 또한 이러한 다양한 요소들을 제대로 활용하는가?
5. 무용 유형에 가장 잘 맞는 의상과 슈즈는 어떻게 선택해야 하는가? 또한 이러한 요소들이 연습을 방해하지 않으려면 어떻게 해야 하는가?

챕터별 보충 학습 활동, 학습 보조자료, 제안된 읽을거리, 웹 링크 등에 대한 자세한 내용은 www.HumanKinetics.com/DancerWellness. 인터넷 자료를 참조하자.

Chapter 2
무용 훈련과 테크닉
Dance Training and Technique

도나 H. 크래스노, M. 버지니아 윌멀딩, 알린 수가노, 키네스 로우

Dancer Wellness

핵심 용어

- 가로면 transverse plane
- 경골 비틀림 tibial torsion
- 과신전 hyperextended knees
- 관상면 front(coronal) plane
- 관절 joint
- 근막 fascia
- 기법/테크닉 technique
- 단축성/동심 수축 concentric contraction
- 무게 중심 Center of Gravity, COG
- 변수 variables
- 복제 replication
- 섬유연골 fibrocartilage
- 시상면 sagittal plane
- 신장성/편심 수축 eccentric contraction
- 운동 감각 kinesthetic
- 운동 학습 motor learning
- 유리질 연골 hyaline cartilage
- 윤활 관절 synovial joints
- 윤활막 synovial membrane
- 인대 ligaments
- 자기수용 proprioception
- 정렬 alignment
- 중립 골반 neutral pelvis
- 지각력 perceptual skills
- 추선/연직선 plumb line
- 토크 torque
- 해부학 anatomy
- 훈련 전이 transfer of training
- 힘줄 tendons

학습목표

1. 신체의 뼈, 관절, 인대, 근육, 힘줄의 기능을 이해할 수 있다.
2. 무용인들이 알아야 하는 주요 근육들, 모든 관절의 다양한 동작을 이해할 수 있다.
3. 적절한 정렬의 중요성을 알고 무용 수업에서 자신의 신체 정렬 문제를 교정할 수 있다.
4. 코어 지지, 척추, 턴아웃을 포함한 무용 기법, 팔 다리 사용에서의 주요 개념을 이해할 수 있다.
5. 연령과 수준에 맞는 운동 학습의 측면들을 결정하고 학습 전략을 향상시킬 수 있다.
6. 물리학으로부터의 아이디어를 균형, 회전, 점프를 향상시키는 데 적용할 수 있다.

앞서 살펴보았듯이, 무용인들이 많은 시간을 보내는 환경은 무용실의 공간, 바닥, 조명, 거울, 바, 음악, 온도, 의상, 슈즈 등 다양하다. 이러한 환경들 중 가장 중요한 요소는 단연 무용을 하는 신체이다. 신체가 어떻게 작용하는지에 관한 지식이 견고하지 않다면, 무용의 기법을 이해하기 힘들며 부상이 일어날 가능성 역시 높아진다. 또는 신체에 대한 이해가 중요하다는 것을 인지함에도 불구하고 신체를 탐구하는 많은 방법들을 알지 못할 수도 있다. 해부학anatomy은 근육이 어떻게 작용하는지, 어떠한 근육군이 함께 작용하여 무용에서 아름답고 잘 조정된 동작들을 만들어낼 수 있는지, 신체의 다양한 구조들이 어떻게 통제control와 자유freedom를 오가며 움직여질 수 있는지를 설명해줄 수 있다. 정렬alignment의 원리를 이해하는 것은 무용수의 우아한 자세에 기여할 수 있으며, 신체가 보다 쉽게 동작할 수 있게 도움을 주며(이는 동작 효율성movement efficiency이라고도 불린다), 부상을 최소화할 수 있다. 과학은 또한 턴아웃turnout을 이해하고 코어 지지core support를 적절하게 하며, 공간에서 점프 및 이동을 할 때 발을 사용하는 것을 포함하여 무용 기법을 향상시키는 데 사용할 수 있는 정보를 제공한다. 최근 무용의 과학적 기초에 추가된 사항 중 하나는 운동 학습motor learning 분야이다. 이는 새로운 기술을 습득할 수 있도록 좋은 전략을 개발하고 뇌와 신체가 어떻게 조화를 이루며 기능하는지를 깨닫는 데 도움을 줄 수 있다. 마지막으로 물리학physics은 자연의 법칙에 관한 정보를 주며 이러한 법칙이 무용 연습에서 어떠한 역할을 하는지를 알 수 있게 해준

다. 이번 장에서는 무용의 훈련과 기법의 과학적 기초를 탐구한다. 인체를 지배하는 원리와 아이디어들을 이해할 때, 개개인의 요구와 목표에 관한 정확하고 건강한 관점을 가질 수 있기 때문이다.

기초 해부학 Basic Anatomy

무대 위에서 우아한 모습으로 멋진 기량을 보이는 무용수들의 공연을 보면 신체의 많은 부위들이 조화롭게 움직이고 있음을 알 수 있다. 이러한 조화를 위해서는 골격의 많은 영역들이 동시에 작용하도록 조직되어야 한다. 해부학 anatomy은 동식물의 구조를 다루는 과학의 한 분야이다. 인간의 해부학은 뼈, 근육과 같은 신체의 구조를 관찰하는 것이다. 모든 동작은 뼈를 움직이는 근육에 의해 이루어지는데, 단순히 중력이 신체 일부를 지배하게 됨으로써 이루어지는 동작은 제외된다. 무용에서 이러한 동작은 체중의 낙하fall 또는 이완release이라고 불린다. 두 개의 뼈가 함께 모이게 되면 관절이 형성되며 인대ligaments라고 불리는 구조가 뼈를 연결한다. 힘줄tendon은 인대와 유사한 조직으로 구성되어 있으며 근육을 뼈에 부착시키는 역할을 한

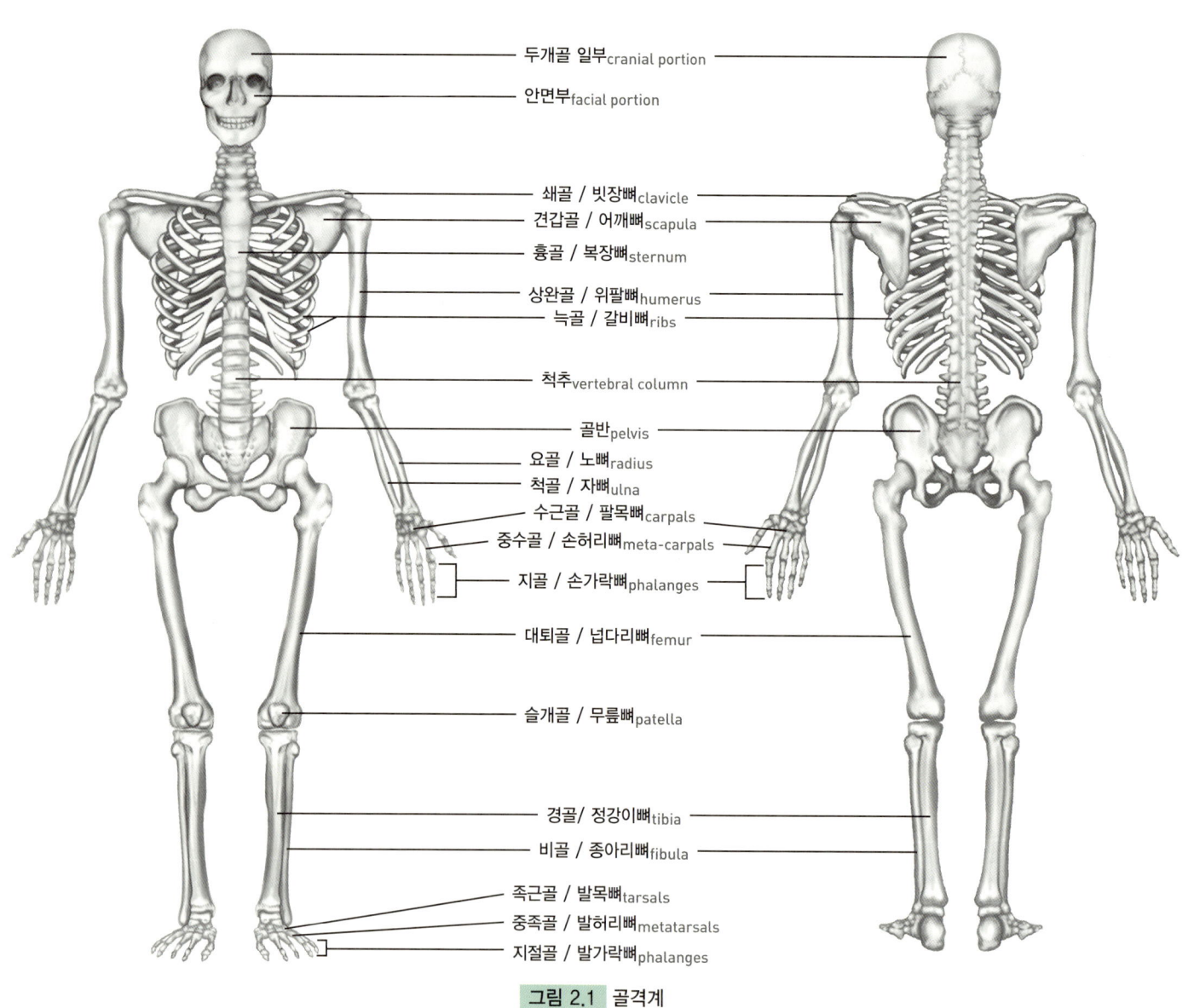

그림 2.1 골격계

다. 기본적으로 골격계skeletal system는 인체의 기초라 할 수 있다(그림 2.1 참조). 따라서 이 장에서는 무용을 할 때 사용하게 되는 주요한 뼈와 관절 근육과 인대에 대해 다루도록 한다.

뼈와 관절 Bones and Joints

인체에는 206개의 뼈가 있지만 이 중 177개만 움직일 수 있다. 뼈대skeleton는 대칭적이기 때문에 각각의 뼈와 관절이 몸의 양쪽에 존재한다. 관절joints은 하나 이상의 뼈가 모이는 곳이다. 무용을 할 때 관여하는 주요한 관절은 다음과 같이 정리해 볼 수 있다.

> 상지upper extremities: 팔목wrist, 요척 관절radioulnar joint, 팔꿈치elbow joint, 어깨 관절shoulder joint, 견갑대shoulder girdle
> 하지lower extremities: 발foot, 발목ankle, 무릎knee, 고관절hip
> 몸통/척추뼈trunk, vertebrae of the spine: 경부cervical 7개, 흉부thoracic 12개, 요추lumbar 5개, 천골sacrum/미골coccyx 콤플렉스

관절의 유형 Types of Joints

신체에는 6가지 유형의 윤활 관절synovial joints(가동 관절movable joints이라고도 알려져 있음)이 있으며 이는 가동 범위가 가장 큰 관절이다.

1. 활주 관절Gilding joints은 작은 움직임만 접근할 수 있다. 한 개의 뼈가 다른 뼈 위로 미끄러진다. (예: 발의 관절joints in the foot)
2. 경첩 관절Hinge joints은 문의 경첩과 같이 한 면에서 움직인다. (예: 팔꿈치 관절elbow joint)
3. 중쇠 관절Pivot joints은 회전 동작을 하며 한 개의 뼈가 다른 뼈 위에서 구른다. (예: 전완 또는 요척 관절forearm or radioulnar joint)
4. 안장 관절Saddle joints은 안장과 같은 모양에서 이름을 붙였으며 한 면에서만 움직인다. (예: 엄지손가락 관절thumb joint)
5. 타원 관절Condyloid joints은 두 면으로 움직인다. 이 관절은 앞뒤 또는 좌우로 움직인다. (예: 손목 관절wrist joint)
6. 절구 관절Ball-and-socket joints은 가장 기능이 많다. 앞뒤, 좌우, 회전 운동으로 움직인다. (예: 고관절hip joint)

상지 Upper Extremities

상지에는 팔목, 요척 관절, 팔꿈치, 어깨 관절, 견갑대가 포함된다(그림 2.2 참조). 무용에서 팔의 모든 움직임에는 상지 관절의 움직임이 수반되어야 한다. 여러 관절의 우아한 협응은 발레에서 '포르 드 브라port de bras' 또는 플라멩코에서 '플로레오floreo'와 같은 팔의 과도한 몸짓을 가능하게 한다.

팔목은 전완의 요골과 손목뼈 사이의 타원 관절이다. 요척 관절은 전완의 요골과 척골의 양 끝에 존재한다. 근위 접합부(연결이 팔꿈치에서 가깝게 발생하는 곳)는 중쇠 관절이며 원위 접합부(연결이 손에서 가깝게 발생하는 곳)는 활주 관절이다. 팔꿈치 관절은 척골이 상완골(상완)과 만나는 곳으로 경첩 관절이다. 어깨 관절은 절구ball and socket 관절이기 때문에 세 면으로 움직일 수 있다. 상완골의 머리 부분이 견갑골의 일부인 관골구(소켓, 움푹 들어간 곳)에 들어맞는다. 그러므로 어깨 관절의 움직임은 팔이 움직일 때 명료하게 알 수 있다. 견갑대의 두 관절은 견갑골이 쇄골에 부착되면서 동시에 쇄골이 흉곽의 흉골에 부착되는 곳이다. 견갑대는 견갑골의 움직임을 관찰함

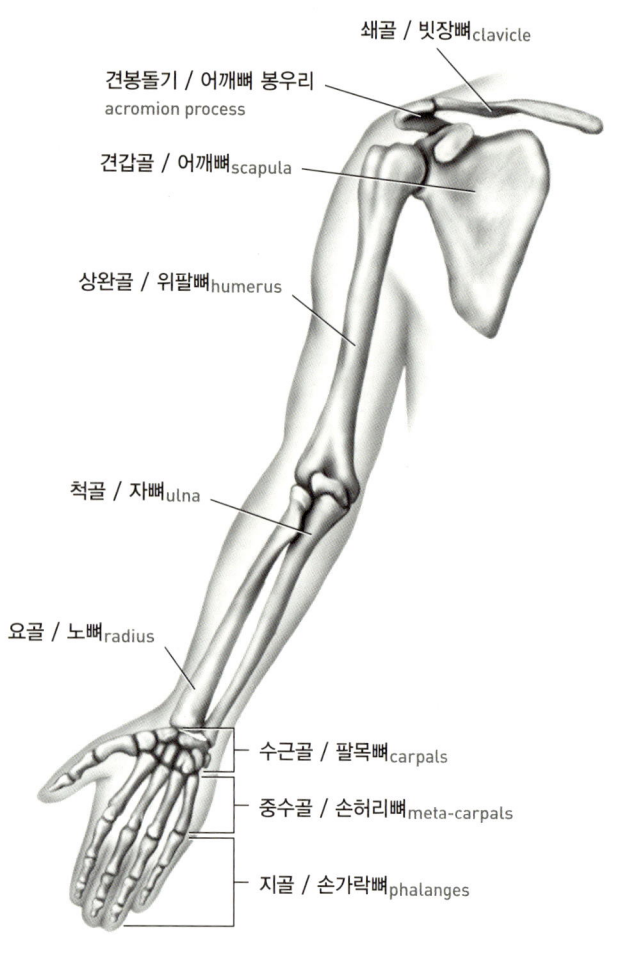

그림 2.2 상지의 관절

하지 Lower Extremities

하지에는 발, 발목, 무릎, 고관절이 포함된다(그림 2.3 참조). 무용에서 다리의 모든 움직임은 하지 관절 몇 개의 움직임이다. 발레 또는 현대 무용에서 '데벨로뻬développé', 스트리트 댄스에서 '킥kick' 동작, 재즈의 '레이아웃layout' 등 하지의 동작은 미학적 동작을 만들어내기 위해 모든 관절이 조화를 이루어야 한다.

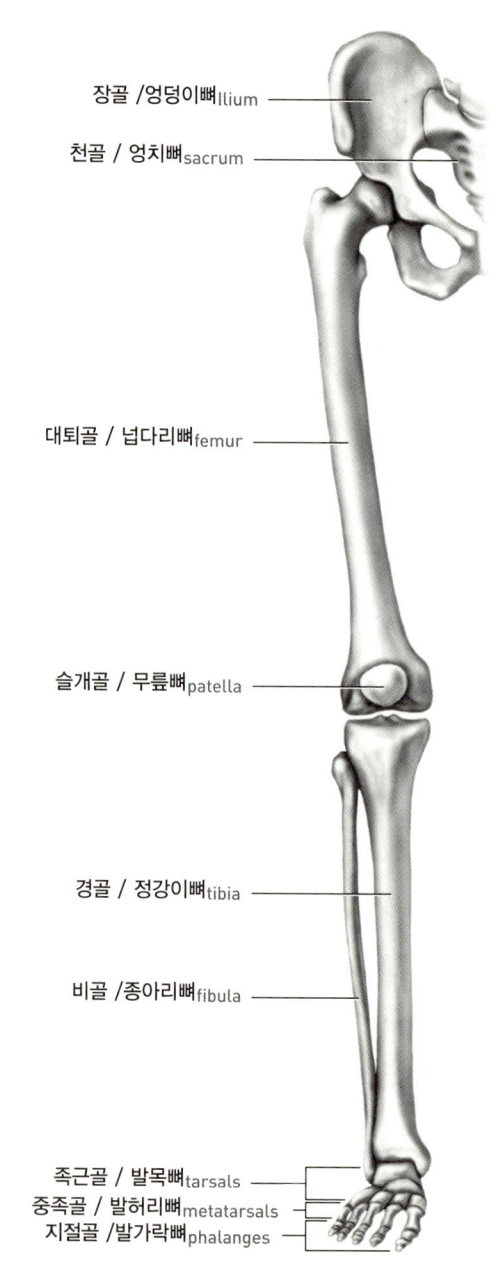

으로써 가장 쉽게 이해할 수 있다. 또한 견갑대가 움직일 때, 견갑골이 상하로 또는 앞뒤로 움직이는 것을 볼 수 있다. 각 견갑골에서 주목할 만한 특징은 견봉 돌기이며 그 꼭대기가 마치 편평한 고원 같다는 느낌이 들 수 있다.

이와 같이 무용에서 상지의 거의 모든 동작에는 몸짓이든 체중 부하이든 설명된 모든 관절의 움직임이 포함된다. 예를 들어, 팔을 낮은 위치에서 머리 위로 올리는 단순한 동작의 경우, 관찰되는 주요한 동작은 물론 어깨 관절의 동작이지만 동시에 팔목, 요척 관절, 팔꿈치, 견갑대에서도 활동이 함께 일어난다는 것을 발견할 수 있다.

그림 2.3 하지의 관절

발에는 26개의 뼈가 있다. 발 뒤쪽에 7개의 발목뼈, 중간에 5개의 발허리뼈와 14개의 지골이 있다. 발에는 뼈가 많기 때문에 관절도 많으며 주로 활주 관절에 해당된다. 발목 관절에서는 발목뼈(거골) 상단이 두 개의 하퇴골(경골과 비골) 사이의 공간에 들어맞는다. 이는 경첩으로서의 기능을 한다. 무릎 역시 기능적으로 경첩 역할을 하지만 일부 회전에서만 가능하다. 무릎 관절은 경골과 대퇴골이 만나는 곳이다. 고관절은 절구 관절이며 여기에서 대퇴골의 머리 부분은 골반의 움푹 들어간 부분에 들어맞는데 이를 관골구라고 지칭한다.

몸통: 머리, 척추, 골반 The Trunk: Head, Spine, and Pelvis

두개골은 척추의 상단, 첫 번째 경추 위에 올려져있다. 흉곽은 12개의 흉추에 붙어 있으며 5개 요추 밑에는 천골이 있고 이는 척추 밑이자 골반의 뒷부분이다. 천골의 맨 아래 부분은 미골이다. 골반은 무용에서 매우 중요하기 때문에 뼈의 특징들을 잘 알고 있어야 한다. 골반의 양 측은 세 개의 부분으로 구성된다. 장골은 측면을 따라 장골능이 있으며 앞쪽에는 전상장골극이 있다. 치골은 앞쪽 아래쪽에 있으며 세 번째 부분은 좌골, 아래쪽에는 좌골 결절이 있다.

그 밖의 관절 구조 Other Structures in the Joints

두 가지 유형의 연골이 관절 기능에 도움을 준다. **유리질 연골**hyaline cartilage은 관절을 함께 형성하는 뼈의 모든 끝에 늘어서 있다. **섬유 연골**fibrocartilage은 연골판으로서의 기능을 하며, 주로 척추와 뼈에서 충격을 흡수한다. 모든 관절에는 **활액막**synovial membrane이 있는데 이는 원활한 동작을 위해 관절 윤활의 역할을 하는 유체를 분비한다. 점액낭은 관절 안과 주변의 패드이며 근육이 뼈를 움직일 때, 부드럽게 힘줄이 활주할 수 있도록 도움을 준다.

인대 Ligaments

신체의 모든 관절에는 뼈를 함께 연결시키는 인대가 있다. 대부분의 경우, 인대는 연결하는 두 개의 뼈를 따라 이름이 지어진다. 예를 들어, 종비골 인대는 발의 종골(뒤꿈치 뼈)과 비골(하퇴골)을 연결한다. 물론, 우리가 신체의 모든 인대를 알 필요는 없다. 무용의 기능과 웰니스에 중요한 역할을 하는 몇몇의 인대들에 대해서만 알아보도록 하자.

어깨 관절은 고관절이 더 깊숙이 들어맞는fit 것과 비교할 때, 얕은 관절에 속한다. 어깨 관절에는 많은 인대가 있으며 이는 고관절 주변의 인대만큼 강하지는 않다. 이러한 구조적 측면들은 하지의 안정성과 반대로 상지의 이동성에 대한 초점을 보여준다. 고관절에서 원하는 극단적인 가동 범위에도 불구하고 하지는 본질적으로 체중 부하를 위한 것이다.

신체에서 가장 강한 인대 중 하나는 고관절의 장대퇴 인대이다. 거꾸로 된 Y자 모양이기 때문에 Y-인대라고도 불린다. 이 인대는 매우 팽팽하기 때문에 아라베스크 동작을 크게 제한하며, 선을 형성하기 위해서 척추 동작으로 보완해야 한다.

무릎은 체중 부하에서의 역할을 고려할 때, 특히 불안정한 관절이라 할 수 있다. 무릎에서 주요한 네 개의 인대는 무릎 관절 안쪽의 시상면에서 X자를 형성하는 전방 및 후방 십자인대와 무릎 관절 측방을 지탱해주는 내측(안쪽) 및 외측(바깥쪽) 측부 인대이다. 완전히 신전된 경우, 이러한 인대는 팽팽해지며 안정성에 기여한다.

대퇴골의 외측을 따라 장경(IT) 인대가 있으며, 이는 외측 무릎에 안정성을 더하는 강력한 인대 조직이다. 이는 중요한 두 개의 고관절 근육을 부착시키는 역할을 하며 이에 대해서는 뒤에서 다시 다룰 것이다.

발목 관절 인대는 외측과 내측으로 구성되어 발목에 안정성을 제공한다. 발목에는 세 개의 외측 인대가 있으며 발목 관절의 내측에는 삼각 인대가 있다. 이러한 외측 및 내측 인대는 중요한 지탱 역할을 한다. 발은 체중 부하 역할을 할 뿐 아니라 점프, 착지와 같은 운동에서 발목을 지탱하는 데 중요하다. 발의 일부로서 종주 인대는 발의 내측(안쪽)에 놓이기 때문에 내측 스프링 인대라 불리며 신체에서 보기 드문 탄성 인대 중 하나이다. 이 인대는 운동 중에 길게 늘어지고 다시 짧아질 수 있다. 발에서 또 다른 중요한 구조는 족저근막이며 이는 발바닥의 작은 근육들 위에 놓여 있다. 인대와 마찬가지로 근막fascia은 튼튼한 결합 조직으로 구성되며 해당 영역에 추가적인 안정성을 더해준다.

일부 인대는 고관절의 장골대퇴골iliofemoral(Y자) 인대와 같이 관절을 크게 지탱하는 역할을 하며 그 밖의 인대는 이러한 역할에서는 그렇게 효과적이지 않다. 이러한 관절은 지탱 및 완전성에 있어서 근육에 더 의존한다. 다음은 안정화에서의 근육의 역할과 이러한 근육이 동작을 어떻게 만들어내는지에 대해 알아본다.

근육 Muscles

근조직은 체중의 35~40%를 차지한다(그림 2.4 참조). 신체의 근육에는 세 가지 유형이 있는데 여기서는 무용의 맥

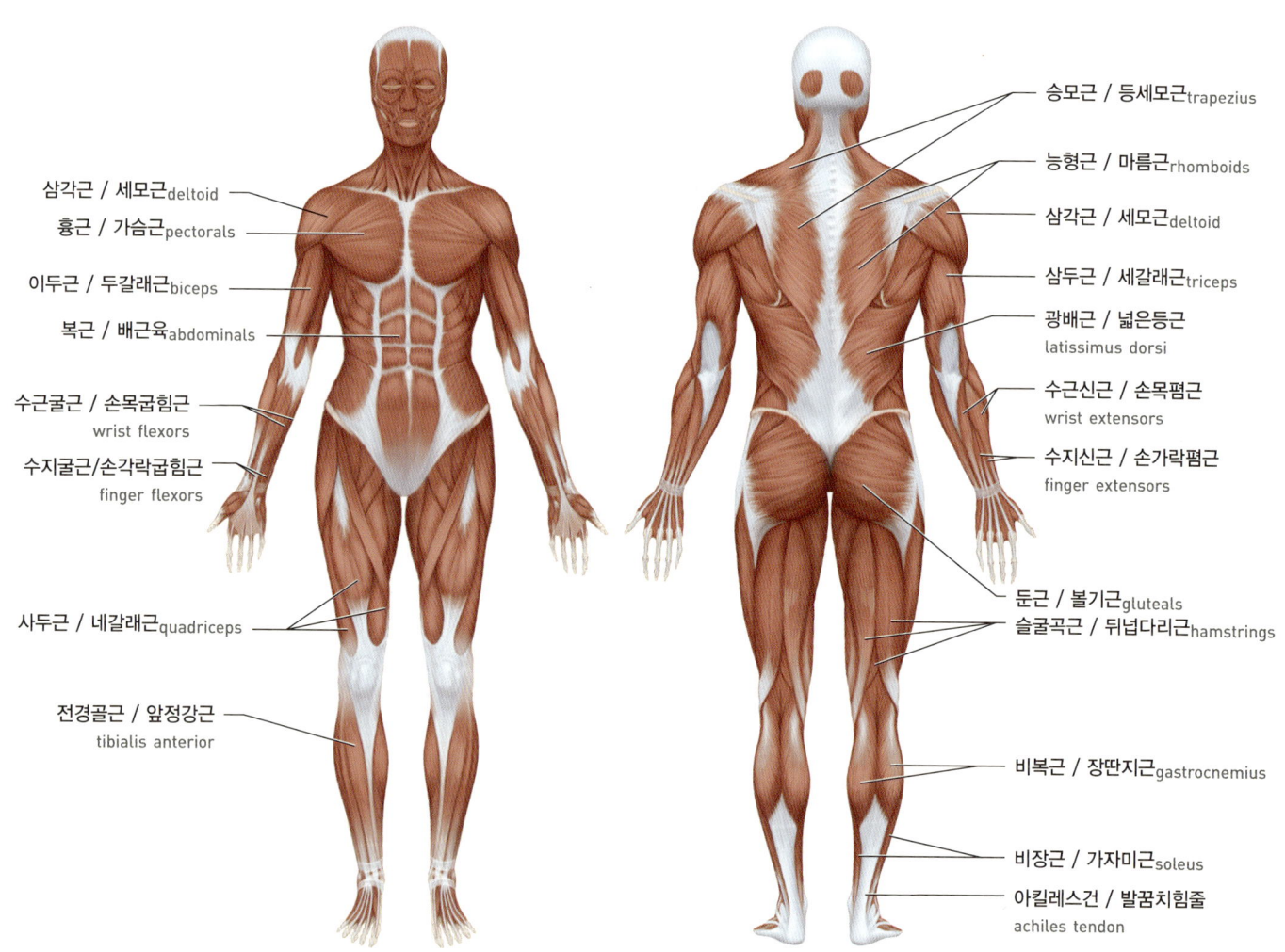

그림 2.4 근육계 Muscular system

락에서 골격근, 즉 관절을 움직이는 근육에만 초점을 두어 살펴보고자 한다. 가장 두드러지는 근육은 이두박근, 흉근, 사두근, 둔근과 같은 표면 근육이다. 이렇게 눈에 보이는 근육들은 자발적인 골격근이다. 이들의 움직임은 뇌에서 계획 영역에 의해 의식적으로 조절된다. 대부분의 골격근은 자발적이지만 삼킴, 호흡에 사용되는 것과 같은 일부 근육은 비자발적이다(의식적인 사고 없이 조절된다). 이러한 비자발적인 움직임에 적극적으로 그리고 의식적으로 영향을 미칠 수는 있지만 정상 조건 하에서는 그렇게 하지 않는다. 뼈와 마찬가지로 무용 기능과 웰니스에 가장 중요한 근육에 대해서만 알아보도록 한다.

동작 면과 동작 용어 Planes of Movement and Movement Terms

근육에 관한 공부를 위해서는 동작의 면과 동작에 관한 용어를 이해해야 한다. 이에 관한 심도 있는 설명은 〈그림 2.5〉와 〈표 2-1〉을 참고한다.

동작 면은 다음과 같다(그림 2.5 참조).

시상면sagittal plane은 신체를 오른쪽과 왼쪽으로 나누는 수직면이다. 때로 휠wheel 면이라고도 한다.

관상면frontal (coronal) plane은 신체를 앞과 뒤로 나누는 수직면으로 도어door면이라고도 한다.

가로면transverse plane은 신체를 위와 아래로 나누는 수평면으로 테이블table 면이라고도 칭한다.

신체 관절에서 모든 동작은 이러한 동작을 만들어내는 근육 측면에서 설명될 수 있다. 근육은 원동력으로서의 역할을 하기도 하고 때로는 보조하는 역할만을 하기도 한다. 여기에서는 자세한 수준까지 들어가지는 않는다.

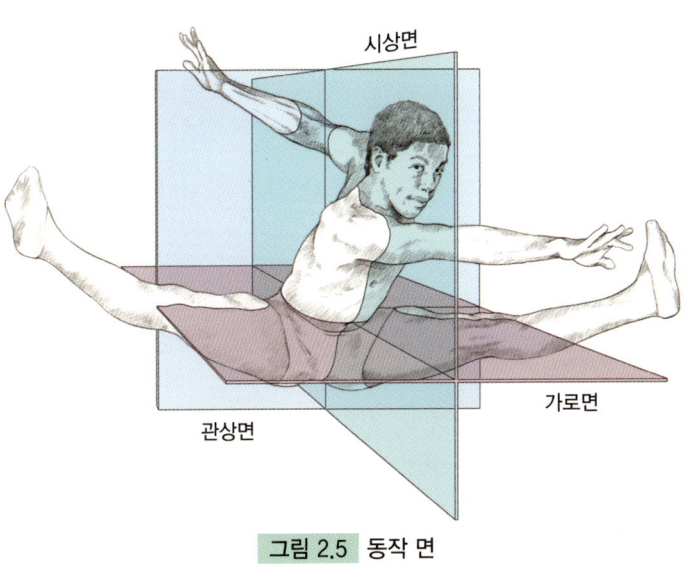

그림 2.5 동작 면

표 2-1 동작 용어 Movement Terms

동작	정의	무용 예시
굴곡 flexion	시상면에서 두 개의 관절뼈 각도의 감소	한 다리를 빠세passé로 들어 올리는 것은 고관절과 무릎 관절의 굴곡 전방으로 구부리는 것은 척추의 굴곡
신전 extension	시상면에서 두 개의 관절 뼈의 각도 증가, 굴곡된 위치로부터 중립 위치로 되돌아감	빠세 동작으로부터 다리를 다시 서 있는 자세로 옮기는 것은 고관절과 무릎의 신전
과신전 hyperextension	해부학적으로 중립 위치를 넘은 신전의 연속	아라베스크에는 고관절과 허리의 과신전 아치 모양을 형성하여 완전 가동 범위에 도달
외전 abduction	신체 중심선으로부터 멀어지는 관상면에서의 뼈 움직임	팔을 2번 위치까지 들어 올리거나 다리를 몸으로부터 떨어져 측면으로 직접 이동시키는 것이 외전의 예

내전 adduction	신체 중심선을 향하는 관상면에서의 뼈 움직임	팔을 2번 위치로부터 곧게 아래로 내리는 자세로 낮추거나 다리를 측면으로부터 중립적인 선 자세로 이동시키는 것
외측 회전 outward rotation	신체 중심선으로부터 멀어지는 중심축 주변의 뼈 움직임 (외측 및 외회전)	고전적인 1번 자세로 서 있는 것은 고관절에서의 외측 회전 손바닥을 위로 향하게 하는 그라함Graham 2번 자세에서 팔은 어깨 관절의 외측 회전
내측 회전 inward rotation	신체 중심선을 향하는 중심축 주변의 뼈 움직임 (내측 및 내회전)	발끝을 서로를 향하도록 하고 선 자세는 고관절에서의 내회전 고전적인 2번 자세에서 팔은 어깨 관절에서의 내측 회전
회내 pronation	전완(요척 관절)과 발에 모두 사용되는 동작 용어 전완에서 손바닥은 뒤쪽을 향하도록 돌리고 발에서 바깥쪽 가장자리는 외측 발목뼈를 향하여 움직임	서 있을 때, 발이 안쪽으로 말며 대부분의 체중을 발 안쪽에 두고 아치를 낮춤 발의 "윙winged" 회내 및 외번(발 바닥이 중심선에서 멀어지게 이동)
발의 회외 supination	전완(요척 관절)과 발에 모두 사용되는 동작 용어 전완에서 손바닥이 앞쪽을 향해 회전 발의 경우, 안쪽 가장자리가 내측 발목뼈를 향해 이동	서 있을 때, 발이 바깥쪽으로 말며 대부분의 체중을 발 바깥쪽에 두고, 아치를 높임 발의 "시클sickled" 외전 및 반전inverted (발바닥을 중심선을 향해 이동)
족저 굴곡 plantar flexion	시상면의 발목 관절에서 구부려 경골(정강이뼈) 앞쪽으로부터 멀어지도록 발가락을 움직임	발의 포인팅 또는 를르베relevé 동작
족배굴곡 dorsiflexion	시상면의 발목에서 구부려, 발가락이 경골(정강이뼈) 앞쪽을 향하도록 움직임	발의 굴곡 또는 플리에plies 동작
수평 굴곡 horizontal flexion	팔을 외전의 90도에서 시작하여 이동하여 가로면에서 전방으로 움직임	2번 자세에서 1번 아라베스크 동작으로 팔을 움직이는 경우
수평 신전 horizontal extension	팔을 굴곡의 90도에서 시작하여 이동하여 가로면에서 후방으로 움직임	1번 아라베스크에서, 2번 자세로 팔을 이동하는 경우
거상 elevation	견갑골(어깨뼈)의 상향 동작	어깨를 으쓱하는 것
하강 depression	견갑골(어깨뼈)의 하향 동작	어깨를 다시 중립 자세로 떨어뜨리는 것

상방 회전 upward rotation	견갑골 아래각(하부)을 외측 상향으로 움직이는 것이 포함되는 견갑골의 회전 동작 팔을 들어 올릴 때에만 발생함	견갑골이 2번 자세로부터 5번 자세로의 동작과 같은 팔의 더 큰 가동범위를 허용할 수 있도록 회전
하방 회전 downward rotation	견갑골 아래각(하부)을 내측 하향으로 움직이는 것이 포함되는 견갑골의 회전 동작 팔을 내릴 때에만 발생	팔이 5번 자세로부터 2번 자세로 이동하거나, 다시 중립 자세로 가는 견갑골의 복귀
전인 protraction	척추로부터 멀어지며 흉곽 앞쪽을 향하여 견갑골을 이동 신체 중심선으로부터 멀어지는 동작이기 때문에 견갑골의 외전	어깨가 앞쪽으로 둥글어지는 것처럼 보일 때, 견갑골이 전인
후인 retraction	견갑골이 척추를 향하며, 흉곽 앞쪽으로부터 멀어지도록 견갑골을 이동 (전인된 자세로부터 중립 자세로 복귀) 신체 중심선을 향하는 동작이기 때문에 견갑골의 내전	어깨가 둥근 자세로부터 넓게 펼쳐진 자세처럼 보일 때의 견갑골
외측 굴곡 lateral flexion	관상면에서 좌측에서 우측으로의 척추의 이동	측면으로의 굴곡
척추 회전 spine rotation	좌측에서 우측으로 이동. 수직축에서 척추가 회전하며, 척추의 나선형 동작	회전을 위한 스포팅spotting에는 경추의 빠른 회전이 요구
회선 circumduction	완전한 원을 형성하는 동작 굴곡, 외전, 신전, 내전의 연속적인 순서의 결과로 발생함	롱드장브Rond de jambe는 고관절에서의 회선

상지 Upper Extremities

상지 동작을 고려할 때, 대부분 팔의 움직임을 대표적으로 떠올릴 것이다. 팔은 움직일 때 독립적으로 움직이지 않는다. 즉, 몸은 상체의 다관절 움직임을 조정한다. 뻗기, 잡기 등 손, 손목, 팔꿈치, 어깨 관절, 견갑대와 같이 다중 관절의 움직임을 필요로 한다. 단순한 움직임에서조차 이러한 협응을 경험하고 학습하였을 것이다. 이러한 각각의 영역은 특정한 동작 및 근육 측면에서 개별적으로 설명될 수 있다.

요척 관절과 팔꿈치 Radloulnar Joint and Elbow 팔의 아래를 움직일 때, 발생하는 관절의 작용은 회전 작용(문손잡이를 돌리는 행위)과 경첩 작용(유리잔을 들어올리기)이다. 과학적 용어로 요척 관절의 이러한 두 가지 두드러지는 동작은 가로면에서 일어난다. 회외근이라 불리는 근육을 통해 야기되며, 이두근의 도움으로 이루어지는 *회외*supination와 방형 회내근, 원회내근으로 야기되는 *회내*pronation가 있다. 팔꿈치에는 두 가지 동작만 있으며 시상면에서 이루어진다. 첫 번째는 이두근, 상완근, 상완요골근을 통해 야기되는 *굴곡*flexion이다. 다른 하나는 삼두근에 의한 신전

extension이다. 이두근과 삼두근은 팔꿈치 관절의 힘이 더 큰 근육으로 간주된다. 팔굽혀펴기에는 삼두근이, 턱걸이에는 이두근이 작용한다.

어깨 관절 Shoulder Joint 어깨 관절은 다소 복잡하다. 세 면으로 모두 움직이도록 되어 있다. 세 가지 근군(대흉근, 삼각근, 광배근)이 어깨 관절의 힘 근육으로 간주되며 이들은 표재성 근육이다(피부에 가장 가까운 근육). 네 개의 작은 근육(극상근, 소원근, 극하근, 견갑하근)이 회전근개로 알려져 있으며 이들은 심부 근육이다(뼈에 가장 가까운 근육, 그림 2.6 참조). 이러한 근군의 주요 기능은 관절의 안정화이다. 이러한 일반적인 개요로부터, 각 면의 동작은 특정 근육 측면에서 동작을 만들어내는 것을 묘사할 수 있다.

굴곡flexion은 전방 근육으로부터 만들어진다. 대흉근의 상부(쇄골부라고도 불린다)와 전면 삼각근. 신전 근육은 후방이다. 광배근(항상 신전과 함께 작용하는 더 작은 근육, 대원근이라고도 불린다)과 후면 삼각근으로 이루어져 있다. 외전abduction은 중삼각근과 극상근에 의해 야기된다. 내전adduction은 광배근, 대원근, 후면삼각근, 대흉근에 의해 발생된다. 외측 회전outward rotation은 소원근, 극하근, 후면 삼각근에 의해 만들어진다. 내측 회전inward rotation은 견갑하근, 대흉근, 전면 삼각근, 광배근, 대원근을 통해 만들어진다. 수평 굴곡horizontal flexion은 대흉근, 전면 삼각근, 견갑하근, 오훼완근에 의해 이뤄진다. 수평 신전horizontal extension은 후면 삼각근, 광배근, 대원근, 극하근, 소원근에 의해 만들어진다. 넓은 의미에서 전방 근육은 상완골을 신체 앞쪽으로 움직이며(굴곡, 내측 회전, 수평 굴곡), 후방 근육은 상완골을 신체 뒤쪽으로 움직인다(신전, 외측 회전, 수평 신전). 어깨 관절의 근육을 기억하는 쉬운 방법은(그림 2.7 참조) 면과 방향에 대해 생각하는 것이다.

견갑대Shoulder Girdle 상완골이 움직일 때(팔 동작을 할 때), 이러한 작용을 하기 위해 견갑골도 움직인다. 이러한 관계는 견갑 상완골 리듬이라고도 불린다. 견갑대에서는 세 쌍의 동작(거상/하강, 전인/후인(외전/내전), 상향 및 하향 회전)이 이루어진다. 거상elevation은 견갑거근,

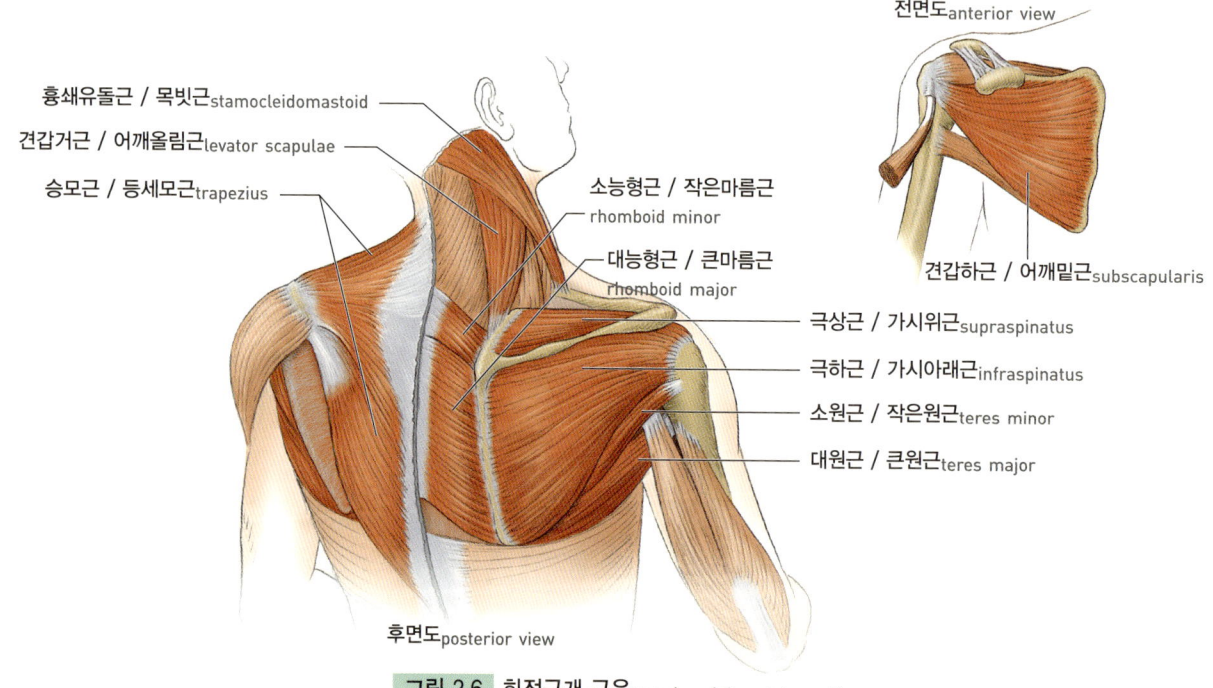

그림 2.6 회전근개 근육muscles of the rotator cuff

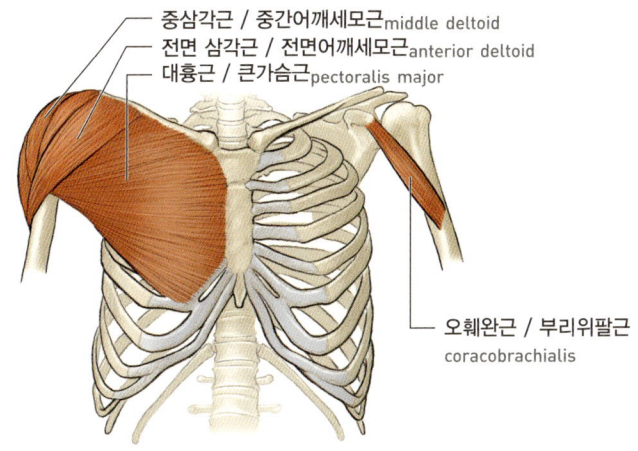

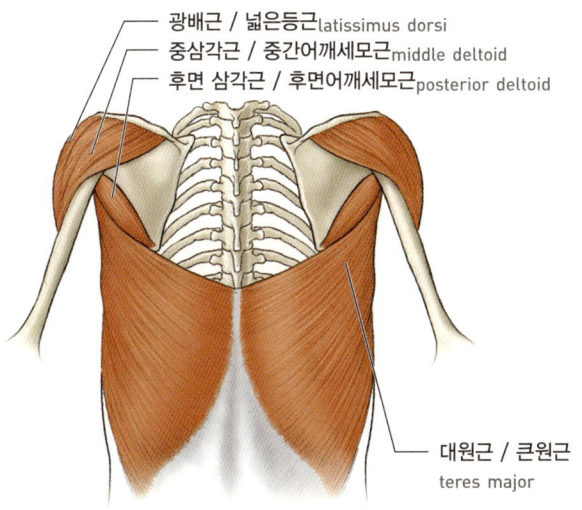

그림 2.7 어깨 관절 근육 Muscles of the shoulder joint

능형근(승모근까지의 심부), 승모근의 상부(등쪽의 대형 삼각근)에 의해 만들어진다. 하강depression은 앞쪽의 소흉근과 등쪽의 승모근 하부에 의해 이뤄진다. 전인protraction은 전거근(갈비뼈 앞부분과 견갑골을 연결)과 소흉근에 의해 만들어지며, 대흉근까지의 심부에 위치한다. 후인retraction은 중부 승모근과 능형근에 의해 이뤄진다. 상향 회전upward rotation은 세 가지 근육(승모근 상부와 하부, 전거근)이 함께 작용하여 이루어진다. 하향 회전downward rotation은 능형근과 소흉근에 의해 이루어진다.

동작 기능 측면에서 팔을 몸의 양측에 늘어뜨리고 거상/하강 및 전인/후인을 수행할 수 있다. 재즈 댄스 수업에서 어깨의 롤roll 동작은 사실 견갑대의 네 개 동작을 결합하는 것이다. 그러나 상향 및 하향 회전은 상완골이 움직일 때에만 일어날 수 있다. 즉, 팔을 앞으로 또는 옆으로 움직일 때(상완골 굴곡 또는 외전), 견갑대는 팔 높이에 맞도록 상향 회전해야 한다. 유사하게 상완골이 다시 중립 위치로 돌아오면서 견갑대는 하향으로 회전한다.

하지 Lower Extremities

인간은 영유아기부터 걷기 때문에 하지의 다관절 협응은 매우 자연스럽고 흔한 운동이라 할 수 있다. 단순한 걷기의 경우에도 발, 발목, 무릎, 엉덩이의 관절을 조직해야 하며 일부 동작은 세 면으로 모두 움직인다. 이러한 각각의 영역은 특정 동작과 근육 측면에서 개별적으로 설명할 수 있다.

발과 발목 Foot and Ankle 발과 발목의 근육을 네 가지 사분면의 관점에서 생각해보자. 전방, 후방, 내측, 외측. 전방 근육은 발목을 배측 굴곡dorsiflex시킨다. 이러한 전방 근육은 전경골근, 제 3비골근, 장지신근, 장무지신근이다. 후방 족저근은 발목을 저측 굴곡plantar flex시킨다. 이러한 근육은 비복근(표재성)과 비장근(심부)이다. 이러한 두 근육에는 발목 뒤쪽에 아킬레스건이라고 불리는 결합된 힘줄이 있다. 점프, 를르베relevé와 같은 활동은 저측 굴곡을 사용하는 동작의 예이다. 발목은 내측과 외측으로 움직이지 않으며 이러한 두 사분면의 근육은 발의 동작을 야기한다. 내측 사분면은 후경골근, 장지굴근, 장무지굴근으로 구성되며, 이러한 근육들은 발을 외전시킨다. 전경골근은 외전에 기여한다. 외측 사분면은 장비골근과 단비골근으로 구성된다. 이러한 두 근육은 제 3비골근과 장지신근과 함께 발을 회내pronate시킨다. 세 개의 비골근은 모두 외측 종아리 근육에서 비골에 부착되기 때문에 종아리근으로도 불린다.

일반적으로 발의 근육은 크게 두 가지로 나뉜다. 한 그룹은 발 자체에 내재적이며 발 안에서 부착이 이루어진다. 나머지 한 그룹은 외재적이며 발에서 원위 부착되는 하퇴부에서 근위 부착이 이뤄진다. 발 근육이 무엇을 하는지 이해하기 위한 가장 단순한 지침은, 그 이름을 분해하는 것이다. 발의 많은 근육은 이름에서 세 개의 단어가 포함된다. 네 사분면에 대한 설명에서 이미 이러한 근육들의 일부를 접하였다. 명칭에서 첫 번째 단어는 근육이 하는 일을 말해준다. 두 번째 단어는 그 근육이 엄지 발가락에 영향을 미치는지 아니면 나머지 네 개 발가락에 영향을 미치는지를 알려준다. 세 번째 단어는 그것이 내재적인지(짧은) 아니면 외재적인지(긴)를 말해준다. 예를 들어, 장무지굴근은 엄지 발가락을 굴곡시키는 근육이며 후방 종아리에 위쪽으로 부착된다. 장지신근은 나머지 네 개의 발가락을 신전시키는(과신전시키는) 근육이며 종아리에서 외측으로 부착된다. 발에서 중요한 근군은 심부 내재근이라 불린다. 이들은 발바닥의 작은 근육이며 중요한 아치 모양을 지탱하며 운동 및 거상 작업 시 활성화된다(그림 2.8 참조).

무릎Knee 무릎은 시상면에서만 움직이기 때문에 근육은 신근 또는 굴근으로 묘사될 수 있다. 신전extension은 전방 근육에 의해 만들어지는데, 이러한 근육은 하나의 그룹으로서 사두근이라 불린다. 세 개의 광근(외측 광근, 중간 광근, 내측 광근)만 무릎에 영향을 미친다. 네 번째인, 대퇴직근 또한 고관절 움직임을 초래한다. 이러한 네 개 근육은 모두 슬개골이 포함되어 결합된 힘줄로 합해져 경골 상단에 부착된다. 굴곡flexion은 많은 근육에 의해 야기되며 몇몇 근육은 고관절에도 영향을 미친다. 이러한 작용은 다음의 고관절 항목에서 묘사된다. 첫째, 햄스트링은 무릎에 외측(대퇴이두근)과 내측으로(반막양근과 반건양근) 교차되는 전방 근육이다. 봉공근은 원위 대퇴골의 뒤쪽을 감싸고 있으며, 전경골에 부착된다. 이는 신체에서 가장 긴 근육이다. 박근은 허벅지 안쪽의 얇은 근육으로 무릎 굴곡을 돕는다. 게다가 무릎이 완전히 신전되면, 대퇴골은 경골에 비하여 안쪽의 회전 위치로 움직인다. 이는 스크류-홈 메커니즘이라고 불린다. 오금이라 불리는 작은 근육은 완전한 신전으로부터 무릎의 굴곡을 개시하며, 대퇴골을 다시 하퇴와 정렬 상태로 되돌린다.

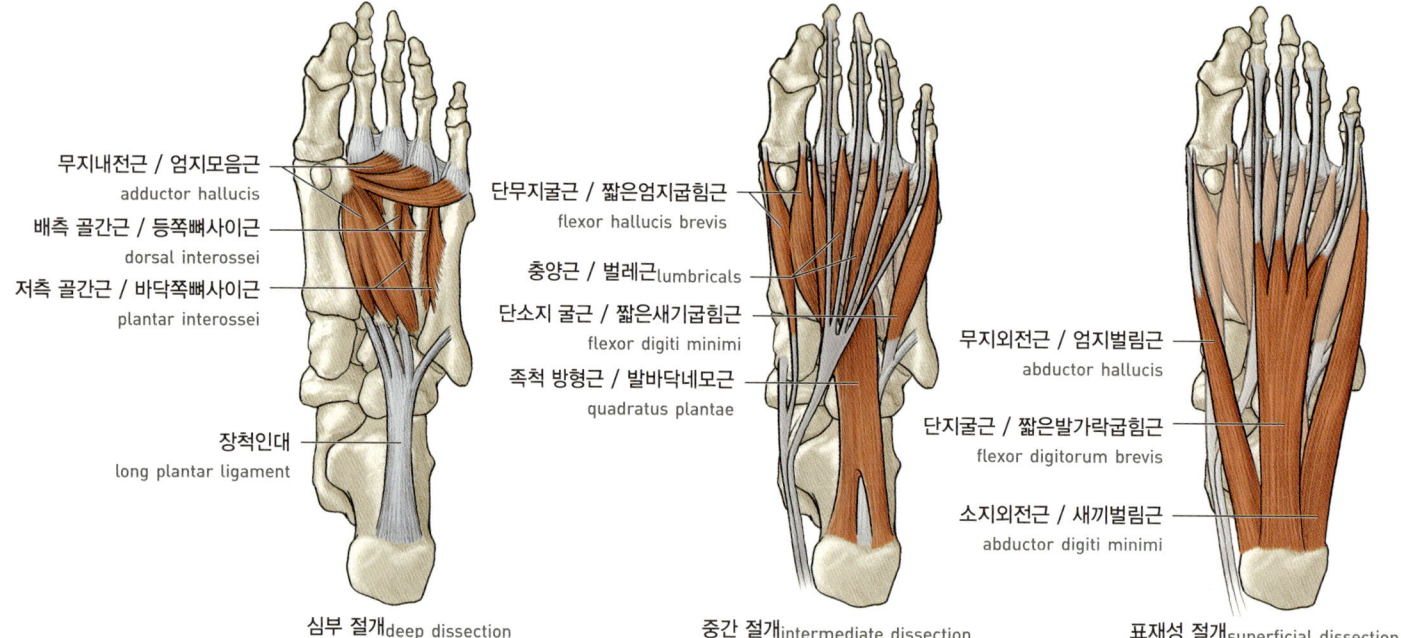

그림 2.8 발의 내재근 층intrinsic layers of the foot

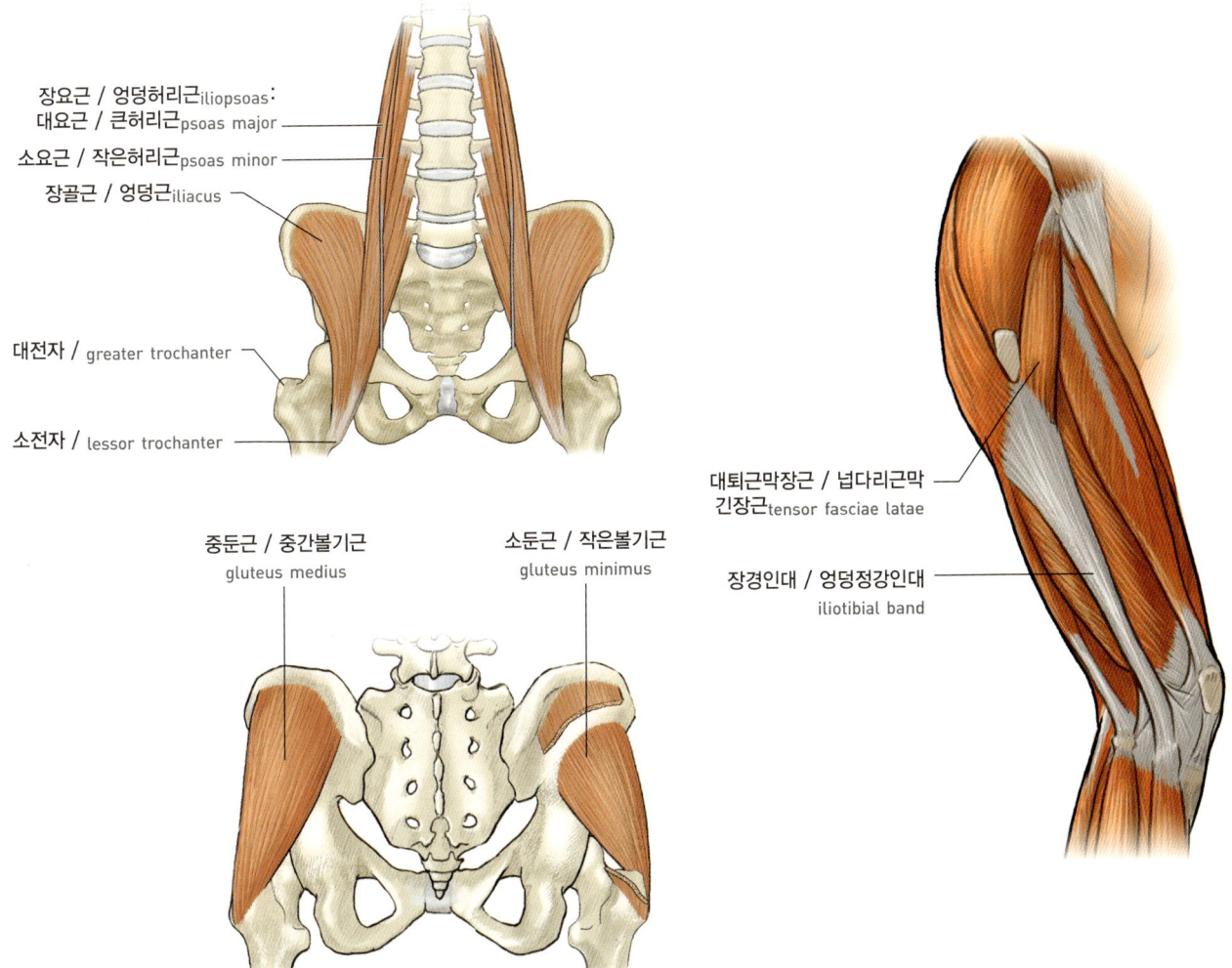

그림 2.9 고관절 근육 muslces of the hip

고관절Hip 어깨 관절과 마찬가지로, 고관절(그림 2.9)은 세 가지 면으로 모두 움직인다. 굴곡을 만들어내는 다섯 개의 고관절 근육은 봉공근, 대퇴근막장근(TFL), 대퇴직근, 장요근, 치골근이다. 대퇴근막장근은 외전에 도움을 주며 장경(IT) 인대에 부착되기 때문에 외측 무릎을 안정화시킨다. 장요근은 두 개의 근육, 장골근과 장요근이다. 장요근은 척추에서 시작된다. 척추에 미치는 영향은 본 항목에서 논의될 것이다. 장요근은 장골근과 만나며 결합된 힘줄은 내측 대퇴골에 부착된다. 장요근은 복부 내장 깊이 위치한 유일한 고관절 굴근이다. 치골근은 내전에 도움을 준다. 신근은 햄스트링이며 무릎 구역에 따라 이름이 붙여졌으며 좌골에 부착된다. 또 다른 고관절 신근은 대둔근이며 아라베스크와 같은 고관절 과신전에서 매우 활성화된다. 고관절의 외전은 중둔근과 소둔근에 의해 만들어진다. 중둔근은 걷기와 한 다리로 서기 자세에서 중요하다. 내전은 대퇴부 안쪽의 근군에 의해 만들어진다. 대내전근, 장내전근, 단내전근, 소내전근, 박근도 도움을 준다. 고관절에서 6개의 심부 외측 회전근은 이상근(가장 상부), 하쌍자근과 상쌍자근, 내폐쇄근과 외폐쇄근, 대퇴방형근(가장 하부)이다. 이러한 6개의 소근육은 대퇴골의 어떠한 움직임에서도 외측 회전에 기여할 수 있는 반면, 대둔근 또한 외측 회전근이며 주로 신전/과신전에서 활성화된다. 유사하게 봉공근도 고관절 굴곡에서 외측 회전에 기여할 것이다. 내측 외전근은 대퇴근막장근로부터 도움을 받는 중둔근과 소둔근 등의 외전근과 같다. 어떤 사람들은 장요근이 외측 회전에 기여한다고 말하며 어떤 사람들은 장요근이 내측 회전에 기여한다고 말하지만 이러한 이론을 뒷받침할 수 있는 결정적인 증거는 없다.

몸통: 머리, 척추, 골반 Trunk: Head, Spine and Pelvis

몸통은 단순하게 전방 근육과 후방 근육을 갖춘 것으로 여겨질 수 있다. 흉추thoracic와 요추lumbar의 굴곡을 야기하는 근육은 층으로 구성된다. "식스팩six-pack"으로 알려진 표재성 근육은 복직근rextus abdominis이다(그림 2.10). 외복사근extenral obliques과 내복사근internal obliques은 대각선으로 놓이며 본질적으로 복직근 아래가 아니라 몸통의 양측에 놓인다. 이러한 모든 근육의 심부에는 복횡근abdominis이 있는데 이는 척추를 전혀 움직이지 않는다. 안정화 기능을 하는 근육이며 척추 굴근은 아니다. 경추spine(목)의 굴곡은 흉쇄유돌근sternocleidomastoid 및 주로 안정화에 기여하는 더 깊은 사각근scalenes에 의해 이루어진다. 신전을 일으키는 척추 근육은 주로 두 가지로 나뉜다. 표재성 그룹은 척추 기립근erector spinae으로 불리며 세 부분으로 나뉜다. 또한 이러한 근육은 섬유가 몇 개 척추에 걸쳐 가로지르기 때문에 겉근육으로 알려져 있다. 척추 기립근 아래에는 심부 신전근deep extensors이 놓여 있으며 이는 다열근multifidi, 회전근rotatores과 같은 몇 개 그룹으로 나뉜다. 이와 같은 근육은 두 개 또는 기껏해야 세 개의 척추만을 가로지르기 때문에 환절 근육segmental이라고 불린다.

몸의 측면, 추선 바로 뒤에 있는 근육은 요방형근quadratus lumborum(QL)이다. 신전에 기여하지만 주 기능

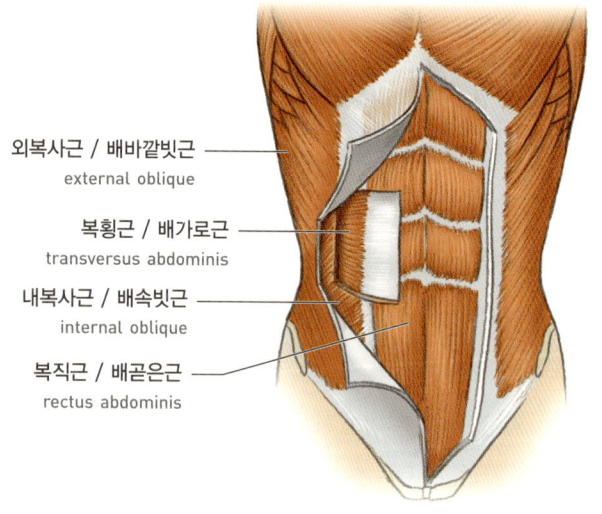

그림 2.10 복근Abdominal muscles

외복사근(배바깥빗근)의 좋은 예

은 골반에서 특히 이동 시, 갈비뼈를 안정화시키는 것이다. 외측 굴곡lateral flexion(측면 굴곡side bending)은 한 쪽의 모든 전방 및 후방 근육에 의해 야기된다. 척추 회전spinal rotation은 모든 네 사분면의 근육을 모두 포함한다(전방 우측, 전방 좌측, 후방 우측, 후방 좌측). 예를 들어, 좌측으로의 회전에는 우측 외복사근right external obliques, 좌측 내복사근 left internal obliques, 우측 심부 신전근right deep estensors, 좌측 척추 기립근left erector spinae이 포함된다. 목에서 흉쇄유돌근은 반대쪽 회전을 만들어내는 역할을 한다. 즉, 좌측 근육은 우측으로 목을 회전시키는 역할을 한다.

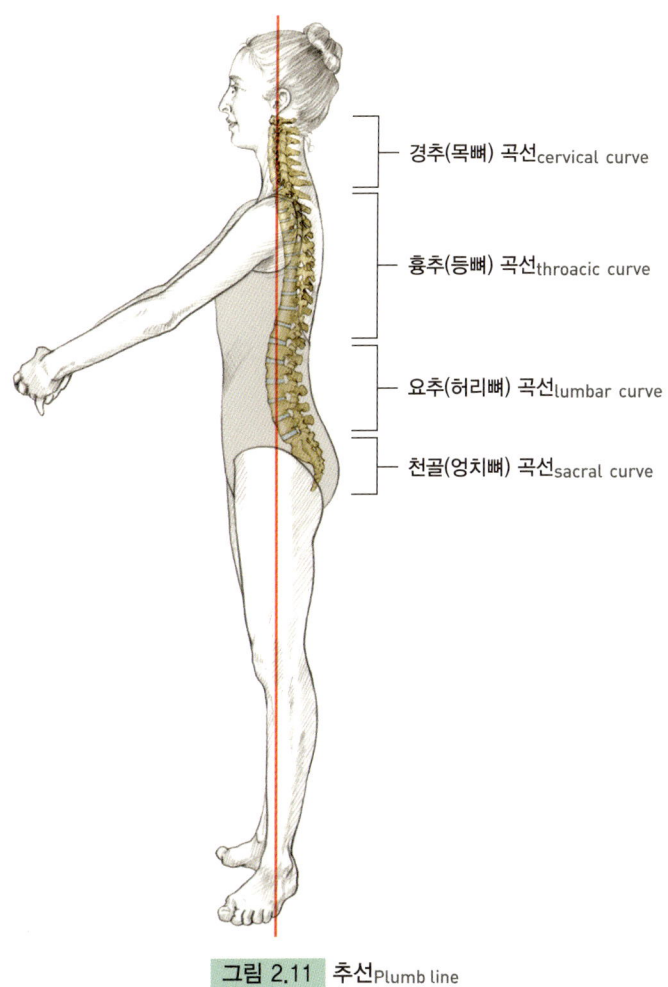

그림 2.11 추선Plumb line

> **역량강화하기**
>
> **트레이닝에 대한 적극적인 이해**
>
> 동작의 면과 동작 용어를 이해함으로써 무용 동작에서 발생하는 정확한 원리와 통찰력을 얻을 수 있다. 또한 신체의 선과 움직임 행위에 대해 명확하게 학습할 수 있는 방법을 얻을 수 있다. 어떤 근육이 무용 동작에 관여하는지를 이해함으로써 어떻게 무용 동작을 성취하고 싶은지에 대한 명확한 이미지를 떠올릴 수 있게 된다. 이와 같은 방식으로 무용수 스스로 자신의 트레이닝과 예술성에 대해 적극적으로 관여할 수 있다.

정렬 Alignment

무용 웰니스에서 첫 번째 목표 중 하나는 무용 연습에 적절한 정렬 문제를 다루는 것이어야 한다. 다시 말해, 신체 부분들이 어떻게 조직되어 자세와 동작을 이루는지를 검토해야 한다. 제대로 정렬 된 신체는 미적으로 만족스럽고 관절과 근육을 덜 소모시키며 파열을 덜 야기하기 때문에 부상을 줄이고 무용수의 경력을 더 길게 하는 요인으로 해석될 수 있다. 정렬을 평가할 수 있는 가장 쉬운 방법은 스스로 측면으로 바라보고 추선을 관찰하는 것이다(그림 2.11 참조).

추선과 척추 변화 Plumb Line and Spine Variations

추선plumb line은 머리 위, 귀 중심, 중심 경추체, 견갑대의 바깥 돌기 끝, 중심 요추체, 대퇴골의 머리, 무릎 관절의 중심, 발목 관절의 중심으로부터 그려지는 상상의 선이다. 몸의 정렬이 제대로 되어 있다면 추선은 중력을 기준으로 수직이 된다. 발의 위치에 따라 보통의 무용수들은 여러 정렬의 자세가 될 수 있다는 것을 떠올려 보자. 예를 들어, 무용수가 5번 자세의 턴아웃보다 1번 자세의 턴아웃에서 더 잘 정렬된 자세로 서 있게 된다. 이러한 차이를 설명할 수 있는 이유는 뒤에서 더 논의된다(이 책의 3장을 읽고 이러한 컨디셔닝을 스스로 개발할 수 있을 것이다).

척추의 변화는 신체 정렬에 영향을 미친다. 대부분의

이러한 변화는 적절한 컨디셔닝 프로그램을 통해 교정할 수 있다. 가장 일반적인 척추 변화는 다음과 같다.

> 거북목 자세(경추 과신전cervical hyperextension)
> 말린 어깨(전인된 견갑골protracted scapulae)
> 거상된 어깨(거상된 견갑골elevated sacpulae)
> 익상 어깨뼈(익상 견갑골scapula alata ; 내부 경계 견인)
> 말린 흉부 또는 과장된 흉곽 곡선(척추후만증kyphosis)
> 갈비뼈 전인(흉부 척추 기립근thoracic erector spinae 의 과도한 긴장)
> 굽은등 또는 척추전만증 lordosis(골반 전방 경사 anterior pelvic tilt)
> 밀려 들어간 골반(골반 후방 경사posterior pelvic tilt)
> 척추 측방 만곡(척추측만증scoliosis 또한 척추 회전도 포함되며, 척추의 어느 부분에서라도 일어날 수 있다)

상지의 정렬 Alignment of the Upper Extremities

잘 정렬된 신체의 경우, 등 뒤에서 볼 때 견갑골이 흉곽에 편평하게 놓여 있다. 측면에서 볼 때, 어깨는 전방으로 둥글게 말린 것으로 보이지 않는다. 사실 무용수가 아닌 경우, 견갑골은 추선에 전방으로 30도 기울어져 있지만 무용수는 가슴 앞을 열어 추선에 어깨뼈를 정렬시키려고 노력한다. 앞에서 볼 때, 쇄골은 아주 약간의 V자 모양만을 이루거나 또는 바닥과 평행해야 한다. 과장된 V자 모양은 거상된 어깨를 암시한다.

역동적인 동작에서 대부분의 무용 연습에는 긴 목과 열린 가슴의 모습을 필요로 한다. 따라서 무용 훈련 시, 견갑대의 거상과 전인을 억제하고, 팔을 활발하게 움직일 때에도 견갑골을 중립 위치에 유지하려고 노력해야 한다. 처음에는 이러한 패턴이 상체의 긴장을 초래할 수 있지만, 결국 유지하기 쉬운 습관이 될 것이다.

하지의 정렬 Alignment of the Lower Extremities

중립 골반의 의미를 이해하는 것은 어려울 수 있다. 해부학적 용어로 중립 골반neutral pelvis은 전상장골극anterior superior iliac spine(ASIS: 골반 앞쪽에 돌출된 두 개의 뼈, 볼기뼈라고도 불림)이 치골 위에서 수직으로 정렬되어 있는 골반과 척추의 구조이다. 치골이 더 앞쪽에 있으면 골반은 밀어 넣은tucked 상태가 되며 ASIS 뼈가 더 앞쪽에 있다면 골반은 전방으로 기울어지거나 전만swayback 된다.

하지의 또 다른 정렬 문제에는 고관절, 무릎, 발목, 발의 구조가 포함된다. 무용수가 평행한 드미 플리에demi-plié 자세에 있을 때, 일반적으로 고관절의 중심은 무릎 관절 중심 바로 위에 있어야 하며, 무릎 관절은 또한 발목 관절 중심의 바로 위에 있어야 한다. 발의 무게는 제 1중족골(엄지발가락의 반대)과 5번 중족골(새끼발가락의 반대), 뒤꿈치의 중심으로 만들어진 삼각형 내에 고르게 분포되어야 한다. 어떠한 턴아웃 자세에서라도(1번, 2번, 4번, 5번 자세), 발 위에 무릎의 정렬과 체중의 고른 분포가 여전히 주요한 목표가 되어야 한다. 일부 무용수들은 경골이 다리로 내려가면서 뒤틀리는 경골 비틀림tibial torsion이라고 불리는 질환이 있기도 하다. 이러한 경우, 무릎은 플리에 상태의 발 위에 있지 않을 것이며 중심이 고르게 분포되지 않을 수 있다. 무용 교사나 물리 치료사에게 경골 뒤틀림에 대해서 평가해달라고 요청하는 것도 필요하다.

마지막으로 신체가 제대로 정렬되어 있다면 발은 어떠한 자세 또는 를르베relevé 자세에서 외전되지도 내전되지도 않는다. 이러한 내전 또는 외전의 조건은 강제 턴아웃 또는 발목과 발 근육의 약화 및 통제 부족과 같은 고관절에서의 문제에 의해 야기될 수 있다. 왜 이러한 질환이 존재하는지를 결정하기 위해서, 자기 평가를 해볼 수 있으며, 교정 프로그램을 만들거나 턴아웃 패턴을 다시 잡기 위한 노력을 할 수도 있다.

발의 내전뿐 아니라, 해부학적으로 좀 더 턴아웃된 모습을 달성하기 위해서 다른 두 가지 보완 조치를 할 수도 있다. 첫 번째는 골반이 전방으로 기울어지도록 하는 것이며 이는 고관절을 약간 구부려 보다 더 턴아웃의 상태를 만들어내는 것이다. 무용수들은 그 밖의 선 자세보다는 5번 자세에서 턴아웃을 더 강요하는 경향이 있으며 5번 자세에서 골반이 더 많이 경사를 이루게 되는 것도 이 때문이다. 두 번째는 무릎에서의 회전torquing이다. 무릎이 안으로 들어가거나 체중 부하가 없거나 굴곡되는 경우, 하퇴부(경골) 대퇴부를 기준으로 외측으로 회전할 수 있다. 때로 무용수들은 이러한 과정을 사용하여 턴아웃 자세로 들어가며 이후 다리를 곧게 펴려 한다. 그러나 이 동작은 무릎 인대에 엄청난 부담을 주며 무용을 할 때 이러한 연습은 피해야 한다.

무용 기법에서 특정한 개념들
Specific Concepts in Dance Technique

테크닉technique은 코어 지지, 턴아웃과 같은 기능적인 신체 요소들로부터 회전, 엘레바시옹elevation 스텝, 균형 잡기와 같은 구체적인 무용 기술에 이르는 다양한 훈련의 측면을 다루는 꽤 광범위한 개념이다. 여기서는 이러한 일부 주제에 관한 개요를 제공하지만 이는 기술적 훈련에 대한 철저하고 완전한 논의라고 할 수는 없다. 일부 무용 교사들은 심미적 가치로부터 기술적 훈련에 접근하며 특정한 기준으로부터 동작의 모습과 아름다움을 강조한다. 그러나 여기서는 심미적인 관점이 아니라 건강과 웰빙 관점으로부터 이러한 트레이닝의 이면들에 대해 설명하였다.

코어 지지와 척추의 사용 Core Support and Use of the Spine

신체 앞쪽의 표재성 근육들을 조인다면, 코어를 사용하고 있다고 생각할 수도 있다. 사실 코어 근육은 신체 깊은 곳에 자리하고 있으며 이러한 표재성 근육보다 척추에 더 가까이에 있다. 코어 근육은 복횡근, 요추 다열근(심부 신전근의 일부), 골반 바닥, 횡격막이다. 코어 지지가 제대로 된다면 가동 범위나 용이성의 범위를 제한하지 않고 균형 및 부상 예방에 도움을 준다. 코어 지지 근육을 사용하면 허리에서 좁아지는 감각, 아랫배 부분이 움푹 들어가거나 끌어 당겨지는 느낌, 호흡 패턴에서 자유로운 느낌이 생기게 된다. 많은 컨디셔닝 및 훈련 시스템에서는 코어 근육을 활성화하는 데 있어서 무용수들에게 도움을 주기 위한 방법들을 개발하였으며 어떠한 한 가지 방법이 최고라고 할 수는 없다(더 자세한 정보는 제 3장과 본 장의 참고 문헌을 참고하면 된다).

척추의 움직임은 코어 지지를 제대로 하며 모든 방향에서의 신장elongation 자세에 주의를 기울이는 한, 완전한 가동 범위를 탐색할 수 있다. 예를 들어, 아라베스크의

 스스로 진단하기

정적 정렬과 동적 정렬
Static Versus Dynamic Alignment

때로 자세가 제대로 정렬이 되었다는 느낌을 받지만(바와 중심에서), 역동적인 이동으로 넘어가면서, 어느 정도는 정렬이 나빠지면서 좌절감을 느낄 수도 있다. 사실 이동하는 동작 시, 신체를 정렬하는 것은 훨씬 더 복잡하다. 정렬을 맞추기 위해서, 수업 초기에 의식적인 주의가 필요하다면, 복잡한 콤비네이션 동작에 주의가 쏠리게 되면, 정렬이 흐트러질 것이다. 제대로 된 정렬이 습관적이고 무의식적인 것이 될 때까지는, 아마도 이러한 정렬을 복잡한 동작으로까지 끌고 가지 못할 것이다. 이 과정은 근육이 각 관절에서 제대로 된 정렬을 지탱할 수 있을 만큼 충분히 강하고 유연한지 여부보다는, 뇌와 동작의 신경 요소들과 더 관련이 있다. 무용 수업에서 파트너와 함께 작업하는 경우, 서로 번갈아 가며 옆에서 평가를 해주도록 한다. 뼈의 중요한 특징들이 추선과 정렬되어 있는지를 평가하도록 한다. 또한 드미 플리에 시 서로를 쳐다보고, 고관절-무릎-발의 정렬을 평가한다. 마지막으로 복잡한 동작을 하는 모습을 서로 지켜보고, 제대로 된 정렬이 유지되는지를 살펴본다.

경우, 관절 공간을 완전히 으스러뜨리거나 무너지게 하여 허리를 쉽게 아치 모양으로 만들 수 있다. 그러나 이러한 척추 부위를 아치 모양으로 만들면서 여전히 관절 공간을 신전시키거나 유지할 수도 있다. 이러한 동작은 허리를 부상으로부터 보호해줄 뿐 아니라 심미적으로도 훨씬 더 보기가 좋다. 척추의 흉부는 가동 범위가 가장 많이 제한되며 컨디셔닝 프로그램에서는 이 부위에서 점점 가동 범위를 증가시킬 수 있도록 시간을 들여야 한다. 모든 기법이나 무용 유형에서는 모양 설계뿐 아니라, 근육 노력에 있어서도 척추를 다른 방식으로 사용한다. 이는 매우 제한적이며 저항적인 동작에서부터 중력으로의 완전한 해방에 이르기까지 범위가 다양할 수 있다. 이러한 다양한 동작들과 그 역동적인 속성을 구별해야 하며, 신체가 각각의 동작을 안전하고 효과적인 방식으로 수행할 수 있도록 훈련해야 한다.

턴아웃 Turn out

고관절에서 외측 회전을 통해 적극적인 턴아웃을 만들어 낼 수 있다. 턴아웃에 해부학적으로 기여하는 부위는 하퇴부와 발까지 내려가지만 무릎에서의 회전, 발의 내전과 같은 이러한 추가적인 메커니즘을 턴아웃에 추가시키려고 억지로 노력해서는 안 된다. 받아들여야 하는 아마도 가장 중요한 아이디어 중 하나는 턴아웃이 정적인 자세가 아니라는 것이다. 턴아웃은 수업 및 안무 전반에 걸쳐 지속되는 연속적인 활동이다. 더 중요한 점은 턴아웃이 바를 잡고 유지하는 자세보다는, 점프 착지 시에도 유지되어야 한다는 것이다. 이러한 역동적인 패턴화가 습관이 될 때까지 계속해서 주의해야 하며, 그렇지 않으면 하퇴부 부상의 위험이 있다. 형상화, 보충 연습, 구두 신호, 감각 피드백 등 어떠한 방법을 통해서라도 이러한 패턴화를 확립할 수 있는 개인적인 방법을 찾아야 한다.

주도적인 자세를 취하고, 턴아웃 노력에 있어서 교사의 신호나 교정 조치에 의존하지 않음으로써 자신에게 맞는 훈련 방법을 강화시킬 수 있다. 기능 평가에 경험이 있는 전문가를 찾아보거나 턴아웃에서 수동적 및 능동적 가동 범위가 무엇인지에 대해 찾아보는 것도 도움이 될 것이다. 수동적 측정과 능동적 동작에서 얻을 수 있는 것 사이에서 큰 차이가 존재하는 경우, 능동적인 근육 사용과 통제를 높일 수 있도록 연습해야 한다.

팔의 사용 Use of Arms

각각의 무용 기법과 유형들은 팔의 사용에 다르게 접근한다. 현대 무용에서조차, 팔의 사용에서 광범위한 형태 및 노력이 존재한다. 아마도 훈련에서 중요한 문제는 이러한 차이를 인지하고, 여러 수업에 참여하면서 유형별로 변화를 줄 수 있는 방법을 찾는 것이다. 이런 식으로 다방면에서 실력을 갖추게 되며 자신의 훈련에 대한 책임을 질 수 있게 된다. 팔의 사용에서 아마도 좀 더 보편적인 특징 중 하나는 길어진 목과 열린 가슴의 심미학일 것이다. 앞서 언급한 바와 같이, 팔이 완전 가동 범위를 거쳐 이동하면서, 중립적인 견갑골 정렬을 유지하기 위해, 견갑대에서 지속적인 하강 및 후인이 필요하다. 그러나 견갑대는 팔이 이동하면서 상향 및 하향으로 회전해야 하며 따라서 견갑골을 잠그거나 고정시킨다는 생각은 도움이 되지 않으며, 과도한 긴장을 유발할 수 있다.

최근 무용수는 상지의 힘을 증가시켜야 한다는 요구가 높아졌다. 첫째, 안무는 팔에 더 많은 체중을 부하시키며 많은 무용수들은 이러한 동작을 안전하게 하기에 충분한 힘이나 조절력을 갖추고 있지 않다. 둘째, 파트너와 함께 하는 작업은 점점 더 복잡해지며, 여성 무용수들은 들어 올려질 뿐 아니라, 다른 무용수들을 들어 올려야 하는 것으로 기대된다. 현재 이러한 작업을 기대하는 무용단이나 학교에 소속되어 있다면, 개인 프로그램의 일부로서 팔과 상체의 근력 훈련을 실시하는 것이 도움이 될 것이다.

하체와 발의 사용 Use of Lower Legs and Feet

하퇴부와 발은 아마도 상승작업(점프)에서 부상 가능성이 가장 높을 것이다. 점프 기술은 발과 발목에 있는 모든 외인성 및 내인성 근육에 힘과 속도에 가해지는 힘을 필요로 한다. 더불어 운동 패턴을 정리하는 뇌로부터 오는 메시지를 가리키는 뛰어난 운동 조절이 필요하다. 나아가, 한 테크닉에서 강한 점퍼jumper가 되는 것은 반드시 다른 테크닉에서 점프를 할 준비가 되어 있다는 것을 의미하지는 않는다. 예를 들어, 발레 무용수는 현대 또는 힙합 댄스 수업에서 주어진 평행한 위치에서 안전하게 점프를 할 수 없을 수도 있다.

점프 스타일에 상관없이 착지는 항상 조절하고 부드럽게 해야 착지의 힘을 흡수할 수 있다. 점프를 위해 바닥을 밀어낼 때, 움직임을 만들어 내는 근육들이 짧아진다. 이 작용을 동심 수축concentric contraction이라고 부른다. 착지할 때 근육은 계속 활동해도 길어질 필요가 있다. 이 작용을 편심 수축eccentric contraction이라고 한다. 편심 수축은 훈련하기 가장 어려운 단계로서, 하퇴부를 부상으로부터 보호하는 것이기도 하다.

무용수는 긴 인대로 인해 무릎 뒤가 굽혀지는 과신전된 무릎hyperextended knees을 가질 수 있으며, 또한 발을 내전, 외전 할 수도 있다. 이러한 움직임은 관절의 구조와 인대에 과도한 스트레스를 주게 되어 무게를 견딤에 있어 잠재적인 문제가 될 수 있다. 그러나 안무가 요청 시 제스처로 안전하게 사용할 수 있다. 만약 몸을 이런 식으로 정렬한다면, 무게 흡수로 돌아갈 때 관절이 중립 정렬로 돌아간다는 것을 알아야 한다.

이러한 논의는 기술 훈련과 무용 웰니스라는 가장 일반적인 분야만을 다루는 반면, 이 정보는 문제를 인식하고 더 많은 생각과 연구를 자극하는 데 도움을 줄 수 있다. 이런 식으로, 기술을 향상시키기 위한 개인적인 전략을 개발하기 시작할 수 있다. 미래의 개선을 위해 진보적인 목표를 설정할 수 있으며, 그 과정에서 자신만의 트레이너와 선생님이 될 수 있다.

무릎과 발이 우아하게 정렬된 아라베스크의 아름다운 예. 로미오와 줄리엣에서 카렌 캐인Karen Kain.
사진촬영 앤드류 옥센함Andre Oxenham. Courtesy of the National Ballet of Canada의 아카이브

> ### 📋 목표 설정하기
>
> **무용기법 훈련을 위한 단기 및 장기 목표의 설정**
>
> 무용 기법의 다양한 측면들을 이해함으로써, 단기 및 장기 목표를 수립할 수 있다. 예를 들어, 근육이 최적의 기능을 하기에 너무 약하거나 너무 긴장된 경우, 불균형을 바로잡기 위한 목표를 세울 수 있다. 1개월 안에 또는 1년 안에 달성하고자 하는 바를 기록하는 일지를 작성하고, 이러한 각각의 목표를 달성할 수 있는 계획을 설계한다. 목표 설정은 스스로 동기를 부여할 수 있는 탁월한 방법이며 변화하고자 하는 바에 너무 압도되지는 않도록 한다.

무용에서 운동 학습 Motor Learning in Dance

운동 학습 motor learning은 운동 기술을 만들어낼 수 있는 능력을 결정하는 연습 또는 경험을 통해 일어나는 변화를 말한다. 이러한 변화는 비교적 영구적이며, 운동 기술의 반복과 연관된다. 무용에서 운동 학습은 전형적인 인간의 운동 발달을 통해 습득되지 않는 기초 기술 및 정교한 기술을 학습할 수 있게 해주는 과정이다. 구체적인 예시에는 피루엣pirouette, 큰 점프, 균형 등이 포함된다. 게다가 운동 학습의 목표는 부드러움, 협응, 정확도를 향상시킴으로써 연기의 질을 개선시키려는 구체적인 목표를 갖고, 이러한 기술을 습득하는 것이다.

학습 과정 The Learning Process

운동 학습 과정에는 다음과 같은 중요한 단계가 포함된다.

1. 시연된 기술 관찰(지각) 및 집중 attention and observation (perception) of a demonstrated skill
2. 관찰한 바를 복제(실행) replication (execution) of what has been observed
3. 피드백 feedback
4. 반복(추가 연습) repetition(further practice)

대부분의 공식적인 무용 수업에서, 교사는 무용 콤비네이션 동작을 시연을 통해 보여주며 설명함으로써, 초기 정보를 제공한다. 그리고 나서 동작을 수행하며, 이러한 동작은 마음속에서 암호화된다. 반복을 통해서, 동작은 기억의 일부가 된다. 동일한 또는 유사한 동작이 요구되면, 마음속으로 이를 회상하여, 신체적인 실행으로 옮겨가야 한다. 운동 기술이 기억에 내포될 때까지, 이러한 수준의 실행에서 회상되는 것은, 그러한 과제의 이미지나 개념이지, 복잡한 연속적인 세부 사항들, 여러 신체 부위, 또는 개별적인 근육의 활성이 아니다. 이 단계는 운동 학습 과정의 최종적인 목표이다.

지각 Perception

교사가 무용 학생들을 위해 콤비네이션 또는 어떠한 기술을 시연하여 보여주면서, 주의 및 지각을 통해 운동 학습 과정이 시작된다. 지각에는 두 가지 요소가 있다. 첫째, 최근 경험을 관찰하고 정리하는 것이다. 둘째, 과거 경험을 기초로 그러한 관찰에 의미를 부여하는 것이다. 지각은 감각(시각, 촉각, 후각, 청각, 미각)에 따라 달라진다. 예를 들어, 교사가 1번 자세로부터 르띠레retire 자세로 변화를 주는 모습을 지켜보고, 이를 한 다리로 균형을 잡으려 했던 어린 시절의 많은 게임들과 연관시킬 수 있다. 또한 운동을 위한 음악을 들으며, 그러한 동작에 시간적인 맥락을 부여할 수 있다. 첫 번째 시도에서는 뇌에서 교사가 보여준 대로 부드럽고 잘 조정된 방식으로 이러한 변화를 달성하기 위한 전략을 추구하면서 약간 흔들거리거나 조정하는 작업이 포함될 것이다. 학습은 주의력을 통해 향상될 수 있지만(학습하고 있는 것, 또는 환경에 대한 의식적 집중), 지각은 꼭 주의력을 필요로 하는 것은 아니다.

감각 정보 외에도, 지각은 또 다른 감각 방식에 의존한다. 뼈, 근육, 힘줄, 인대, 관절, 피부에는 모두 자세나 동작을 하는 동안 정보를 받는 특수 조직(신경 세포)이 있으며, 이들은 이러한 정보를 뇌로 전송한다. 이러한 유형의 감각은 자기수용proprioception이라고 불린다. 뇌가 청소년기 일부 기간 동안 자기수용 정보를 활용하는 능력에는 상당한 변동성이 존재하며, 성장이 촉진되는 동안에는 결핍도 나타나게 된다. 무용수들이 이러한 성장 촉진 기간 동안 한 다리로 균형을 잡는 능력이 퇴보하는 경우가 있는데 이는 드문 일은 아니다. 이미 여러 피루엣을 성취하고 있으며 성장 촉진이 일어나고 있다면 갑자기 더 이상 이 과제를 성취할 수 없음을 깨닫게 될 수도 있다. 이 단계 동안에는 회전수를 줄이고 기술의 다른 운동 및 예술적 요소들에 집중하는 것을 고려할 수도 있다.

지각적 기술perceptual skills은 훈련을 통해 향상될 수 있는 기술이다. 지각적 기술에는 손-눈의 협응, 리듬, 시각적 구별, 공간적 구별, 신체 조절, 균형이 포함된다. 따라서 목표 중 하나는 선천적인 기술을 수업으로 가져오고, 이러한 능력을 미세하게 조정하는 것이다. 예를 들어, 일부 무용 학생들은 훈련이 이뤄지기 전에 선천적으로 균형을 잡는 능력을 쉽게 갖출 수도 있지만, 몸짓을 하는 다리의 고관절을 들어올리고, 몸통을 측면으로 기대는 자세를 취하여 주어진 과제를 수행할 수도 있다. 몸통의 수직 정렬과 골반을 서 있는 다리로 옮겨놓는 자세를 장려하는 피드백을 경청함으로써 기술을 미세하게 조정하는 법을 배울 수 있다.

지각에서 동작으로 From Perception to Movement

운동 학습은 지각을 통해 동작을 취하고 이러한 동작의 복제replication를 지속한다. 이 단계에서는 관찰한 과제를 해보려고 시도한다. 무용이나 동작 기술을 학습하는 것은 부분적으로는 정보가 어떻게 제시되는가에 달려 있다. 운동 학습은 일반적으로 세 가지 형태를 취할 수 있다. 시각적, 언어적, 운동학적kinesthetic(접촉 및 감각). 선호하는 학습 전략이 무엇인지를 인지하고 수업 시간을 최대한 활용할 수 있다. 또한 동료들이 해당 자료를 시도하는 모습을 관찰해보고 문제나 착오를 통해서 발전해 나아가는 것도 큰 도움이 된다. 다른 사람들이 시도해본 기술을 교정하고 개선해나가는 모습을 관찰함으로써 성공적인 전략이 무엇인지를 지켜보고 자신의 경험으로 이를 적용해볼 수도 있다. 이러한 과정은 실수를 저지르는 일이 무용에서 필수적인 학습 요소이며 과정의 자연스런 일부라는 아이디어를 장려할 수 있는 혜택을 부가시킨다. 실수를 할 것이라는 두려움에 압도된다면, 다음 단계로 나아가는 것을 제한할 수도 있다.

> ### 다양성에 도전하기
> ### 선호하는 학습 유형을 찾아보자!
>
> 자신의 학습 전략을 검토해보자. 무용 동작을 어떻게 학습하길 선호하는가? 시각을 통해 배우는 사람인가? 운동학적으로 배우는 사람인가? 언어적/분석적으로 학습하는 사람인가? 다음은 자신의 학습 전략을 어떻게 확장시킬 것인지를 생각해본다. 어떠한 학습 전략 유형을 더 잘 할 것 같은가? 이러한 유형의 학습 능력을 확장시키기 위해 어떻게 노력할 것인가? 자신의 학습 전략을 다양화한다면 더 많은 무용인들과 함께 일하는데 유익할 것이다.

피드백과 반복 Feedback and Repetition

지켜보고 직접 해보는 것은 운동 학습에서 가장 중요한 전략이 되어야 하며 특히 처음으로 어떠한 과제를 지켜보고 학습하는 경우라면 언어 지시는 부차적인 것이 되어야 한다. 동작 과제를 처음으로 시도한 후, 무용 훈련에는 상당한 반복이 포함된다. 이러한 전략에서 언어적 입력은 학습 과정에 중요한 요인이 될 수 있다. 무용을 예로 들자면, 이는 균형을 잡을 수 있을 만큼 충분히 골반을 서 있는 다리 위로 멀리 옮겨놓지 않았다고 말하는 것을 의미한다. 교사의 피드백을 들어야 하며 그러한 피드백이 어떤 내용에 관한 것인지를 확실히 이해해야 한다. 이러한 피드백은 운동 학습 과정의 중요한 요소이다. 피드백 없이 자료를 반복한다고 해서 연기가 향상되는 결과를 가져오는 것은 아니다.

여가 활동에서 전문가 이전 수준에서 전문가 수준으로 나아가면서, '자가-지도self-instruct'할 수 있는 역량과 지식을 발달시킬 수 있다. 동작 능력이 점점 더 발전하면서 실제 기술을 가르치는 데 있어서, 점점 교사에 덜 의존하게 되지만 예술적인 자질을 코치하는 데 있어서는 교사의 예술적인 전문지식을 최대한 활용할 수 있어야 한다.

목표 설정 및 스스로의 동기부여
Setting Goals and Motivating Yourself

목표를 설정하는 것은 학습 과정에서 중요한 부분이다. 피루엣을 시도하기 전이라 하더라도 피루엣을 보고 이것이 목표임을 안다면 점점 더 르띠레retire 균형을 연습하고 교정하려 할 수도 있다. 이러한 미래 지향적인 전략은 흥분과 기대를 자아내며 동기부여가 기술 습득의 핵심이 된다. 따라서 무용 수업을 위해 목표를 설정할 뿐 아니라, 긍정적인 태도를 갖고 있다면 학습과 성취에서 더 큰 성공을 거둘 것이다. 다시 말해, 스스로 동기 부여하게 될 것이다. 교정을 받기 전, 르띠레 균형을 시도하며 한 다리로 서서 균형을 잡는 자세를 하며 더 명확하게 체중을 이동시킬 수 있지만 팔의 자세가 여전히 정확하지 않다면, 팔 자세를 비판하기보다는 체중 이동을 향상시키는 데 있어서의 성공을 인정할 수 있는 기회가 된다. 나중에 다시 팔에 대해서 집중적으로 연습해볼 수 있다. 자신의 성공을 인정하고 누리도록 한다.

운동 학습에 영향을 미치는 추가적인 요인들
Additional Factors Affecting Motor Learning

무용수들의 경우, 운동 학습에서 두 가지 추가적인 요인에 특히 주목해야 한다. 첫째는 한 가지 상황에서 습득한 기술이나 지식이 다른 상황에서의 학습 기술과 문제 해결에 미치는 영향을 의미하는 훈련 전이transfer of training의 사용이다. 두 번째는 거울의 사용인데 이는 비록 스포츠 활동에서는 일반적이지 않지만 무용 훈련 환경에서는 자주 볼 수 있다.

훈련 전이 Transfer of Training

무용과 관련이 있는 운동 학습에는 훈련 전이라고 불리는 정보 전이transfer of information 개념이 포함된다. 발레에서는 바에서 기술을 연습하며, 센터에서 이를 반복한다. 유사하게 현대 무용 및 재즈 무용가들은 바닥에서 기술을 연습하고, 센터에서 이를 반복하기도 한다. 적지 않은 연구자 및 무용 교사들은 이러한 정보 전이가 예상대로 일어나는 것은 아니라고 주장하였다. 예를 들어, 바에서 하는 연습에서는 센터에서 필요로 하는 균형 잡기에 대비하지 못할 수도 있다. 유사하게, 바닥에서 기술을 연습함으로써 척추와 사지의 운동 패턴을 배울 수 있지만, 이들은 일단 서 있는 자세에서 이러한 기술의 기초에 필요한 균형 잡기 메커니즘에 대해서는 대비하지 못할 수도 있다.

또한 오래 전부터 무용 수업이 신체의 좌측과 우측의 균일한 발달을 촉진시킨다는 가정이 있었다. 그러나 최근 연구에 따르면, 신체의 좌측과 우측은 가정하는 것처럼 대칭적으로 훈련되지는 않는다. 우측은 종종 콤비네이션 동작을 표시하는 데 사용하는 쪽이며 신체 좌측에서 하는 운동의 반복수는 우측보다는 더 적을 수 있다. 또한 운동 학습 연구에 따르면, 선호하는 측(대부분의 무용수의 경우, 우측)으로부터 선호하지 않는 측으로의 정보 전이가 더 효과적이다.

거울의 사용 Use of Mirrors

오래 전부터 거울을 사용하는 것이 학습을 향상시킨다는

가정이 있었다. 그러나 증거에 따르면, 거울로부터의 시각적 정보는 왜곡되며(2차원) 이는 운동학적 인식과 학습을 약화시킬 수도 있다. 게다가 심리학 분야의 증거에 따르면, 지속적으로 거울을 사용하는 것은 자부심에 부정적인 영향을 미칠 수도 있다. 적어도 일부 수업 동안 스튜디오에서 거울에서 스스로가 보이지 않는 곳에 서서 연습을 하는 것도 고려해볼 수 있다.

전통적인 무용 수업에서는 훈련을 하며 예술성을 발달시킬 수 있는 많은 탁월한 기회를 제공한다. 동작 기술에 따라 자기인식을 발달시키면서, 개인적인 목표에 도달하고, 자신의 훈련에서 역량이 강화될 수 있다. 운동 학습 분야는 다가올 수업에 대해서 많은 것을 제공해주기 때문에, 수업이 안전하고, 생산적이며, 흥미로울 수 있다.

물리학의 적용
Applying Physics to Dance Movements

무용의 모든 동작들은 물리학의 원리가 적용된다. 물론 무용수들이 물리학 원리가 적용된다는 것을 의식적으로 인지하면서 춤을 추지 않을 수 있다. 분명한 것은 공통적인 원리인 균형, 회전, 점프가 적용된다는 것이다. 또한 회전에는 솔로 무용수 또는 파트너 연기의 턴, 각각 특징적인 원리가 존재한다. 그렇다면 춤을 추는데 물리학적 원리가 어떻게 활용되고 있는지를 이해하기 위해 몇 가지 구체적인 예를 살펴보자.

균형 Balance

무용에서 숨막히는 순간들 중 하나는 장관을 이루는 동작의 정지 상태가 예상 이상으로 길어질 때 일어난다. 이는 무용수가 특정한 신체 구조나 공간의 모양을 포착하여 겉보기에 무한한 것으로 보이는 자세를 유지하는 능력을 갖게 되는 순간이다. 이러한 자세를 찾는 데 있어서 근육을 움켜쥐거나 호흡을 정리하는 것은 도움이 되지 않는다. 오히려 균형 감각에 지장을 준다.

균형은 신체의 **무게중심** center of gravity (COG)이 바닥에서 지지하는 부분과 수직선상에 있을 때 일어난다. 이러한 목적을 위해서 무게중심은 하향하는 중력의 힘이 전체 신체에 작용하는 것처럼 보이는 지점에서 정의된다. 무게중심의 예는 시소의 중간 부분이다. 기본적으로 평형은 균형을 찾는 과정이다. 무용 수업에서 하는 모든 균형은 무게중심의 이동 또는 지지하는 부분의 위치 변경이다. 무게중심을 옮기는 예는 두 발로 넓게 선 뒤, 고전적인 인디안 춤에서처럼 한 발로 균형을 잡는 것이다. 지지하는 부분의 위치를 옮기는 예는 얼반 스트리트 댄스 urban street dance에서 다리로 점프를 하여 한 손 위로 착지하는 것이다.

회전 Turns

무용수들은 회전 연습에 상당 시간을 보낸다. 발레 수업에서 완벽한 트리플 또는 쿼드러플 회전을 해내는 데 전혀 문제가 없어 보이거나 현대 무용 수업에서 몸을 곡선으로 회전하는 데 문제가 없는 유형의 무용수들처럼 자연스럽게 회전하고 싶을 수도 있다. 비록 어떤 사람들은 회전을 자연스럽게 하는 능력을 갖추었지만 대부분의 무용 회전은 이미 특정한 물리학 지식을 기초로, 회전 기법을 조절하고 해당 수준까지 숙달할 수 있는 능력을 갖추고 있다.

무용수의 턴 Turns Performed by a Single Dancer

무용 동작에서 **변수** variable는 동작의 본질을 여전히 유지하면서 변화할 수 있는 동작의 특징 또는 이면들이다. 그 예로 속도, 레벨, 공간에서 마주하는 곳, 팔의 몸짓이 포함된다. 피루엣 동작을 만들어내는 데에는 몇 가지 변수가 사용되며 이는 물리학을 통해 검사할 수 있다. 여기에는 바닥에서 발이 사용하는 힘, 두 발 사이의 거리, 푸쉬-오프push-off와 회전에 걸리는 시간, 팔의 사용의 예가 포함된다.

피루엣을 위한 일반적인 준비로 여겨지는 자세를 고려해보자. 일반적인 자세는 정면으로 개방한 자세, 턴아웃, 또는 평행 자세이며 이들은 회전을 위한 더 큰 모멘텀을 만들어낼 수 있다. 정면의 자세는 더 광범위한 준비 자세로 유용하다. 5번 자세보다 더 안정성을 주며, 사실 대상이 회전할 수 있게 하는 힘을 칭하는 더 많은 **토크**torque**(회전력)**를 만들어내기 때문에 회전을 더 성공적으로 수행할 수 있게 도움을 준다.

이후 왼쪽 팔은 오른쪽 팔을 향해 움직임을 시작하며 이러한 에너지는 몸통으로 전이된다. 이러한 순서는 두 팔에서 생성된 모멘텀을 전체 신체에서도 공유할 수 있게 해준다(그림 2.12 참조).

이러한 각각의 변수들을 고려함으로써 자신에 맞게 회전을 조정하고, 반복적인 연습을 피하면서도, 여전히 개개인의 무용수들의 요구에 맞출 수 있도록 맞춤형 회전을 만들어낼 수 있다. 리몽Limón 기법의 신체의 롤링 회전 또는 그라함Graham 기법의 나선형 회전과 같은 일부 회전에서는, 모멘텀의 1차적 생산 요인으로서 팔보다는 몸통을 사용한다.

그림 2.12 *(a)* 무용수는 회전을 위해 4번 자세 플리에plié를 준비하고 있으며 오른 팔은 중앙선을 교차하며 가로지른다. *(b)* 무용수는 회전 동작을 만들어내기 위해 바닥에 토크를 가하며, 오른 팔은 모멘텀을 저장하기 위해 개방된 상태이다. *(c)* 무용수가 완전한 를르베relevé에 도달하고, 회전 과정 중에 있을 때, 토크는 효과적으로 끝이 난다.

사진제공: 케빈 J. 빈즈Kevin J. Binz

파트너와 작업에서 턴의 수행 Turns Performed Within Partner Work

파트너와 함께 하는 회전에서도 동일한 많은 변수를 사용하지만 다른 가능성이 추가된다. 파트너는 회전을 위한 모멘텀을 만들어낼 수 있으며 모멘텀은 심지어 회전하는 한 명의 신체에서 다른 신체로 옮겨갈 수도 있다. 무도회장의 춤에서처럼 한 파트너가 자신을 들어 올린다고 생각해보자. 파트너가 스핀을 시작하면서 비록 땅에서 떨어져 있지만 역시 스핀을 하게 될 것이다. 파트너가 땅에 내려놓으면서 파트너의 모멘텀을 이용해서 계속해서 바닥에서 쉽게 스핀을 이어가거나 구르기를 할 수 있다.

고전적인 파트너십을 사용하는 '파드되pas de deux(두 명이 함께 하는 춤)'는 앞서 언급한 바와 같이 한 명이 아닌 두 명을 사용하는 원리를 보여주는 예이다. 지지를 받는 피루엣은 발레 파트너 연기에서 일반적이며 보통 여성 무용수가 솔로 춤을 출 때와 같은 방식으로 회전을 시작한다. 무용수는 바닥에 두 발을 대고 힘을 가하며 이는 수직 축으로 회전 동작을 만들어내는 회전력을 생성한다. 이러한 축은 지탱하는 발의 발가락 부분에서 바닥과 접촉하게 된다. 안무에서 여성 무용수가 혼자서 할 때보다 더 빠르고 더 격렬한 회전을 요구한다고 생각해보자. 이때 여성 무용수는 자신의 몸에 힘을 가하여 더 높은 속도로 회전 동작을 만들어낼 수 있는 남성 무용수가 필요할 것이다. 그가 그녀에게 가하는 힘은 그녀의 허리에 올려져있는 그의 두 손에서부터 나온다. 이 때, 한 손은 허리를 잡고 다른 한 손은 앞으로 민다.

여성 무용수가 일련의 회전 동작을 완성하면서 곧게 균형을 유지할 수 있게 하는 동시에 남성 파트너가 이러한 힘을 가하는 것은 어려울 수 있다. 또한 남성 파트너는 관객을 바라볼 때, 여성 파트너가 회전을 완성할 수 있도록 음악 신호에 잘 맞추어야 한다. 이처럼 신체역학, 신체동작, 해당되는 물리학적 분석을 사용하여 모든 동작을 수행한다면 그 효과는 매우 극대화될 것이다.

점프 Jumps

중력은 무용에서 항상 하나의 요인이 되며 중력이 신체에 미치는 영향은 점프를 시작할 때 훨씬 더 두드러진다. 음악보다 앞서지 않고 일련의 수직 점프를 해내야 하는 무용수 그룹에 속해 있다고 생각해보자. 처음 두 번의 점프 시, 팔은 낮은 자세로 유지된다. 세 번째 점프 시, 무용수들은 발을 바닥을 향해 밀어내는 동안 팔을 머리 위로 올려야 한다. 처음 두 번의 점프는 음악과 함께 공중에서 머무르는 것이 거의 불가능한 것처럼 보인다. 그러나 세 번째 점프에서는 (공중에서) 머물러 있는 시간이 더 긴 것으로 보인다.

물리학은 이렇게 추가로 머물 수 있는 시간이 왜 일어나는지를 설명해줄 수 있다. 발을 바닥을 향해 밀어내면서 팔을 들어 올리면 전체 몸에서 얻은 수직적 모멘텀의 일부분이 팔에서 흡수된다. 이러한 모멘텀은 몸이 동작의 정점peak에 근접해지면서 전체 몸으로 이전되며 이후 전체 신체는 정점에 도달할 때 더 많은 수직 모멘텀을 얻게 될 것이며 하강을 시작하기 전까지, 더 높은 최고의 높이까지 부드럽게 움직이게 될 것이다.

물리학 원칙을 적용할 때, 수행 능력과 예술성을 성장시킬 수 있다. 물리학이 무용에 직접 적용된다는 점과 동작을 이해함으로써 불필요한 손상과 파열을 예방하면서 신체를 효과적으로 사용하는 법을 결정하는 데 도움을 받을 수 있다. 일단 공간 속에서 신체의 더 효율적인 사용을 장려하는 더 심도 있는 이해를 갖추게 되면 더 만족스럽고 더 긴 무용 경력을 보장할 수 있는 경로에 들어서게 된다.

요약 Summary

많은 과학 분야가 건강 및 웰빙을 보장해줄 뿐 아니라 더 나은 무용수가 될 수 있도록 도움을 준다. 해부학은 뼈와 근육이 어떻게 동작을 만들어내는지, 인대가 관절을 어떻게 보호하는지에 대한 통찰력을 제공한다. 적절한 인대는 무용 연습에서 중요하다. 이는 부상을 일으키는 마모 및 파열을 막아줄 수 있다. 코어 지지, 턴아웃, 척추, 팔, 다리의 사용을 어떻게 발달시킬 수 있는지에 대한 이해는 신체를 보호하면서 평생 무용을 하는 동안 영향을 미칠 것이다. 운동 학습과 물리학은 무용과의 관련 측면에서 새로운 연구 분야이며 이는 무용수행을 보다 효과적으로 할 수 있도록 가치 있는 지침을 제공해 줄 수 있다.

■ 응용활동: 자신의 해부학, 정렬, 기법, 운동 학습, 물리학적 적용을 스스로 평가해 보자.

이번 장에서는 해부학, 정렬, 기법, 운동 학습, 물리학을 포함하여, 무용 훈련의 몇 가지 과학적 기초 분야들에 대해 논의했다. 이러한 지식을 통해, 개인적인 평가를 시작할 수 있으며, 더 나은 연기를 펼치기 위하여 계획을 세울 수도 있다.

첫째, 자신의 해부학적 속성들을 평가한다. 측면으로 정렬을 검토해본다. 둥근 어깨, 전방 골반 경사와 같은 잘못된 정렬이 보이는가? 척추 측만증이나 한 쪽 고관절이 다른 한 쪽보다 더 높은 등의 비대칭이 보이는가? 근육 불균형을 평가할 수 있는가? 좋은 무용 기능을 하기에 너무 긴장 상태이거나 너무 약한 근육은 무엇인가? 테크닉 수업에서 어떻게 노력하는지를 검토해보자. 코어 사용에 효과적인가, 아니면 균형을 위해, 긴장을 활용하거나 버티는 동작을 활용하는가? 턴아웃을 명확하게 이해하고 있으며, 역동적인 동작을 하는 동안 턴아웃을 잘 통제할 수 있는가?

마지막으로, 물리학 원칙에 관하여 특정 기술을 어떻게 성취하는지에 대해 평가하자. 무용 기술에 있어서 균형 능력이 좋다고 생각하는가? 회전을 만들어내기 위해서 모멘텀을 어떻게 사용하는지를 이해하고 있는가? 점프 기술에 만족하는가? 이를 어떻게 향상시킬 수 있는가?

이러한 모든 질문에 답을 하였다면, 현재의 강점과 약점, 정렬, 기법, 학습 전략을 향상시킬 수 있는 방안, 무용에서 물리학의 사용을 개선할 수 있는 방법에 대한 명확한 아이디어가 갖춰져야 한다. 이는 수업에서 어떻게 노력하는가와, 혼자 하는 시간 동안 자신의 속성들을 어떻게 발달시킬 수 있는가에 대해서, 마치 교사와 같이 행동할 수 있도록 권한을 부여해줄 것이다. 현실적이고 시기적절한 목표를 확실히 세우도록 하며, 노력 사항과 성취 사항에 대해 추적하도록 한다. 이러한 과정은 보상이 되며, 즐거운 과정일 것이다.

■ 복습질문

1. 뼈, 관절, 인대, 근육, 힘줄을 정의하고, 각각의 기능을 설명하라.

2. 무용수로서 알아야 하는 주요 근육은 무엇이며 연습에서 사용하는 모든 관절에서의 다양한 동작은 무엇인가?

3. 적절한 정렬이 왜 중요하며 정렬에 문제가 있는지 어떻게 알 수 있는가?

4. 코어 지지, 척추, 턴아웃, 팔과 다리의 사용을 포함하여 무용수로서 주요한 개념들에 대해 논의하라.

5. 연령과 레벨에 맞는 운동 학습 문제들은 무엇이며 학습 전략을 어떻게 향상시킬 수 있는가?

6. 물리학은 균형, 회전, 점프에서 어떤 식으로 역할을 하는가?

 챕터별 보충 학습 활동, 학습 보조자료, 제안된 읽을거리, 웹 링크 등에 대한 자세한 내용은 www.HumanKinetics.com/DancerWellness. 인터넷 자료를 참조하자.

Dancer Wellness

Chapter 3
교차 훈련 및 컨디셔닝
Cross-Training and Conditioning

엠마 리딩, 파멜라 게버 핸드맨

핵심 용어

- 가변성 reversibility
- 강도 intensity
- 고유 수용성 신경근 촉진 proprioceptive neuromuscular facilitation(PNF)
- 관절 가동 범위 joint range of motion
- 관절 과운동성 joint hypermobility
- 관절 운동성 joint mobility
- 교차 훈련 cross-training
- 근력 muscular strength
- 근지구력 muscular endurance
- 근파워 muscular power
- 무산소 운동 능력 anaerobic capacity
- 보상작용 compensation
- 소매틱 훈련 및 소매틱 교육 somatic practices or somatic education
- 신경계 neurological system
- 심폐지구력 cardiorespiratory endurance
- 운동량 volume
- 운동빈도 frequency
- 유연성 flexibility
- 적응 adaptation
- 전문성 specificity
- 점진적 과부하 progressive overload
- 정적 수축 isometric contraction
- 지속시간 duration
- 최대심박수 HRmax
- 특화 individuality
- 플라이오메트릭스 운동 plyometrics

학습목표

1. 교차 훈련의 이점을 설명할 수 있다.
2. 올바른 준비운동 및 정리운동 방법을 이해할 수 있다.
3. 적응, 전문성, 특화, 손실, 보상작용, 점진적 과부하에 대한 훈련의 원리를 설명할 수 있다.
4. 근력과 근파워, 유연성, 심폐지구력, 무산소 운동 능력 등의 차이를 고려하여 어떤 영역을 훈련해야 할지 결정할 수 있다.
5. 소매틱 훈련 및 무용 전문 프로그램의 유익함을 이해할 수 있다.

다채로움은 현대 안무의 핵심이며, 무용수들에게 요구되는 테크닉은 매우 광범위하다. 테크닉 수업은 여전히 무용수의 교육, 육체적 준비, 스타일 및 작업 방식에 대한 체험의 일부로서 중요하다. 그러나 대부분의 경우, 개별적으로 맞춤화된 컨디셔닝Conditioning 프로그램은 무용수들에게 필요한 일정 수준의 신체 능력을 제공한다. 보충적 무용 훈련은 무용수들에게 인기를 끌 뿐만 아니라 건강과 지속성에 필수적인 것이 되었다. 과거에는 무용 테크닉 수업이 안무 수행에 있어 주요한 신체적 준비 역할을 했다. 현재 무용수들에 다양한 안무 스타일 훈련이 요구된다. 부상 위험을 피하기 위해, 무용수들은 균형 잡힌 기초적 힘과 유연성, 지구력에 중점을 두고 기초를 다지는 컨디셔닝 훈련을 찾아야 한다.

근골격계 불균형 또는 힘과 제어력, 유연성 및 근지구력의 부족은 보충적 컨디셔닝 프로그램에서 체계적이고 반복적이며 점진적인 방식으로 다룰 수 있다. 이 과정을 통해, 자신의 신체에 대한 심도 있는 이해를 바탕으로 스스로의 훈련에 대한 주도권을 갖는다. 컨디셔닝 프로그램은 정렬alignment, 형식 및 근육의 조화에 중점을 둬야 한다. 각 연습의 반복 횟수는 개별적으로 설정할 수 있으며, 주어진 동작을 매끄럽고 효율적이며 정렬과 형식을 해치지 않고 최상의 상태로 수행할 수 있을 때까지 시간을 가지고 완성하게 된다.

이 장에서는 교차 훈련의 이점에 대해 다루고 무용수를 위한 컨디셔닝의 원리와 구성요소에 초점을 맞추고 있다. 수업과 리허설, 공연을 최대한 활용하고 부상은 최대한 피할 수 있도록 안무 훈련과 공연을 통한 준비와 회복의 중요성을 탐구한다. 이 장은 당신이 개별 특화, 전문성, 회복과 같은 조정의 원칙을 숙지할 수 있도록 한다. 만약 이러한 과정을 올바르게 따라간다면, 무용수들은 춤에 있어서 더 나은 수행 능력과 지속성을 갖게 된다. 또한 이 장에서는 점진적 과부하의 본질적인 원리를 설명하여 확실한 능력 향상에 도움을 준다. 근력, 근파워, 근지구력 사이의 차이를 이해하는 것은 필수적이며, 이를 바탕으로 이러한 신체적성physical fitness의 구성 요소들을 적절히 훈련시킬 수 있고 따라서, 다양한 종류의 안무에 포함된 다양한 요구에 더 잘 대비할 수 있다. 무용수들은 무용 수업에서 자주 다루지 않는 요소인 심폐지구력과 무산소 운동 능력을 모두 향상시켜야 한다. 이 장에는 무용인들을 위해 특별히 설계되거나 많은 무용수들에 의해 보충적 훈련으로 사용되는 컨디셔닝 시스템에 대한 설명도 포함되어 있다. 이 주제는 무용인을 위한 소매틱somatic 훈련의 중요성에 관한 논의로 연결된다. 상대적으로 근거가 부족하여 무시당하던 것들을 탐구하면서, 컨디셔닝에 대한 통념들은 구체화되었다. 이러한 논의는 보충적 컨디셔닝의 권장사항을 명확히 하기 위해 제시되었다. 이 장의 끝부분에는 이러한 모든 권장사항을 실제로 간편하게 적용하기 위한 지침이 포함되어 있다.

교차 훈련의 이점 Benefits of Cross-Training

춤을 위한 교차 훈련cross-training은 춤 이외의 어떤 형식의 훈련으로 모든 신체의 부분과 건강적 측면이 다루어지도록 함으로써 전체적인 안무 능력을 향상시킨다는 목표를 가지는 것을 의미한다. 교차 훈련을 효과적으로 한다면, 특히 무용수 스스로 조절할 수 있는 요소들, 예를 들어 정렬alignment이나 형식, 조화, 힘, 조절, 유연성 또는 지구력 같은 것들로부터 발생하는 부상을 입을 가능성이 적어진다. 무용인들을 위한 이상적인 교차 훈련에는 수영, 요가, 조깅, 사이클링 등이 있다.

만약 이미 다치거나 아프다면, 잘 계획된 무용 특화 컨디셔닝 프로그램이 더 빠른 치유와 무대로의 복귀에 도움을 줄 수 있다. 예를 들어, 발목 부상이 있는 경우, 처음에는 달리기나 점프와 같은 높은 충격의 운동을 하는 것을 권장하지 않지만, 수영은 체중 부하가 없기 때문에 유용한 대안이 될 수 있다. 부상 예방과 관리 효과 외에도 컨디셔닝 프로그램은 실질적인 안무 능력의 향상에 도움이 된다. 컨디셔닝은 아래와 같은 명확한 변화를 야기한다.

> 더 높은 킥과 같은 관절 가동 범위의 증가
> 더 나은 중심 제어, 지지 및 균형
> 손과 발을 통한 섬세한 표현과 같은 미세한 운동 동작에서 보다 명확한 표현
> 무대 위를 이동하고, 높이를 더 빨리 변환하고, 또는 바닥에서 뛰어오르는 것과 같은 대운동gross motor 동작의 힘과 지구력의 증가
> 활기찬 자신감과 태도

이러한 이유로, 무용 훈련의 일환으로 정기적인 교차 훈련의 도입은 많은 이점을 가진다.

다양성에 도전하기

다양한 무용의 형식은 다양한 컨디셔닝Conditioning 방식을 필요로 한다

현재 공부하고 있는 모든 안무의 형식을 고려했을 때, 그것들은 각각 다른 컨디셔닝을 필요로 하는가? 예를 들어 발레에 필요한 유연성이 동일하게 탭 댄스에 필요한가? 아마도 아닐 것이다. 각각의 수업(발레, 현대, 탭, 재즈, 아프리칸, 힙합, 등)을 고려하여 각각의 형식에서 더 나은 무용수가 되는 데 도움이 되는 컨디셔닝을 선택해야 한다.

훈련을 통한 준비와 회복
Preparing for and Recovering from Training

최적의 안무를 선보이고, 수업, 리허설, 무대를 최대한 활용할 수 있도록 하기 위해서, 본격적인 안무를 추기 전에 만반의 준비를 해야 한다. 모든 무용인들에게 필수적인 이 준비 작업은 효과적인 준비운동을 포함한다. 게다가, 안무를 통한 안전하고 효과적인 회복을 위하여, 적절한 정리운동을 수행해야 한다.

준비운동 Warming up

준비운동의 목적은 맥박을 높이고, 관절을 풀어주고 근육을 부드럽게 늘이는 것뿐만 아니라 근육을 준비시키는 것이다. 또한 준비운동에서 **신경계**neurological system (뇌 및 뇌와 몸의 경로)를 고려할 필요가 있다. 이것은 정신을 집중하고 명료하게 하는 것을 포함하며, 효율적인 정렬alignment 및 조화 또는 형태의 형성을 향상시킨다. 준비운동의 이점은 다음과 같다.

> 체온 상승
> 근육 내 대사율의 증가
> 혈액순환 개선 및 근육 내 산소 공급의 증가
> 관절 가동 범위의 점진적 증가
> 신경계 전달 속도의 증가
> 근육 수축에 필요한 에너지의 효율적인 생산
> 수업이나 리허설을 위한 신체적, 정신적 준비 상태에 도달

준비운동의 첫 단계는 점진적인 맥박의 상승으로, 심박수와 호흡이 가벼운 조깅을 한 상태와 비슷한 정도로 증가한다. 강도intensity는 운동의 수준과 그것의 어려움 정도를 의미하며 조깅, 줄넘기, 무릎 들어올리기knee lifts 등 신체의 큰 근육을 사용하는 역동적인 운동과 런지, 스쿼트, 또는 제자리 점프와 같은 높이를 변화하는 운동을 통해 가장 잘 상승한다. 움직임의 큰 범위 안에서 근육을 움직이는 것이 중요하다. 큰 첫 동작과 마무리 동작, 높은 곳에서 낮은 곳으로, 그리고 한 방향으로 한 번의 큰 동작으로 도달하고 이어서 반대 방향으로 도달하는 것과 같은 움직임을 생각해야 한다.

준비운동의 두 번째 단계는 관절을 풀어주는 것으로, 엉덩이, 무릎, 발목, 척추, 어깨와 같은 주요 관절을 일정 범위 내에서 반복적으로 움직인다. 이러한 움직임은 이들 관절 주변의 온도와 관절액의 흐름을 증가시켜 하중과 동작의 수행을 준비한다. 관절 풀기의 예로는 고관절을 위한 골반 원형 회전운동pelvic circles과 무릎 들어올리기knee lifts, 고관절 접었다 펴기, 허리 돌리기와 발목 돌리기 그리고 발목 들어올리기, 팔 돌리기, 몸통을 구부리고 펴기, 양쪽으로 구부리기, 비틀기 등이 있다.

준비운동의 세 번째 단계는 짧은 스트레칭을 포함하며, 주요 근육을 이완한다. 스트레칭은 짧아야 하며(10초 이하), 종아리(발목과 발등을 굽혀 종아리를 풀어준다), 등의 중단과 하단(몸통을 구부리고 펴고, 양쪽 방향으로 비틀고, 구부린다), 또한 햄스트링(고관절을 구부리며 동시에 무릎을 약간 구부린다), 둔근gluteal muscles(관절을 몸의 중심을 향하여 굽히고, 몸통을 구부러진 위치로 끌어당긴다), 대퇴 사두근quadriceps(고관절을 늘리고 무릎을 굽힌다) 등의 근육들을 중점적으로 스트레칭 한다. 안무 수업이 시작될 때 역동적이고 활동적인 동작으로 하는 스트레칭이 가장 이상적이다. 처음부터 관절을 최대 범위까지 넓히지 않는 것이 중요하다. 이 단계에서는 장기간의 수동적(중력이나 신체의 일부를 무게로 이용한) 스트레칭이나 탄성(튕기는) 스트레칭을 피해야 한다.

준비운동의 네 번째 단계는 두 번째 맥박 상승시키기로, 다시 한 번 맥박을 상승시키기 위한 동작으로 이루어진다. 이 동작들은 안무 수업에서 반복적으로 활용되는 안

무로 구성될 수 있으며, 특히 방향과 높이를 바꾸는 것들이 유용하며 근육의 조화를 용이하게 한다. 무게 중심을 이동하며 걷거나 느리게 달리는 것 그리고 제자리 뛰기 등이 이 단계에서 유용하다.

이러한 단계들은 동시에 수행될 수 있으며, 반드시 구분하여 진행할 필요는 없다. 예를 들어 다리 돌리기 leg swings는 맥박을 상승시키는 것과 관절을 풀어주는 두 역할을 모두 할 수 있을 뿐만 아니라 엉덩이 큰 근육들 중 일부를 스트레칭하는 데 도움이 될 수 있다. 깊은 플리에 deep plies와 스쿼트의 다리를 바닥을 향해 구부리는 (X자 모양으로 크게 다리를 벌리고 다시 공 모양으로 구부리는) 동작과 다시 일어서기 위한 이후의 동작은 엉덩이, 무릎, 발목의 관절을 풀어주는 역할, 엉덩이와 등 하단부의 짧고 역동적인 스트레칭 역할과 맥박을 상승시키는 역할을 할 수 있다. 방향 전환, 높이 변화 등의 이동 운동은 맥박 상승과 역동적인 스트레칭과 유사한 역할을 할 수 있다. 이러한 모든 움직임은 체온을 상승시키고, 이것은 준비운동의 중요한 부분이다.

정신 집중은 준비운동 중 필수적 요소이다. 정신 집중은 신체에 대한 명확한 인지와 주의를 촉진한다. 조용히 서서 몸, 호흡 그리고 몸의 감각에 집중하는 짧은 순간은 이후에 더 큰 신체적 명료함과 능력의 향상을 이끌어낸다. 이러한 명상은 4장에서 다루어진다. 주위로부터 시각적 정보의 입력을 없애고 신체의 자기수용적 감각에 더 쉽게 집중하기 위해 눈을 감을 수 있다. 정신적 측면의 조율은 무용과 조정의 모든 단계에 필수적이다. 정신 집중은 준비운동과 이후의 수업이나 리허설에도 계속된다.

정리운동 Cooling Down

수업, 리허설 또는 무대가 끝난 후 정리운동을 하는 것은 중요하다. 정리운동은 운동 이후 통증을 느낄 위험을 감소시키고 부상을 예방하는데 도움이 된다. 또한 정리운동은 더욱 깊은 스트레칭을 할 수 있고 몸과 마음 모두 편안하게 하는 유용한 과정이다.

정리운동의 목적은 점진적으로 맥박을 낮추고, 근육을 이완시키고 풀어주는 데 있으며 그 이점은 다음과 같다.

> 훈련 또는 무대 이후의 효과적인 회복
> 부상 위험 감소
> 근육의 유연성 강화
> 진정할 수 있는 기회
> 심박수 및 호흡 속도 감소, 체온 저하

정리운동의 구성은 준비운동의 반대여야 한다. 심장 박동과 호흡을 정상적으로 되돌리기 위해 역동적인 움직임에서부터 점진적으로 강도를 낮춰야 한다. 점진적인 강도의 감소는 또한 근육 회복에 필요한 산소를 더 많이 공급되도록 한다. 더욱 길고 깊은 스트레칭이 수반되며, 모든 주요 근육들을 각각 20~30초가량 풀어주어야 한다. 특정 근육군에 추가적인 스트레칭이 필요하다고 느껴지면, 스트레칭을 여러 차례 반복 한다.

무용수들은 전력으로 무대에 서기 이전에 여러 단계(맥박 상승, 관절 풀어주기, 짧은 스트레칭)의 효과적인 준비운동을 통해 완벽히 준비되어 있어야 한다. 무대 후 안전하고 효과적으로 회복하기 위하여 무용수들은 점진적

> ⚠️ **안전수칙**
> ### 적절한 준비운동
> 준비운동은 점진적으로 진행되어야 한다는 점을 유의해야 한다. 준비운동은 강도와 복잡성을 높여가야 하며, 기본적인 동작에서 보다 복잡한 동작으로 강도를 높여서, 마지막에 더 복잡한 조화와 안무에 특화된 동작을 취해야 한다. 준비운동에는 강한 스트레칭이 포함되지 않아야 하며, 전력 질주로 시작해서는 안 된다. 만약 몸이 충분히 데워지지 않은 상태에서 이러한 움직임은 부상을 야기할 수 있다.

으로 페이스를 늦추며 더 길고 깊은 스트레칭과 함께 몸과 마음을 진정할 평온한 시간을 가져야 한다.

훈련 원리 Principles of Training

특정 훈련 원리는 무용수의 춤을 최대한으로 활용하도록 도울 수 있다. 이번 절에서는 적응, 전문성, 특화, 손실 및 보상작용의 원리를 설명한다. 또한, 잘 계획된 컨디셔닝 프로그램은 능력 향상에 도움이 되기 위해 점진적 과부하 원칙을 따라야 한다.

적응 Adaptation

적응은 훈련의 결과로 변화가 일어나는 것을 의미한다. 이 과정은 몸의 적응을 위한 시간이 필요하다. 핵심은 몸을 너무 강하고, 빠르게 밀어 붙이지 않는 것이다. 인체의 골격 구조는 성인 이후에 완성되지만, 근육을 단련하기 위해 많은 것들을 할 수 있다. 변화를 만들기 위해서는 몇 주간의 정기적인 활동이 필요할 것을 인지하고, 규칙적인 컨디셔닝 일정을 설정하여 따라야 한다.

선천적으로 어떤 사람들은 근육과 관절 가동 범위의 측면에서 더 유연하지만 다른 사람들은 덜 유연하다. 그리고 모든 사람들은 신체적인 건강의 모든 요소들을 향상시킬 수 있다. 변화는 무용이나 다른 종류의 운동을 하며 신체적인 감각에 주의를 기울일 때 더 쉽게 일어난다. 포기하지 않고 정신적으로 집중하는 것은 보충적 컨디셔닝에서 기술 수업으로 전환하는 데 도움이 될 것이다.

전문성 Specificity

전문성을 갖기 위해서, 컨디셔닝 프로그램의 활동은 가능한 모든 측면에서 무용 동작을 흉내 내야 한다. 스튜디오와 공연 환경에 적합한 컨디셔닝은 안무와 유사한 관절 운동, 근육 사용, 동작의 크기, 속도, 강도 및 반복 횟수 등을 고려해야 한다. 많은 무용수들이 스튜디오에 돌아온 후 다시 부상을 입는데, 그것은 그들이 돌아오기 전에 참여했던 컨디셔닝 프로그램이 무용에 관련되지 않았거나 적용할 수 없었기 때문이다. 예를 들어 발목 염좌는 흔한 부상으로 휴식과 얼음찜질이 필요하며, 염증이 사라지면 세심한 재활과 강화가 필요하다. 만약 안무와 유사한 운동 범위, 박자, 특정 근육의 사용을 공유하는 강화 과정을 추가하지 않으면 오히려 다시 부상당하기 쉽다. 구체적으로 발목을 강화하기 위한 느린 구부리는 동작도 중요하지만, 점프와 같은 동작을 수행하기 전에 점차적으로 속도와 저항을 쌓아야 한다. 9장에 부상, 예방 및 회복에 대한 자세한 정보가 수록되어 있다.

특화 Individuality

특화는 각 무용수들의 특정한 요구를 다루는 훈련을 의미한다. 무용수들의 신체는 모두 다르며 컨디셔닝을 필요로 하는 부분도 다르다. 컨디셔닝 활동은 각 무용수들의 필요에 맞게 수정할 수 있다. 한 무용수에게 적절하다고 여겨질 수 있는 활동은 다른 무용수에게는 너무 어려울 수 있으므로, 컨디셔닝 프로그램은 개인의 요구에 맞춰야 한다. 예를 들어, 팔이나 다리의 근육을 강화하기 위해 고안된 활동은 종종 몸통을 통한 제어와 함께 진행될 필요가 있다. 몸의 중심부를 제어하면서 팔이나 다리의 전체 가동 범위를 움직일 수 없는 경우에는 중심부 근육을 강화하면서 팔, 다리를 더 작은 범위에서 움직여야 한다. 그에 비해 몸이 유연한 무용수는 동작의 가동 범위보다 근육의 제어에 더 집중해야 한다. 반면에 유연성이 떨어진다면, 같은 맥락에서 좀 더 편안하고 완전한 가동 범위 동작을 찾는 데 초점을 맞춰야 한다. 또한 몸이 유연한 무용수들이 갖는 이점을 얻기 위해 스트레칭을 더 길게 할 필요가 있을 수 있다.

> ### 📋 목표 설정하기
> ### 개인의 강점 넓히기
>
> 본인이 어떤 종류의 무용수인지 생각해보자. 당신은 종종 특정한 동작에 대해 칭찬을 받는다는 것을 인지할 수 있다. 균형이 잘 잡힌 아다지오(느린) 구절을 가장 잘 하는가? 높은 점프와 빠른 착지를 잘 하는가? 이제 어떻게 하면 최고의 강점을 넓힐 수 있는지 생각해 보자. 어떤 영역의 컨디셔닝이 무용수에게 익숙하고, 선호하는 안무 동작이 아닌 다른 방식으로 무용수의 능력을 강화할 수 있는가? 그 영역을 개선하기 위한 적절한 목표를 세워야 한다. 또한 자격을 갖춘 물리치료사와 같은 해부학이나 운동 요법에 대한 지식을 갖춘 경험 많은 무용 강사가 진행하는 무용 검사나 평가에 참여하는 것을 고려할 수 있다. 개인의 가치, 현재의 수준 및 훈련 유형, 안무 요건을 고려하면서 특정 목표를 명확히 하는 것이 가능하다면 1:1 검사나 평가는 매우 귀중할 수 있다. 검사에 관한 정보는 10장에서 다룬다.

가변성 Reversibility

가변성은 컨디셔닝 프로그램을 지속하지 않으면 성능 저하가 발생할 수 있다는 것을 의미한다. 체력 손실은 훈련이 끝난 지 2주 만에 빠르게 발생한다. 1개월 후에는 최대 35%까지 체력 감소가 발생할 수 있다. 모든 조정 요소들 중에서 심폐지구력이 가장 빠르게 감소한다. 손실과 안무 수행 능력의 저하를 피하기 위해 점진적인 컨디셔닝 프로그램 고수의 중요성을 이해해야 한다.

보상작용 Compensation

보상작용은 피로나 부상으로 인해 효율적이거나 최적 이외의 방식으로 근육과 정렬을 사용할 때 발생한다. 예를 들어, 플리에plies를 통해 다리의 근육을 역동적으로 강화시키면서 몸의 중심을 안정화시키려 하는 컨디셔닝 과정을 진행할 수 있다. 흔히 볼 수 있는 잘못된 정렬 방식은 골반의 중립 정렬이 아닌 골반 전방 경사anterior pelvic tilt를 사용하는 것이다. 중립 정렬 방식으로 과정을 시작하지만, 햄스트링 뿐만 아니라 더 깊은 복근의 일부가 피로해지면, 골반이 앞쪽으로 기울어진다. 비록 다리를 이용한 플리에plies를 하고 있음에도 불구하고 그 시점에서 많은 근육들이 다르게 작용하기 시작한다. 피곤할 때는 기술과 형태를 타협하기 보다는 멈추고 쉬는 것이 가장 좋다. 게다가 너무 빨리 진행하려고 하는 것은 나쁜 습관과 부상을 야기한다. 다시 한 번 말하자면, 점진적 컨디셔닝 프로그램이 가장 이상적이다.

점진적 과부하 Progressive Overload

점진적 컨디셔닝 프로그램을 계획할 때는 훈련의 빈도, 강도, 지속시간, 운동량, 휴식 또는 회복 등 여러 측면을 고려해야 한다. 이러한 각 측면은 얼마나 자주, 얼마나 많은 노력과 휴식을 취하느냐의 방식을 결정한다. 이러한 요소들을 고려하지 않고서는, 훈련으로부터 원하는 결과를 얻지 못할 수도 있다. 따라서 반드시 점진적 과부하의 중요성을 이해해야 한다. **점진적 과부하**란 컨디셔닝 활동의 어려움이 점진적으로 증가하고, 활동의 요구치가 무용수의 한계를 약간 벗어날 때 기술과 체력이 최적으로 발전한다는 것을 의미한다. 이러한 과정은 신체가 점차 적응하고 개선하며, 강해질 수 있게 해준다. 강도와 반복 횟수에 있어 한계치에 달하는 운동을 시작해야 한다. 힘을 얻기 위해서는 점진적으로 체중이나 저항을 더해야 하고, 지구력을 얻기 위해서는 반복 횟수를 점진적으로 늘려야 한다. 앞에서 논의한 바와 같이 무게, 저항 또는 반복 횟수를 늘리면서 적절한 정렬과 형태를 유지하는 것이 필수적이다. 항상 알맞은 형태로 운동해야 하며, 적당히 해서는 안 된다.

운동 빈도 Frequency

운동 빈도는 얼마나 자주 혹은 얼마나 많은 활동을 하는지를 의미한다. 예를 들어, 유연성 훈련은 30초씩 하루에 두 번 그리고 일주일에 다섯 번 수행할 수 있다. 지속적인 개선을 위해 과부하 원칙을 적용하면 스트레칭 시간을 하루 3회까지 늘릴 수 있다. 강화 과정의 빈도는 일정 무게에서 8~12회 세트로 2회 반복될 수 있으며, 1주일에 3회 반복할 수 있다. 과부하를 적용할 경우, 하루의 운동 횟수나 양 저항, 또는 주당 반복 횟수를 점차 늘려갈 수 있다. 그러나 이 경우 반복 횟수 보다는 강도를 높이는 것이 효과적이다.

강도 Intensity

강도는 활동의 어려움 정도를 말하며, 대게 무용수의 최대 능력에 대하여 측정된다. 운동은 강도가 다양하다. 예를 들어 달리기는 가벼운 조깅보다는 강도가 높다가 낮아지는 운동이다. 를르베 releve 상태에서 균형을 잡는 것은 발을 바닥에 붙이고 균형을 잡는 것보다 강도가 더 높다고 간주될 것이고, 한 다리로 점프하는 것은 두 다리로 점프하는 것보다 강도가 더 높다. 만약 과부하 원리를 활동에 적용한다면, 동일한 운동을 하는데 몸이 너무 익숙해지고 더 이상 향상되지 않는 상황을 피하기 위해 일정 기간 마다 강도를 높일 수 있다.

지속시간 Duration

지속시간은 운동이 얼마나 오래 지속되는지를 의미한다. 일반적으로 준비운동의 지속시간은 대략 15분을 추천하며, 이어질 활동, 연습실의 온도, 개인의 필요, 또는 다른 요건에 따라 가감될 수 있다.

지속시간에 과부하의 원리를 적용할 경우, 운동은 시간이 지남에 따라 더 길어질 것이다. 예를 들어, 균형 훈련을 할 경우, 눈을 감고 한 다리로 30초를 서있고, 이것을 일주일에 네 번 반복한다. 시간이 지나면, 이러한 훈련이 쉽게 느껴질 것이고, 지속적이고 적절한 과부하가 적용될 것이다. 반복 횟수는 유지한 채, 균형 훈련의 지속 시간을 45초로 증가할 수도 있다. 단, 주당 빈도는 유지한다.

운동량 Volume

운동량이란 얼마나 많은 운동을 수행하는지를 의미한다. 하루에 두 개의 테크닉 수업을 듣고 그 다음 날 세 개의 수업을 들을 수 있다. 이는 전체 운동량이 첫 날보다 둘째 날 늘어났다는 것을 의미한다.

한 무용수에게 이상적인 운동량이 다른 무용수에게는 부적절할 수 있기 때문에, 컨디셔닝 또는 훈련의 이상적인 운동량은 정해져 있지 않다. 활동의 운동량을 정할 때 운동의 빈도, 강도, 지속 시간을 고려하는 것이 중요하다. 프로그램의 성공을 판단할 수 있는 기준은 시간의 경과에 따른 개선을 비교하는 것이다.

휴식과 회복 Rest and Recovery

격렬한 운동을 한 후에 근육이 회복되고 더 강하게 자리기 위해서는 충분한 휴식 시간을 갖고 회복해야 한다. 고된 수업과 리허설을 한 후에는 대개 적절한 식사와 충분한 잠으로도 충분하다. 며칠간의 집중 훈련 후에는 종일 쉴 필요가 있는 경우가 많다. 필요한 휴식과 회복의 양은 사람에 따라 다르다. 그러나 충분한 휴식을 취하지 못하고 있다는 것을 나타내는 지표는 일정 기간 동안 점진적인 과부하를 적용하더라도 전반적인 능력의 향상이 이루어지지 않는 것이다. 휴식과 회복에 관한 상세한 언급은 6장에서 다룰 것이다.

특정 컨디셔닝 과정 내에서 목표가 되거나 다른 근육군을 지원하기 위해 사용된 근육군을 위한 짧은 휴식 기간을 포함하는 것이 중요하다. 예를 들어 햄스트링은 상체에 집중하는 과정 동안 휴식할 필요가 있다. 그러면 이후에 다시 햄스트링이나 완전히 다른 근육군으로 넘어갈 수 있을 것이다. 이러한 집중의 변화는 근육들이 다음 활동을 위한 에너지를 보충하여 체력 및 근력 훈련에 도움이 된다.

　　요약하자면, 무용수의 컨디셔닝 프로그램은 훈련의 특정한 원칙을 사용해야 한다. 적응, 전문성, 특화, 손실, 보상작용 원칙은 효과적인 프로그램을 계획하는 데 중요하다. 시간이 경과함에 따라 능력이 향상되기 위하여, 신체가 이전 보다 더 큰 도전에 직면할 수 있도록 점진적 과부하가 적용되어야 한다. 다음 장에서 훈련 원칙에 대해 더 자세하게 다룬다.

근력, 근파워, 근지구력 훈련
Muscular Strength, Power, and Endurance Training

근력muscular strength은 짧은 휴식 시간이 필요하기 전에 한 번에 들어 올릴 수 있는 무게를 들어 올리는 것과 같이, 한 번의 근육 수축으로 최대의 힘을 발휘할 수 있는 능력을 의미한다. 근파워muscular power는 빠른 발차기와 폭발적인 점프와 같이 짧은 시간에 엄청난 힘을 생산하는 것을 의미한다. 근지구력muscular endurance은 갤럽gallops, 스킵skips, 플리에plies 그리고 스윙swings과 같이 적은 힘을 이용하여 더 길게 유지된다. 무용수들은 근지구력과 체력을 혼동하는 경우가 많으므로 지구력을 지속성으로, 체력을 최대치로 생각하는 것이 유용할 때가 있다.

　　무용수들은 점프하고, 파트너를 붙잡고, 빠른 속도로 이동하며, 또 다른 폭발적인 움직임을 수행해야 한다. 이러한 움직임은 근력과 근파워를 필요로 한다. 테크닉 수업도 근력과 근파워를 향상시킬 수 있지만, 그것을 주된 목적으로 하지 않는다. 현재의 일부 안무 테크닉 수업은 점점 편향적(한 영역에 대한 조정 활동)으로 변하고 있으며, 적절한 반복을 통한 근력, 근파워, 근지구력을 키우기보다는 안무의 스타일적, 예술적 측면에 더 초점을 맞추고 있다. 따라서 무용수들은 안무 테크닉 수업 외에 근력, 근파워, 지구력을 위한 보충적 훈련을 해야 한다. 이러한 주요 능력을 일정 수준으로 개발하지 않으면, 근골격계 불균형과 부상이 발생할 가능성이 높다. 근육의 불균형 또는 중심 근육의 부족으로 인한 크고, 폭발적인 움직임 중의 부상은 흔히 나타난다.

　　리프트, 점프, 폭발적인 움직임 등 다양한 안무 동작을 효과적으로 수행하기 위해서 일정 수준 이상의 근력, 근파워, 근지구력이 필요하다. 적정 수준의 근력, 근파워, 근지구력은 안무의 기술적 미적 측면에 도움이 될 뿐만 아니라, 관절 안정과 골격 건강을 향상시킴으로써 부상의 위험을 최소화할 수 있다.

　　강화 훈련의 일반적인 방법은 저항 기계나 아령과 같은 무게를 이용하는 것이다. 무용수들에게 더욱 흔한 방식은 운동 밴드나 신축성 있는 수술용 튜브를 저항으로 사용하는 것이다. 팔굽혀 펴기나 레그 런지leg lunges 등 자신의 체중을 이용해 강도 훈련을 할 수도 있다. 작은 근육들

이 무용수는 근육의 힘과 유연함을 이 어려운 균형에서 보여준다.
유타 대학, 모던댄스. 2012년 CPRowe 사진.

이 더 빨리 피로해지기 때문에, 큰 근육들을 먼저 훈련해야 한다. 같은 근육군을 이용해 다른 운동을 하기 전에 근육군이 회복할 수 있도록 다른 근육군을 이용하는 것이 중요하다. 근력을 증가하기 위해서 근육을 최대 가동 범위로 8~12회 반복해서 움직여야 한다. 무게나 저항은 충분히 힘들어야 하며, 운동 후 근육이 피로한 것을 느껴야 한다. 부상으로부터 재활하는 어린 십대나 무용수들은 낮은 무게나 저항을 높은 횟수로 반복해야 한다. 근력을 목표로 하는 훈련은 빠르게 반복해야 한다. 주어진 조정 순서에 따라 두세 번 반복할 수 있다.

근력을 위해 훈련을 할 때는 강화할 근육을 구분해야 한다. 다른 근육들이 보상 작용을 하지 않도록 하며 부드럽고 정확히 제어된 방식으로 동작을 수행해야 한다. 사람들은 피곤할 때 보상 작용을 하는 경향이 있는데, 그것은 다른 근육들이 피로한 근육을 대신하는 것이다. 훈련을 할 때는 이런 경향을 염두에 두고 적절한 근육을 구분하기 위해 저항을 조절해야 한다. 가능하면 전체 가동 범위에서 관절을 움직여 전체 근육을 운동시키고 마무리 동작 시 너무 많은 무게나 저항을 사용하지 않도록 한다.

안무의 움직임 패턴을 최대한 유사하게 복제하고 현재 안무 활동에 가장 필요한 근육군을 강조함으로써 전문성의 원리를 적용한다. 예를 들어 발목 염좌 후 테크닉 수업이나 리허설로 복귀할 때 점프할 수 있도록 발목을 조정해야 한다. 점프 안무의 속도와 운동 범위가 유사한 발 운동을 포함하는 것이 가장 좋다. 훈련용 밴드를 이용한 느리고 지속적인 강화 운동이 권장되며, 실제 점프 속도, 동작의 크기와 유사하게 속도를 증가시키면 발을 강화하는 효과를 얻을 수 있다.

근력과 근파워의 증가를 확인하기 위해 점진적 과부하 원칙을 적용해야 한다. 과부하는 훈련의 강도, 지속시간 및 빈도를 점적으로 증가하는 방식으로 적용되어야 한다. 낮은 저항으로 2주간 고반복(15~25회) 훈련을 시작하는 것이 좋다. 이후에 무게를 늘리고 반복을 줄여(8~12회) 훈련의 초점을 지구력에서 강화로 변화하도록 한다. 각 세트 사이에 60~90초의 휴식시간을 포함하는 것이 중요하며, 같은 신체 부위에 대한 운동을 연속적으로 해서는 안 된다. 5~10주 간 훈련의 결과를 인지할 수 없을 수 있지만 포기하지 않아야 하며, 결과는 반드시 나타나게 된다.

초기 근력 강화를 확인 후 역동적인 훈련을 포함함으로써 근파워를 단련할 수 있다. **플라이오메트릭스** plyometrics 훈련은 짧은 간격으로 최대한의 힘을 발휘하는 점프 훈련의 일종으로 다리 힘을 효과적으로 증가시킨다. 보통 플라이오메트릭스 훈련은 짧지만 폭발적이다. 이러한 운동의 예로는 6~8회 높은 점프를 한 후 짧은 휴식을 취하고 두 번 더 반복하는 것이다. 이것에 점진적 과부하 원칙을 적용하면 반복 횟수를 4회로, 세트 당 점프 횟수를 8에서 10회 등으로 증가할 수 있다.

안무 테크닉 훈련은 컨디셔닝 훈련만을 제공할 수 없으며, 근력, 근파워 및 근지구력과 같은 신체적인 건강의 다양한 요소들을 목표로 할 필요가 있다. 이러한 측면의 컨디셔닝은 점프, 파트너 붙잡기, 바닥에서 빠른 속도로 움직이는 것, 다른 폭발적인 움직임과 같은 동작을 할 수 있게 해준다. 그러므로 안무 기술 수업 외에 이러한 컨디셔닝 측면의 보충 훈련을 하는 것을 추천한다.

유연성 훈련 Flexibility Training

유연성은 관절의 움직임 범위와 관절 주변 근육의 길이를 의미한다. 무용수들은 관절을 극단적인 가동 범위로 사용해야 하는 경우가 많기 때문에, 안전하고 효과적으로 유연성을 높이는 방법을 이해하는 것이 중요하다. 다리를 더 높이 뻗기 위해서는 엉덩이와 무릎 관절 주변 근육의 유연성이 중요하다. 앞쪽으로 다리를 더 뻗는 표현(바뜨망 battement)을 위해 햄스트링을 늘려야 한다. 다리를 뒤쪽으로 높게 뻗기(아라베스크 arabesque) 위해 뻗는 다리의 엉덩이 앞쪽 근육을 늘려야 한다. 엉덩이 근육의 유연성이 다리를 높이 뻗을 수 있도록 하는 유일한 요인이라는 것은 흔한 오해이다. 사실상 유연성과 힘의 조합이 필요하다.

유연성 훈련의 이점은 더 넓은 범위의 관절 가동 범위를 발견하는 것이다. 고관절의 경우, 다리를 더 넓게 뻗을 수 있다. 유연성 훈련에는 동적 정렬(움직임 중 효율적인 직립 자세)의 강화와 관절 주위의 근육군의 균형을 포함하여 많은 이점을 갖는다. 예를 들어 등 하단 근육과 엉덩이 굴곡근을 조이고, 습관적으로 등을 굽히고 골반을 앞쪽으로 기울여 서있을 수 있다. 고관절 앞쪽 근육과 등 하단 근육을 늘이고 복부와 햄스트링 근육을 강화함으로써 몸통 하단, 골반, 엉덩이를 더 효율적으로 정렬하고 더욱 쉽게 중심을 잡고 설 수 있다. 일반적으로 많은 무용수들은 관절의 근육이 한쪽은 강하게 타이트한 반면에 반대쪽은 그렇지 않다. 예를 들어 많은 무용수들은 타이트한 사두근과 엉덩이 굴곡근을 갖지만, 동시에 유연한 햄스트링과 엉덩이 신전근을 갖고 있다. 일반적으로 무용수들은 고관절 외회전근이 내회전근에 비해 타이트하다. 어깨 관절의 경우 대흉근, 소흉근과 같은 어깨 앞쪽 근육이 후면 삼각근, 후면 회전근개와 같은 어깨 뒤쪽 근육에 비해 타이트하다. 관절의 안전성과 전반적인 건강을 위해, 타이트한 쪽은 늘려주고 유연한 쪽은 강화할 필요가 있다. 주동근과 대항근이라 불리는 반대되는 두 근육의 불균형을 위한 훈련 과정을 포함하는 것은 잠재적 부상을 예방한다.

유연성을 획득하는 과정은 관절 가동 범위에 따라 힘줄과 결합 조직, 근육의 연장을 포함한다. **관절 가동 범위** joint range of motion는 뼈와 인대에 기반을 둔 관절의 움직이는 정도를 말한다. 관절 가동 범위는 해부학적, 생체역학적, 생리학적 요인에 의해 영향을 받는다.

다양한 종류의 유연성 훈련이 존재한다. 무용인들은 그것들이 무엇이고 어떤 것이 특정 시기에 적합한지 배워야 한다. 동적 유연성 훈련dynamic flexibility training은 관절 가동 범위에 따라 움직이는 통제된 움직임을 의미한

무용수들은 사진에서 다리를 들어올리는 것처럼 움직임의 유연성이 필요하다.
유타 대학교, 모던댄스, 2012년 CPRowe 사진

다. 몇 가지 예로는 요가의 태양 숭배 자세sun salutation(몸통 및 엉덩이를 완전히 펴서 열고, 다시 몸통 및 엉덩이를 완전히 구부리거나 접는 자세), 그랑 바뜨망grand battement(다리를 공중을 향하여 앞으로 회전하고 점차 뒤로 다리를 넘기는 자세), 딥 플리에deep plies 후 다리를 완전히 뻗는 자세를 포함한다. 정적 유연성 훈련static flexibility training은 스트레칭 되는 근육이 최대한 늘려진 상태로 일정 시간을 유지하는 것을 의미한다. 예를 들어 일반적인 다리 회전은 엉덩이 앞과 뒤쪽의 동적 스트레칭으로 작용하지만, 다리를 앞으로 뻗어 버티는 것은 다리 뒤쪽 근육의 정적 스트레칭이다. 수동적 유연성 훈련passive flexibility training은 스트레칭이 중력, 자신의 무게, 또는 벽, 바닥, 바barre, 친구 같은 외부의 힘에 의해 도움을 받는 것을 의미한다.

> ⚠️ **안전수칙**
>
> **안전한 스트레칭**
>
> 정적 유연성 훈련 중에 몸에 가해지는 외부의 힘은 절대 과도해서는 안 된다. 스트레칭은 날카로운 통증이나 흔들림을 포함해서는 안 된다. 스트레칭 중에 어느 하나가 발생할 경우, 깊은 호흡을 하는 것처럼 힘이나 가동 범위를 줄여야 한다. 과도한 통증을 느껴서는 안 된다.

잘 알려진 유연성 훈련의 또 다른 형태는 **고유 수용성 신경근 촉진**proprioceptive neuromuscular facilitation(**PNF**)으로, 근육 반사 및 반응을 이용하여 유연성을 얻는 스트레칭 방식이다. 잠재적인 부상의 위험이 있기 때문에, 스스로 또는 친구와 함께 하는 것을 추천하지 않는다. 물리치료사와 같은 자격을 갖춘 의사나 PNF를 사용하기 위해 훈련 받은 무용 강사를 두는 것이 가장 좋다. PNF 스트레칭의 두 가지 주요 방식은 수축-이완contract-relax(CR) 스트레칭과 대항근 수축을 통한 수축-이완contract-relax with antagonist contraction(CRAC)이다. 햄스트링 스트레칭을 예로 들면, CR 스트레칭에서 햄스트링은 편안하게 뻗은 위치(최대 가동 범위)로 이동한 후 수축된다. CRAC 스트레칭의 1단계에서, 햄스트링은 CR 스트레칭에서와 같이, 먼저 최대 가동 범위 근처에서 수축된다. 다음 단계에서는 햄스트링이 좀 더 늘어나면서 자동적으로 이완되고, 동시에 사두근(햄스트링의 대항근)이 수축된다. 2단계 동안 사두근의 수축이 햄스트링의 이완을 돕는다.

적절한 스트레칭 Proper Stretching

스트레칭을 하는 시간, 주당 스트레칭 횟수, 하루 중 언제 스트레칭을 할 것인지에 관한 규칙은 다른 무용 활동과 함께 고려해야 한다. 수업이나 무대 전에 과도한 스트레칭을 하는 것은 체력과 힘을 감소시킬 수 있으므로, 과도한 스트레칭은 그 후로 미루어 두는 것이 가장 좋다. 수업 전 유연성 훈련에서는 주요 근육군에 집중해야 하는 반면, 수업에서 중점적으로 사용한 근육은 수업 후에 풀어주어야 한다. 근육의 시작점과 도착점을 떨어뜨려 근육을 구분하여 스트레칭 하는 것이 중요하다. 스트레칭은 기분이 좋아야 하고 통증이 없어야 한다. 안무에 많이 쓰이는 주요 근육을 스트레칭 하는데 특히 주의를 기울여야 한다. 항상은 아니지만 일반적으로 사두근, 고관절 굴곡근, 햄스트링, 종아리뿐만 아니라 둔근과 고관절 외회전근 스트레칭을 포함해야 한다. 몸통의 경우 모든 주요 근육들을 풀어주고, 비틀고, 이완하여 스트레칭 하는 것을 추천하며, 어깨와 견갑근의 경우, 특히 대흉근은 어깨 앞쪽을 열어서 스트레칭하는 것이 좋다. 또한 허리를 앞으로 구부리고 팔을 앞으로 뻗으면서 능형근, 승모근, 및 활배근을 스트레칭 할 수 있는데, 팔을 가슴 앞에서 교차시켜 등 쪽의 이러한 근육을 더 깊게 스트레칭 할 수 있다. 스트레칭이 가장 필요한 근육은 가장 자주 사용되었고 조여오거나 아프기 쉬운 근육들이다.

인대나 관절낭은 안정성을 제공하며 스트레칭을 필요로 하지 않기 때문에 스트레칭하는 것을 피해야 한다. 이러한 부분을 스트레칭 하는 것은 관절의 안정성을 떨어뜨릴 수 있고 부상의 원인이 될 수 있다. 관절이 아닌 근육의 중심부(근복the muscle belly)가 풀어지는 느낌을 받을 수 있도록 스트레칭 한다. 관절 근처에 근육이 붙어 있는 지점에서 풀어지거나 통증을 느낀다면 인대나 관절낭이 스트레칭 되고 있음을 나타낼 수 있다.

앞서 언급한 바와 같이, 무용수들의 몸은 깊은 스트레칭을 하기 전에 완전히 따뜻해져야 한다. 따뜻해진 근육은 확장성과 반응성이 뛰어나기 때문에 스트레칭이 더 효과적일 것이다. 각각의 대상 근육군에 대해 총 60초 동안 2~4회 스트레칭을 반복할 것을 추천한다. 무용수들은 스트레칭 프로그램을 일주일에 최소 2일, 가급적이면 매일 해야 한다.

상반되는 근육(주동근/대항근)이 쌍으로 작용하므

탄력밴드를 이용한 햄스트링 스트레칭
제임스 키츠James Keates 사진, 트리니티 라반 컨서바토리Trinity Laban Conservatorie of Music and Dance.

로, 반대 근육을 고려한 균형 있는 스트레칭과 강화 훈련을 해야 한다. 예를 들어, 이두박근과 삼두박근은 한 쌍으로 작용하는데, 팔꿈치를 굽힐 때, 이두박근은 수축하고 주동근 역할을 하는 반면에, 삼두박근은 늘어나며 대항근 역할을 한다. 유연하지 않은 근육은 수축하는 반대 근육(주동근)에 대해 대항근 역할을 할 때 찢어질 수 있다. 또한, 대항근의 유연성이 부족하면 주동근이 완전히 수축하지 못하게 되어 가동 범위가 제한될 수 있다. 마지막으로 적절한 스트레칭과 강화 프로그램을 결합하면 스트레칭만 하는 것보다 유연성이 더 크게 향상된다는 연구 결과가 있다.

과운동성 Hypermobility

뛰어난 유연성을 가진 무용수들은 종종 높이 평가되지만, 과한 유연성은 문제를 야기할 수 있다. 관절 과운동성Joint hypermobility은 정상적인 가동 범위 이상으로 확장되는 관절을 의미한다. 예를 들어 어떤 무용수들은 무릎이 과하게 확장되는데, 이것은 종종 굽은 다리라 불린다. 비록 몇몇 관절이 과운동성을 갖는 것은 고전 발레와 같은 특정한 장르에서 미적으로 만족스러울 수 있지만, 이것은 덜 안정적이며 컨디셔닝에 세심한 주의를 기울여야 한다.

과운동성을 보이는 무용수들은 적절하고 안전한 정렬을 배우기 위해 느린 속도의 훈련이 필요하며, 과운동성을 보이는 관절에 대한 고유 수용성 감각과 안정성을 개발하기 위해 더욱 노력해야 한다. 예를 들어, 과운동성을 보이는 다리로 서 있는 것은 서 있는 다리의 발, 발목, 엉덩이뿐만 아니라 몸통, 목, 팔 같은 신체의 다른 부분에 도미노 효과를 가져 올 것이다. 과운동성을 보이는 팔로 무게를 버티는 것은, 손을 사용하더라도 팔꿈치를 과도하게 열게 되며, 적절한 힘과 제어 없이 체중을 지탱하게 된다. 이는 관절을 가동 범위의 한계에 이르게 하며, 관절 주위 인대에 스트레스를 가한다.

무용수들은 종종 관절을 극단적인 가동 범위로 사용해야 하는 경우가 많기 때문에, 근육의 제어를 포기하지 않고 안전하고 효과적으로 유연성을 높이는 방법을 이해하는 것이 중요하다. 이미 설명했듯이, 여러 가지 다른 방법으로 스트레칭을 할 수 있다. 각각의 종류와 지속시간은 무용수의 신체 유형과 유연성 여부에 달려 있다. 성공적인 스트레칭 요법은 안무 테크닉 수업, 컨디셔닝 프로그램, 또는 육체적으로 힘든 무대가 끝난 후, 일반적으로 몸이 따뜻할 때 하는 것이 가장 좋다.

심폐지구력과 무산소 운동 능력
Cardiorespiratory Endurance and Anaerobic Capacity

무용수들은 때때로 자신의 지구력과 큰 피곤함을 느끼지 않고 안무를 수행할 수 에너지를 가지고 있는지에 대해 걱정할 수 있다. 피로는 부상의 가장 큰 원인 중 하나이지만, 높은 수준의 체력은 춤추는 동안 피로를 느끼는 시기를 지연시키고 잠재적인 부상을 예방할 수 있다.

무용은 대부분 간헐적 운동의 형태를 보이며, 이것은 무용수들이 강도가 변화하는 활동 기간들 내에서 움직여야 한다는 것을 의미한다. 점프의 신체적 요구는 균형을 잡거나, 런지, 걷기와 다르며, 다른 에너지 생산 방법을 필요로 한다. 새로운 안무를 배울 때 발생하는 신체적 요구는 이전 보다 더 높아진다. 따라서 무용수들은 그러한 요구를 충족시키고 완벽히 수행하기 위하여 심폐지구력과 무산소 운동 능력을 향상시킬 필요가 있다. 일반적인 테크닉 수업의 가장 주된 목적은 기술과 예술성의 개발이기 때문에, 무용수들의 지구력을 향상시키기 위해 계획된 것이 아니다. 테크닉 훈련의 강도와 수행 능력 사이에 차이가 있는 것으로 보인다. 따라서 보충 훈련과 같은 다른 방식으로 심폐지구력과 무산소 능력을 키울 방법을 찾아야 한다.

심폐지구력 Cardiorespiratory Endurance

심폐지구력은 신체 활동 중에 근육에 산소를 공급하는 몸의 능력이다. 정기적인 유산소 운동은 심근의 크기를 키우고 강하게 만들어 몸 전체에 더 많은 혈액과 산소를 더 효과적으로 펌프질할 수 있기 때문에 신체의 운동 지속 능력을 향상시킨다. 또한 규칙적인 유산소 운동은 주어진 운동 강도 속에서 신체의 산소를 들이마시는 능력을 향상시킨다. 유산소 운동의 예로는 조깅, 사이클링, 줄넘기, 수영 그리고 일립티컬 트레이너elliptical trainer(타원형 운동기구)를 사용한 훈련 등이 있다. 이러한 운동들은 지속되는 시간 동안 반복적으로 큰 근육군을 사용한다.

규칙적인 심폐지구력 훈련은 활동 사이의 더 빠른 회복에 도움이 될 뿐만 아니라 지속적인 안무를 견딜 수 있게 하는 지구력 향상에 도움이 된다. 높은 수준의 지구력을 갖고 있다면 안무 중에 피로를 느낄 확률이 적고, 이것은 최고 수준의 능력을 더 오래 발휘할 수 있음을 의미한다. 따라서 높은 심폐지구력은 부상을 줄이고 안무 능력을 강화하는 핵심이 된다.

무산소 운동 능력 Anaerobic Capacity

무산소 운동 능력은 고강도의 육체적 활동 중 산소를 사용하지 않고 사용할 에너지를 생산하는 신체의 능력을 의미한다. 많은 안무 동작들이 무산소 에너지 체계를 활용한다. 규칙적인 무산소 운동 훈련은 신체가 최대 2분 정도의 짧은 시간의 고강도 활동을 더 잘 수행하는 데 도움이 된다. 이러한 폭발적인 고강도 활동을 그 이상으로 유지하는 것은 거의 불가능하다. 무산소 운동의 예로는 전력 질주, 버피burpees, 연속 점프, 쁘띠 및 그랑 알레그로petit and grand allegro, 또는 다른 높은 강도와 속도를 조합한 운동 등이 있다. 이러한 형태의 운동은 큰 근육군을 짧은 시간에 폭발적인 방식으로 사용한다.

무산소 운동 훈련은 무용수들이 춤의 짧고, 폭발적이며, 최고조의 요소를 수행하는 데 도움이 될 수 있다. 만약 높은 수준의 무산소 운동 능력을 갖고 있다면, 점프, 파트너 붙잡기, 바닥을 빠르게 이동하기와 같은 역동적인 동작을 효과적으로 수행할 수 있다.

심폐지구력과 무산소 운동 능력 향상 Improving Cardiorespiratory Endurance and Anaerobic Capacity

심폐지구력을 향상시키려면, 긍정적 변화를 위하여 충분히 그리고 규칙적으로 훈련해야 한다. 20분 동안 계속해서 큰 점프를 하는 것은 높은 수준의 심폐지구력 없이는 불가능할 것이다. 적절한 운동은 수영, 자전거 타기, 조깅, 또는 고정 자전거, 일립티컬 트레이너, 러닝머신treadmill과 같은 장비를 사용하는 것이다. 또한 에어로빅 수업과 같은 춤에 기초한 훈련을 이용할 수 있다. 조깅을 선택하는 경우 다리 관절에 미치는 영향을 줄이기 위해 콘

크리트보다는 부드러운 지면(공원 내 트랙과 같은)에서 하는 것이 좋다. 그리고 조깅 후에는 뭉칠 수 있는 종아리, 사두근, 등 하단 등의 스트레칭을 해야 한다.

심폐지구력을 위하여 운동을 지속하는 동안 **심장 박동수를 최대치(HR max)**의 55~80%로 유지해야 한다. 즉, 피로를 유발하긴 하지만 몇 분 만에 기진맥진하지 않을 정도의 강도를 운동을 해야 한다. 최대 심박수를 결정하는 가장 간단한 방법은 220에서 나이만큼 숫자를 빼는 것이다. 20세 이하의 무용수들은 분당 200회를 최대치로 생각하면 된다. 이러한 강도를 20~40분 유지해야 하며, 주당 최소 3회 반복해야 한다.

무산소 운동 능력을 향상시키기 위해서, 휴식 시간을 사이에 두고 짧은 시간동안 거의 최대한의 노력을 기울이는 운동을 해야 한다. 운동 시간은 안무의 형태에 따른 동작과 휴식 비율을 반영하기 때문에 몇 초에서 60초까지 다양할 수 있다. 운동의 강도는 최대치의 심박수(예: 최대 심박수의 90~100%)에 가까워야 하지만, 이 수준의 훈련은 몇 주에 걸쳐 점진적으로 이뤄져야 한다. 무산소 운동을 위한 적절한 운동은 전력 질주sprints, 퀵 스텝quick steps, 버피burpees, 점프jumps 그리고 빠른 줄넘기 뿐 만 아니라 서킷circuit 및 인터벌interval 훈련 등이 있다.

일반적인 심폐지구력 훈련은 무산소 운동 훈련 전에 이뤄져야 하며, 가장 이상적인 것은 테크닉 수업의 준비 또는 테크닉 수업과 함께 진행되는 것이다. 심폐지구력은 또한 안무 테크닉 수업에 포함될 수 있다. 모든 지구력 훈련은 시간이 흐름에 따라 점진적으로 안무를 반영해야 한다. 무용수들은 현재의 테크닉 수업을 평가하여 적절한 심폐지구력과 무산소 운동 능력 훈련을 제공하고 있는지 확인해야 한다. 이후에 무용수들은 그 결과에 따라 조정 계획을 수정해야 하며, 그들이 테크닉 수업에서 단독으로 얻을 수 없는 것들을 추가해야 한다. 일반적으로 안무 테크닉 수업은 심폐지구력 보다는 무산소 운동 능력을 다루는 경향이 있다.

무용수들은 안무의 생리학적 요구를 더 잘 충족하기 위하여 심폐지구력과 무산소 운동 능력 모두를 강화해야 한다. 높은 수준의 심폐지구력을 갖고 있는 경우, 더 높은 지구력과 회복력을 가지고 이것은 피로감을 느끼는 시점을 늦추고 따라서 부상을 예방한다. 게다가 높은 수준의 무산소 운동 능력을 갖고 있는 경우, 폭발적이고 역동적인 움직임과 몇몇 안무 형태에 내재된 멈췄다 다시 시작하는 유형의 안무를 수행할 능력을 향상시킨다.

 스스로 진단하기

춤을 추기 위한 지구력을 조절하자

무용수들은 수업이 끝나거나 리허설이 끝날 때쯤이면 매우 피곤하거나, 공연을 마무리할 에너지가 충분하지 않다는 것을 느낄 수 있다. 간단한 심폐지구력 훈련부터 시작하자. 일주일에 3번 30분씩 수영을 시작하기로 결정할 수도 있다. 매일 수업이나 리허설에서 어떤 느낌을 받는지 기록하자. 시간이 흐름에 따라 더 기운차고 덜 지친다는 것을 느낄 수 있을 것이다. 이러한 지구력의 증가는 많은 능력을 갖추게 할 것이고, 능력에 관한 자신감을 높일 것이다.

무용 전문 체계 및 소매틱 훈련
Dance-Specific Systems and Somatic Practice

무용인들은 안무 테크닉 수업을 보충하고 전문성을 갖춘 훈련과 개인에 특화된 보충적 활동을 제공하기 위해 다수의 훈련 시스템을 활용한다. 이러한 시스템들 중 일부는 무용수들에게 체력이나 유연성개발을 위한 전문 훈련 과정을 제공할 수 있을 뿐만 아니라, 무용수들이 보충적 컨디셔닝 과정에서 안무 및 예술성의 구현으로 나아갈 때 매우 도움이 될 수 있는 훈련 방법을 제공한다.

필라테스와 같은 몇 가지 훈련 방식은 무용수들의 관절 가동 범위를 통한 중심의 제어와 정렬의 명확성에 초점을 맞춘다. 자이로토닉gyrotonic과 자이로키네시스

gyrokinesis와 같은 형태는 이러한 개념을 보다 3차원적인 운동 형태로 가져간다. 이와 같은 프로그램은 저항 훈련과 즉각적인 고유 수용성 피드백을 위하여 스프링 또는 역기와 같은 전문 기구를 이용하여 강도를 조절하는 훈련 과정을 포함한다. 이러한 조정 체계는 작은 도구를 사용한 메트 운동과 훈련을 포함한다. 이와 유사하게 많은 훈련 체계는 근력, 유연성의 개발과 제어 그리고 부드러운 근육 수축에 도움이 되도록 훈련용 밴드 또는 수술용 튜브를 활용한다.

필라테스 Pilates

필라테스는 많은 무용수들과 일반인들에 의해 이용되는 잘 알려진 컨디셔닝 프로그램들 중 하나이다. 초기 피트니스 옹호자인 조셉 H. 필라테스Joseph H. Pilates가 개발하였으며, 이 체계는 필라테스 리포머pilates reformer, 스프링 또는 메트와 같은 기구 위에서 저항을 변화시키며 훈련을 진행한다. 필라테스에서 종종 사용되는 다른 장비에는 공중 그네, 타워, 의자, 통, 아크arcs 등이 있다. 필라테스에서 가장 중요한 테마는 다음과 같다. 코어 근력과 제어, 전반적인 신체에 대한 인식, 안정성의 향상, 좋은 자세/정렬, 호흡, 움직임의 효율성, 그리고 전체 가동 범위 내에서 부드러운 움직임 개발. 필라테스는 무용수들이 몸을 키우지 않고 근력을 기르는 데 도움이 될 수 있다. 다양한 방식에 대한 자격을 갖춘 필라테스 강사를 인터넷에서 많이 찾을 수 있다. 필라테스 웹 사이트에는 필라테스에 관한 정보, 시범을 보여주는 DVD와 비디오 뿐 만 아니라 자격을 갖춘 강사와 스튜디오에 대한 정보가 제공된다. 처음으로 필라테스를 배울 경우 가능한 1:1 또는 소규모 그룹으로 진행하는 것이 좋다. 교육을 받은 강사와 보다 긴밀하게 협력하여, 정렬과 자세에 대한 자세한 피드백을 얻을 수 있다.

자이로토닉 훈련 Gyrotonic Exercises

자이로토닉 확장 체계gyrotonic expansion system이라는 용어 아래 자이로토닉gyrotonic과 자이로키네시스gyrokinesis라는 두 가지 형태가 등장한다. 이러한 형태는 헝가리 출신의 무용수이자 수영선수인 줄리오 호바스Juliu Horvath에 의해 개발되었다. 뉴욕으로 이주 후, 그는 근력뿐만 아니라 완전한 3차원 이동성을 얻어 자신의 부상을 치료하고 발생할 수 있는 부상을 예방하기 위해 이러한 기술들을 개발했다. 이 운동은 무용수들에게 매우 도움이 될 수 있다. 자이로토닉 훈련은 웨이트를 저항으로 사용하는 전용 장비를 이용하여 수행된다. 스프링을 사용하여 가동 범위 내에서 저항을 변화하는 대신에, 웨이트는 각 훈련에서 균일한 저항을 제공한다. 자이로토닉 훈련은 일반적으로 일대일 또는 소규모 그룹으로 진행되며, 과정은 호흡과 리듬에 따라 움직이는 반복적인 원형 또는 나선형 운동을 포함한다. 모든 움직임이 하나에서 다음으로 과정이 매끄럽게 이어지므로 관절에 압박이 없다. 자이로키네시스Gyrokinesis 훈련은 매트나 의자에서 이루어지며, 일반적으로 강사가 그룹을 이끌며 진행된다. 이러한 훈련은 반복적인 원형 운동을 포함한 기구 운동과 유사하다. 자이로토닉과 자이로키네시스 훈련의 중심은 다음과 같은 원리이다. 3차원 관절 가동 범위 내에서의 코어 근육의 제어, 근육의 균형, 동작의 효율성(움직임의 경제성), 역동적인 근력, 이동성 및 유연성. 이 시스템에 관한 더 많은 정보는 자이로토닉 웹사이트 www.gyrotonic.com에서 찾을 수 있다.

플로어 바 Floor-Barre

플로어 바는 부상 방지 및 복귀 분야의 선구자인 제나 로메트Zena Rommett에 의해 개발되었다. 이탈리아에서 온 그녀는 뉴욕으로 이주했고, 로버트 조프리Robert Joffrey의 지휘 아래 아메리칸 발레 센터에서 발레를 가르치던 기간 동안 이 플로어 바를 발전시켰다. 플로어 바는 무용수들을 위해 특별히 고안된 것으로, 발레 훈련에서 직접 유래되었고 처음부터 발레 무용수들의 요구를 충족하였다. 이는 플로어에서 정렬에 초점을 맞추고, 근력과 유연성을 키우는 데 도움을 주며, 일어서 있을 때 작용하는 중력의 자극 없이 효율적인 미세 조정을 가능하게 한다. 소매틱 훈련에서 유래한 느린 움직임과 정신적 인지 또한 다룬다. 더 많은 정보는 플로어 바 웹사이트 www.floor-barre.org에서 찾을 수 있다.

심상을 통한 컨디셔닝 Conditioning with Imagery

심상을 통한 컨디셔닝 훈련C-I Training은 캐나다와 미국의 안무 강사이자 연구가인 도나 크래스노우Dona Krasnow에 의해 개발되었다. C-I 훈련은 동작의 선택에 있어서 안무 전문성을 보인다. 이 프로그램은 동작 재교육, 정렬, 심신 통합을 위해 소매틱 훈련에서 이용된 형상화와 근력, 근지구력, 및 유연성 조정 훈련을 통합하였다. 또한 조정 작업의 훈련을 수업, 리허설, 무대, 그리고 일상으로 옮길 수 있다. C-I 훈련의 적용은 부상 예방, 개선된 훈련 활동, 적절한 준비운동 과정에 도움이 될 수 있다. 도나 크래스노우의 저서 '무용수들을 위한 심상을 통한 컨디셔닝' 뿐만 아니라 DVD와 비디오를 이용해 무용수들은 훈련에 대해 배울 수 있다. 더 많은 정보는 C-I 훈련 웹사이트 www.citraining.com에 있다.

신경근 훈련 Neuromuscular Training

아이린 다우드Irene Dowd는 뉴욕에서 활동하며 아이디어키네시스Ideokinesis(관념운동이론)의 창시자 루루 스웨가드 박사Dr. Lulu Sweigard에게 초기에 가르침을 받고, 무용수뿐만 아니라 일반인들을 위한 신경근 훈련 활동을 유지하고 있다. 근골격계 불균형을 해결하고 효과적이고 조화로운 움직임 형식을 지도하는 다우드는 '스파이럴 고관절 준비운동: 턴 아웃 안무와 궤도Spirals', Warming Up the Hip: Turnout Dance and Orbits' 그리고 '몸통 안정과 회전Trunk Stabilization and Volutes'과 같은 여러 비디오에서 설명된 일련의 움직임 과정을 안무로 연출했다. DVD는 다우드의 웹사이트 또는 토론토에 있는 캐나다 국립 발레 학교에서 이용가능하다. 또한 '날기 위한 길: 기능적 해부학에 대한 글Taking Route to Fly: Articles on Functional Anatomy'이란 제목의 책이 있다.

프랭클린 체계 Franklin Method

프랭클린 체계는 무용수이자 동작 교육학자인 에릭 프랭클린Eric Franklin에 의해 개발되었으며, 편안한 움직임, 근육 사용의 경제성(효율성), 관절 역학의 명확화, 중심 제어, 조화를 통한 관절 가동 범위 확장의 수단으로 동적인 형상화와 해부학적 개념의 구현을 활용한다. 프랭클린은 많은 서적을 출간했으며 관련 정보는 그의 웹사이트 http://franklinmethod.com에서 이용할 수 있다.

무용수들에게 도움이 될 수 있는 다른 많은 동작 체계가 존재하며, 그 중 많은 것들이 소매틱somatic 개념 하에 있다. 소매틱 훈련somatic practices과 소매틱 교육somatic education은 신체의 습관적 움직임과 정렬에 변화를 주기 위해 감각과 인지에 집중하는 학습 방식을 의미한다. 지난 25년간 소매틱 동작 형식은 무용수들의 훈련에 크게 영향을 주었다. 많은 무용수들이 소매틱에 이끌렸고, 이 용어는 1928년 철학자 토마스 한나Thomas Hanna가 개인 스스로의 신체에 대한 감지를 묘사하기 위해 처음 만든 용어이다. 많은 무용수들의 보충적 컨디셔닝이 소매틱 원리와 훈련을 포함하는 경향이 있다. 소매틱 훈련의 핵심은 신체와 정신이 완전히 서로 연결되어 있다는 믿음이다. 소매틱을 연구하는 무용수들은 움직임뿐만 아니라 그 움직임과 관련된 그들의 감정과 의도를 인지해야 한다. 일련의 과정을 거치면서, 자기인식이 고조된다. 무용수들은 점점 더 인식이 고조되고 상황에 주의를 기울이는 훈련을 하고, 따라서 명확한 신체적 조화와 미묘한 표현 모두에 필요한 기술을 개발할 것이다. 그렇지 않다면, 동작을 하는 순간 자신이 어떻게 움직이고 있는지 제대로 인식하지 않은 채 동작을 연습하고 반복하는 것이다.

완성된 안무와 동작의 핵심은 자신에 완전히 몰입하는 것이다. 마치 아기가 처음으로 기는 것을 배우는 것처럼, 무용수들은 놀이를 하는 것과 같은 상태에서 움직이는 법을 연습할 수 있고, 따라서 적절한 소매틱 신호를 가지고 더 효율적으로 이해할 수 있다. 소매틱 영역의 학습을 통해 무용수들은 더 나은 중심부 지지와 제어를 발견할 수 있다. 전형적인 복부나 허리 강화 운동보다는 부정한 방식처럼 보일 수 있지만, 무용수들은 비슷한 결과를 얻을 수 있다. 소매틱 형식의 중심 테마는 움직임의 효율성(덜 움츠러들고, 습관적인 긴장감의 감소), 나은 안정성, 보다 용이한 이동과 관절 가동, 움직임의 시작과 후속 동작의 명확성, 신체와 정신의 합치, 감각에 따른 조정 등이 포함되어 있다. 자각 있는 소매틱 형식에는 알렉산더 테크닉Alexander Technique, 펠덴크라이스 체계Feldenkrais Method(움직임의 인지), 신체-정신 집중Body-Mind Centering, 바르테니에프 기본원리Bartenieff Fundamentals, 롤핑Rolfing, 구조적 통합structural integration, 관념운동학ideokinesis, 어떤 형태는 요가와 타이치 같은 훨씬 오래된 형태도 포함한다. 소매틱에 관한 더 많은 정보는 4장과 6장을 참고하면 된다.

무용수들이 힘과 유연성을 향상시키고 부상을 예방하고 부상에서 회복하는 것을 돕기 위해 전문적으로 고안된 많은 훈련 체계가 개발되었다. 그 중 몇 가지를 이 장에서 소개했지만, 다른 체계도 존재한다. 자신에게 맞는 안무 훈련 체계를 찾아야 한다.

컨디셔닝에 관한 근거 없는 통념
Conditioning Myths

현대의 무용수들은 보충적 조정이 반드시 옳거나 도움이 되지 않는다는 근거 없는 통념을 갖고 있을 수 있다. 무용에 관한 주된 두 가지 통념은 다음과 같다.

요가는 유연성 훈련의 효과적인 방법이고 인지능력을 강화시키는 연습이다.
재임스 키츠James Keates, 트리니티 라반 컨서버토리Trinity Laban Conservatoire of Music and Dance.

첫 번째 통념은 성공적인 무용수가 되기 위해서 반드시 극도로 확장된 관절 운동성을 가져야 한다는 것이다. 사실상 준비운동 전 스트레칭을 너무 길게 하거나 너무 짧게 하는 것은 오히려 몸을 해칠 수 있다. 과운동성은 종종 힘과 제어력의 부족과 결합되어 오히려 부상을 유발할 수 있다는 것을 이해하는 것은 중요하다. 정적 유연성은 동적 유연성과는 다르며, 다리를 뻗는 동작을 취할 경우, 다리를 높이 뻗기 위한 근력과 함께 유연성과 몸 전체의 조화가 필요하다. 바닥에서 하는 스트레칭은 동적 스트레칭보다는 정적 스트레칭이기 때문에 그러한 스트레칭만으로 다리를 더 높이 올리고 싶은 욕구를 실현할 수 없다.

두 번째 통념은 근육 훈련으로 근육의 부피가 크게 늘어난다는 것이다. 사실상 엄청난 증량을 할 수 있는 유일한 방법은 훈련과 함께 보충제를 복용하고 특정한 유전적 성향을 갖는 것이다. 여성의 경우 신체에 테스토스테론이 부족하기 때문에 과하게 큰 근육을 갖는 것이 거의 불가능하다. 사실 근육 훈련을 하는 무용수들은 지방을 줄이고 지방 외 체중을 증가할 수 있다. 이는 근육 훈련이 체격이나 몸의 부피의 증가와 상관관계가 있다는 통념을 명백히 부정한다. 만약 더 날씬하고 작은 체형을 잃는 것을 두려워한다면, 사실 근육 훈련을 하지 않을 것 보다는 해야 하는 이유이다. 근육 훈련에 관한 다른 흔한 오해는 적은 무게를 많이 반복하는 것이 더 좋다고 생각하는 것이다. 복부 운동을 몇 십번 하는 것은 근지구력을 향상하지만, 근력을 얻는 것에 도움을 주지는 않을 것이다. 현대 무용에서 여성 무용수들은 남성과 마찬가지로 다른 무용수들을 들어 올리는 것을 요구 받는다. 따라서 여성의 강화 훈련은 필수이다.

간혹 과학적 근거가 없는 무용에 대한 개념들이 가르쳐지거나 전해지기도 한다. 과운동성을 위한 훈련과 근육의 크기가 커지는 것이 두려워 근육 훈련을 피하는 것은 부상을 유발할 수 있을 뿐만 아니라 안무 능력을 향상시킬 수 없다. 추가적인 유연성이나 근력이 필요할 경우, 그것을 얻기 위한 안전하고 적절한 훈련이 많이 존재한다.

 스스로 진단하기

자신의 신체에 필요한 컨디셔닝에 관한 학습

다음 안무 수업에 참여하면, 자신에게 가장 힘든 것이 무엇인지 생각해보자. 다리를 높이 올리는 것이 힘든가? 힘찬 점프, 런지, 착지에 어려움을 겪고 있는가? 리허설에서 파트너와의 작업을 수행하기 어려운가? 그렇다면 가장 집중해야할 조정 영역이 무엇인지 생각해야 한다. 이러한 자기인식 훈련은 보충적 훈련의 선택을 위한 능력을 높이고 안무에 긍정적인 변화를 일으킨다.

요약 Summary

현대의 테크닉 훈련은 종종 전통적인 안무 형태에서, 전통 무용, 무술, 즉흥적 무대, 소매틱 방식을 혼합한 방식으로 진행된다. 무용인들은 점점 더 다재다능해 지도록 요구 받는다. 무용인들에게 주어지는 신체적인 요구들은 거대하고, 그것들은 종종 근골격계 불균형으로 이어질 수 있다. 오늘날의 전문 무용계에 들어가기 위해 필요한 모든 것을 테크닉 수업만으로 충족할 수 없다고 인식되고 있다. 보충적 무용 컨디셔닝은 최고의 수행 능력, 건강 및 지속성을 위해 필수적인 것으로 인정되고 있다. 많은 무용 조정 체계를 이용할 수 있지만, 자신의 발전에 대한 책임감을 키우고, 예술가 개인으로서 자신에게 어떤 것이 도움이 될지에 대한 정보를 얻을 수 있도록 보충적 컨디셔닝의 원리를 이해하는 것이 중요하다.

테크닉 교육과 리허설 및 공연에 차이가 있는 경우가 많으며, 이는 보충적 컨디셔닝 프로그램에서 해결할 수 있다. 이러한 경우 부상의 위험은 줄고 부상을 유발할 수 있는 근골격계 불균형이 감소한다. 건강하고 다재다능한 무용수가 되기 위해 자신의 몸을 더 잘 이해하고 자신의 요구 사항을 중요시하는 것은 스스로의 훈련을 조절할 수 있는 큰 권한을 스스로에게 부여하는 것이다. 현실적이고 시기적절한 목표를 설정해야 하며, 훈련과 그 성과를 잘 추적하고 있는지 확인해야 한다. 이러한 과정이 보람 있고 즐겁다는 것을 알게 될 것이다. 또한 전문 무용수, 물리치료사, 무용 특화 컨디셔닝 시스템 전문가, 또는 자격을 갖춘 소매틱 전문가 등에게 조언을 구하는 것이 좋다. 이러한 전문가들은 상세한 피드백과 지침을 제공할 수 있다.

■ 응용활동: 자신의 훈련과 컨디셔닝을 평가하자

준비운동에 대해 생각하는 것부터 시작하자. 적절한 준비운동의 모든 요소를 다루는가? 만약 그렇지 않다면, 준비운동을 어떻게 더 효과적으로 바꿀지 생각해 보자. 근력과 근파워 조정을 통해 어떤 신체 영역에 도움을 줄 수 있는지 생각해보자. 수업이나 하루의 끝에 유연성을 높이기 위해 추가할 수 있는 스트레칭이 있는가? 다양한 심폐지구력 훈련을 고려하여, 어떤 훈련을 즐길 수 있을지 결정하자. 피트니스 센터에 가서 몇 가지 장비를 이용해 보는 것도 도움이 될 수 있다. 마지막으로 주간 훈련에 추가하고 싶은 소매틱 훈련을 찾을 수 있는가? 이러한 모든 컨디셔닝 영역은 자신의 안무를 향상시킬 수 있다.

■ 복습질문

1. 교차 훈련은 무엇이며, 장점은 무엇인가?
2. 적절한 준비운동과 마무리 운동의 구성 요소는 무엇인가?
3. 훈련의 다양한 원리는 무엇이며, 어떻게 무용에 적용할 수 있는가?
4. 근력, 근파워, 근지구력, 유연성, 심폐지구력, 무산소 운동 능력의 차이는 무엇인가?
5. 소매틱 훈련과 무용 특화 프로그램의 장점은 무엇인가?

챕터별 보충 학습 활동, 학습 보조자료, 제안된 읽을거리, 웹 링크 등에 대한 자세한 내용은 www.HumanKinetics.com/DancerWellness. 인터넷 자료를 참조하자.

춤추는 사람들의 웰니스
Dancer Wellness

무용수의 훈련 과정에 여러 심리적 요소들이 작용한다. 인간의 뇌가 동작을 통제하고 방향을 정하고, 기법을 향상시키는 심리적 전략들을 개발하는 법에 관해 학습하기 위해, 표상적, 신체적 연습을 활용할 수 있다(4장). 무용수들은 무용의 심리적 측면에 관해 배울 수도 있다(5장). 무용 심리학은 자존감, 완벽주의, 신체상, 스트레스, 불안, 경쟁, 사회적 압박을 포함해 무용수에게 특정된 심리의 측면들에 관한 연구이다. 심리적 요소들을 다루는 세 번째 영역에서는, 휴식과 회복이 학습, 기법, 손상에 어떤 영향을 미치는지 조사한다(6장). 무용의 이런 심리적 요소들 각각은 건강과 건강관리에 극적인 영향을 미칠 수 있다. 최상의 심리적 훈련과 환경을 어떻게 조성할지 이해하는 게 무용수 건강관리의 핵심 사항이다.

4장은 멘탈 트레이닝을 다룬다. 멘탈 트레이닝은 무용수의 능력과 재능을 일관되게 수행할 수 있게 해주는 작업 방식이나 마음가짐을 마련하도록 도움을 주는 어떤 방법이나 실천들로 구성된다. 심리적 훈련의 일환으로 이용할 수 있는 두 가지 중요한 기법은 표상적 연습과 신체적 연습이다. 표상은 대상, 그림, 감각 혹은 사건의 물리적 특징을 시사하는 심리적 활동이다. 무용수들에게 표상은 일반적으로 동작의 전 혹은 동작 중 이용된다. 신체적 연습은 개별 해부 구조를 탐구할 수 있게 하고, 무용수행을 향상시키기 위해 신체-정신의 초점을 이용하는 법에 대한 가르침을 제시하는 체계들의 묶음이다.

5장은 심리적 웰니스를 탐구한다. 멘탈 트레이닝의 심리적 요소들을 이해함은 물론 부정적 측면들에 대처하도록 도움을 주는 전략들의 개발함으로써 이득을 볼 수 있다. 수업 분위기와 교사의 스타일이 주된 영향을 미칠 수 있지만, 스스로 심리적 태도를 통제하는 힘을 얻을 수 있다. 이런 면들을 더욱 잘 이해할 때, 자기-지각, 자존감, 자기 효능감, 완벽주의, 신체상 같은 심리학의 측면들이 모두 개선될 수 있다. 이와 유사하게, 스트레스, 장애와 같이 수행에 대한 심리적 걸림돌을 알게 되면, 그것들을 극복하기 위한 대응 전략을 개발할 수 있다. 마지막으로, 강력한 사회적 연계망이 심리적 건강에 유익하다.

6장은 휴식과 회복을 다룬다. 무용수들은 휴식과 회복이 기술들의 기억 및 성공적인 달성 모두에 얼마나 중요한지 이해해야 한다. 모든 무용수들은 잠을 거의 자지 않거나 몸을 혹사시키면서 수업을 받거나 리허설을 한다. 그러면 집중하기 어려워지고, 기술이 감소하며, 손상을 입기 쉬워진다. 심리적 상태를 더욱 억제하는 것 중 하나가 번아웃burn-out이며, 번아웃은 지속적인 과로로 인한 흥미의 상실 혹은 피곤함이나 서투른 무용으로 나타난다. 번아웃의 경고 신호를 무시하면 치료하기 더 어렵거나 회복하는 데 더 긴 시간이 소요되는 질병이나 손상이 초래된다. 그러므로 휴식 연습에 대한 목표를 적극적으로 정하고 (휴식 연습의) 개인적 도구를 구축할 수 있어야 한다.

요약하면, 건강관리의 심리적 요소들은 광범위하며, 표상적, 신체적 연습이라는 훈련 도구와 스트레스 및 불안을 이해하고 다루는 등 여러 측면들을 아우른다. 무용인들은 일정에 휴식을 추가하고 이런 모든 문제에 대한 개인적인 대응 전략들을 개발함으로써 이득을 볼 수 있다. 그 첫 번째 단계는 우수한 수행 및 건강에 대한 걸림돌을 의식하는 것이다. 그 다음 단계는 보다 나은 자존감을 달성하고 보다 즐겁게 무용을 하기 위한 개인적 목표들을 설정하는 것이다.

Part II

무용 웰니스의 심리적 요소
Mental Components of Dancer Wellness

Chapter 4

멘탈 트레이닝
Mental Training

자넷 카린, 패트릭 해가드, 쥴리아 크리스텐센

핵심 용어

- **감각운동 시스템** sensorimotor system
- **감각적 인식** sensory awareness
- **감각적 피드백** sensory feedback
- **거울 시스템** mirror system
- **고유수용감각** proprioception
- **마음챙김** mindfulness
- **멘탈 리허설** mental rehearsal
- **멘탈 연습** mental practice
- **몰입** flow
- **반사작용** postural reflex
- **반사호** reflex arc
- **시각적 심상** visual imagery
- **심상** imagery
- **운동 감각 심상** kinesthetic imagery
- **운동 계획** motor plan
- **운동시스템** motor system
- **운동적** kinesthetic
- **움직임 계획** movement planner
- **은유적 심상** metaphorical imagery
- **1차 운동피질** primary motor cortex
- **주관적 심상** subjective imagery
- **피드백** feedback

학습목표

1. 무용에서 뇌의 여러 부분이 어떻게 동작을 계획하고 조정하는데 기여하는지 설명할 수 있다.
2. 다양한 형태의 피드백을 이해하고 춤을 향상시킬 수 있는 방법을 이해할 수 있다.
3. 춤을 추면서 몸에 대한 감각적 자각을 발달시킬 수 있다.
4. 여러 유형의 심상과 심상을 어떻게 활용할 수 있는지 설명할 수 있다.
5. 멘탈 리허설의 힘을 깨닫고 그것을 일상훈련에 접목시키는 방법을 알 수 있다.

춤에서 표현적인 움직임을 위해 얼마나 멋지고 확실한 이미지를 사용했는가? 또한 무용수들은 척추 위에 풍선처럼 떠 있는 머리의 이미지와 같이 가지런함을 위해 이미지를 사용했을 수도 있다. 심지어 리허설하고 있는 안무를 시각화하는 동안 조용히 쉬면서 시간을 보냈을 수도 있다. 신체를 단련하는 것과 함께 정신을 단련하는 것은 다양한 형태의 이미지를 사용함으로써 무용수의 공연과 행복을 향상시킨다. 심상은 무용수의 춤에 강력한 영향을 미칠 수 있는 다양한 목적을 가지고 있다. 이 장은 움직임, 감각 피드백, 심상, 마음챙김, 몰입에서 뇌의 역할을 설명하고, 이러한 개념을 어떻게 무용 훈련에 통합시킬 수 있는지 설명한다.

신체를 움직이는 뇌의 역할
The Role of the Brain in Moving the Body

뇌와 신경계의 다른 부분이 함께 작용하여 움직임을 조절한다. 근육들이 골격을 움직이는 동안 뇌와 척수의 신호 없이 어떤 움직임도 일어날 수 없다. 뇌는 움직임을 계획하고 어떤 근육이 각각의 운동 과제를 가장 잘 달성할 수 있는지를 결정한다. 이 장에서는 뇌가 어떻게 움직임을 개선하는지 그리고 어떻게 하면 개선점을 가장 잘 달성할 수 있는지에 대해 논한다. 또한 무용수들이 이용할 수 있는 다양한 피드백 유형, 그것들이 어떻게 뇌에서 처리되는지 그리고 그것들이 당신의 춤을 향상시키는데 도움이 되는지에 대해서 설명한다.

Dancer Wellness

> **스스로 진단하기**
>
> ### 거울 사용방법
>
> 무용 수업을 받을 때 거울을 얼마나 많이 사용하여 움직임을 교정하는지 생각해보자. 훈련에서 거울의 위치를 인식해보자. 거울을 전혀 사용하지 않고 수업 듣는 날을 선택해보자. 당신의 몸에 있는 감각을 알고 있는가? 감각만으로 스스로를 교정할 수 있는가? 또한 거울을 사용하지 않고 선생님의 조언과 피드백을 사용하는 것이 어떤 것인지 생각해보자. 이러한 자기지각의 훈련은 당신의 춤에 긍정적인 변화를 줄 수 있는 능력을 확대할 수 있다.

우 민감하기 때문에 무용에 초점을 맞춰 운동시스템을 훈련시킬 때에 더 잘 반응한다. 예를 들어 발레 무용수들이 발레 동작을 볼 때, 그들의 운동영역은 낯선 춤 스타일을 볼 때보다 훨씬 더 강하게 반응한다. 또한 뇌에서 같은 운동영역은 움직임이 있을 때와 단지 상상할 때 반응한다. 신체 감각과 운동시스템의 상호작용은 모든 움직임에 매우 중요하다. 그것들은 함께 감각운동 시스템으로 알려져 있다.

운동시스템 The Motor System

움직임이 일어날 때 뇌의 운동시스템의 특정 부분이 활성화된다. 운동시스템의 핵심요소는 움직임 지시를 내리는 뇌, 실제 움직임을 수행하는 근육, 그리고 뇌에서 근육으로, 또한 근육에서 뇌로 신호를 전달하는 신경이 고리를 닫는 것이다(그림 4.1 참조).

뇌의 운동 시스템이 어떻게 반응하는지는 훈련에 매

감각운동 시스템 Sensorimoter System

뇌의 부분들은 각기 다른 기능을 수행한다. 모든 운동에서 감각운동 시스템sensorimotor system은 실제로 신체를 움직이는 근육수축을 조절하고 신체가 당신의 두뇌로 보내는 감각 정보를 처리하기 위해 행동계획을 세우는데 필수적이다. "감각"이라는 단어는 몸 자체에서 시작되는 감각의 메시지를 의미한다. 앞서 언급했듯이 "운동motor"은 움직임movement을 의미한다. 따라서 "감각운동"은 신체 상태에 대해 알려주는 뇌 시스템의 모음을 의미한다. 두뇌는

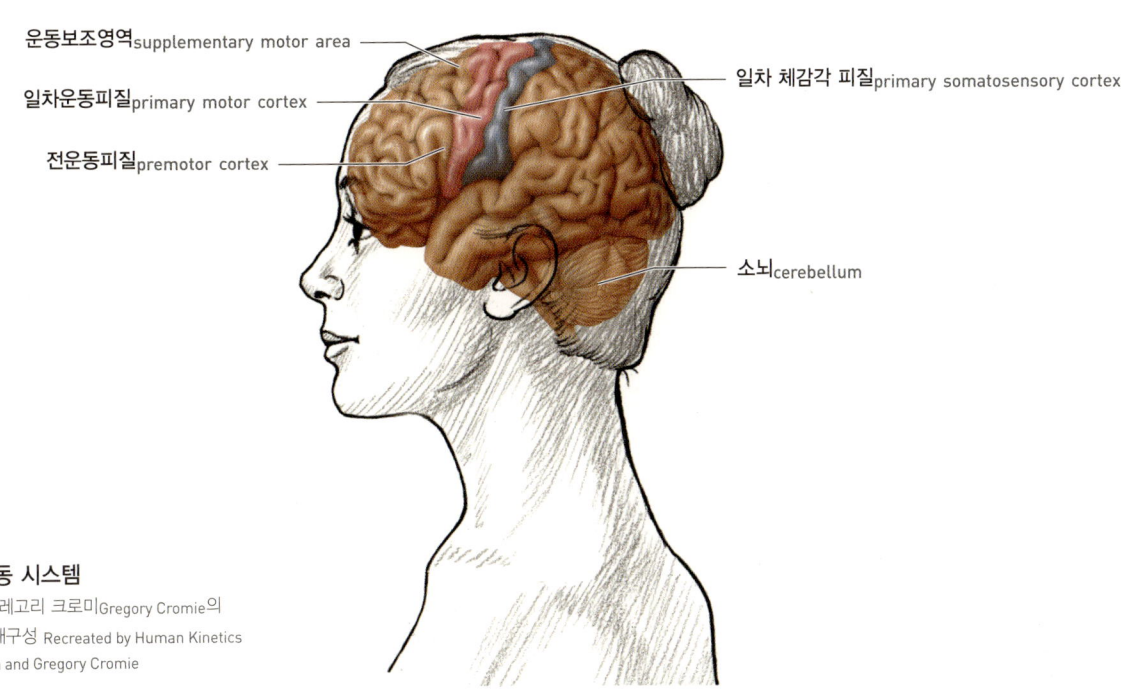

그림 4.1 인간 운동 시스템
자넷 카린Janet Karin과 그레고리 크로미Gregory Cromie의 원본에서 인간 역학으로 재구성 Recreated by Human Kinetics from original by Janet Karin and Gregory Cromie

Part II 무용 웰니스의 심리적 요소

그 정보를 사용하여 신체가 어떻게 움직이는지 제어한다. 여기에서는 춤의 숙련된 움직임을 뒷받침하는 뇌의 메커니즘을 설명한다.

무용수는 때때로 자신의 근육을 공연의 핵심요소로 생각하지만 근육은 그 자체만으로 아무것도 하지 않는다. 립leap과 같은 특정 동작을 만들고 싶을 때, 움직임 계획 movement planner(당신이 무엇을 할 것인지를 알아내는 뇌의 영역)은 근육에서 어떤 근육이 수축해야 하는지 정확히 기억하고, 이 모든 정보를 일련의 전지적 신호인 운동 명령motor command으로 변환한다. 신호는 척수의 운동신경 motor neurons을 통해 관련 근육으로 전달된다. 이 모든 과정은 의식적인 생각 없이도 일어날 수 있다. 적절한 훈련을 받으면 거의 자동으로 립leap하는 법을 배울 것이다.

반사 Reflexes

뇌와 척수는 하고 있는 일의 세부사항에 대해 생각할 필요 없이 대부분의 움직임을 자동적으로 조절한다. 걷기는 좋은 예다. 사람이 걷는 것은 자동이지만 과학자들이 인간처럼 잘 걷는 로봇을 만들려고 할 때, 그들은 사람들이 아무 생각 없이 하는 모든 조정된 움직임을 프로그래밍하는 것이 매우 어렵다는 것을 알게 된다. 이러한 자동적인 운동의 질은 부분적으로 신체자세를 자동으로 유지하는 반사호reflex arcs라고 불리는 뉴런 회로에 기인한다. 이 신경 회로는 척수를 통해 흐르고, 뇌의 큰 도움 없이 많은 움직임을 조정할 수 있다. 자세 반사작용postural reflexes은 모든 운동에서 균형과 역동적인 정렬을 유지하는 특정한 일련의 근육 반사작용이다. 스트레치 반사작용은 안정을 유지하고 과도한 스트레칭을 통해 근육 손상을 피하기 위해 반응한다. 이 반응은 의사가 당신의 무릎을 두드릴 때 분명하게 나타난다. 그것은 슬개골 힘줄을 뻗어 대퇴 사두근의 반사를 활성화시켜 다리를 앞으로 내딛게 한다(그림 4.2 참조).

이 반사 작용이 얼마나 유용한지 이해하려면 빈 컵을 가져다가 물을 채운다. 물이 컵에 떨어지면서 체중이 팔뚝 앞쪽에 이두근 근육을 뻗게 한다. 만약 근육이 반응하지

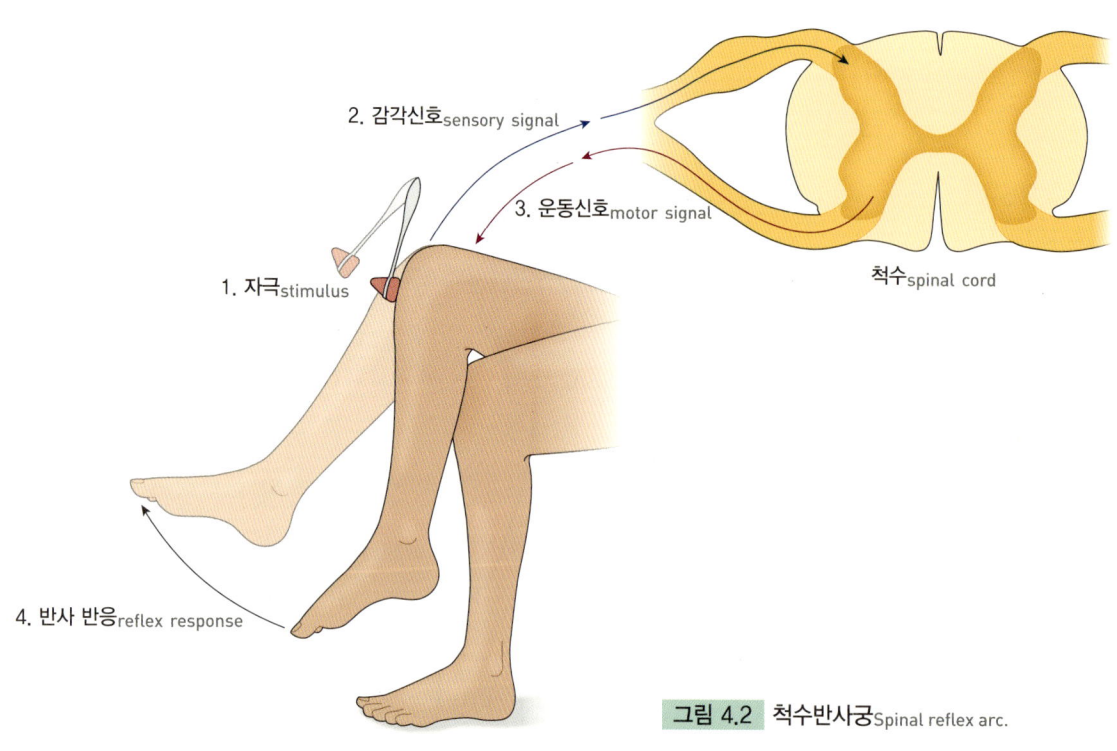

그림 4.2 척수반사궁Spinal reflex arc.

않는다면 이 무게는 손과 컵을 아래로 움직이게 할 것이다. 그러나 이두근육은 손을 위치에 배치하기 위해 수축의 정도를 증가시킨다. 컵이 가득 차면서 하중이 바뀌어도 손은 가만히 있다. 만약 당신이 지금 눈을 감고 친구에게 임의로 수도꼭지를 틀게 한다면, 당신의 손은 물이 컵에 떨어질 때마다 아래로 움직이게 될 것이고, 그러고 나서 다시 위로 튕겨 올라갈 것이다. 손을 아래로 튕기는 것은 무게의 변화에 따라 손을 같은 장소에 유지하기 위한 반사반응이다.

반사신경은 무수한 방법으로 춤을 추는데 도움이 된다. 예를 들어, 떨어지는 경향이 반사호reflex arcs나 자세반사postural reflexes에 의해 즉시 저항되는 근육에 스트레칭을 일으키기 때문에 서 있기를 계속해야 한다. 척추반사회로spinal reflex circuit를 사용하면 몸을 원하는 위치에 고정시킬 수 있다. 더욱 중요한 것은 다른 부분들이 움직이는 동안 몸의 일부분이 가만히 있도록 해준다는 것이다. 예를 들어, 한쪽 팔을 몸의 옆으로 들어 올리면 몸의 질량 중심의 변화가 반대쪽 근육을 뻗고 반사작용은 넘어지는 것을 멈추게 하는 작용을 한다.

뇌의 운동 시스템 The Brain's Motor System

움직임을 생성하는데 있어 중요한 뇌 구조 중 하나는 1차 운동피질primary motor cortex이다. 이 구조는 〈그림 4.1〉과 같이 머리 위에서 귀 바로 아래까지 뻗어 있는 운동 시스템의 또 다른 부분이다. 무용수의 입장에서 보면 1차 운동 피질의 가장 관련성이 있는 특징 중 하나는 그 가소성, 즉 변화 능력이다. 뉴런과 신체 근육 사이의 관계는 경험에 따라 변할 수 있다. 이 변화는 단 몇 분 안에 일어날 수 있다. 다시 말해 몇 분 동안 올바르게 무용 동작을 연습하는 것은 실제로 뇌를 바꿀 수도 있다.

운동피질은 근육에 마지막 지시를 보내지만 운동피질에게 어떤 지시를 보내야 하는지 알려주는 단 하나의 뇌 영역은 존재하지 않는다. 사실 두뇌의 운동 시스템은 단순한 사슬보다는 고리로 구성되어 있다. 두 개의 고리는 뇌의 많은 부분에서 정보를 전두 운동 영역으로 퍼트려 1차 운동 피질을 구동시킨다. 이 고리들 중 첫 번째 것은 왜 움직이는가에 관한 것이다. 그것은 행동에 동기를 부여하고 촉진시킨다. 이 고리는 동작이 성공했을 때 피드백을 보내어 동작을 반복할 수 있도록 한다. 두 번째 고리는 당신이 어떻게 움직이는지에 관한 것이다. 수십억 개의 뉴런들이 움직임을 조정하기 위해 많은 다른 근육들에 걸친 움직임의 시기와 양을 조절한다. 2번째 고리의 일부인 소뇌는 학습에도 관여하고 복합적인 다중관절운동을 하는 데도 관여한다. 이는 춤추는 복잡한 동작의 핵심 영역 중 하나로 여겨진다.

운동계획 The motor plan

우리는 움직임을 발생시키기 위해 몸과 뇌에서 일어나고 있는 일 중 아주 작은 부분만을 알고 있다. 사과를 원하면 손을 뻗어 잡기만 하면 된다. 뇌는 이미 복잡한 도달 및 잡기 운동 계획을 저장했는데, 이 계획은 특정한 순서로 일어날 일련의 운동 명령(전기 신호)으로 이루어져 있다. 당신의 뇌가 사과를 잡으라는 명령을 받으면 움직임 계획은 그 순서를 일련의 운동 명령으로 바꾸고 운동 계획은 자동으로 실행된다. 다행히 모든 세부 사항(접근, 손 위치 조정, 팔 위치, 손가락 위치 등)에 대해 생각할 필요는 없다. 일반적으로 이러한 자동 실행이 장점이다. 그러나 운동을 개선하기 위해 의식적으로 운동 계획에 접근할 수 없기 때문에 불편할 수도 있다.

〈그림 4.3〉에서 볼 수 있듯이 의도된 움직임(만들고 싶은 움직임)은 뇌 안의 이미지에서 나오는 빠른 내부 신호와 회색으로 음영 처리되고 선생님과 거울에서 나오는 느린 외부 신호에 의해 활성화된다. 빠른 회로는 운동 계획으로 이미지를 바로 보내는데, 운동 명령어를 선택하여

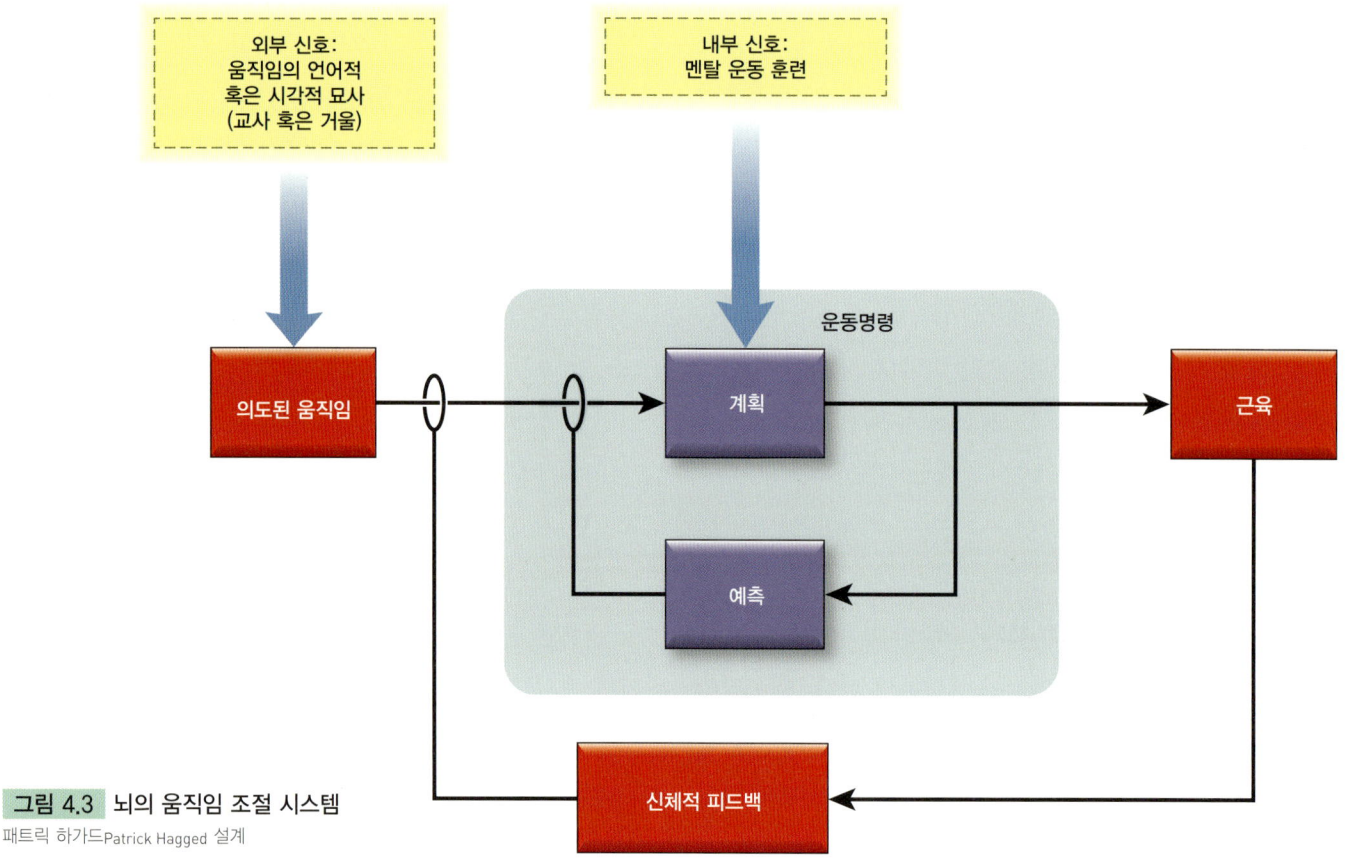

그림 4.3 뇌의 움직임 조절 시스템
패트릭 하가드Patrick Hagged 설계

운동 피질에서 근육으로 보낸다. 또한 운동 명령은 명령이 의도한 움직임을 달성하는지 여부를 예측한다.

뇌의 조직과 그것이 어떻게 근육에 메시지를 보내는지는 복잡하고 꽤 놀랍다. 복잡한 춤 동작에도 불구하고, 뇌는 그것들을 생각할 필요가 없도록 모든 세부 사항들을 정리한다. 그러나 몸과 환경의 지속적인 피드백이 없다면 춤은 거의 불가능할 것이다.

피드백 유형 Type of Feedback

피드백은 뇌로 전달되는 신체의 위치와 움직임에 대한 메시지로 구성된다. 춤출 때 사용할 수 있는 주요 피드백 유형은 감각, 촉각, 언어, 시각이다. 감각 피드백의 예로는 움직임의 끝 범위에 도달했다는 것을 알 수 있는 근육의 스트레칭 느낌을 들 수 있다. 무용 선생님은 어깨에 손을 대어 어깨를 넓히라고 제안할 수도 있고, 선생님이 "가슴의 앞부분을 열고 넓게 느껴라"(언어적 피드백)라고 말할 수도 있다. 그리고 거울을 보면 춤 동작(시각적 피드백)에서 팔의 선을 교정할 수 있다.

감각적 피드백 Sensory Feedback

감각적인 피드백은 아마도 가장 중요한 피드백 형태일 것이다. 이것은 공연에서 사용할 수 없는 거울의 시각적 피드백과는 달리 수업, 리허설, 공연 등 모든 상황에서 발생할 수 있다. 움직일 때 근육, 피부, 힘줄, 관절에서 나오는 **감각적 피드백**은 뇌에게 운동의 성공에 대해 알려준다. 이 단계에서는 선생님으로부터 촉각 및 언어적 피드백을 받고 거울에서 나오는 시각적 피드백을 받는다. 그러나 이러한 유형의 피드백은 느리고 운동 시스템이 최종적으로 어떻게 보이기를 원하는지 알려 줄 뿐이다.

거울을 들여다보면서 자신이 원하는 방식으로 보일

때까지 움직임을 조정하여 배우는 것을 생각할 수도 있다. 그러나 감각적 피드백(시각에서의 피드백 포함)은 무용과 같은 빠른 움직임을 제어하는 데 매우 느리다. 손의 감촉에 반응하는 데 적어도 1/5초가 걸리고 유사한 메시지가 발에서 멀리 떨어진 곳으로 다시 이동하려면 훨씬 더 오래 걸린다. 시각 신호는 더 오래 걸린다. 거울을 보고 움직임을 교정하려면 약 1/4 초가 걸릴 것이다. 시각적 피드백은 연습 할 때 문제를 찾아내는 데 도움이 되지만 춤을 추는 동안 대부분의 움직임을 제어하기에는 너무 느리다. 또한 느린 시각적 신호에 응답하면 갑작스런 정지-시작 움직임stop-start movement이 발생할 수 있다.

신경과학자들은 감각 정보가 세 가지 방법으로 움직임을 조절하는 데 도움이 된다고 생각한다. 첫 번째는 앞에서 설명한 감각운동 반사작용이다. 둘째, 뇌는 원래 운동 명령어를 고유수용감각을 통해 몸에서 실제로 일어나고 있는 일에 대한 감각 정보와 비교한다. 예를 들어, 느리게 다리를 펼 때, 몸의 감각은 뇌에 정보를 줄 것이고 뇌는 그 움직임이 의도한 대로 일어나고 있는지를 알게 될 것이다.

셋째, 움직임의 최종 시각적 효과는 목표의 역할을 할 수 있다. 동작이 잘 진행되어 올바르게 보이면 뇌에 "이것을 배워라"라는 의미의 신호가 생성되어 반복할 수 있게 된다. 다음번에도 똑같이 하도록 부추기는 보상 같은 것이다. 만약 계획한 대로 움직임이 일어나지 않는다면 시각적 피드백은 당신이 움직이는 동안 그것을 해결할 만큼 충분히 빠르지 않지만 다음 시도를 개선하기 위해 이 정보를 사용할 수 있다.

피드백을 이용하여 실행 향상시키기
Using Feedback to Improve Your Practice

무용에서 피드백의 중요성, 특히 시각적 피드백이 궁금할 것이다. 공연 중에는 자신의 몸을 볼 수 없기 때문에 항상 시각적 피드백에 의존할 수는 없다. 때로는 동작의 운동 계획을 정교하게 다듬어야하기 때문에 단순히 동작을 성공적으로 수행하기 전에 여러 번 시도해 볼 필요가 있다. 무용 선생님은 촉각, 시각 또는 언어적 피드백을 제공할 수 있다. 거울에 비친 피드백은 움직임 질과 최종 결과를 인식하는데 도움을 줄 수 있다. 그러나 연구에 따르면 거울의 시각적 피드백에 너무 자주 그리고 꾸준히 의존하는 것은 무용에 필요한 감각이나 운동적kinesthetic 인식을 감소시킬 수 있다고 한다.

시각적 피드백을 사용할 때 거울에 비친 자신의 이미지보다 지도자의 시각 시스템에 의존하는 것이 더 나을 수 있다. 첫째, 움직임의 느낌에 집중하느라 바쁘기 때문에 거울 속의 모든 시각적인 세부사항에는 주의를 기울일 수 없다. 둘째, 지도자는 관중이 보는 것보다 더 가까운 시각을 가지고 있다. 셋째, 지도자는 무엇이 정확하고 부정확해 보이는지에 대해 생각 하며 어떤 동작을 조정해야 하는지를 알고 있다. 무용수의 두뇌는 성공적인 춤 동작에 필요한 모든 운동 학습에 책임이 있지만 결과에 대한 비판적 지식과 수행에 대한 지식은 종종 지도자로부터 온다. 결과에 대한 지식Knowledge of results은 움직임의 결과와 목표를 달성했는지 여부에 대한 정보를 제공하는 피드백을 말한다. 수행에 대한 지식Knowledge of performance은 그 결과의 움직임을 야기한 행동의 측면이나 특징에 대한 정보를 제공하는 피드백을 말한다. 거울은 무용수가 의도한 움직임이 어떻게 보여야 하는지 그리고 어떻게 그것에 도달했는지에 대해 이해하는데 도움을 줄 수 있다. 그러나 거울은 무용수가 전체 동작을 더 잘 수행하는데 도움이 되지 않을 수도 있다. 왜냐하면 거울은 오류를 수정하는 데 충분한 정보를 주지 않기 때문이다.

무용수마다 다른 양의 피드백이 필요하다. 얼마나 많은 피드백이 필요한지는 개인의 신체 인식과 자신의 몸에 달려 있다. 어떤 무용수들은 뇌에서 특정한 운동기억을 형성하기 위해 무엇이 옳은지에 대해 더 많은 언어적 피드백을 필요로 할지도 모른다. 다른 이들은 다른 형태의 피드백을 사용하여 움직임에 가장 적합한 패턴을 찾을 수 있기 때문에 많은 언어적 피드백을 필요로 하지 않을 수 있다. 어떤 경우는 정신적, 신체적 훈련을 통해 자신의 기술과 즐거움을 향상시킬 수 있다.

> **다양성에 도전하기**
>
> **다양한 피드백 유형 탐색**
>
> 어떤 종류의 피드백이 당신에게 가장 최선인지 생각해 보자. 선생님과 다른 무용수들이 움직임을 보여주는 시각적인 피드백에 의존하는가? 언어적 피드백이 가장 효과가 좋은가, 아니면 직접 손으로 하는 촉각적 피드백이 좋은가? 일단 선호하는 피드백을 이해하게 되면 수업과 리허설에서 전략을 다양화하도록 노력하자. 프레이즈를 다시 보지 말고 구두 설명을 요청하자. 친구에게 새로운 움직임을 배우는 데 도움이 되는 촉각 정보를 제공하도록 요청할 수도 있다. 다양한 형태의 피드백에 더 많이 의존할수록 더 빠르게 발전할 것이다.

거울 시스템 The Mirror System

거울 시스템은 인간의 의사소통에 있어 필수적인 부분이며, 춤추는 것을 배우는 데에 기본이기도 하다. 어떤 행동을 하는 사람을 볼 때, 자신의 움직임을 책임지고 있는 운동 시스템의 일부 뇌 세포는 스스로 그 행동을 할 때와 같은 방식으로 발생된다. 과학자들은 거울 시스템이 사람들의 자세, 움직임, 그리고 얼굴 표정을 반영하기 때문에 사람들의 감정을 이해한다고 설명한다. 울고 있는 친구를 느낀다고 말할 때 당신은 실제 사실을 설명하고 있는 것이다. 거울 시스템은 친구의 슬픔에 대한 신체적 감각을 공유하며 당신의 몸을 같은 방식으로 반응하게 했던 자신의 감정을 상기시킨다. 거울 시스템 덕분에 관객들은 여러분이 경험하고 있는 우아함, 자유, 흥분, 힘, 감정을 공유한다. 만약 다른 무용수의 잘하는 공연을 본다면 당신의 거울 시스템은 운동 계획에 그들의 움직임 경험을 보낼 수 있다.

소매틱과 감각지각 Somatics and Sensory Awareness

무용수들은 사고, 감정, 감각을 전하기 위해 몸을 사용한다. 따라서 무용수들이 자신의 신체 감각을 인식하고 신체적 단서를 움직임으로 전환시키는 데 지식 있고 숙련된 기술이 되는 것은 당연하다. 소매틱 운동과 소매틱 교육이라는 용어는 신체의 습관적인 움직임과 정렬을 변화시키기 위해 감각과 인식에 초점을 맞춘 학습 방법을 의미한다.

모든 소매틱 방법은 **감각지각**에 초점을 맞추는데 이것은 신체의 감각적 측면에 직접적으로 초점을 맞추고 있으며 주의를 기울일 것을 요구한다. 훈련 초기 소매틱 기법을 경험할 때 정렬, 근육 활동, 그리고 컨디셔닝에 대한 인식의 증가로부터 이익을 얻는다. 이런 이점이 없다면 마치 외부에서 보는 것처럼 육체의 외관에 국한될 수도 있다. 자신의 몸을 원하는 모양으로 만들려는 시도로 근육을 혹사시켜 정렬을 왜곡시킬 수도 있다. 소매틱 운동은 몸이 휴식과 움직임 중에 어떻게 행동하고 있는지에 대한 내적인 감각을 제공한다. 몸에 대항하기보다는 몸을 가지고 일함으로써 잘 조율된 듯 힘들이지 않는 움직임을 발견할 수 있다. 가장 어려운 기술들은 완전히 자연스럽게 보이고 느낄 수 있다.

> **목표 설정하기**
>
> **몸의 메시지에 적응하기**
>
> 운동 목표에 어떻게 접근하는지에 대해 생각해보자. 주로 거울 속 이미지와 실재 이미지가 어떻게 생겼는지에 대해 생각하는가? 자신의 이미지를 주변 무용수들과 비교하는 것을 발견하는가? 이제 그 움직임이 어떻게 느껴지는지 생각하고 경험해 보자. 불편함이나 긴장을 유발하는 방법으로 움직임을 강요하고 있는가? 즐거운 움직임을 할 수 있는 방법을 찾을 수 있는지 알아보자. 심지어 이 접근법을 취할 때 움직임이 더 좋아 보인다는 것을 발견할 수도 있다. 모든 수업에서 이 과제를 성취하기 위해 감각에 집중하는 데 최소한의 시간을 보내는 것을 목표로 삼자.

고유수용감각proprioception은 공간에서 신체, 팔다리의 위치와 움직임을 감지하는 능력을 나타낸다. "고유수용proprioception"이란 단어는 자기 자신을 뜻하는 "proprio"와 지각을 의미하는 "perception"에서 나온 말이다. 당신의 뇌는 근육, 힘줄, 인대, 관절, 피부, 내이에 있는 균형 시스템을 포함한 모든 감각의 정보를 사용하여 고유수용감각의 경험을 제공한다. 그것은 뇌가 당신이 원하는 모양이나 위치를 얻을 수 있도록 근육의 동작을 조정할 수 있게 해준다.

좋은 고유수용감각은 당신이 원하는 대로 균형을 잡고 움직일 수 있게 해준다. 소매틱 지각을 실천하는 것은 고유수용감각에 도움이 되는 반면, 근육의 긴장과 불안은 그 과정을 방해할 수 있다. 소매틱 지각은 당신의 뇌가 불필요한 근육의 힘을 더하지 않고 당신의 능력을 향상시키기 위해 작은 조정을 할 수 있도록 고유수용감각 정보를 듣는 것을 돕는다(그림 4.4 참조).

소매틱 운동은 긴장을 줄이고 조화롭고 효율적으로 움직일 수 있게 해주기 때문에 그 자체로 즐겁다. 또한 의도를 움직임으로 변환시켜 춤이 더 표현적이 되도록 도와준다. 마지막으로 그것들은 인식과 심신 연결을 증가시키는 유용한 도구들이다.

무용 훈련에는 감각지각이 중요하다. 지각이 없으면 변화를 일으키기도 어렵고 자신이 원하는 방식으로 개선하기에는 더 어렵다. 소매틱 운동은 감각지각을 향상시키는데 탁월하다. 많은 소매틱 운동에서 공통적인 도구는 심상이다. 심상과 그것의 많은 용도를 이해하고 탐구하는 것은 훈련을 가속화하는데 도움을 줄 수 있다.

심상 imagery

심상은 움직임을 최적화하기 위한 두뇌의 잠재력을 여는 열쇠다. 그것은 언어, 신체적, 시각적 피드백이라는 한계를 극복하도록 도울 수 있다. **심상**은 소리, 맛, 냄새, 운동감각과 촉각을 포함한다. 대부분의 무용수들은 그것을 의식하지 않고 심상을 사용한다. 달릴 때 바람에 밀리거나 상상의 벽에서 튕겨 나오거나 왕관을 쓴 경우를 예로 들 수 있다. 누군가가 등 뒤에서 속삭이는 상상을 하면 무리 없이 개선될 수 있다. 만약 주위에서 아름다운 향수를 즐기고 있다고 상상한다면 몸은 더 가벼워 보이고 더 흥미로워 보일지도 모른다. 혀에 초콜릿이 녹는 느낌을 기억하면 움직임이 함께 흐르도록 유도할 수 있다.

심상은 단순히 뇌에 전달되는 메시지일 뿐이며 아침을 먹고 싶든 옷을 입고 싶든 춤을 추고 싶든 상관없이 근육을 조정할 수 있다. 움직임을 상상하는 것은 그 움직임

그림 4.4 무용수가 자기감각을 높이기 위해 눈을 감은 채 폼매트 위에서 균형을 잡고 있다.

사진제공: 니콜라스 포스터Nicholas Forster

 스스로 진단하기

무용 훈련을 위한 심상

아래는 심상 훈련을 향상시킬 수 있는 몇 가지 방안이다. 춤 동작에 대한 심상의 더 많은 예들을 위해 이 장의 웹 자료를 참조할 수 있다. 또한 서지정보에서 제공된 책들과 기사들을 살펴볼 수 있다.

정렬 및 안정성을 위한 심상

몸이 앞쪽 절반과 뒤쪽 절반으로 나눠져 있고 무게가 있는 주요 관절을 관할하는 부분이 있다고 상상해라. 두 개의 반쪽은 동일한 무게여야 하며 신체 이미지에 동일한 중요성을 가져야 한다(그림 4.5 참조). 불행하게도 뇌는 쉽게 몸의 뒷부분 절반에 대한 흥미를 잃고 정렬은 어려움을 겪는다. 몸을 전체적으로 고안하려면 일어서서 눈을 감고 등에 집중하자. 머리와 목의 뒷부분이 점점 커지고 뒤의 공간으로 확장되고 있다고 상상해 보자. 어깨와 팔의 뒤쪽이 평소보다 더 중요해지고 뒤의 공간을 더 많이 채우고 있다고 상상해 보자. 몸의 등 반쪽도 똑같이 하여 각 부분의 무게와 그것이 걸리는 공간을 인식하도록 하자. 몸의 균형이 잘 잡히면 몸이 가벼워지고 키가 커지고 힘이 솟는다는 것을 알아차릴 수 있을 것이다.

갈비뼈와 척추에 대한 심상

건강한 사람에게 늑골이 팽창하고 수축하여 폐 안과 밖으로 공기를 이동시킨다. 쉬운 호흡과 좋은 늑골의 정렬을 이루기 위해 등, 늑골 하부에 호흡을 집중하는 연습을 하자. 천천히 쉬운 호흡에 집중하자. 등의 가장 낮은 갈비뼈가 뒤로 부드럽게 확장되었다가 다시 이완되고 골반의 테두리에서 위로 솟아오른다고 상상해보자. 두 번째 아래 갈비뼈가 가장 낮은 갈비뼈 위로 올라가고, 세 번째 갈비뼈는 두 번째 갈비뼈 위로 올라간다고 상상해 보자. 당신이 숨을 쉬는 동안 당신의 갈비뼈가 계속해서 부드럽게 위로 뜬다고 느껴보자. 몸의 뒷부분에 초점을 맞추고 목 뒤쪽에 있는 뼈들을 통해 심상을 계속 유지하자.

골반 안정성 및 고관절 이동성을 위한 심상

오른쪽 다리로 서서 적당한 자세를 취하자. 왼쪽 뼈는 대략 발꿈치와 일치해야 하고 오른쪽 뼈는 발가락과 일치해야 하므로 앉은 뼈 두 개, 발가락, 발꿈치가 직사각형을 이룬다. 앉아 있는 두 개의 뼈가 수평이 될 때까지 잔잔한 호수에서 어슬렁거리고 있다고 상상해 보자. 왼쪽 앉은 뼈에서 오른쪽 5번째 발가락까지 거미줄을 상상해 보자. 거미줄은 약간 늘어져 있다. 거미줄과 함께 왼쪽 다리를 부드럽게 움직여 왼쪽 앉은 뼈와 오른쪽 발가락 사이의 연결을 유지한다. 대각선 연결은 당신의 움직임 계획에게 평평하게 앉아있는 뼈와 자유로운 왼쪽 엉덩이 관절을 원한다고 말한다.

발목을 위한 심상

한쪽 다리로 눈을 감고 서서 발이 열린 노트북 컴퓨터의 밑받침이고 정강이는 뚜껑이라고 상상해보라. 발이 정강이만큼 길다고 상상해보라. 정강이를 발의 상상의 끝을 향해 접으면서, 크고 부드럽게 뚜껑을 천천히 닫는다. 마치 발목이 마법에 의해 제자리에 고정되어 뚜껑이 자유롭게 움직일 수 있는 것처럼 느껴보자. 어떤 정렬이 가장 많은 자유를 주는지를 느낄 수 있도록 서로 다른 발의 미세 움직임을 시도하자. '뚜껑'이 내렸다가 올라감에 따라 힘들이지 않는 느낌을 즐겨보자.

무릎을 위한 심상

편안한 자세로 바닥에 앉아 다리 근육을 이완시키고 몸을 구부려 처음 두 발가락의 중족골 관절을 손으로 잡는다. 엉덩이, 무릎, 발목 관절이 바닥과 평행할 때까지 손을 사용해 다리를 조절한다. 이 정렬을 유지하고 발꿈치를 가능한 한 멀리 뻗는다. 다리 앞과 뒤쪽에 있는 근육들은 당신의 정렬을 유지하기 위해 함께 일할 필요가 있을 것이다. 뒤로 밀면서 발뒤꿈치를 밀어달라고 요청하라. 이것은 운동 시스템이 다리 근육의 균형을 잡고 다리 관절들을 일직선으로 만들어줌으로써 발꿈치에 가해지는 압력에 반응하도록 가르친다. 일어설 때 바닥은 발뒤꿈치 압력을 제공하고 다리는 압력이 사라지면 과신전 상태로 돌아온다.

을 담당하는 뇌 네트워크를 훈련시켜 뇌를 그 움직임의 전문가로 만든다. 또 다른 이점은 만약 상상 속에서 완벽하게 움직임을 한다면 뇌는 실제로 그 움직임을 춤출 때 움직임을 지도하기 위해 똑같이 완벽한 네트워크를 사용할 것이라는 것이다. 다양한 형태의 심상을 경험하고 이해하는 것은 춤을 향상시켜 건강을 증진시킬 수 있다.

시각적 심상 Visual Imagery

시각적 심상은 마음속에 있는 사물을 보는 것과 추상적인 모양을 포함할 수 있다. 예를 들어, 미끄러지거나 옆으로 뛰어드는 동안 앉아 있는 뼈들을 언덕 위나 위로 이동시키는 것을 상상해보자. 몸이 축 늘어지게 하면서 어둠이 내리고 있다고 상상해 보자. 지그재그로 달려보자. 움직임 계획은 세부사항을 분류하기 때문에 원하는 이미지를 만들기 위해 신체의 모든 부분이 어떻게 협력하는지를 알지 못한다. 마찬가지로 컴퓨터 화면에서 커서를 움직이고 싶을 때는 마우스패드나 마우스에서 손이 움직이는 방식을 의식하지 않는다. 대신에 뇌는 화면에서 움직이는 커서의 이미지를 얻기 위해 손 근육을 조정하는 방법을 배운다.

운동 감각 심상 Kinesthetic Imagery

운동 감각 심상은 가라앉거나 무중력 상태와 같은 상상된 신체적 감각을 말한다. 떠 있다고 상상하는 것이 한 예가 될 수 있다. 근운동 감각 심상은 몸이 어떤 느낌일지 상상하게 해준다. 재현하고 싶은 그림과는 다르다. 예를 들어, 한 다리에서 다른 다리로 이동하는 것처럼 기차의 트랙을 따라 앉아있는 뼈가 부드럽게 미끄러지는 것을 상상해보자. 로켓, 탁구공, 화살, 번지 로프, 트램펄린, 떠다니는 풍선, 치솟는 독수리를 상상할 때 점프의 차이를 주목하자.

주관적 심상 Subjective Imagery

주관적 심상은 졸림, 공포, 고통과 같은 개인적인 감각을 다룬다. 어떤 선생님들은 현대무용의 수축 느낌을 주기 위해 당신이 복부를 때렸다고 상상하라고 한다. 뜨거운 욕탕 속으로 미끄러져 내려가는 심상은 바닥에 가라앉으면서 편안하고 무거운 기분을 느끼는데 도움을 줄 수 있다. 열이 밖으로 발산되는 것을 상상하면서 미끄러지듯 움직인 다음 차가운 바람이 뼛속까지 차오르는 것을 상상하면서 같은 동작을 시도해 보자. 일부 심상은 둘 이상의 범주에 들어맞는다. 예를 들어 이러한 주관적 심상은 근운동 감각 심상으로도 간주될 수 있다.

은유적 심상 metaphorical imagery

은유적 심상은 실제로 일어나지 않는 생각이나 느낌을 전달하기 위해 단어나 구를 사용한다. 예를 들어 발을 바닥에 가라앉히라고 하는 선생님은 발이 시야에서 사라지길 기대하는 것은 아니지만 그 심상은 움직임 계획에 중요한 정보를 제공한다. 움직임에 대한 가장 좋은 심상은 그 움직임을 하는 이유에 달려있다.

직유Similes는 은유와 관련되지만, "마치as if"나 "-와 같이like"를 사용하여 사상과 감각을 묘사한다. 반짝이는 티아라와 아름다운 목걸이를 착용한 것처럼 머리를 잡으라는 말을 들을수 있다. 이러한 심상들은 움직임 계획에 머리를 들어 목을 길게 늘이라고 말하는 것이다. 직유Similes는 도움 되지 않는 세부사항 없이 물체나 움직임의 가장 명백하거나 기억에 남는 측면을 전달하는데 도움을 준다. 마치 백조처럼 느껴지는 심상은 백조의 크고 편평한 발을 베끼는 것을 제안하지 않고 고요하고 우아하게 느낄 수 있도록 도와준다.

시각적, 근운동 감각적, 주관적, 은유적 이미지를 비롯하여 이 절에서 설명되지 않은 많은 유형의 이미지가 존재한다. 예를 들어, 한 다리에서 다른 다리로 옮겨갈 때 앉는 뼈가 기차선로를 따라 부드럽게 미끄러지는 것을 상상해보자. 자신에게 적합한 심상을 찾고 자신의 심상 도구 상자를 개발하자.

심상은 움직임 계획과 의사소통할 수 있는 이상적인 방법이다. 그것은 효율적이고 우아하고 아름다운 움직임을 만들어 내는 열쇠다. 심상은 선생님이 묻는 것, 다른 무용수들이 왜 그렇게 잘 움직이는지, 어떻게 자신의 몸이 원하는 것을 성취할 수 있는지를 이해하는데 도움을 줄 수 있다.

> **역량강화하기**
>
> ### 훈련 담당하기
>
> 춤출 때 가장 좋아하는 게 무엇인지 생각해보자. 선호하는 무용 스타일이 있는가? 이제 춤을 추는 동안 힘을 느낄 수 있는 세 가지 심상을 만들어보자. 이 심상들이 가장 강한 스타일이 아닌 움직임에 도움이 될 수 있는가? 모든 춤에 힘을 실어주는 심상을 창조하기 위해 노력하자.

멘탈 연습과 멘탈 리허설
Mental Practice and Mental Rehearsal

멘탈 연습이란 신체적으로 하는 것이 아니라 마음속에서 움직임을 수행하는 것을 말한다. 완벽한 공연을 하고 있다고 상상함으로써 기술을 향상시키고 결점을 극복할 수 있다. 수업 중 춤을 출 수 없을 때 멘탈 연습은 특히 도움이 된다. 어떤 부상은 움직임에 영향을 미친다. 왜냐하면 뇌는 통증이나 추가적인 부상의 예방을 위해 미묘한 조정을 하기 때문이다. 멘탈 연습은 완전한 춤으로 돌아가기 전에 정상적인 움직임 패턴을 회복하고 개선하는데 도움을 준다.

기술적 문제를 극복하기 위한 멘탈 연습을 시작하기 전, 정렬에 대한 이미지가 정확한지 확인해야 할 필요가 있다. 만약 한동안 잘못 정렬되었다면 뇌는 배치도에 대한 부정확한 이미지를 가지고 있을 것이다. 눈을 감은 채 뼈가 어디에 있는지 알아볼 수 있을 때까지 뼈를 정렬되지 않은 상태로 움직이면서 육안으로 검사하자. 선생님이나 다른 무용수에게 정렬 상태를 정기적으로 확인하게 하고 더 많은 수정을 하도록 도움을 받을 수 있다. 정확성을 보장하기 위해 다른 단계에서 시각적 검사로 돌아가야 할 수 있다. 준비가 되었을 때, 몇몇 무용 수업 연습과 신체적으로 그것들을 수행하지 않고 마음속으로 연습하고 있는 몇몇 안무를 연습하자. 새로운 정렬 패턴이 통합되었는지 확인하기 위해 물리적으로 연습하는 것을 지켜보도록 선생님이나 친구에게 요청하자.

멘탈 리허설은 무용 수업, 시험, 오디션, 리허설 또는 공연의 모든 측면을 마치 실제로 일어나는 것처럼 상상하는 것을 포함한다. 춤을 향상시키기 위해 이 단계들 중 어느 단계에서든지 멘탈 리허설을 사용할 수 있다. 심지어 더 많은 신체 활동을 위해 너무 피곤할 때는 멘탈 리허설을 연습하는 방법으로 사용할 수 있다. 멘탈 리허설은 불안과 신체적 긴장을 야기할 수 있는 모든 계기를 식별하고 무력화시키는 것을 목표로 한다. 불안은 행동에 내재될 수 있기 때문에 도움이 되지 않는 습관을 없애기 위해 몇 주 동안 신중한 멘탈 리허설을 하고 여러 번 일시 중지했다가 다시 회복하는 것이 필요할 수도 있다. 무대 공포증을 없애는 데는 훨씬 더 오랜 시간이 걸릴 수도 있지만 편안하고 즐거운 공연의 즐거움은 매 순간 연습할 충분한 가치가 있다.

춤추는 데 사용할 수 있는 모든 방법들은 심상과 멘탈 연습을 포함해서 당면한 일에 마음을 분명히 집중할 수 있도록 요구한다. 춤이나 스포츠를 하지 않는 사람은 정신적 이완으로서 운동에 참여하는 경우가 많지만 무용가로서도 연습할 때 경각심과 적극적인 마음을 가질 필요가 있다. 이런 종류의 집중을 마음챙김mindfulness이라고 한다.

마음챙김 Mindfulness

마음챙김은 의도적이고 비판단적인 관심의 초점이다. 주의력을 연습할 때, 뇌는 다르게 기능한다. 초기 동양철학에서 비롯되었지만 마음챙김은 여러 방면에서 발달하였고 일부는 일반적인 안녕에, 다른 일부는 높은 성취에 초점을 맞추고 있다. 춤의 관점에서 보면 마음챙김은 다음을 의미한다.

> 현재 하고 있는 일에 깊이 초점을 맞추는 것
> 자신의 몸, 이미지, 음악에 대해 인식하는 것
> 부정적인 생각 없이 현재 있는 그대로 몸과 움직임을 받아들이는 것

춤출 때 마음챙김의 측면을 발휘하는 것은 분명해 보일 것이다. 자신이 하고 있는 일에 초점을 맞춰야 하고 자신이 움직이는 방식을 의식할 필요가 있다. 그러나 신체적인 불편함, 피로, 불안, 개인적인 문제, 선생님의 지시, 또는 다리가 더 높거나 점프가 더 좋은 다른 무용수를 보는 것은 때때로 주의를 산만하게 할 수 있다. 정신을 집중하는 법을 배우는 것은 인내심을 필요로 하지만 그것은 춤을 더 쉽고 더 보람 있게 만들 수 있다.

어떤 기법의 끊임없는 도전은 현재보다는 다음 동작에 마음을 두고 앞을 내다보게 할 수도 있다. 그것들은 이미 발생한 문제들을 생각하면서 되돌아보게 할 수도 있다. 마음챙김은 여기서here와 지금now에 대한 관여로 초점을 옮긴다(그림 4.5 참조).

마음챙김은 기법이라 규칙적으로 연습하면 더 잘하게 된다. 춤에서 마음챙김은 춤의 모든 요소들을 밝은 초점과 조화 속으로 가져온다. 다른 어떤 것도 간섭하지 않는다. 춤에 대한 완전한 흡수는 더 열심히 노력해야 하고 몸을 억지로 움직여야 하며 결코 충분하지 못할 것이라는 잔소리를 잠재운다. 마음챙김은 잘 해야 하는 것에 대한 불안,

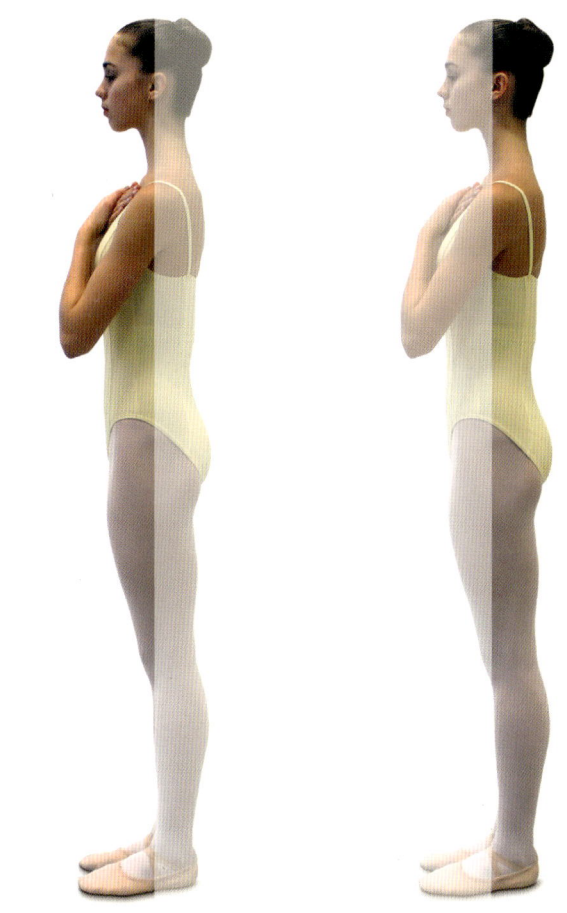

그림 4.5 무용수가 몸의 앞과 뒷면에 초점을 맞추고 있다.
삽화: 마커스 베네트Marcus Bennett. 무용수: 이소벨라 대쉬우드Isobelle Dashwood. 오스트레일리아 발레 학교와 오스트레일리아 발레The Australian Ballet School and the Australian Ballet

운동을 잊어버리는 것, 그리고 비판에 대한 걱정을 덜어준다.

몰입 Flow

몰입은 운동선수들이 말하는 "영역에서"되기 위한 심리적인 용어다. 마음챙김은 성취하기 위해 적극적으로 노력하는 것이지만 몰입은 마음챙김을 통해 들어가는 존재의 상태다. 일상적인 행동에서 몰입을 얻는 것은 가능하지만 춤에서의 몰입은 마음과 신체, 감정, 음악, 움직임에 다른 차원의 조화다. 몰입은 에너지, 창조력, 그리고 즐거움의

극도로 강한 감정을 만들어낸다. 몰입 상태에서는 무슨 일이든 성취할 수 있는 것처럼 느끼고 마치 어떤 정신적 또는 육체적 노력도 없이 자신의 움직임이 그것들을 통해 흐르는 것처럼 느낀다. 몰입의 느낌은 거울 시스템을 통해 청중들에게 전달된다. 그 경험은 모든 사람들에게 영감을 주고 만족감을 준다.

몰입의 개념은 새로운 것이 아니다. 마음챙김처럼 몰입은 초기 동양 철학에 그 뿌리를 두고 있다. 수세기 동안 서양 예술가들은 비슷한 경험을 묘사해 왔지만, 20세기 동안 "몰입"이라는 이름이 붙었다. 마음챙김이 당신을 몰입하게 한다. 몰입 상태에서 생각을 멈추게 되면 춤은 완전히 자연스러워지고 평소보다 훨씬 높은 수준에서 수행을 하게 된다. 음악가, 배우, 시인, 무용가, 화가, 운동가, 체격 전문가, 무술가, 요가 실무자들은 몰입의 경험을 묘사해왔고 모든 사람들은 가능한 한 자주 엄청나게 보람 있는 상태로 돌아가기를 희망한다. 그러나 몰입을 이루려고 하는 것은 소용이 없다. 몰입 상태에 도달하기 위해서는 모든 생각과 감각이 지금 여기에here and now 향하면서 자신이 하고 있는 일에 완전히 관여하고 수용해야 한다. 마음챙김과 소매틱 지각이 기적적으로 느껴지는 몰입의 발판을 마련한다.

무용수로서 매우 의욕이 넘쳐 더 나은, 더 강한 기술을 가지고, 공연에서 최고의 역할을 얻고, 더 높은 단계로 나아가고 싶은 욕망에 쉽게 사로잡힐 수 있다. 동기는 그 순간의 평온과 공감을 위한 공간을 허락하는 하나의 훌륭한 속성이다. 마음챙김은 움직임의 즐거움에 가치를 부여하고 춤의 내재적 보상을 강화한다.

요약 Summary

근육과 관절을 운동의 원천으로 여기는 동안 일상생활에서부터 복잡한 춤에 이르기까지 모든 운동을 계획하고 실행하는 데 있어서 뇌가 얼마나 중요한지 알게 되었다. 감각, 촉각, 언어적 또는 시각적인 피드백은 운동을 배우고 미세하게 조정하는 데 중요하다. 교육이 진행됨에 따라 특정 기술을 사용하고 있음을 인식하지 못하는 채로 심상, 소매틱 지각 그리고 마음챙김의 사용을 추가하게 된다. 심상, 소매틱 지각, 마음챙김은 뇌의 운동 시스템이 최상의 성능을 발휘하도록 보장하므로 연습을 통해 이점을 얻을 수 있다. 이러한 도구를 처음 사용하는 경우 기술 수준과 공연에 통합하기 전에 별도로 개발하는 것이 더 쉽다. 이 방법을 쉽게 사용할 수 있게 될 때까지 노력에 대한 보상을 경험하게 될 것이고 그것들이 춤에 얼마나 많은 영향을 미치는지 알게 될 것이다.

■ 응용활동: 멘탈 연습과 심상의 실험

무용 수업이나 리허설에서 연습해 온 무용 동작이나 구절을 선택하자. 조용히 앉아서 그 구절의 멘탈 리허설을 하는 것으로부터 시작하자. 마음속에 문제를 일으키는 부분들을 볼 수 있는가? 다음으로 더 쉽게 움직일 수 있는 이미지를 생각해 보자. 예를 들어 시각적, 운동학적 또는 은유적인 심상을 시도하면서 다양한 유형의 심상을 실험해 보자. 이제 기술적으로 어떻게 하고 있는지에 대해 생각하지 말고 그 구절을 실행하도록 하자. 대신 심상과 감각에 집중하자. 호흡과 그것이 음악과 움직임과 어떻게 시간 맞춰지는지에 대한 인식을 추가하는 것이 도움이 될 수 있다. 그것이 더 쉬워 보이는가? 그것은 쉽지 않고 더 즐거워 보이는가? 각 심상에서 발생하는 감각을 염두에 두고 다양한 심상으로 실험하면서 이 과정을 반복하자. 이 활동이 연습의 일부가 되기 전에 몇 주 동안 여러 번 이 활동을 시도할 필요가 있다.

■ 복습질문

1. 무용에서 동작을 계획하고 조정하는데 기여하는 뇌의 부분은 무엇인가?
2. 어떻게 다양한 형태의 피드백을 사용하여 무용을 향상시킬 수 있는가?
3. 무용 연습과 관련된 감각지각과 마음챙김은 무엇을 의미하는가?
4. 다양한 형태의 심상은 무엇인가? 심상을 사용하는 것이 도움이 되는가?
5. 멘탈 리허설이란? 어떻게 매일의 훈련에 그것을 통합할 수 있는가?

챕터별 보충 학습 활동, 학습 보조자료, 제안된 읽을거리, 웹 링크 등에 대한 자세한 내용은 www.HumanKinetics.com/DancerWellness. 인터넷 자료를 참조하자.

Chapter 5
심리적 웰니스
Psychological Wellness

린다 매인워링, 이모젠 아우즈라

핵심 용어

- 감정-중심 대처 emotion-focused coping
- 공연불안 performance anxiety
- 관계성 relatedness
- 기본욕구 basic needs
- 내재적 동기부여 intrinsically motivated
- 대처 coping
- 문제-중심 대처 problem-focused coping
- 성과 지향적 performance oriented
- 숙달 지향적 mastery oriented
- 스트레스 stress
- 스트레스요인 stressor
- 신체상 body image
- 신체적 불안 somatic anxiety
- 외재적 동기부여 extrinsically motivated
- 유능감 competence
- 인지적 불안 cognitive anxiety
- 자기연민 self-compassion
- 자기인식 self-awareness
- 자기효능감 self-efficacy
- 자신감 self-confidence
- 자아개념 self-concept
- 자아존중감 self-esteem
- 자율성 autonomy
- 접근-방지 대처 approach-avoidance coping

학습목표

1. 내적동기와 외적동기의 차이점에 대해 설명할 수 있다.
2. 자기개념, 자기지각, 자아존중감, 자신감, 자기효능감, 자기연민, 그리고 신체상 등의 심리적 요소가 당신의 춤과 동기에 어떻게 영향을 미치는지 설명할 수 있다.
3. 무용수로서 영향을 미치는 다양한 스트레스 요인에 대해 설명하고 스트레스에 대한 증상과 반응을 확인할 수 있다.
4. 수행에 대한 압박과 불안에 대해 인지하고 이러한 영향을 어떻게 대처할지에 대한 계획을 세울 수 있다.

모든 무용수는 신체에 부상을 당하거나 고통이 있을 때 춤을 추는 것이 얼마나 어려운지 알고 있다. 하지만 춤에 있어 심리적 웰빙은 신체상태와 마찬가지로 중요하다. 심리적 웰빙은 역동적이고 다각적이며 무용수의 건강에 필수적이다. 그것은 무용수의 심리적, 사회적, 물리적 자원과 직면한 도전들 사이의 균형을 이루는 지점이다. 무용은 도전, 기대, 구체적 이념 및 메시지를 창출하는 특별하고 독특한 맥락과 문화를 가지고 있다. 무용 문화는 세상을 보는 방식과 중요하게 생각하는 것을 좌우한다. 사회계층, 분배, 불평등은 잘 정립되어있다. 무용 환경은 수용 가능한 것과 그렇지 않은 것에 대한 메시지로 가득 차 있다. 이 메시지는 무용에서 얻은 엄청난 만족에 기여하며 특정 방식으로 수행해야 한다는 압박을 가한다. 때때로 이러한 압박감은 불안감을 느끼게 하거나 자신감을 떨어뜨리기 때문에 건강에 좋지 않은 영향을 줄 수 있다. 그러나 이러한 압박과 어려움을 관리하고 복구할 수 있는 전략을 개발할 수 있다.

이 장의 목적은 심리적 웰니스에 영향을 미치는 요소와 특정 기술과 테크닉으로 그것을 어떻게 개선하는지에 대한 이해를 돕는 것이다. 이 장에서는 동기부여의 중요성을 논의하고, 자신감, 신체상, 스트레스 및 대처와 같은 요인을 소개하여 최적의 수행을 위한 구체적인 심리적 전략을 논의한다. 이 주제와 관련하여 무용수로 느낀 점에 대한 광범위한 질문으로 결론을 맺는다. 무용은 모든 사람들에게 긍정적인 경험을 제공할 수 있으며 무용수는 자신의 심리적 웰빙을 발전시키는 데 중요한 역할을 할 수 있다.

무용 동기부여 Motivation to Dance

무용수는 다양한 이유로 무용에 참여한다. 동기는 내재적이거나 외재적일 수 있다. 무용수는 즐거움, 새로운 기술 습득 또는 호기심 등의 이유로 무용에 참여할 때 내재적으로 동기부여intrinsically motivated 된다. 무용수는 바라는 결과(예: 대회에서 입상하는 것)를 달성하거나 의무 또는 죄책감으로 춤에 참여할 때 외재적으로 동기부여extrinsically motivated 된다. 춤추는 동기는 심리적 웰빙에 영향을 줄 수 있다.

> **스스로 진단하기**
>
> **당신은 왜 춤을 추는가?**
>
> 당신이 춤을 추는 이유를 모두 열거해보자. 몇 가지 이유가 있을 가능성이 있으며 일부는 다른 것보다 더 중요하다. 또한 무용에 대한 동기는 시간이 지남에 따라 바뀌었을 가능성이 있으며 무용관련활동(예: 수업 vs 공연)마다 다를 수 있다. 그러나 춤추는 것에 대한 가장 중요한 이유에 대해 일반적으로 생각해보자. 당신이 춤을 출 수 있도록 하는 가장 강력한 동기는 무엇인가? 가장 강력한 동기가 내재적인가 외재적인가?

사람들은 일반적으로 어떤 활동에 대해서 내재적 동기와 외재적 동기의 조합을 가지고 있지만, 이상적으로 더 강력하거나 지배적인 것은 내재적 동기이다. 내재적으로 동기부여 받을 때, 외재적 이유가 아닌 무용 그 자체를 좋아하기 때문에 춤을 춘다. 즉, 무용에 참여함으로서 더 많이 즐기고 만족할 가능성이 높아지고, 더 많은 노력을 하고, 더 오래 지속될 것이다. 이러한 즐겁고 만족스러운 참여는 많은 노력과 성공을 위한 헌신이 필요하기 때문에 춤과 같은 성취 맥락에서 결정적이다. 실제로 내재적 동기는 장기적 참여와 진행에 핵심 요인이다.

반면, 외재적 동기가 강하다면 무용에 참여하는 것은 칭찬에 대한 열망이나 다른 사람들을 실망시키지 않으려는 외적인 이유에 의존한다. 따라서 즐겁고 재미있는 무용을 발견하기 힘들 것이며 무용에 대한 노력이 줄고 그에 대한 열정이 줄어들 것이다. 결국 외재적 동기를 가진 무용수들은 그들이 원하는 정도로 진행되지 않을 것이고, 이것은 춤추는 것을 그만두게 될 정도로 동기를 떨어뜨릴 수 있다.

동기는 시간이 지나면서 바뀔 수 있다. 예를 들어, 무용 수업의 초기에는 움직임의 즐거움을 좋아했을 수도 있지만 수업진도가 나감에 따라 수업은 보다 진지해졌다. 수업에서 창조적 움직임은 줄어들었고, 반복적인 기술연습에 더 집중하고 강사는 더 엄격해졌다. 이러한 변화는 당신이 한 때 춤추는 것을 좋아했던 것과 내재적인 동기를 하기 싫은 것으로 변화시킨다. 그러나 주위 환경이 변하더라도 춤에 대한 내재적 동기는 유지할 수 있다.

내적으로 동기화되기 Becoming More Intrinsically Motivated

내적 동기는 심리적 기본욕구basic needs(자율성, 유능감, 관계성)가 충족되었을 때 발생한다. 자율성autonomy이란 당신이 하는 일에 대해 선택권과 발언권이 있다는 것을 의미한다. 유능감competence은 성공의 가능성을 의미한다. 관계성relatedness은 사회 환경에서 다른 사람들과 연관되어 있다고 느끼는 심리적 욕구를 의미한다. 이러한 욕구가 낮은 수준에서는 외재적으로 동기를 부여 받을 수 있다. 예를 들어, 자율적으로 느끼지 못한다면 자신이 하고 있는 일이나 왜하고 있는지에 대해 통제할 수 없다고 생각할 수 있다. 유능성이 낮으면 어렵지 않은 과제에서도 계속 어려움을 겪을 것이다. 그리고 다른 사람들과 관련이 없다고 느낀다면 당신이 하고 있는 것을 즐기지 않을 것이다. 하지만 동기는 정해진 특성이 아니다. 기본적 욕구를 충족시킴으로서 보다 내재적인 동기를 부여할 수 있다. 다음은 내적동기를 향상시키는 두 가지 방법에 대해서 설명한다.

자율성 향상 Increase autonomy

자율성을 향상하기 위해 여러 가지를 할 수 있다. 예를 들어, 무용 수업에서 말하고, 설명을 요구하고, 지도자의 질문에 응답할 수 있다. 이것에 대해 자신감이 없다면 교사의 지시와 피드백에 의존하지 않도록 자신이 선택한 수업 목표를 선택할 수 있다. 스스로 작업할 때, 강점 개발에 도움을 주거나, 더 복잡한 연습 준비나 관련된 수행에서 각 운동의 목적을 확인해보자. 아마 음악은 그 구절을 연주하는 특별한 아이디어를 줄 것이다. 어떤 역동적인 자질을 연구하거나 표현하기 위한 아이디어를 생각할 수 있을 것이다. 자신의 관점에서 연습에 대해 생각하고 자신의 아이디어와 목표에 의해 정보를 얻을수록, 더 잘 수행하기를 원할 것이고, 더 자율적이 될 것이다.

타인과의 관계 Relate to others

관계성을 높이기 위해 진행에 대해 토론할 개인면담시간을 요청하자. 이것은 자율성에 도움을 될 것이다. 지도자와 무용 경력과 같은 다른 문제에 대해 이야기하길 요청할 수도 있다. 동료들에게 그들의 성과에 대해 칭찬하거나 조언을 구하자. 만약 지도자가 스튜디오에서 침묵하기를 선호한다면, 수업을 위해 일찍 도착하거나 평소보다 조금 늦게 떠나도록 하여 동료들과 교류하는데 시간을 보낼 수 있도록 하자.

유능성 개선 Enhance your sense of competence

발전과 성과를 인정하고 능력 향상을 위해 목표를 설정하고 모니터링 할 수 있다. 이러한 방식으로 진행 상황을 추적하는 것도 자율성을 높일 수 있으므로, 시작하기에 좋은 위치는 이 장 끝에 있는 응용 활동과 함께 목표를 설정하기 위한 기초로 사용하는 것이다. 그러나 자신의 유능성을 판단하는 방법은 동기부여와 웰빙에 변화를 줄 수 있다. 구체적으로 자신의 진전 상황을 바탕으로 자신의 능력을 판단하는지, 아니면 다른 무용수들과의 비교를 바탕으로 판단하는지 생각해 보자. 그것은 자신의 목표지향점을 나타내기 때문에 중요하다.

개인적 진전에 따라 능력을 판단 할 때, **숙달 지향적** mastery oriented이라고 할 수 있다. 여기서 성공과 유능성은 이전 수행과 관련하여 개선되는 것을 의미한다. 숙달 지향적인 무용수라면 춤에 참여하는 데 있어 더 많은 내재적 동기를 가진 경향이 있다. 즉, 배우고, 개선하며, 평생 동안 발전하는 것에 의욕을 느끼게 될 것이다.

다른 사람들과 관련하여 유능성을 판단할 때, **성과 지향적** performance oriented이라고 할 수 있다. 여기에서 성공과 유능성은 다른 사람을 능가하고 뛰어난 능력을 보여주는 것을 의미한다. 즉 춤에 참여하는 이유는 사회적 인식과 우월감 같은 외재적인 경향이 있다.

내적 및 외적 동기와 마찬가지로 사람들은 각 목표지향유형의 수준이 다르며 무용수의 목표 지향은 다양한 웰빙과 수행성과에 영향을 줄 수 있다. 예를 들어 숙달 지향은 진전 상황을 제어하는 느낌과 같다. 즉, 열심히 노력하면 향상되고, 노력수준은 높아지고, 자신감은 커지고, 더 지속적일 수 있다. 성과 지향적 무용수는 그들의 능력을 다른 사람들에 의존하기 때문에 그 반대이다. 만약 성과 지향적 무용수이고 반에서 최고라면, 자신의 능력에 대해 자신감과 긍정감을 느낄 것이다. 그러나 반에서 최고가 아니면 자신감도 부족하고 불안하기도 하고, 지속될 것 같지 않다. 반에서 최고가 되는 것은 성과 지향적 무용수들에게 문제가 될 수 있다. 성공하기 위해 열심히 하지 않아도 되기 때문에 결국 동기를 잃을 수도 있다.

목표지향점을 좀 더 숙달 지향적으로 바꾸는 것은 가능하다. 그렇게 하는 가장 좋은 방법 중 하나는 타당하고, 의미 있고, 성취할 수 있는 개인적인 목표를 확인하는 것이다. 다른 사람에게 집중하기보다는 자신과 당면한 과제

Dancer Wellness

에 집중하도록 노력해야 한다. 이것은 어렵지만 장기적으로 도움이 될 것이다. 예를 들어, 오디션에 참석할 때, 만약 숙달 지향적이라면, 주변 사람들의 능력에 대해 걱정하기 보다는 최고의 개인적 공연을 만드는 데 집중할 수 있다. 개인적 목표를 설정하는 것뿐만 아니라, 강사가 다른 무용수들에게 주는 피드백에 주의를 기울이고 다른 무용수들이 더 낫거나 숙련되었다고 가정하기보다는 이 피드백을 정보로 사용한다. 보다 숙달 지향적으로 되면 기본욕구와 내적동기의 향상으로 자율성, 유능성을 강화시킬 것이다.

레크리에이션 수준에서 춤을 추든 혹은 전문가적인 수준에서 춤을 추든, 동기는 춤에 참여하는 방법과 이유를 보여주는 중요한 지표다. 지도자들이 동기에 영향을 줄 수는 있지만, 자신이 보다 숙달 지향적이고 내재적으로 동기부여가 되는 과정에서 적극적인 역할을 할 수 있다는 것을 인식해야 한다. 자신의 지배적인 유형의 동기부여를 확인하고 보다 자율적이고 유능하며 관계있는 사람이 되기 위한 전략을 채택함으로써, 보다 긍정적이고 도전적이며 보람 있는 춤을 출 수 있다.

자신에 대해 느끼는 방식 또한 동기부여에 영향을 미칠 수 있다. 자아개념self-concept, 자기인식self-awareness, 자아존중감self-esteem, 자신감self-confidence, 자기효능감self-efficacy, 자기연민self-compassion, 신체상body image 등이 심리적 웰빙에 큰 역할을 할 수 있다. 다음은 위의 개념에 대해 논한다.

춤과 자아 Dancing and the self

각각의 무용수를 독특하게 만드는 필수적 자질은 자기 자신에 의해 정의된다. 그것은 동기, 지각, 사고, 감정, 그리고 개인적, 사회적 정체성을 이끈다. 자아는 여러 가지 방법으로 표현될 수 있다.

자아개념 Self-Concept

자아개념은 개인적 자질과 특성에 대한 안정된 믿음의 집합이다. 그것은 당신이 누구인지 당신을 정의하는 특징들을 묘사하는 방법이다. 그 묘사는 자신을 어떻게 보는지

접촉즉흥은 무용수들이 서로 유대감을 가지고 신뢰하는 방법을 배우는 방법이다.
이는 사회화를 증진시키고 관련성에 대한 기본적인 욕구를 충족시키는데 도움을 준다.
사진 제공: 레이첼 체리Rachel Chery.
페드포트샤이어 대학교University of Bedfordshire

자아개념의 기초로 이뤄져 있다. 자아개념은 당신이 어떻게 행동하는지, 어떻게 춤을 추는지, 다른 사람들과 어떻게 반응하는지에 영향을 미친다. 그것은 다음에 확인된 많은 심리적 구조와 관련이 있거나 기초가 된다.

자기인식 Self-Awareness

그리스 철학자들은 "너 자신을 알라"고 말했다. 무엇이 동기를 부여하는지, 무엇을 좋아하는지, 무엇을 싫어하는지, 무엇을 두려워하는지, 무엇이 당신에게 편안한지 알아야 한다. 자기인식은 당신에 대해 모든 것을 아는 점진적인 과정이다. 자기인식은 평생의 성장과 학습을 통해 발전한다. 자신의 장점, 약점, 한계, 경계를 알면 건강한 방법으로 타인과 관계를 맺을 수 있다.

자아존중감 Self-Esteem

자아존중감은 당신이 누구인지 그리고 당신의 능력에 대해 어떻게 느끼는지를 반영한다. 그것은 발달되거나 사라질 수 있다. 자신에 대해 무엇을 느낄 수 있는지 배운다. 한 상황에서는 자신에 대해 좋게 느끼고 다른 상황에서는 그렇게 좋게 생각하지 않을 수도 있다. 하지만 비록 당신의 행동이 기대했던 것이 아닐지라도 항상 당신이 누구인지 소중하게 여겨야 하고 자신에 대해 좋게 느껴야 한다. 심리적 안녕을 위해서는 자신을 진행 중인 작품으로 받아들이고, 자신을 존중하면서 실수로부터 배우도록 노력해야 한다.

비록 춤에서 종종 일어나지만, 자신을 다른 사람들과 비교하는 것은 좋은 생각이 아니다. 어떤 사람들은 자신과 다른 사람들의 이미지를 끊임없이 비교하는 것을 없애기 위해 무용수들이 거울 없이 일해야 한다고 주장할 것이다. 자신이 독창적인 예술 작품이고 세계와 다른 사람들에게 특별한 자질을 제공한다. 물론 늘 개선의 여지가 있고 성장하고 발전하는 것도 좋지만 자신을 존중하고 장단점이 모두 있다는 것을 받아들여야 한다.

무용수들은 일반적으로 자아존중감이 높지만 끊임없이 비난을 받거나 자신을 낮추면 낮은 자아존중감이 생길 수 있다. 무용은 기분을 좋게 할 수 있지만 낮은 자아존중감을 유발할 수도 있다. 완벽주의 수준이 높은 무용수들은 보통 자아존중감이 낮다. 그들은 결코 충분하지 않다고 생각한다. 이 무용수들은 다시 정상 궤도에 오를 수 있도록 도움을 주는 상담이 필요하다.

자신감 Self-Confidence

자신감은 자기 가치와 능력에 대한 믿음이다. 그것은 당신이 어떤 것을 성취할 수 있다고 느끼는 정도와 자신을 평가하는 방법이다. 자신감은 긍정적인 태도를 수반하며 자아존중감과 밀접하게 연관되어 있다. 자신감 있는 사람들은 자기 자신이 성공적이고, 만족스럽고, 유능하고, 자신감 있고, 적극적이라고 생각한다.

자기효능감 Self-Efficacy

자아개념의 또 다른 측면은 자기효능감인데 그것은 특정한 일을 성공적으로 완수할 수 있다는 믿음이다. 어떤 일을 할 수 있다고 믿는 것은 당신이 그 일을 할 수 있는지 아닌지에 대한 엄청난 영향을 가지고 있다. 만약 당신이 그것을 할 수 없다고 믿는다면 시작하기 전에 스스로 실패를 준비한다. 자기효능감은 행동을 결정짓는 강력한 결정 요인이다. 그래서 무언가를 할 수 있다고 믿는다면 그 행동을 할 가능성이 더 높다. 예를 들어, 담배를 끊을 수 있다고 믿는다면 담배를 끊을 수 있다고 믿지 않는 것보다 더 많은 어려운 시기를 견뎌낼 것이다. 마찬가지로 복잡한 새로운 동작을 실행할 수 있다고 믿는다면 계속 연습할 수 있는 긍정적인 마음의 틀frame을 갖게 될 것이다.

Dancer Wellness

관계를 쌓고 공통 관심사를 토론하기 위한 대화의 시간은 무용수들이 격양된 감정과 연민의식을 발달시키는데 도움을 줄 수 있다.

사진제공: 레이첼 체리Rachel Chery, 페드포트샤이어 대학교University of Bedfordshire

자기연민 Self-Compassion

자기연민은 자신에게 친절하고, 자신을 용서하며, 특히 자신의 기준이나 다른 사람의 기준에 부합하지 않을 때, 너무 자기 비판적이지 않는 것을 포함한다. 그것은 당신이 누구인지를 받아들이고 당신이 대단한 잠재력과 환상적인 업적을 가진 멋진 인간이라는 것을 깨닫는 것이다. 자기연민은 스트레스를 완충하고 부정적인 자기 평가, 자기비판, 자기 비난에 대처하는 데 도움이 된다. 이 기술은 무용수들을 위해 발전할 필요가 있다.

자아존중감처럼 자기연민도 웰빙과 긍정적인 건강 결과의 많은 지표와 관련이 있다. 자기연민을 갖는 것은 부정적인 경험으로부터 감정적으로 되돌아가는 것을 도울 수 있다. 연구에 따르면 자기연민은 규칙적인 운동, 더 나은 수면 질, 건강한 식사와 같은 많은 건강 증진 행동과 관련이 있다고 한다. 좋은 소식은 스트레스의 효과에 더 탄력적으로 반응하는 것을 도울 수 있는 자기연민을 발전시킬 수 있다는 것이다.

신체상 Body Image

신체상은 몸을 어떻게 지각하고 그것이 어떻게 기능하는지를 반영하는 자아의 다면적인 측면이다. 신체상은 몸의 모양과 크기를 포함한 신체적 외모를 어떻게 느끼고 생각하는지를 포함한다. 신체적 외모는 한 부분일 뿐이지만, 그것은 자신과 다른 사람들에 대해 어떻게 생각하는지에 중요한 역할을 한다. 신체상은 특히 무용수에게 중요하다. 왜냐하면 무용수의 몸은 기술의 도구이기 때문이다. 신체는 자신에 대한 감정을 어떻게 느끼는지에 중요한 역할을 한다. 무용수들의 표정과 동작은 항상 평가된다. 건강한 신체상은 긍정적인 감정, 태도, 몸에 대한 행동을 수반하는 반면, 건강하지 않은 신체상은 부정적인 감정, 태도, 행동을 포함한다. 부정적인 측면에서 몸을 받아들이는 것은 마르거나 근육질과 같은 비현실적인 것에 의해 추진되는 신체상 장애를 야기한다. 외모와 체격에 대한 평가를 가끔 받는 것에 대해 약간의 불안을 경험하는 것이 보통이지만, 그것이 기능을 방해할 정도로 신체에 대한 큰 불안감이 있을 때는 상담을 받아야 한다.

> ### 역량강화하기
> #### 강한 자아감각 개발
>
> 자신의 강점과 약점을 인식함으로써 강한 자아감을 키울 수 있다. 실수는 학습 과정의 일부라는 것을 깨닫고 새로운 것을 시도할 수 있다. 자신에게 긍정적인 말을 하고, 자신이 능력 있고, 매력적이고, 성취감이 있고, 자신감이 있고, 똑똑하며, 춤을 잘 춘다고 자신에게 말해보자. 무용수들은 자신에 대한 폭넓은 견해를 다루는데, 여기에는 자아개념, 자기인식, 자아존중감, 자신감, 자기효능감, 자기연민 등이 포함된다. 신체상은 또한 무용수들이 자신을 어떻게 인식하는지에 영향을 끼치며 결과적으로 그들이 배우고 어떻게 행동할 것인가에 영향을 미친다. 이러한 개념들을 적극적으로 검토하여 긍정적인 변화를 줌으로써 심리적 웰빙을 높일 수 있다.

Part II 무용 웰니스의 심리적 요소

일단 자신의 동기, 자아개념, 자기 이미지를 확실히 이해하게 되면 춤과 춤문화에 관련된 다양한 도전에 대처하기 위한 전략을 개발할 수 있다. 모든 무용수들은 스트레스를 경험하지만 스트레스를 어떻게 극복하느냐가 심리적 건강을 좌우할 것이다. 다음 절에서는 스트레스와 그것을 어떻게 대처해야 하는지에 대해 알아볼 것이다.

스트레스 다루기 Dealing With Stress

다른 사람들처럼 무용수들은 의심할 여지없이 스트레스를 경험한다. 스트레스는 신체적인 사건이나 심리적인 사건에 의해 만들어지는 감정적인 경험으로 신체적으로나 심리적으로 반응하는 결과를 초래할 수 있다. 예를 들어, 한 해의 주요 공연에서 솔로 자리에 뽑히는 것은 스트레스를 주지만 긍정적인 일이 될 수 있어 최선을 다하여 도전할 수 있다. 그에 비해 부상은 대개 부정적인 경험을 하게 된다. 스트레스는 당신의 생각, 느낌과 행동에 영향을 미칠 수 있다. 이 반응은 스트레스의 영향을 받거나 스트레스에 대한 당신의 반응을 바꾸도록 도우려는 몸을 말한다. 스트레스에 반응하고 관리하는 방법은 건강과 웰빙에 영향을 미친다. 신체의 스트레스 반응은 몸과 마음의 모든 시스템을 포함한다. 심리학자들은 종종 스트레스와 스트레스가 신체와 정신에 어떻게 영향을 미치는지 연구한다. 여기에서는 스트레스와 스트레스에 대처하는 방법을 검토한다.

스트레스 증상 Symptoms of Stress

몸이 어떻게 반응하는지 또는 스트레스에 대한 반응으로 생각하고 느끼는 것을 스트레스 증상이라고 표현할 수 있다. 신체적 증상으로는 심박수, 혈압, 땀, 피로, 스트레스 호르몬(예: 혈액이나 침의 코티졸 수치)이 증가한다. 종종 압박을 받을 때 심장은 더 빨리 뛴다. 때때로 심장이 두근거리는 것을 느낄 수 있다. 심리적인 증상으로는 걱정, 부정적인 생각, 불안감, 자극, 분노 등이 있다. 행동 증상으로는 서성거림, 너무 많이 먹거나 적게 먹거나, 잠을 못 자거나, 중요한 것을 간과하거나 잊어버리고, 지나친 훈련이나 연습을 들 수 있다.

스트레스는 생각하고 느끼는 것에 많은 영향을 미친다. 스트레스 수준을 확인할 때는 스트레스 지표를 하나만 사용하는 것이 아니라 여러 개를 사용하는 것이 가장 좋다. 스트레스의 경험은 단기 또는 장기간이 될 수 있다. 단기적인 스트레스로 인한 증상은 스트레스가 해소된 직후 사라지지만 장기간의 스트레스로 인한 증상은 만성적일 수 있다. 단기간의 스트레스가 항상 나쁜 것은 아니다. 신체는 최상의 기능을 발휘하기 위해 일정한 수준의 각성을 필요로 한다. 그러나 장기간의 스트레스는 면역체계와 건강에 부정적인 영향을 미친다. 스트레스를 효과적으로 관리하여 불안, 지속적인 수면 장애, 좋지 않은 식습관, 만성 스트레스와 관련된 질병 등 만성 스트레스 증상이 생기지 않도록 해야 한다. 다른 건강상의 문제도 만성적인 신체적 또는 심리적 스트레스로부터 발생할 수 있다.

일반적인 스트레스 요인 Common Stressors

스트레스 요인은 단기(급성) 또는 장기(만성), 외부 또는 내부, 양성 또는 음성일 수 있다. 스트레스 요인을 유발하는 자극이나 스트레스 증상을 유발하는 사건은 무용단에서 주요한 역할을 얻거나 하지 않거나, 학교를 바꾸거나, 시끄러운 식당에 앉아 있거나, 친구나 부모와 말다툼을 하거나, 어려운 리허설을 경험하는 등의 사건을 포함할 수 있다. 한 사람에게 스트레스를 주는 경험은 다른 사람에게 스트레스를 주지 않을 수도 있다. 예를 들어, 무용단의 주요 무용수는 다음 6주간의 리허설의 힘든 일을 기대할 수 있지만, 무용단의 다른 무용수는 다리 부상으로 인한 고통을 관리하려고 애쓰면서 그 몇 주 동안 힘든 시간을 보낼 것으로 예상할 수 있다.

스트레스를 주는 사건에는 부정적이거나 통제할 수 없는 사건, 또는 불확실하거나 혼란스럽거나 과부하를 느끼게 하는 사건 등이 포함된다. 스트레스 받는 사건은 중대하거나 경미하거나 긍정적이거나 부정적일 수 있다. 부정적인 스트레스를 받는 사건의 예로는 사랑하는 사람의 죽음, 가정이나 학교를 바꾸는 일, 개인적 관계의 단절, 만성 질환의 진단 또는 학교에서의 문제 등이 있다. 무용에서 주요한 부정적인 사건들은 특정한 역할을 얻지 못하거나, 다른 사람들 앞에서 벌을 받거나, 어려운 연습이나 리허설을 하거나, 부상을 경험하는 것을 포함할 수 있다. 긍정적인 사건의 예로는 항상 원했던 부분을 얻는 것, 특정 테스트에 합격하는 것, 특정한 기술을 성취하는 것, 또는 강화된 체력 상태를 포함할 수 있다. 다른 사람들은 어려운 공연이나 세계적인 무용단에 취직했다는 것을 배우는 것을 포함할 수 있다. 사소한 스트레스를 받는 사건을 일일 해프닝이라고 한다. 그것들은 매일 관리하는 작은 귀찮음이다. 그것들이 쌓이면 삶의 주요 도전들만큼이나 많은 괴로움을 만들어 낼 수 있다.

스트레스의 또 다른 형태는 충분한 사회적 지지가 없다는 것인데, 이것 또한 건강에 좋지 않을 수 있다. 스트레스를 완충하기 위해 주변에 좋은 친구, 가족 또는 다른 형태의 사회적 지지가 있는 것이 중요하다. 좋은 사회적 관계는 스트레스를 떨쳐내고, 스트레스를 받을 때 위로를 받고, 감정과 생각을 관리하는데 도움을 줄 수 있다.

자신과 특정한 상황에 대해 생각하는 것은 스트레스의 원천이 될 수 있다. 만약 어떤 것에 능숙하지 못하거나 누군가가 당신을 좋아하지 않는다고 믿는다면, 당신은 내적인 스트레스의 근원을 만들 수 있다. 내면의 자기 대화는 긍정적일 수도 있고 부정적일 수도 있다. 후자는 스트레스 반응을 위한 단계를 설정한다. 또한 친구와 다투거나 다음 주 공연에 대해 걱정하는 것도 스트레스를 주며 불안감을 느끼게 할 수 있다. 다른 사람들과 어떻게 관계하는지는 몸이 스트레스 요인에 어떻게 반응하는지를 결정한다. 예를 들어, 웃음은 기분을 좋게 하고, 차분하게 하고, 기운을 내도록 도와주는 호르몬을 혈액에 분비한다. 만약 화가 나기보다는 사소한 스트레스 요인을 비웃을 수 있다면, 신체가 지쳐가는 스트레스 반응을 피할 수 있도록 몸을 돕고 있는 것이다. 몸이 마음을 맑게 하고 행복감을 만들어 줄 화학물질을 방출하도록 돕고 있다. 또한 마음을 다른 것에 집중하기 위한 이완 전략을 시도할 수도 있다 (표 5-1 참조). 불안하고 스트레스를 받으면 마음이 흐려져 또렷하게 생각할 수 없다. 이런 명확성의 결여는 좌절감을 주기 때문에 더 많은 스트레스로 이어질 수 있다. 생각하고 행동하는 방식을 관리하는 것은 정해진 것이 아니다. 행동을 관리하고 바꿀 수 있다.

스트레스에 대한 반응 Responses to Stress

스트레스가 엄습하면 신체는 초긴장 상태에 들어간다. 교감신경계가 반응한다. 교감신경계는 신체의 자율신경계 두 부분 중 하나이다. 그것은 신경 경로를 통한 싸움 또는 도피 반응에 책임이 있으며, 스트레스 요인을 다루는데 도움을 준다. 스트레스 요인, 도피, 사회적 지지를 구하거나 누군가를 돌볼 수 있도록 몸을 준비시킨다.

코티솔cortisol은 스트레스를 받는 상황에서 유발되는 주요 스트레스 호르몬이다. 그것은 스트레스에 대처하기 위해 더 많은 산소, 혈당, 에너지가 필요하다는 것을 신체에 경고한다. 예를 들어, 커튼 콜과 오프닝 음악은 몸을 준비하고 공연의 시작을 준비하도록 신호를 보낸다. 몸은 익숙한 환경에서 단서를 포착하여 그에 대한 요구를 해결하면서 행동 준비 상태에 들어간다.

좋은 수면, 식사, 건강, 스트레스 관리 습관을 개발하면 건강, 행복, 질병으로부터의 자유를 유지하는데 도움이 될 것이다. 모든 무용수들은 방법을 알 때 좋은 습관을 기를 수 있다. 스트레스에 대처하는 법을 배우고 건강한 행동과 습관을 만드는 것은 통제 범위 내의 행동이다.

대처 전략 Coping strategies

대처coping는 개인적인 문제와 대인관계를 해결하기 위한 의도적인 노력이며 스트레스를 받거나 도전적인 경험을 최소화하거나 적응하기 위한 것이다. 그것은 스트레스를 받는 상황을 관리하기 위해 사용되는 생각과 행동들로 구성되어 있다. 대처는 건강과 웰빙에 중요하다. 그것은 모든 스트레스 받는 삶의 사건들을 관리하도록 도와준다. 대처 유형에는 다음이 포함된다.

> 접근-방지 대처approach-avoidance coping, 스트레스를 정면으로 다루거나 대부분 무시한다.
> 문제-중심 대처problem-focused coping, 문제를 해결하는 데 필요한 에너지를 투입한다.
> 감정-중심 대처emotion-focused coping, 문제에 대해 화가 나거나, 불안하거나, 불편해 하지만 문제를 해결하지는 않는다.

스트레스를 받는 문제에 직면했을 때, 무용수들은 종종 문제-중심적인 대처법을 사용한다. 그들은 문제를 확인하고 어떻게 해결해야 할지를 알아낸다. 모든 사람이 다르게 행동한다는 것을 명심하자. 그리고 문제에 대처하기 위해 하나 이상의 접근법을 사용할 수 있다.

공연은 그 자체가 압력이며 이러한 압력에 대처할 수 있는 방법을 개발할 수 있다. 어떤 사람은 공연 전에 매우 불안해지는 무용수일 수도 있다. 공연에 대한 특정 접근법을 개발하면 이러한 불안감을 어느 정도 해소하고 수행을 더욱 즐겁게 할 수 있다.

목표 설정하기

스트레스 관리를 위한 목표 설정

여러 가지 요구로 인해 때론 과중한 부담을 느낄 수 있다. 목표 설정은 작업을 관리하고 스트레스 수준을 줄이는 데 도움이 될 수 있다. 그것은 더 자기 주도적인 사람이 될 수 있도록 함으로써 자율성, 유능성, 통제력을 강화시킨다. 이것은 차례로 집중력, 동기, 자신감을 증가시킨다. 목표 설정은 또한 특정한 작업 요구에 대한 주의를 유도하여 어려움에 직면했을 때에도 노력, 에너지 및 지속성을 증가시킨다. 스트레스를 받는다면 즉시 처리해야 할 일과 기다릴 수 있는 일을 분리하자. 즉시 처리해야 할 과업으로 SMART 목표를 설정하여 효과적이고 적시에 목표를 달성할 수 있도록 하라. SMART라는 약어는 다음과 같이 설명된다.

- S: 특정한specific—정확히 무엇을 해야 하는가?
- M: 측정가능한measurable—목표를 달성했다는 것을 어떻게 알 수 있는가?
- A: 행동지향적action oriented—이 목표에 도달하기 위해 어떤 조치를 취해야 하는가?
- R: 현실적realistic—목표를 달성할 수 있는 충분한 기술을 가지고 있는가? 목표는 중간 정도의 난이도가 있어야 하며 달성 가능해야 한다.
- T: 시간이 잡힌timed—목표를 달성할 시간을 설정해라. 하루, 일주일, 한 학기, 혹은 1년이 될 수도 있다.

예를 들어, 이완 기술을 사용하여 체계적으로 스트레스를 줄이는 데 도움을 주는 SMART 목표를 사용할 수 있다.

- S: 이완과 스트레스 관리를 위해 심호흡과 이미지 기법을 사용하자.
- M: 마음을 차분하게 하여 심박수가 낮아지고 집중력을 향상시키자.
- A: 매일 밤 10분간 심호흡을 연습하자.
- R: 밤에 하는 호흡연습은 할 수 있는 활동이다.
- T: 두 달이나 2주간의 공연 준비로 세 번의 심호흡을 하고 호흡에 집중함으로써 필요할 때 스트레스를 줄이는 것이 쉬울 것이다.

Dancer Wellness

공연압박의 대처 Coping with Performance Pressures

공연에는 다른 사람들의 기대가 가득하다. 연극 환경, 미디어 매체, 청중, 그리고 다른 사람들이 기대하는 것에 대한 신념이 공연 방식에 영향을 미친다. 공연에는 특정한 사회적 가치, 춤 전통, 안무 사양, 미적 요소가 몸에 밴 경우가 많다. 교사, 예술 감독, 안무가, 다른 무용수, 친구, 가족들도 그들의 기대를 가지고 있다. 당신도 나름의 기대를 가지고 있다. 어떻게 움직이고, 보고, 행동하고, 수행해야 하는지에 대한 끊임없는 메시지는 당신이 느끼는 감정에 영향을 미치고 공연에 대한 압박과 불안으로 이어질 수 있다. 다양한 압박으로 인해 무용수들은 자신과 자신의 능력을 의심할 수 있다. 이상적인 신체, 춤추는 몸, 혹은 무용단의 유명한 스타에 대한 강력한 이미지들이 모든 사람들의 마음속에 두드러진다. 완벽한 몸의 이미지를 통해 메시지를 믿기 시작할 것이다. 자신이 어떻게 되어야 하는지에 대해 의문을 품기 시작할지도 모른다. 완벽한 몸을 가져야 하는지, 완벽한 무용수가 되어야 하는지, 그리고 항상 완벽한 연기를 해야 하는지를 물을 수도 있다. 춤과 공연의 세계는 세상을 보는 이러한 방식을 강조하는데, 이것은 자신을 보는 방식에 영향을 미칠 수도 있다. 모든 학교와 무용단들이 그러한 관점을 홍보하는 것은 아니지만, 그것이 존재하는 곳은 춤과 웰빙에 대한 건강한 접근법에 해롭다.

공연불안의 대처 Coping with Performance Anxiety

무대 공포증이나 "신경질nerves"이 동의어로 간주되는 경우가 종종 있는데, 공연불안의 친숙한 느낌은 사람에게 주어진 요구와 그 요구를 충족시킬 수 있는 능력 간의 불균형으로 인식된다. 이 균형을 인식하는 것은 합리적이지 않을 수 있다는 점에 유의하자. 예를 들어, 스튜디오에서 별 걱정 없이 순서를 연기할 수 있지만, 청중들 앞에서 공연하는 것에 대한 의심으로 가득 차 있다. 다른 사람들이 지켜보는 것이 무용수가 어떻게 느끼는지 갑자기 바뀔 수 있다. 공연불안은 앞 절에서 논의된 것과 같은 보다 영속적인 특성이나 스트레스 요인보다는 상황별 불안의 형태여서 공연을 앞둔 시점에서 경험할 수는 있지만, 행사 중이나 후에 빠르게 소멸될 수도 있다.

공연불안의 원인은 통제할 수 없는 느낌에 집중하는 경향이 있으며, 인지적(심리적) 증상과 신체적 증상을 동시에 일으킬 수 있다. 인지적 불안cognitive anxiety 증상은 부정적인 생각, 걱정, 자아비판, 산만함, 부정적인 이미지 등이다. 신체적 불안somatic anxiety 증상으로는 뻣뻣하거나 떨리는 근육, 자주 화장실에 가야 하는 것, 복부의 떨림, 심박수 증가, 입마름 등이 있다. 공연불안이 공연에

무용수들이 스트레스와 불안감에 대처하는 법을 배울 때 그들은 최선을 다해 공연할 수 있다.

사진제공: 레이첼 체리Rachel Chery.
베드포드샤이어 대학교University of Bedfordshire

Part II 무용 웰니스의 심리적 요소

부정적인 영향을 미칠 수 있는 이유를 이해하기 쉽다. 예를 들어, 근육의 경직은 정밀도와 통제를 방해할 수 있는 반면, 집중력의 저하는 중요한 단서를 무시하거나 중요하지 않은 것에 집중하는 결과를 초래할 수 있다. 그러나 공연불안도 실적에 긍정적인 영향을 미칠 수 있다. 예를 들어, 심박수가 증가하면 공연의 높은 에너지 부분에 도움이 될 수 있다. 사실 어느 정도의 불안감을 경험하는 것은 공연 전 준비의 핵심 신호다. 그것이 없으면 활기가 없을 수 있다. 이 사실은 스트레스와 마찬가지로 불안을 인식하는 방법이 매우 중요하며 그 강도와 효과에 영향을 미칠 수 있음을 시사한다.

공연자들은 자신의 불안을 긍정적인 것으로 인식하고 자신의 성과에 도움이 되는 것으로 인식할 때, 불안이 그들의 통제 하에 있고 더 나은 성과를 거두는 경향이 있다. 반면 공연자들이 자신의 불안을 부정적이고 도움이 되지 않는 것으로 인식하면 불안이 자신을 통제하고 있다는 느낌을 받을 가능성이 높아져 수행이 저조하다. 자신감은 불안이 부정적인 것으로 해석되는 것을 막는 보호 역할을 할 수 있기 때문에 무용수들이 자신감을 향상시키는 데 도움이 될 수 있다.

무용수들이 그들의 불안을 해석하는 방법은 이전의 경험에 달려있다. 예를 들어, 부정적인 공연 경험을 한 것은 무용수들로 하여금 불안감이 도움이 되는 것으로 보는 것을 어렵게 할 수 있다. 그것은 증상 자체에도 의존할 수 있다. 즉, 신체적 불안을 인지적 불안보다 도움이 되는 것으로 인식하는 것이 더 쉽다. 자신의 불안이 도움이 된다고 인식할수록 통제력에서 더 많은 것을 느낄 수 있으며, 자신의 성과를 더 많이 즐길 수 있을 것이다.

어떤 무용수들은 그들의 불안을 완전히 줄이거나 제거하기를 원할 수도 있는데 이것은 심각한 불안 수준을 가진 사람들에게 적합할 수도 있다. 그러나 대부분의 무용수들에게 공연 준비 방식에 대한 몇 가지 변화는 최적의 준비 수준을 찾는 데 필요한 모든 것이 될 수 있다.

만약 성과에 대한 불안을 경험한다면, 먼저 걱정을 좀 더 긍정적인 방식으로 보도록 노력하자. 어느 정도의 불안감은 공연에 대해 흥분감을 느끼고 최선을 다할 수 있는 에너지와 결단력을 갖는데 도움이 된다는 것을 인식하자. 〈표 5-1〉은 불안을 줄이거나 도움이 되는 것으로 인식함으로써 불안을 처리하는 몇 가지 간단한 방법이다. 시간이 흐르면 자신에게 가장 적합한 방법을 찾을 수 있을 것이다.

표 5-1 불안 대처 전략 Strategies to Cope with Anxiety

전략	목적	기술
심호흡	심박수 감소	천천히 5를 세면서 숨을 들이마시고, 6을 세면서 숨을 내쉬어라. 갈비뼈보다는 아랫배에 숨을 들이쉬도록 한다.
워밍업	신체활동 준비 및 심박수 안정화	맥박을 올리고 관절을 동원하여 부드럽게 근육을 펴서 신체움직임을 준비한다.
점진적 근육 이완	과도한 근육의 긴장 감소	각 근육(예: 둔근, 대퇴사두근)을 발에서 얼굴까지 순차적으로 출발하여 최대로 긴장, 유지, 이완한다. 3~5회 반복한다.
멘탈 리허설	자신감 향상	모든 감각을 이용하여 가능한 한 실제 상황처럼 수행하기 위해 머리 속에서 정확하게 수행과정을 거친다.
긍정적인 자기와의 대화	부정적 생각과 걱정의 감소와 자신감 향상	부정적인 생각을 동기부여(예: "할 수 있어!") 또는 교육적(예: "여기서 초점을 바꾸는 것을 기억하라")으로 대체한다. 문장을 간결하게 유지하고, 자주 반복한다.
수행 전 루틴	주의산만 감소	공연 전에 해야 할 모든 일들의 목록을 작성하고 그것들을 순서대로 배열한 다음, 불안이 생길 수 있는 공연 전에 여유 시간이 없도록 시간을 정한다. 불안을 유발하는 모든 사건 전에 그 행동들을 반복한다.

요약 Summary

춤을 얼마나 잘 추느냐에 영향을 줄 수 있는 가장 강력한 힘 중 하나가 바로 동기부여다. 춤을 매우 만족스럽게 만드는 내재적 보상인 내재적 동기를 강화하면 도전을 통해 춤을 지속하고 성장하도록 도울 수 있다. 자아개념, 자아존중감, 그리고 신체상 같은 많은 측면들은 춤에 어떻게 접근하는지에 깊은 영향을 미칠 수 있다. 게다가 춤과 함께 일어날 수 있는 스트레스와 불안은 발전을 방해할 수 있다. 좋은 대처전략을 개발하는 것이 성공의 열쇠다.

■ 응용활동: 내적동기 강화

어떻게 보다 내재적으로 동기화가 될 수 있는지 생각해보자. 선생님의 칭찬과 타인과의 비교에 의존하여 춤에 대해 좋게 느낄 수 있는가? 개인적 발전에 주의를 기울임으로써 자율성을 높일 수 있다. 자신의 목표를 설정하고 직면한 과제에 대해 자신의 진전에 집중해보자. 시간이 지남에 따라 자신의 진전에 대해 살펴보고 자신의 성과를 인정하면 수업시간에 자신의 능력과 일에 대해 더욱 자신감을 가질 수 있다. 항상 자기 비판적이고 긍정적인 향상을 보지 못하는 것은 자신감과 자존심을 꺾을 수 있다. 동시에 경쟁적이지 않고 지지적인 사람들과 관계를 발전시켜라. 자신을 다른 사람들과 비교하는 대신에 그들에게서 무엇을 배울 수 있고 그들이 당신에게 무엇을 배울 수 있는지 생각해 보자.

■ 복습질문

1. 내적 동기와 외적 동기의 차이점은 무엇인가? 당신의 삶에서 가장 큰 영향을 미치는 동기는 무엇인가?
2. 자아개념, 자기인식, 자아존중감, 자신감, 자기효능감, 자기연민, 신체상을 정의해보자.
3. 무용수로서 어떤 스트레스 요인이 당신에게 영향을 미치는지 확인하자. 스트레스의 증상은 어떠한가?
4. 어떤 공연압박에 직면하고 있는가? 이러한 압박으로 인해 공연에 대한 불안의 증상은 무엇인가?
5. 공연압박, 불안, 스트레스 요인을 관리하기 위한 대처 전략을 어떻게 개발할 수 있는가?

 챕터별 보충 학습 활동, 학습 보조자료, 제안된 읽을거리, 웹 링크 등에 대한 자세한 내용은 www.HumanKinetics.com/DancerWellness. 인터넷 자료를 참조하자.

Chapter 6 휴식과 회복
Rest and Recovery

글레나 바츠슨, 마가렛 윌슨

핵심 용어

- 과다훈련 overtraing
- 과용 overuse
- 마킹 marking
- 번아웃 burnout
- 비숙련활동 non-doing activities
- 신체-정신 body-mind
- 인터벌 트레이닝 interval training
- 적극적 proactive
- 주기화 periodization
- 테이퍼링 tapering
- 페이싱 pacing
- 회복 부족 under-recovery
- 휴식 rest

학습목표

1. 충분한 휴식을 취하는 이점을 이해할 수 있다.
2. 페이싱(보조맞춤) 및 테이퍼링(훈련량을 점차적으로 줄여나가는 과정)과 같은 방법들을 사용해서 자신의 훈련 일정을 개선하는 방법을 알 수 있다.
3. 과용, 과잉훈련(오버트레이닝은 많은 웨이트 트레이닝을 통해 자신의 능력이 지속적으로 저하되어 도달하게 되는 상태), 번아웃(신체적, 정신적 힘이 고갈되어 탈진한 상태)이 무엇인지, 이들을 피할 수 있는 방법을 설명할 수 있다.
4. 적극적인 자기관리 방법과 이러한 방법들을 자신의 삶에 적용하는 방법을 이해할 수 있다.

무용수들은 일생동안 자신의 예술에 대한 욕망이 매우 높고 열정적인 사람들이다. 무용 훈련이 정신과 신체에 미치는 스트레스를 극복하려면 휴식과 회복을 위한 웰니스 전략을 개발해야 한다. 휴식은 모든 무용수들에게 유익하며 신체 및 정신적 웰빙을 촉진시킨다. 일반적으로 휴식과 활동이 바르게 균형을 이루는 것은 전반적인 건강과 장수의 열쇠임을 시사한다. 그러나 각 문화의 상식이 이를 시사함에도 불구하고, 무용에서 휴식과 회복에 대한 적절한 처방은 찾아보기 어렵다. 무용수들은 무용 연습 중 개인적으로 또는 조직적으로 휴식에 대해 언급할 수 있는 경우는 거의 없다. 그러나 웰니스의 6가지 양상(서문에 설명되어 있음)은 휴식 하는 것을 지지한다.

강한 신체활동과 휴식의 균형을 이루는 방법을 배운다는 것은 지적, 정신적, 실용적으로 일상 스트레스를 해결한다는 것을 의미한다. 무용수들은 다른 움직이는 기술을 배우는 것 이상으로 휴식을 취하는 방법을 배워야 한다. 실제적인 무용 연습을 하는 것과 동일한 관심으로 휴식과 회복을 다루게 되면, 오랫동안 건강하게 자신의 직업을 유지하면서 이득을 극대화 시킬 것이다.

이 장은 적절한 휴식과 회복의 이점에 대해 설명하고 휴식이 에너지 수준을 유지하고 피로를 예방하는데 긍정적인 영향을 미치는 중요한 요인들을 요약한다. 휴식이 운동 학습과 성과를 향상시키는 방법도 설명한다. 또한, 휴식을 무시하는 것이 과용, 부상, 그리고 번아웃에 미치는 부정적인 영향도 설명하고 무용 훈련 내에서 휴식을 취하기 위한 주도적인 접근방식을 설명하는 것으로 마무리한다.

충분한 휴식의 이점
Benefits of Getting Enough Rest

휴식은 활동을 멈추고 혼자 있을 수 있는 내면의 장소를 제공한다. 휴식은 규칙이 필요하다. 휴식은 현재의 신체적, 정신적 일에서 벗어나 활동하지 않고 쉬는 기간을 말한다. 휴식은 바쁜 몸과 마음의 상태를 조용하고 차분한 휴식 상태로의 관심 전환을 요구한다. 신체-정신body-mind은 모든 활동에서 신체적 정신적 기능의 통합이다. 이는 오프라인을 요구하며, 한 기간 동안 바쁜 세상에는 참여하지 않기로 결정한다. 이 훈련된 전환은 마음챙김을 요구한다(4장 참조).

마음챙김은 휴식을 취할 때 성공적이다. 휴식은 많은 이점을 가지고 있고 기본적으로 최선의 수행을 다할 수 있도록 한다. 휴식은 부상 회복과 수행 강화와 관련된 건강한 과정을 향상시킨다. 마음과 몸 모두 휴식을 통해 신체적으로나 심리적으로 건강을 회복하면서 큰 혜택을 받는다. 마음챙김은 이러한 이점을 향상시켜주고 그들을 돌아보고 더 많은 혜택을 얻을 수 있게 해준다. 휴식의 다른 이점들 중에는 어려움을 극복하는 능력, 운동 기술의 학습 향상, 심신의 조화를 증진시키는 것이 있다.

휴식은 신체 시스템이 이전 활동으로부터 회복할 수 있는 시간을 제공한다. 휴식은 근육이 강한 신체활동을 통한 스트레스에 적응할 수 있도록 도와준다. 운동이 끝난 후 휴식을 취하는 것은 훈련 기간 사이에 근육의 회복과 성장을 촉진하는데 도움을 준다.

신체가 피로할 때 휴식은 부상 예방에 가장 중요하다. 신체적 정신적 피곤은 무용 부상에 주요 위험 요소이다. 강한 연습 뒤에 휴식이 무시될 때가 있는데, 모든 신체구조는 시간이 지날수록 다칠 위험에 처한다. 부상 위험은 수면 부족과 같은 일반적으로 지속되는 피로로 인해 증가할 수도 있다. 높은 수준의 동기와 결합해서 강한 춤으로 인한 운동은 몸이나 마음의 피로 신호를 무시할 수 있지만 피로는 무용수의 적이다.

부상이 발생했을 때, 휴식은 회복속도를 높인다. 휴식은 부상 후 근육 재생을 돕고, 체력을 키울 수 있는 에너지 저장소를 강화하고 피로와 싸운다. 휴식은 피로에 덜 취약한 조직을 만들어 모든 근골격계 건강에 기여한다. 휴식은 혈당 및 칼슘 수치와 같은 대사 수준을 회복하고 재균형화 한다. 균형 잡힌 신체의 화학작용은 에너지의 적정량을 유지하는 것뿐만 아니라 영양분을 흡수하기 위해서도 중요한 역할을 한다.

휴식은 근육통을 유발하는 혈류와 신체 조직에서 독소를 제거하는데 도움을 준다. 더 나아가 운동과 휴식의 적절한 일정 계획은 부상 후 재부상의 위험성을 줄여준다. 부상에서 회복하는 무용수들은 의사나 치료사들에게 수업과 리허설에 복귀해도 된다는 허가를 받을 필요가 있다. 하지만, 휴식은 신체재활에 대한 현명한 접근으로 완전한 회복과 부상에 저항하는 미래를 위한 열쇠이다.

이 무용수는 균형을 향상시키기 위해 균형 판wobble board을 사용하는데, 이것은 마음챙김mindfulness(개인의 내적 환경이나 외부세계의 자극과 정보를 알아차리는 의식적 과정)이 필요한 운동이다.

무용 훈련 일정 최적화
Optimizing Your Training Schedule

스트레스를 없애는 중요한 방법 중 하나는 훈련일정을 주기화periodization하는 것인데, 이것은 운동 시기와 일정을 잘 수립해서 신체 훈련 강도를 점진적으로 증대시키는 것이다. 스포츠 과학은 특정 스포츠가 최적의 성과를 낼 수 있도록 다양한 유형의 훈련 일정에 초점을 맞추고 있다. 주기화를 사용하면 일상적인 간격으로 휴식 일정을 잡아서 훈련과 휴식 간의 비율이 적절하도록 보장한다. 이 접근방식은 부상 위험을 최소화시킨다.

다른 운동선수들과 달리 무용수들에게는 다양한 훈련이 요구되지만, 주기화는 무용 웰니스에 매우 중요하다. 무용 웰니스를 위한 주기화의 예로는 페이싱pacing(보조맞춤) 및 테이퍼링tapering, 인터벌 트레이닝interval training(속도와 강도가 다른 활동을 교차시켜 가며 하는 훈련), 멘탈 훈련mental practice, 일정수립scheduling 등이 있다.

페이싱Pacing과 테이퍼링Tapering

정신 및 신체적 전략 모두 주기화의 핵심요소이다. 정신 및 신체적 전략 요소들 중 두 가지는 페이싱과 테이퍼링 활동이다. 페이싱pacing은 에너지 소비 수준 설정을 결정하고 에너지 소비와 회복의 균형을 유지하는 방법이다. 페이싱은 일정 기간에 걸쳐 운동과 에너지를 분배하는 것이며 각 동작 반복으로 전체 에너지를 소비하는 것이 아니라 옵션을 사용한다는 것을 의미한다. 페이싱 전략을 사용하면 장기간에 걸쳐 외부 요인들을 지속적으로 제어할 수 있다. 무용에서 페이싱의 좋은 사례는 마킹이다. 마킹marking은 매우 작은 규모와 적은 노력으로 움직임을 수행하는 것을 말한다. 무용 연속 동작의 한 단위phrase를 계속 반복하는 대신, 그것을 마킹할 수 있다. 마킹하는 방법 중 하나는 무용 연속동작의 한 단위에서 동작의 시기와 순서를 손가락만 사용해서 모방하는 것이다. 마킹을 사용하면 실제 실행으로 인해 소비되는 신체적 에너지를 절약하는데 도움이 된다. 마킹은 또한 동작의 질적인 측면에 집중하는데 도움이 된다.

테이퍼링tapering(운동 시기 및 강도를 서서히 줄여 나가는 것)은 중요한 시합이나 공연 전날 운동량을 줄이는 또 다른 좋은 방법이다. 테이퍼링은 지구력 운동, 특히 달리기와 수영에서 흔히 볼 수 있는 방법이며, 운동 기술을 훈련하는 시기에 체계적으로 접근하는 방식이다. 많은 운동선수들이 최적의 성과를 내려면 상당한 기간의 테이퍼링이 필요하다. 테이퍼링 기간은 종종 일주일 이상 지속된다. 중요한 운동 시합 전에 수행하는 운동 관행은 최적의 성과를 내기 위해 낮은 강도로 짧게 훈련해서 근육과 혈액 효소 및 호르몬을 보존하고 휴식을 취한다. 테이퍼링 기간으로 운동선수들은 준비 모드에서 수행 모드로 전환할 수 있는 시간을 확보한다. 이 방식은 무용수들에게도 효과적일 수 있다. 공연이 가까워지면 리허설이 늘어나기 때문에, 이 때 테이퍼링을 하는 한 가지 방식은 기술 훈련과 수업을 줄이고 휴식 시간을 늘리는 것이다.

> **다양성에 도전하기**
>
> **새로운 기법 학습**
>
> 힙합 무용을 시도하려는 탭무용수처럼 새로운 기술을 배우기로 결심할 때, 다른 수업에서 테이퍼링에 대해 생각할 수도 있다. 각 기법은 신체에 고유한 요구사항을 제시 한다. 선택한 형태에 많은 훈련으로 익숙해져 있다 하더라도, 이 새로운 운동을 다룰 수 있는 힘과 지식이 부족할 수도 있다. 시간이 지나면 훈련 계획에 다른 수업을 추가할 수 있을 것이다.

인터벌 트레이닝 Interval Training

단일 세션 내에서 이어지는 강도 운동 세션을 인터벌 트레이닝이라 부른다. 인터벌 트레이닝은 강도 운동에서 볼 수 있으며, 다음 활동을 위한 회복을 최적화하기 위해 특정 휴식 간격을 권장한다. 강도 높은 점프와 같은 파워 동작을 할 때 에너지 시스템이 회복되려면 1:3 비율의 활동과 휴식 비율이 최적이다. 즉, 1분 강도 활동에 이어 즉시 3분 휴식을 취한다. 운동, 강도, 지속성 유형에 따라 각 스포츠의 활동-휴식 비율은 다르며, 그에 따라 얼마나 많은 휴식이 필요한지 결정된다. 이 개념은 무용수들에게도 적용된다. 60~90분간의 수업에 이어 15~20분간의 휴식이 권장된다. 강도 높은 안무를 1분 동안 수행하는데 2~3분의 휴식이 권장된다. 강도가 낮은 3~4분간의 리허설에는 3~4분간의 휴식이 권장된다. 핵심은 회복이 될 수 있도록 활동과 휴식의 균형을 맞추는 것이지만, 휴식이 너무 길면 근육의 체온을 떨어뜨리거나 과업에 대한 집중력이 떨어질 수 있다.

일정 계획을 위한 고려사항 Scheduling Considerations

무용 훈련 및 공연 시기가 다가오면, 자신의 개인적인 에너지 소비 관행을 모니터링 할 수 있지만, 종종 일정을 통제하지 않는다. 전문가들은 무용수들에게 연습량보다 질이 최우선시 되어야 하는 것이 이상적이라고 권장한다. 이러한 일정을 반드시 제어할 필요는 없지만, 일정 수립이 자신의 공연, 건강, 웰빙에 얼마나 영향을 미칠 수 있는지 이해하는 것이 중요하다.

가능하면 공연을 하는 시기에 비현실적인 요구를 하지 않고 정신 및 신체가 최고조에 도달할 수 있는 방법으로 자신의 훈련 계획 수립 및 일정 수행에 역할을 해야 한다. 비현실적인 요구는 자신의 신체 및 정신적 역량을 손상시킬 수 있다. 신체적 추구를 위해 그동안 쌓아온 예술성과 표현력이 희생되지 않도록 주의를 기울여서 일상적인 무용 훈련에서 변화에 접근해야 한다. 그렇다면, 무용 훈련에서 최적의 신체 운동량은 무엇이며, 어떤 종류의 훈련 일정이 공연을 가장 최적화시키고 피로를 상쇄시킬 수 있는가? 〈표 6-1〉은 운동선수들이 주기화 원칙을 무용 훈련 일정에 통합시키기 위해 채택할 수 있는 특정 권장사항을 보여준다.

목표 설정하기
연습일정의 주기화

무용 연습에서 자신이 이행하던 것의 본질을 반영하자. 수업이나 리허설 중 휴식을 취할 수 있는 기회가 있는가? 활동과 휴식을 교대로 이용할 수 있는 전략을 생각해보자. 예를 들면, 공연 직전에도 머리 속으로 배운 안무를 연습할 수 있는 시간을 가진다. 리허설의 빈도나 강도가 높아질 때 어떤 활동을 줄일 수 있는지 생각할 수 있는가? 컨디셔닝(특정 조건에 반응을 보이거나 익숙해지게 하는 훈련) 프로그램을 수행한다면, 강도 높은 리허설 기간은 부가적인 스트레스를 줄이는 시간이 될 수도 있을 것이다. 마지막으로, 자신의 무용 훈련에 새로운 수업이나 기법을 추가하려면 활동이 낮은 시간에 수행하는 것이 가장 좋다.

무용 훈련에서 운동-휴식 비율 전략을 최적화하려면 시합을 준비하는 운동선수들을 위해 만들어진 이러한 권장사항을 시도해보자.

> 연령대가 15~17세 사이라면, 훈련 강도는 일일 2~3시간, 일주 4~5일을 초과하지 않아야 한다. 적어도 하루 동안 완전한 휴식을 취하는 것이 좋다. 휴식활동을 세분화하는 동시에 다이어트, 수화 hydration 그리고 레크레이션과 같은 다른 건강한 습관을 추구한다.

> 연령대가 18~21세 사이라면, 훈련 강도는 일일 4~6시간, 일주일 중 6일을 초과하지 않아야 한다. 요가 또는 다른 유형의 체력 연습을 추가한다. 멘탈 훈련을 추가해서 신체 훈련을 강화시킨다. 자신의 공연 일정을 기반으로 활동을 측정한다. 천천히 안정되게 시작해서 공연 약 2주 전에 정점에 도달한 다음 테이퍼링 한다. 훈련을 최적화시키기 위

| 표 6-1 | 주기화 전략 |

> 리허설 과정이나 학기 초반에는 체력, 지구력, 유연성, 기술을 키우는데 주력한다. 이러한 요소들의 지속시간, 빈도, 강도를 점차적으로 증대시키는 것은 최적의 공연을 위해 가장 잘 준비하는 것이다.

> 처음 7~8주 동안은 단계를 구축하고, 이어서 테이퍼링을 하는데, 이것은 예술적 요소에 더 중점을 둔다.

> 공연 준비 과정에 훈련량을 줄이고 품질에 대한 집중력을 높이기 위해 노력한다. 이 기간 동안 무용 수업이나 다른 신체적 활동을 줄여야 할 수도 있다.

> 공연이 가까워졌을 때, 과도한 신체 훈련을 줄이고 현재 수준을 유지하는데 집중한다. 테이퍼링의 목적은 공연을 극대화시키는 것이다. 일단 신체가 높은 훈련 수준에 도달하면, 적은 반복으로 이러한 목적을 달성할 수 있다.

> **활동을 변경하자.** 반복적인 동작을 피하며, 비-무용 활동에 참여한다.

> **연습을 분산하자.** 가능하면, 휴식 단계를 활동 단계의 절반 이상 또는 동일하게 설정한다.

> **정신 훈련을 포함시키자.** 신체적으로 동작을 연습할 뿐만 아니라 정신적으로 동작을 연습한다. 특히 개인적으로 운동을 할 때 더욱 그렇다.

해, 휴식과 회복을 포함한 몇 가지 선택을 한다. 공연에 가까워지면 훈련을 페이싱하고 테이퍼링 해서 더 많은 휴식을 추가하고 피로와 잠재적인 부상 위험을 줄인다. 또한, 신체가 휴식을 취할 때, 집중력과 무용이 더 좋아진다. 공연 시기가 가까워졌을 때 여러분의 신체 활동을 제거하는 등 자신의 일정을 일부 제어하면 무용을 향상시킬 수 있다. 휴식 및 회복에 대한 신체적 요구에 주의를 기울이지 않아 지나치게 스트레스가 많은 훈련일정으로 나타나는 세 가지 주요 신체적 결과는 과용, 과잉훈련, 번아웃이다.

과용, 과잉훈련, 번아웃 피하기
Avoiding Overuse, Overtraining, and Burnout

무용수들이 주기화를 통해 더 열심히 하지 않고 더 똑똑하게 일할 때 과용, 과잉훈련, 번아웃의 부정적인 영향을 막을 수 있다. 불행히도 때때로 일정은 완전한 휴식과 정신적 연습을 육체적 연습으로 대체하는 것을 허용하지 않는다. 주기화와 테이퍼링이 불가능할 경우 심각한 결과를 초래할 수 있다. 회복 기간을 상쇄하지 않은 채 지나치게 강도 높은 훈련 일정은 다양한 신체적, 행동적 영향을 초래한다. 지나치게 스트레스를 많이 받는 훈련 프로토콜의 세 가지 주요한 신체적 결과는 과용, 과잉훈련, 번아웃이다.

요가는 무용수들이 휴식과 회복을 달성할 수 있는 훌륭한 방법이다. 이 무용수는 요가 훈련 세션 말미에 사용되는 사바사나 Savasana/Shavasana (누워서 온몸을 이완시키는 요가 동작) 자세를 취하고 있다.

사진제공: 시드니 에드워드 Sydney Edwards

Dancer Wellness

스스로 진단하기

활동 평가

무용을 하는 동안(특히 공연 전 집중적인 훈련 시간에) 자신이 느끼는 것을 평가함으로써 휴식과 회복을 위해 자신의 신체가 무엇을 요구하는지 인식할 수 있다. 일주간의 휴식과 수면 습관을 기록하여 충분한 휴식과 회복 시간을 가지는지 확인한다. 신체적 스트레스로 고통을 받지는 않는가? 수면을 잘 취하는가? 근육 경련이나 다른 피로 증상은 없는가? 부상을 입지 않고 무용을 하고 있는가? 자신의 체력(근력)이 증가되고 있다는 것을 느끼는가, 또는 운동량에 상관없이 점점 약해지고 있는 것처럼 느껴지는 않는가? 이러한 질문에 답을 하고 자신의 활동 수준을 평가함으로써, 자신의 일정에 더 많은 휴식을 추가해야 하는지 여부를 결정할 수 있다.

과용 Overuse

과용은 근육이나 근육 집단을 과도하게, 또는 너무 반복적인 활동에 사용하는 것을 의미한다. 과용은 종종 적절한 휴식 간격이나 동작의 역학적 변화 없이 동작을 과도하게 반복해서 발생된다. 의도적으로 과용하면 남용, 신체 고장, 부상으로 이어진다. 과용의 일반적인 부위는 발목, 발, 무릎, 엉덩이의 근육과 관절이다. 반복적인 동작 패턴(특히, 적절한 동작 변화와 휴식이 부족할 때)은 부상의 위험 요인이다. 예를 들면, 점프나 도약을 반복적으로 너무 많이 수행하면 아킬레스 건병증 achilles tendinopathy으로 이어질 수 있다. 동작을 범위 끝까지 빠르게 강력하게 취하는 것이 너무 많이 반복되거나 회복 운동과 균형을 맞추지 않으면 해로울 수 있다. 예를 들면, 발끝으로 서는 자세(en pointe 또는 demi-pointe)에서 다양한 동작을 항상 연습하거나 운동 후 핵심 포인트에서 스트레칭을 하여 부상을 피할 수도 있다.

과잉훈련 Overtraining

과용 개념과 관련이 있는 과잉훈련은 신체적, 행동적, 정서적 상태를 말하며, 훈련량과 강도가 무용수의 회복력을 초과할 때 발생된다. 과용과 과잉훈련은 모두 동일한 근육을 장기간에 걸쳐 반복적으로 사용하고 동작에 변화를 주지 않을 때 발생된다. 무용수들은 휴식을 취하거나 운동량을 줄이려는 노력을 하지 않고 신체 및 정신적으로 너무 많은 연습을 한다. 예를 들면, 하루에 3시간 이상의 수업을 들은 후 4~5시간 동안 연습을 하는 것은 과잉훈련으로 이어질 수 있는 스트레스의 근원이다. 과잉훈련은 또한 동작을 매번 완전하게 수행하는 연습에서 초래되거나 공연이 가까워졌을 때 너무 빈번하거나 긴 연습으로 초래된다. 과용에 비해 과잉훈련의 스트레스 증상은 더욱 심각하며 잠재적으로 더 큰 손상으로 이어질 수 있다. 진전이 없을 뿐만 아니라 근력과 체력을 잃을 수 있는 것이 특징이다. 휴식은 과잉훈련과 관련된 여러 가지 문제점들을 예방할 수 있다.

⚠ 안전수칙

경고 신호 인식

과잉훈련을 하고 있다는 신호를 보내는 경고신호를 인식하는 방법을 학습하자. 다음과 같은 질문에 답을 해보자: 수업이나 연습 중 에너지가 부족하다고 느끼는가? 진전이 느려지기 시작하는가, 아니면 근력과 기술이 점점 떨어지고 있는가? 특히 반복적인 활동을 하는 동안 무료하거나 흥미가 없어지는 것은 아닌가? 수면에 어려움은 없는가? 이러한 질문들에 "그렇다"고 답했다면, 진지하게 생각해 보기 바란다. 이러한 것들은 과잉훈련의 징후이다.

무용 과학 연구원들에 따르면, 충분한 휴식을 취하지 않고 신체 건강의 특정 임계치를 초과하는 지속적인 훈련은 건강 및 성과 모두에 부정적인 영향을 미칠 수 있다. 시간이 지나면서 과용 및 과잉훈련으로 시작되는 무용수의 건강 저하는 번아웃으로 이어질 수 있다.

과잉훈련과 관련된 또 다른 용어는 회복부족 under-recovery이다. 회복부족은 특정 활동을 수행할 수 없다는 것이다. 회복부족은 무용수가 충분한 휴식이나 영양분을 취하지 못할 때, 또는 강도, 빈도, 지속시간과 같은 훈련 변수가 균형을 벗어날 때 발생한다. 이 용어는 새로운 것이며 여전히 연구 중에 있다. 동시에, 연구는 운동의 강도 정도보다 운동에서 회복되는데 필요한 휴식 정도에 더욱 중점을 두고 있다.

과잉훈련은 만성적인 수면부족이나 불규칙으로 이어질 수 있으며, 열심히 하지 않은 느낌, 경미한 질병(감기, 독감, 생리적 장애)의 빈번한 발생, 그리고 만성적인 과민성으로 이어질 수 있다. 과잉훈련은 또한 큰 부상 위험으로 이어질 수 있다. 연습 세션이나 무용 세션 후반에 더욱 피곤해지면 부상이 발생될 가능성이 높다. 과잉훈련은 또한 번아웃 위험이 높다. 과잉훈련은 수행성과를 향상시키기보다 신체 능력을 손상시키고 감정 상태를 부정적으로 변화시킨다. 가벼운 스트레스 증상, 경미한 경고 신호가 실질적인 증후군으로 변한다. 즉, 이것들은 심각한 질병이다. 과잉훈련의 경고 신호를 무시하면, 번아웃이 초래될 수 있다.

번아웃 Burnout

번아웃은 단지 피로의 문제가 아니다. 이것은 질병이다. 이 시점에 번아웃 증상이 있으면 치료가 더 어렵기 때문에 더욱 포괄적이고 긴 치료가 필요하다. 번아웃은 충분한 회복 시간 없이 강도 높은 운동을 한 부정적인 결과이다. 훈련 조건을 변화시키지 않으면 과잉훈련은 시간이 지나면서 번아웃으로 진행된다. 시간선time line은 무용수의 건강이 처음에 수행성과 저하로 나타났다가 결국 번아웃으로 변화하는 것을 이해하는데 매우 중요하다. 종종 무용수들은 춤에 대한 본질적인 동기가 부족하다는 것을 인식하지 못하고 가끔 뒤늦게 자신들이 번아웃되었다는 것을 깨닫는다. 번아웃을 예방할 수 있는 한 가지 방법은 장기 휴식이나 부상 후 무용으로 서서히 복귀하는 것을 포함해서, 너무 높게 잡았던 공연 기준을 현실적인 목표에 맞게 조절하는 것이다. 또한, 훈련, 예행연습, 그리고 공연 일정에 정기적인 휴식이나 회복 시간을 추가해서 예방 기술을 강화시킬 수 있다. 다음 섹션에서 번아웃을 피하는 한 가지 예를 제안할 것이다.

무용수로서 과용, 과잉훈련, 번아웃과 관련된 징후와 증상을 잘 인식하고 있어야 한다. 신체적 훈련을 강화하면서 운동과 휴식 및 회복의 균형을 맞추어야 하는 필요성을 무시한다면, 자신을 스트레스 관련 부상과 정신적 긴장의 위험에 처하게 만든다. 이러한 고장 연속으로 진행될 가능성이 있는 위험한 시기를 식별해야 한다. 그래서 그것을 진지하게 받아 들여야 한다. 다시 정상적인 수행 수준으로 되돌리는 복구는 길고 복잡할 수도 있다. 휴식은 예방의 열쇠이며 강하고 의욕적이며 부상을 입지 않고 자신을 유지하는 데에 도움이 된다.

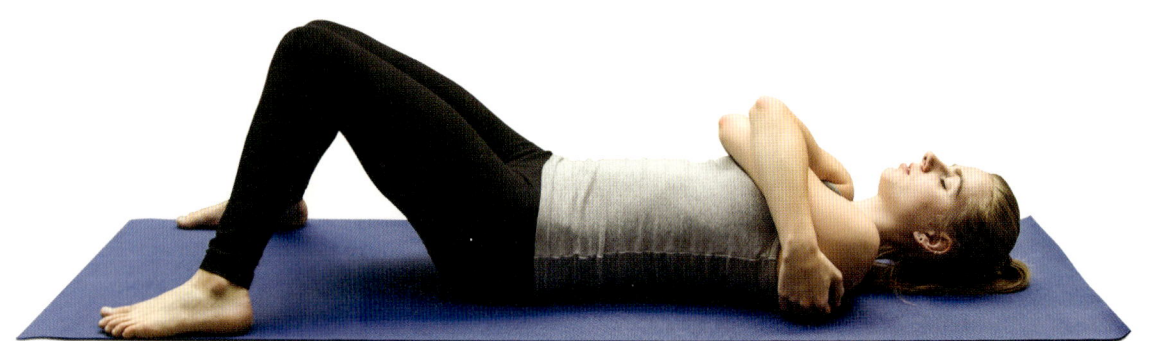

건설적인 휴식 자세는 체관습의 일환으로 개발되었으며 심신을 안정시키기 위한 잘 알려진 전략이다.

사진제공: 시드니 에드워즈Sydney Edwards

적극적인 자기관리 관행
Proactive Practice of Self-Care

무용수는 자기 자신을 관리하는데 **적극적**Proactive이어야 한다. 일상적인 무용 생활에 휴식 관행을 통합하자. 이 장에 제시된 자료에는 무용 및 신체 교육 분야의 과학자 및 전문가들의 팁이 포함되어 있다. 개인적인 자기관리 프로그램을 개발하기 위해 여러 가지 아이디어와 실용적인 전략을 이해하고 포용해서 필요한 기술을 간단하고 쉽게 구축할 수 있다. 문제는 일관되고 유연하며 지속가능한 자기관리 관행을 구축할 수 있도록 그것을 유지하는 것이다. 이러한 아이디어들 중 일부를 일상적인 생활에 접목하는 것은 관행이 삶의 일부가 될 수 있는 방법이다.

성공에 이르는 단계 Steps to Success

자기관리 프로그램을 달성하기 위한 구체적이고 확고한 목표를 설정하고, 외부 지원 프로그램을 찾고 개발하는 방법을 배울 수 있다. 이러한 단계들은 실행 및 지속 가능한 휴식과 회복 습관을 구축하기 위한 기본 단계이며, 일생동안 이용될 수 있다. 자기관리 습관을 구축하는 문제를 진지하게 생각한다면 자신이 지금까지와는 다른 철학으로 살아가고 있다는 것을 알게 될 것이다. 물론, 이러한 웰니스 프로그램의 실질적인 세부사항은 융통성이 있다. 자기관리 습관이 변화됨에 따라, 자신의 생활도 변화한다. 자신의 프로그램도 변경될 수 있다. 더 이상 도움이 되지 않는 것을 빼고 효과적인 새로운 아이디어, 전략, 과업을 추가하는 등, 자기관리 프로그램에서 빈번하게 재료를 추가하거나 제거할 수도 있다. 이것을 다음과 같은 6단계로 시작하면 훌륭한 프로그램으로 이어질 수 있다.

제1단계: 자신의 자기관리에 대한 책임을 진다. 자신이 코치의 역할을 맡아서, 스스로가 최고의 코치라고 인식하자. 이 방법은 자신에게 모든 지원과 애정 어린 돌봄과 배려를 제공하고, 자신이 만나게 되는 다양한 도전을 견디게 하는 등, 일생동안 자신의 신체가 자신을 인도하는 놀라운 방법이다. 자신의 몸은 오직 하나 뿐이라는 것을 인식하자. 자신의 신체와 그것이 지니고 있는 능력을 소중히 여기자. 그러면, 그것은 자신이 세운 모든 목표를 달성하는데 크게 도움이 될 것이다.

제2단계: 가장 먼저 자신을 생각한다. 자신의 신체에 대한 관심과 배려심을 키우고, 자신이 필요로 하는 것을 충족시킬 수 있는 지지를 구하기 위한 용기와 확신을 가지도록 하자. 힘들지 않게 스마트하게 춤추는 것을 배운다는 것은 매우 어려운 일이다. 매일 혹독한 활동을 한 후 매우 지친 상태에서 잠자리에 들기 보다는 자신이 필요로 하는 것을 지속적으로 인식하는 방법을 개발하고 그것들을 충족시키기 위한 현명한 선택을 한다. 휴식과 회복을 위한 습관을 구축하려면 예술가가 되는 데 있어서 자신의 가치에 대한 책임을 지고 헌신하는 동기가 무엇인지 확고한 인식으로 시작하는 훈련이 필요하다. 인생은 무대의상을 입고 정식으로 하는 리허설이 아니라는 점을 명심해야 한다.

제3단계: 휴식의 가치에 주의를 기울인다. 휴식에 세심한 주의를 기울이면 에너지를 흥분상태에서 그 세계에 보다 적절하게 참여할 수 있는 열정적인 상태로 변화시킨다. 휴식에 세심한 주의를 기울이는 습관을 기른다는 것은 몸과 마음이 자신의 현재 상태에 대해 말하는 것을 경청하고 순종하는 방법을 배운다는 것을 의미한다.

제4단계: 비숙련활동non-doing(아무 것도 하지 않음)**에 투자한다. 비숙련활동**non-doing activities이란 자신의 습관적 행동방식을 중단하거나 자제하도록 자신에게 요청하는 활동이다. 아무것도 하지 않음은 자신의 현재 활동을 모두 늦추거나 일시중단, 또는 중단하는 것을 요한다. 일시중단이나 중단할 필요성을 인식하면 타이밍과 노력에 대한 자신의 감각이 변화된다. 비숙련활동 상태가 되려면 마음이 편협되지 않고 편안해져야 한다. 그러면 일시정지 그 순간에 자신의 삶을 어떻게 살아가고 있는지 관찰하고 반성하게 된다. 이 연습은 자신의 삶을 제어할 수 있는 감각을 변화시킨다. 이 연습은 또한 자제심과 자율성에 긍정적으로 영향을 미친다. 하지 않는 상태를 기르면 더욱 편안하고 반성적이며, 수용적이고, 궁극적으로 더욱 반응적이게 된다.

제5단계: 일관되게 휴식을 취하는 습관을 기른다. 활동이 습관이 될 수 있도록 충분한 기억을 형성하려면 시간이 걸린다. 너무 바빠서 자신의 생활이 일관성이 없다고 생각하면, 그 과정에 도움이 되는 몇 가지 팁을 사용한다. 예를 들면, 욕실 거울에 확인 목록을 붙여 놓는다. 또는 주변에 다채로운 메모를 붙여두고 중단해야 할 것, 경청해야 할 것, 반성해야 할 것들을 상기시킨다. 일일 휴식 실천 기록 달력을 만들어서 위에 설명한 아이디어들 중 일부나 자신이 만든 아이디어를 추가해서 실제로 실천한 날을 체크한다. 매일 연습을 하면 2주 만에 자신의 기분, 에너지, 집중하는 능력이 향상된 것을 느낄 수 있다. 이러한 연습이 습관이 된 것을 느낄 수도 있다.

제6단계: 다양한 것들을 추가한다. 모든 연습은 지루한 반복일 수 있다. 지루해지면, 잠시 휴식을 취하거나 다른 연습을 한다. 그러면 연습에 다시 몰입하거나 낡은 습관에 새로운 삶을 불어 넣을 수 있다. 안정적으로 유지할 수 있는 요소들은 무엇이며, 새로운 과업으로 변경해야 시기는 언제인지 잘 아는 것이 연습 요령이다.

이러한 6단계가 준비 및 기본 단계이다. 이러한 6단계를 사용해서 휴식 실천에 체계적으로 접근하는 방식을 개발하는 다음 단계로 넘어 간다 – 이 단계에서 과잉 활동의 상태와 휴식 상태가 자신의 신체에 다르게 영향을 미치는 방법을 예리하게 관찰하는 관찰자가 된다. 이 메시지의 중요성을 과소평가해서는 안 된다. 중단, 경청, 반성을 배우는 동시에, 주의를 기울여야 하는 활동과 과업에 참여한다. 이 일시중지는 가끔 불가능한 것으로 보일 수도 있지만, 반드시 구축해야 할 기술이다. 자신의 바쁜 일상 스타일을 생각해 보기 바란다. 분명, 휴식을 취할 때보다 주의력 집중 시간이 짧으면 더욱 긴장되고 경직되며 동요된다는 것을 느낄 것이다. 휴식을 취하면 동요되었던 마음이 가라앉는다. 신체는 느슨해지고, 근육은 이완되며, 마음의 세계가 넓어지며, 더욱 수용적이고 감동적이며 반응적으로 변한다. 신체 연습의 일환으로 건설적인 휴식 지점이 개발되었으며, 이것은 몸과 마음을 휴식시키는 전략으로 잘 알려져 있다.

훈련에 건강한 상태로 접근하는 방법
Building a Healthy Approach to Your Training

첫째, 피로할 때와 휴식이 필요한 시기를 식별하는 방법을 배운다. 이러한 시기는 항상 지친 상태이며 에너지가 고갈된 상태를 의미하는 것이 아니다. 오히려 이것은 자신이 너무 오랫동안 너무 많은 것들을 했으며, 잠시 상쾌한 순간이 필요하고, 원하는 일이 더욱 효과가 있는 방법을 의미한다. 지난밤에 수면을 너무 적게 취했거나, 안무를 배우는 동안 정신 및 정서적으로 지나치게 완벽함을 추구했거나, 수분 섭취를 적게 하는 것과 같은, 스트레스와 피로의 원인을 파악한다. 간단하게 물을 한잔 마시는 5분 정도의 휴식이면 된다.

정신적 피로를 모니터링하고, 일지를 기록하며, 스트레스 원인을 파악하는 등 몇 가지 전략들은 건강한 상태로 훈련에 접근하는 방식을 구축하는데 도움이 될 수 있다. 정신적인 피로를 인식할 수 있도록 그것을 모니터링 하는 것은 매우 중요하다. 신체적 과업보다 정신적 과업이 훨씬 더 피곤할 수 있다는 점을 명심해야 한다. 디지털 기술(컴퓨터 작업, 휴대폰, 전자책 등)의 발달은 초점을 좁혀서 눈에 부정적인 영향을 미치며, 너무 오랫동안 작업을 하면 뇌 회로를 소진시킨다. 인체공학 전문가(건전한 작업 전략을 처방하는 사람들)들은 회복을 위한 휴식 없이 30분 이상 컴퓨터 작업을 하지 않도록 권장한다.

> **역량강화하기**
>
> **진행상황을 일지에 기록하자.**
>
> 일지 또는 일기를 쓰는 것은 자신의 개인적 습관을 모니터링해서 추적하는 훌륭한 방법이다. 변화를 어떻게 느끼는지, 그리고 무용이 자신에게 어떤 느낌을 주는지 기록한다. 새로운 동작을 배우거나 지난 3개월 동안 동일한 무용을 연습한 무용 경험의 내용을 기록한다. 이 연습은 시간이 지나면서 자신의 독특한 스트레스 패턴을 인식할 수 있는 좋은 방법이다. 소메틱 움직임somatic movement 교육자인 모셰 휄든크라이스Moshe Feldenkrais에 따르면, 자신이 실제로 행하고 있는 것을 알면, 자신이 원하는 것을 하기위한 선택을 할 수 있다. 이 개념이 바로 역량강화empowerment의 핵심이다.

외부 지지 자원 탐색 Finding Outside Support

종종 휴식과 회복의 필요성은 동시에 일어날 수도 있는 내부 및 외부 모두의 다양한 요인들에 의해 조성된다. 이러한 조건들 중 많은 것들이 자신의 통제를 벗어날 수도 있다는 것을 인식하고 있지만, 다이어트 및 수화(水和), 심리적 지지, 또는 다른 형태의 도움과 같은 적절한 지지 자원을 찾아서 자신을 강화시킬 수 있다. 절망적인 피로상태가 될 때까지 기다리지 말고 개인 취미 동호회, 친구/가족, 의료 및 체육계 인사들, 목회자나 기타 심리상담사들, 그리고 유사한 가치와 관행에 헌신하는 다른 무용수들과의 동호회 등의 구축에 적극적으로 참여한다.

적극적인 자기 관리의 마지막 요소는 외부 지지 자원을 찾는 것이다. 사회적 고립이 되면 성공하기 어렵다. 무용수들은 사회적 존재이다. 무용수들은 자신의 행복과 자아감을 도와줄 다른 사람이 필요하다. 그와 같은 행복과 자아감을 지원할 수 있는 관계망을 구축하면 자신의 업무에서 성공할 가능성이 더욱 높아진다. 일주일 몇 번씩 10~20분간 함께 명상을 하면서 휴식을 취할 친구를 찾는다. 명상 수업에 참여하고 그것을 무용 수업만큼이나 중요하게 여긴다. 어떤 요가 교실은 활동적인 자세보다 휴식에 더 중점을 둔 회복 요가를 한다.

이러한 단계들은 적극적으로 지속할 수 있는 방법으로 휴식을 기르는 방법을 배우는데 필수적인 자료로 간주될 수 있다. 이 단계들은 자기관리 학습의 기본을 이루는 토대이다. 이 단계들은 신체, 정신, 정서, 그리고 사회적 전략들을 결합해서 무용과 일반적인 삶에서 쌓이는 스트레스를 극복하는 방법을 제공한다. 이 단계들을 연습하는 것이 매력적이고 즐겁도록 개인에 적합하게 맞출 수 있다. 느낌 그 이상으로 실천하도록 자극하는 것은 아무것도 없다.

요약 Summary

무용을 하는 것은 신체로 예술을 소통하는 것이며, 보행의 신체적 동작 범위를 넘어 예술적 의미를 표현하려고 노력하는 것이다. 신체적 표현에 헌신하고 표현을 향상시키며 더욱 탁월해지려는 무용수의 충동/본능적 욕구는 매우 특별하다. 무용의 장기 수행 능력과 건강을 향상시키는 휴식은 여러 가지 많은 이점을 제공한다. 그러나 무용수의 일상에 휴식이 제대로 주어지지 않고 있다. 휴식은 잘 연마할 가치가 있는 것이다. 테이퍼링과 페이싱의 사용 방법을 학습하고, 일정을 자세히 조사하면, 휴식을 자신의 일정에 통합할 수 있다. 과용, 과잉훈련, 번아웃을 방지하는 것은 자신의 웰니스와 무용직업에 중요하다. 건강한 몸으로 훈련에 임할 수 있는 접근방식을 구축함으로써, 자신을 위해 좋은 일을 했다는 만족감과 자기관리를 통해 무용을 더욱 강화시킬 수 있다.

■ 응용활동: 휴식 시간을 갖자.

무용을 하는 날은 매일 20분간 휴식을 취하고, 이 20분을 휴식을 위한 시간으로 따로 정해 둔다. 휴대전화, 노트북, 또는 다른 장비들을 멀리해야 한다. 신체와 정신 모두가 휴식이 되어야 한다. 매일 20분간의 휴식 후 어떻게 느꼈는지, 그날 하루가 끝났을 때 어떻게 느꼈는지를 간단하게 일지에 기록해 둔다. 아침에 수면 습관, 스트레스 정도, 에너지 수준을 관찰해서 메모할 수도 있다. 이 과정을 최소 2주 동안 수행한 다음, 일상에서 어떤 변화가 있는지 기록한다. 휴식 후 또는 취침 전에 자신에게 가장 유익할 것으로 보이는 시간을 일지에 기록하는 시간으로 선택해서 하루 종일에 반영한다.

■ 복습질문

1. 충분한 휴식을 취하는 이점은 무엇인가?
2. 훈련일정을 개선하는 방법을 알고 있는가? 어떤 것이 가장 좋은 방법인가?
3. 과용, 과잉훈련, 번아웃의 정의는 무엇인가?
4. 적극적인 자기관리 방법과 이러한 방법을 자신의 일상에 추가하는 방법을 설명할 수 있는가?

챕터별 보충 학습 활동, 학습 보조자료, 제안된 읽을거리, 웹 링크 등에 대한 자세한 내용은 www.HumanKinetics.com/DancerWellness. 인터넷 자료를 참조하자.

춤추는 사람들의 웰니스
Dancer Wellness

　이 책의 앞부분에서 설명했던 트레이닝 관련 측면 이외에도 무용 웰니스(웰빙well-being과 피트니스fitness를 결합한 말/적극적인 건강지향)와 관련된 다른 신체적 측면들이 있다. 무용수를 위한 영양(7장)은 내용 뿐 아니라, 다양한 음식물 섭취 시기, 양호한 영양분 섭취 어려움, 그리고 체중과 관련된 문제에 관한 것을 다룬다. 뼈 건강(8장)은 일생 전반에 걸쳐 매우 중요하기 때문에 이 책의 한 장(챕터)을 차지한다. 무용수의 부상 위험은 매우 높기 때문에, 웰니스를 다루는 수단에 부상 예방(9장)을 포함시켜야 한다. 부상을 입었을 경우, 부상을 즉각 처치할 수 있는 응급 처치에 대해 알고 있어야 한다.

　7장은 영양 문제를 다루는데, 이는 식품, 시기, 비용, 그리고 영양 보충제 사용을 포함한다. 식품을 섭취하는 주 이유가 신체에 연료를 공급하는 것으로 생각할 수도 있을 것이다. 근육에 에너지를 공급하는 것은 중요하다. 그러나 다섯 가지 기본 영양소(탄수화물, 단백질, 지방, 비타민 및 미네랄, 물)는 필요한 모든 것을 만들며, 각 영양소는 건강에서 하나의 특별한 역할을 한다. 배고픔과 갈증을 알리는 신호에 귀를 기울여야 하며, 성과 요구 및 신체 회복 시간을 가장 잘 관리할 수 있도록 식사 시간을 맞추는 방법을 배워야 한다. 또한 여러 가지 실질적인 어려움에 직면할 수 있으며, 보충제를 섭취해야 할 지 여부와 이상적인 체중을 유지하는 방법에 대한 질문이 있을 것이다. 이러한 문제들 모두는 광범위한 영양 문제에 속한다.

　8장은 뼈 건강을 다루는데, 이는 무용 웰니스에 매우 중요한 것 중 하나이다. 십대에 뼈가 적절하게 발달되지 않으면, 일생 동안 고통을 받을 것이다. 영양과 운동 모두 이러한 초년(십대)에 형성되는 방법에 영향을 미친다. 뼈 및 관절 구조를 배우면 문제점을 인식해서 발달 목표를 설정하는데 도움이 될 수 있다.

　9장은 부상 예방과 응급 처치를 다룬다. 무용수가 부상을 예방하려면, 먼저 어떤 유형이 급성 또는 만성인지, 무용수가 쉽게 부상을 입게 만드는 것은 무엇인지, 무용수의 어떤 활동이 부상을 초래할 수 있는지 알아야 한다. 일단 그러한 것들을 알았으면, 보충적인 컨디셔닝(특정 조건에 반응을 보이거나 익숙해지게 하는 훈련) 프로그램과 같은 부상 예방에 도움이 되는 기법 및 트레이닝 목표를 설정할 수 있다. 또한, 훈련 시간이 경과하면서 나이에 따라 훈련을 얼마나 진행해야 하는지 인식해야 한다. 응급 처치는 부상이 발생되었을 때 취해야 할 즉각적인 처치 단계에 속한다. 이러한 단계들은 PRICED (protection(보호), rest(휴식), ice(얼음), compression(압박), elevation(증가), diagnosis(진단)) 라는 약어로 정의된다. 응급 처치의 나머지 절반은 HARM(heat(열), alcohol(술), running and other vigorous exercise(달리기 및 기타 격렬한 운동), massage(마사지))을 피하는 것이다. 이러한 요소들은 대개 부상 부위로 혈류를 증가시키고 초기 단계에 부기swelling를 증가시켜서 회복을 지연시킨다.

　무용수의 기본적인 토대와 훈련의 정신적인 구성요소 이상으로, 훈련의 신체적 측면은 무용 웰니스에 매우 중요하다. 개인적으로 요구되는 영양분과, 뼈와 관절을 관리하는 방법, 그리고 부상 예방 및 관리에 대해 학습하는 것은 무용수로서 질과 경력에 매우 중요하다.

Part III

무용 웰니스의 기능적 요소

Physical Components of Dancer Wellness

Chapter 7

무용수에게 적합한 최적의 영양
Optimal Nutrition for Dancers

데릭 D. 브라운, 자스민 찰리스

핵심 용어

- 고강도 인터벌 트레이닝 high-intensity interval training (HIIT)
- 글리코겐 glycogen
- 다량 영양소 macronutrients
- 단당류 monosaccharides
- 단백질 protein
- 무기질 minerals
- 미량 영양소 micronutrients
- 불용성 식이섬유 insoluble fiber
- 불포화 지방 unsaturated fat
- 비타민 vitamins
- 수용성 식이섬유 soluble fiber
- 수화(水和) hydration
- 신진대사 metabolism
- 아미노산 amino acids
- 아이소토닉 음료 isotonic drink (미네랄 함유 스포츠 드링크)
- 영양소 nutrients
- 이당류 disaccharides (단당류 분자 두 개로 이루어진 물질)
- 전분 starches
- 지방 fat
- 칼로리 calorie
- 탄수화물 carbohydrate
- 포화 지방 saturated fat
- 필수 아미노산 essential amino acids
- 필수 지방산 essential fatty acids
- 혈당부하지수 glycemic load (GL)
- 혈당지수 glycemic index (GI)

학습목표

1. 다량 영양소와 소량 영양소를 정의하고, 이러한 영양소들의 다양한 유형을 알 수 있다.
2. 무용수들에게 수화(水和)의 중요성을 설명할 수 있다.
3. 영양 부족의 위험을 인식할 수 있다.
4. 건강한 식습관을 개발하는 방법을 이해할 수 있다.

무용수로서 신체에 최적의 영양분을 공급하려면 무엇이 필요한가? 움직임은 궁극적으로 에너지에 의해 구동된다. 근육이 동작을 일으키려면 에너지가 필요하며, 에너지는 영양소의 핵심이다. 언론 및 기타 자료들로부터 지속적으로 얻는 정보들은 모순, 오해, 혼란을 불러올 수 있다. 광고 및 마케팅을 하는 사람들은 무용수들의 생활에 대한 지식이 없거나 가장 활기찬 이 예술 형식에서 탁월한 신체 요구 사항을 이해하지 못할 수도 있다. 이 장은 무용 연습 및 성과를 최적화시키고 예술적 과정의 단계를 설명한다. 이 모든 것들은 양호한 영양으로 시작한다. 무용수는 점프나 데벨로베 알라스콘developpe a la seconde을 아름답게 수행할 수 있는 재능을 타고 났을 수도 있다.

남자 무용수는 최고의 힙합예술가hip-hopper 일수도 있고, 여자 무용수는 비걸b-girls 중에서도 떠오르는 스타일 수도 있지만, 적절한 영양분이 없으면, 무용수들의 재능, 열망, 또는 꿈은 모두 반으로 줄어들 수 있다. 이 장은 수화(水和)와 식욕 조절 방법을 비롯한 기본적인 영양의 첫걸음으로 시작해서, 웰빙과 성과를 극대화 시키는 것으로 구성되는 다양한 요소들을 설명한다. 다음은 무엇을 언제 섭취해야 하는지 영양 시기에 대해 살펴본다. 식이 보충제를 설명한 후, 체중관리에 소화기 건강을 촉진시키는 것이 중요하다는 것을 설명한다. 마지막으로 영양 목표를 평가하고 계획을 수립해서 개인에게 적합하게 만드는 방법을 제안한다.

영양의 기본 Basics of Nutrition

영양학 연구는 식품에서 발견되는 영양소를 분류하기 위해 특정 용어를 사용한다. 영양은 에너지 또는 신체 구축물을 공급하거나 신체 기능에 기여하는 식품이나 음료에서 신체로 섭취되는 물질을 말한다. 다량 영양소는 빵과 과일과 같은 식품에 함유되어 있는 음식, 버터 및 올리브 오일과 같은 식품에 함유되어 있는 음식, 육류, 달걀, 그리고 콩과 같은 식품에 함유되어 있는 음식에서 발견되는 탄수화물을 포함한다. 미량 영양소는 식품에 포함되어 있는 비타민과 무기질들을 말한다. 식이섬유는 소화에 저항성이 있는 식물성 식물에 함유되어 있는 탄수화물의 일종이다. 마지막으로, 수화(水和)는 충분한 물을 섭취해서 건강을 유지하게 하는 작용을 말한다.

다량 영양소 Macronutrients

다량 영양소는 에너지를 제공한다. 다량 영양소는 여러 가지 신체기능의 성장, 회복, 에너지에 필요한 블록blocks을 구축한다. 칼로리calorie는 과학자들이 식물에 저장되어 있는 여러 유형의 에너지를 측정하는데 사용하는 단순한 측정치이다. 칼로리는 자ruler 또는 계량컵과 같은 것으로 지방, 단백질, 탄수화물에서 발견된다. 지방fat은 동물에서 발견되는 자연적으로 발생되는 물질이며 특정 식물에서 발견된다. 지방은 풍부한 에너지 연료원이며, 신체가 거의 활동하지 않을 때에는 종종 체내에 축적된다. 탄수화물carbohydrate은 다량 영양소이며 체내에서 분해되어 근육에 에너지원으로 공급된다. 단백질은 블록blocks을 구축하는 작용을 한다. 단백질protein은 머리카락, 근육, 장기, 손톱과 같은 다양한 조직과 그리고 심지어 눈물에서 발견된다. 이러한 다량 영양소의 기능을 이해하면 섭취해야할 것을 균형 있게 선택하는데 도움이 될 것이다.

탄수화물, 지방, 단백질은 에너지 및 회복을 위해 신체가 필요로 하는 것을 공급한다. 유엔 내 국제 건강 조정 기관인, 세계보건기구World Health Organization(WHO)는 사람들은 사용되는 에너지의 균형을 맞추는데 필요한 식단에서 섭취하는 칼로리 수준에 따라 에너지를 필요로 한다고 정의하고 있다. 이와 같은 균형은 장기적인 건강 상태와 관련이 있는 것으로 보이는 신체의 크기, 구성, 신체 활동 수준에 따라 달라진다. 따라서 에너지 섭취가 활동 시간에 따른 에너지 소비와 일치할 때, 에너지 균형이 발생된다. 인간은 다양한 식물을 먹을 수 있도록 진화되었으며, 식품 량은 이 다양성의 유용한 부분이 될 수 있다.

탄수화물 carbohydrate

탄수화물(CHO 또는 단순히 carbs로도 표기된다)은 다양한 식품에 함유되어 있으며, 구조가 매우 다양하지만, 실용적인 관점에서 볼 때는 우리가 섭취하는 식물에 설탕과 녹말로 존재한다. 세계보건기구는 최적의 건강을 위해 총 에너지원 중에서 최소 55%를 CHO에서 섭취할 것을 권장한다. 탄수화물은 감자, 파스닙parsnips(설탕당근), 비트, 키위, 쌀, 렌틸 콩, 케이크, 패스트리와 같은 다양한 식품들에 상당히 함유되어 있다. 설탕은 이당류disaccharides를 포함하고 있는데, 이것은 락토스lactose, 수크로스sucrose, 말토오스maltose처럼, 두 개의 설탕 분자들이 함께 연결되어 있는 것이다. 락토스는 본질적으로 유당에서 발견되는 설탕이며, 수쿠로오스는 식품과 음료를 달게 하기 위해 사용되는 설탕이지만 본질적으로 과일에서 발견되며, 말토오스는 곡물 발효 과정에서 생성된다(대부분 사람들의 식단에서 주요 부분이 아니다). 과일과 우유 제품은 탄수화물과 다른 필수 영양소를 공급한다. 단당류monosaccharides(이것은 설탕 분자가 하나이며, 글로코스(포도당), 프룩토오스(과당), 갈락토오스(유당: 유제품에서 발견된다)) 등이 여기에 해당된다.

통밀 파스타 현미

통밀 쿠스쿠스 퀴노아

통곡물은 탄수화물과 비타민과 미네랄을 제공한다.

자스민 팔리스Jasmine Chalis

전분starches은 글로코스glucose 분자들이 다양한 방식으로 연결된 매우 다양한 구조이다. 전분은 흰빵, 케이크, 스낵 식품과 같은 영양소가 풍부하지 않은 식품에서 발견될 수 있으며, 전곡(全穀) 빵, 현미, 퀴노아, 메밀, 전곡 쿠스쿠스cous(양고기 스투와 함께 먹는 거친 밀가루를 찐 북아프리카 요리)와 파스타, 귀리whole-grain oat 등에 함유되어 있다. 감자도 전분을 함유하고 있으며, 매우 건강한 방식(예: 찐 감자) 또는 건강에 덜 이로운 방법(크림과 버터를 넣고 으깬 요리)으로 요리될 수 있다. 신체는 특정 량의 설탕만을 혈류로 나를 수 있기 때문에, 근육과 간에 에너원의 일부를 저장해야 한다. 이때 전분과 같은 형태로 저장되는데, 그것을 글리코겐glycogen이라 부른다.

무용과 같은 신체 활동 중 근육이 어느 유형의 영양소를 사용하는지 결정하는 요인들은 다양하다. 그러나 운동선수들은 일반인들보다 탄수화물을 일차 에너지원으로 사용할 필요가 있다는 사실은 오래전부터 확립되어 있다. 무용수로서 자신의 일생에서 핵심적인 세 가지 신체 동작은 수업class, 연습rehearsal, 무대 공연stage performance이며, 이들 모두는 대개 지속 시간이 짧고 간헐적 빈도가 매우 높은 고강도의 신체적 동작을 포함한다. 따라서 이러한 특징들로 인해 무용수들은 일일 무용 활동에서 요구되는 다양한 활동들을 수행하기 위해 탄수화물 일일 섭취량의 55% 이상을 소비하도록 권장되는 운동선수 군에 속한다. 이 비율은 체중 1kg(2.2파운드)당 최소한 탄수화물 4.5그램에 해당되는데, 이는 최대한 양질의 식품에서 최소 하루 200그램은 섭취해야 한다는 것을 의미한다.

다양한 자원에서 양질의 탄수화물을 섭취하는 것은 (특히, 중요한 신체 동작을 하기 전에) 신체에 영양소를 꾸준히 제공해서 근육이 동작을 수행할 수 있도록 연료를 공급한다. 바나나와 같은 과일이나 견과류 등을 무용 1시간 전에 섭취하면 값진 에너지원이 될 수 있으며 일정보다 일찍 포도당원을 신체에 꾸준히 공급하는 것이 중요하다. 대부분의 무용수들에게 이 포도당은 전곡(全穀)whole-grain(정백(精白)하지 않은) 탄수화물에서 섭취되고 있다. (자세한 내용은 "Dietary Fiber" 섹션을 참조하기 바란다.) 전곡(全穀) 탄수화물이 혈류로 느리게 방출되는 것은 아니지만, 일반적으로 정백(精白)white-grain보다 느리게 방출된다. 알 덴테 파스타Al dente pasta(쫄깃한 파스타)는 구조가 다른 정백 탄수화물보다 소화 효소에 더욱 내성이 강하기 때문에 항상 느리게 방출된다. 탄수화물 외에도, 전곡(全穀) 식품들은 단백질 및 섬유질은 물론 유용한 비타민과 무기질을 공급한다. 이와 같은 영양소 조합은 식용 조절에 도움이 된다. 전곡(全穀)탄수화물에는 귀리, 퀴노아, 쌀(밀기울과 씨눈이 손상되지 않은), 밀(전곡(全穀) 빵 및 파스타) 등이 있다. 감자와 고구마도 양호한 저속-방출 탄수화물이다.

혈당지수 요인glycemic index(GI)은 식품이 혈당 수준에 미치는 영향을 기반으로 하는 식품군이다. 전곡(全穀) 귀리와 같은 혈당지수가 낮은 식품들은 느리게 방출된다. 탄수화물은 혈당지수가 높은 식품보다 오랫동안 혈류로 방출되며, 지속적으로 에너지를 공급한다. 젤리빈jellybeans과 같은 혈당지수가 높은 식품들은 혈당 수치를 단기간에 급격히 상승시킨 다음 다시 떨어지는 경향이 있다. 이 패턴은 무용수들이 필요로 하는 에너지 유지에 도움이 되지 않는다.

혈당부하지수glycemic load(GL)는 특정 식품이 혈당지수를 특정 크기로 결합시켜서 혈당 수준을 얼마나 상승시키는지 측정하는 또 다른 방법이다. 혈당지수와 혈당부하지수는 너무 기술적으로 보일 수도 있지만, 이들 수치를 이용해서 최적의 건강 및 수행을 위해 탄수화물 섭취를 쉽게 조절할 수 있다. 그 목적은 공연 시간과 같은, 하루 중 여러 시간대와 1년 중 여러 시간대에 신체가 달리 요구하는 식품들을 최적으로 섭취하는 것이다.

> ⚠️ **안전수칙**
>
> **탄수화물 보충제 주의**
>
> 분말, 에너지 젤, 또는 주사제 형태로 되어 있는 탄수화물 보충제는 여러 가지 이유로 상당한 주의를 기울여 취급되어야 한다. 이들은 고도로 정제되어 있으며 혈당지수와 혈당지수부하가 매우 높다. 이들은 다양한 유형의 탄수화물을 함유하고 있으며, 그 중 많은 것들은 혈당 수치를 급격하게 상승 및 하락시킬 가능성이 있다. 또한, 이것들을 사용하면 식품 예산이 크게 증가될 수 있으며, 제조 공정에서 오염되어 있을 수도 있다. 이러한 보충제를 사용하지 않는 것이 최상이며, 식품을 직접 섭취해서 필요한 탄수화물을 충족시켜야 한다.

지방 fat

지방은 화학적 구조에 따라 포화 지방과 불포화 지방이라는 두 개 유형으로 분류된다. **포화 지방**saturated fat은 지방 분자에 매우 많은 산소 분자를 포함하고 있는데, 이것이 지방 형태를 실온에서 굳게 만든다. 버터, 라드lard(돼지비계를 정제한 반고체의 기름), 육류 지방, 치즈 등이 이에 해당된다. **불포화 지방**unsaturated fat은 지방 분자에 하나 이상의 예비 공간을 포함하고 있어서, 실온에서 액체 상태를 유지하게 만든다. 올리브 오일 및 기타 식물성 기름, 연어와 같은 어류의 지방 등이 이에 해당된다. 포화 지방은 심장질환과 연관이 있는 반면(그러나, 이 상관관계가 식품에 따라 다른지 여부는 불확실하다), 불포화 지방은 권장량을 적절히 섭취한다면 건강에 더욱 유용한 것으로 보인다.

인간의 신체는 다른 지방 유형에서 **필수 지방산** esseantial fatty acids을 만들지 못하기 때문에, 불포화 지방의 하위 집단에 속하는 필수 지방산은 인간이 섭취해야 할 지방산이다. 두 가지에서 이들을 얻을 수 있다. 첫째는 알파-리놀산alpha-linoleic에서 나오는 오메가-3로, 주로 기름진 생선, 아마씨 또는 아마인, 호박씨, 호두, 피칸pecans(북아메리카산(産) 호두나무의 일종), 개암hazelnuts, 카놀라 오일, 콩기름(강화기름)에서 주로 발견된다. 두 번째는 식물성 기름에서 발견되는 리놀레산 산에 함유되어 있는 오메가-6 이다. 오메가-3 지방산은 호기성 신진대사를 향상시킬 수도 있다. 그래서 무용수들은 오메가-3 지방산이 풍부한 식품을 섭취하는 것이 좋다. 운동선수들에게 결핍한 것에 대한 어떤 지표들이 있으며, 이것은 무용수들에게도 결핍할 수 있다는 것을 제시할 수도 있다.

지방은 중/장거리 달리기 또는 저강도 유산소 운동과 같은 지속되는 저강도 운동에 사용되는 연료이다. 신체가 연료, 지방, 또는 탄수화물을 선택하도록 조절하는 메커니즘은 아직 제대로 밝혀지지 않고 있으며, 신체가 여러 가지 방법으로 조합을 선택해서 사용하는 방법에 대해 많은 논쟁들이 있다. 확실한 것은 연료 섭취가 필요한 연료와 일치하지 않으면, 피로해지고 부상과 질병 위험이 증가된다는 사실이다. 무용수들은 대개 필요한 에너지의

가능하면 일주일에 두 번 기름진 생선을 음식 계획에 포함시키자.

자스민 찰리스Jasmine Chalis

20~30%를 지방에서 얻고 있으며, 대략적인 짐작은 양질의 식품에서 체중 1kg당 약 1g을 얻는 것으로 알려져 있으며, 이러한 양질의 식품으로는 오일, 견과류, 씨앗류 등이 있으며, 가능하면, 일주일에 2회 정도 생선기름을 섭취한다.

단백질 protein

단백질은 모든 세포들의 주요 기능 및 구조적 구성요소이다. 단백질 섭취를 고려할 때 근육을 생각할 수도 있지만, 효소, 머리카락, 손톱, 그리고 많은 호르몬에도 단백질이 사용되고 있다. 신체가 제 기능을 하려면 적절한 식이 단백질을 섭취하는 것은 필수적이다.

단백질은 아미노산amion acids을 생성하는데, 아미노산은 탄소, 수소, 소, 질소, 그리고 가끔 황산을 함유하고 있는 화합물이다. 인간이 생명을 유지하려면 20개의 아미노산이 필요하다. 아홉 개는 필수 아미노산essential amino acids으로, 이것은 인간이 합성할 수 없기 때문에 식품 섭취에서 얻어야 한다는 것을 의미한다. 단백질 섭취를 낮추려고 완전히 조절할 수 없다. 신체가 최대한 아미노산을 재순환 시키려고 시도하지만, 그렇게 되면 근육이 감소된다. 단백질은 많은 식품에 함유되어 있다. 동물성 고단백질 재료로는 육류, 해산물, 달걀, 유제품 등이 있다. 식물성 고단백질 재료로는 렌틸 콩과, 견과, 씨앗류 그리고 콩 제품 등이 있다.

신체는 단백질을 비축 또는 저장하지 않는다. 신체의 모든 단백질은 기능성 단백질이며, 이것은 단백질이 근육과 같은 신체 조직의 일부이거나, 운반transport 또는 호르몬과 같은 대사 시스템의 일부라는 것을 의미한다. 섭취하는 단백질 중 여분은 모두 분해된다. 질소는 소변으로 배출, 나머지 대부분은 즉시 에너지로 사용되고, 소량은 대사적으로 전환되어 글리코겐이나 지방으로 저장된다.

단백질이 부족해지면, 혈중 헤모글로빈(혈색소) 수치가 떨어질 수 있다. 헤모글로빈은 신체 곳곳으로 산소를 운반한다. 그래서 단백질 섭취가 부족하면 에너지 생산이 줄어들어서 지구력 운동(스테미너/체력) 능력이 떨어질 수 있다. 효소 생산은 물론 면역계도 손상된다. 탄수화물 섭취가 낮으면 질소 손실이 상당히 커진다. 그러므로 탄수화물 단백질을 적절히 섭취하는 것은 필수적이다.

이전에는 체중 kg 당 0.75~0.8g의 단백질이면 대부분 사람들에게 충분하다고 생각했지만, 이 권장량은 현재 검토 중에 있다. 18세 미만의 사람들은 성장을 위해 더 많은 단백질을 필요로 한다. 무용수와 스포츠 선수들에게 권장되는 양은 남자의 경우 체중 kg당 1.2~1.6g이고, 여자의 경우 0.9~1.2g이다. 이러한 수치는 운동선수들을 대상으로 한 연구에서 도출된 것이다. 1kg이 파운드와 완전히 같지 않다는 점을 유의하기 바란다. 예를 들면 체중이 120파운드이면, 약 56kg이다. 강도 높은 트레이닝 후 탄수화물과 함께 단백질을 섭취하면 탄수화물만 섭취하는 것에 비해 근육이 상당히 비대해진다.

충분한 양을 섭취한다면 단백질만 섭취해도 근육이 비대해 질 수 있지만, 탄수화물을 동시에 섭취하면 인슐린을 분비하게 되며, 이것은 근육의 단백질 파괴를 최소화

Dancer Wellness

생선, 두부, 퀀(Quorn: 버섯으로 만든, 고기 대용 음식 재료) (고기 대용) 과 같은 식품들은 18~20그램의 단백질을 함유하고 있어서 주식의 좋은 기반이 된다.

© 자스민 찰리스Jasmine Challis.

시켜서 전반적으로 더욱 도움이 될 수 있다. 운동 후 30분 이내에 적당량의 단백질 섭취가 가장 효과적이다. 단백질 20~30그램과 탄수화물 20~35그램이 권장량이지만, 글리코겐 회복을 극대화시키려면 더 많은 탄수화물이 필요하다. 무용수들은 매일 2~3의 식사에서 단백질이 풍부한 다양한 식품들을 선택해야 한다.

다양성에 도전하기

고유한 식단 요건의 편의 도모
Accommodate Your Unique Dietary Needs

의료 또는 개인적인 이유로 다양한 식단이나 제한적인 식단을 선택할 수도 있다. 예를 들면, 채식주의나 철저한 채식주의 생활을 신봉할 수도 있을 것이다. 특히, 충분한 단백질 섭취를 보장할 수 있는 식단을 알고 있어야 한다. 락토스 알러지가 있는 식단에 유제품이 없다면, 식물이나 보충제를 통해서 칼슘, 비타민 D를 적절하게 섭취할 수 있는 방법을 찾아야 된다. 공인 영양사 또는 영양 전문가는 완전하고 건강한 식단을 보장할 수 있도록 일일 식품 섭취에 무엇을 추가하거나 변경시키는 결정을 하는데 도움을 줄 수 있다.

미량 영양소 Micronutrients

미량 영양소도 식품에서 발견되며, 일반적으로 비타민과 무기질로 불린다. 미량 영양소는 발달 및 유지에 소량 또는 미량으로 필요한 천연요소 또는 물질로 구성되어 있다. 많은 사람들이 믿고 있는 것과 달리, 비타민과 무기질은 에너지를 제공하지 않지만, 식품으로부터 에너지가 방출되는데 도움이 된다.

비타민 Vitamins

비타민은 정상적인 신진대사에 필수적인 유기 물질이며, 천연 식품에서 소량으로 발견되며 가끔 합성으로 생성된다. 비타민은 다양한 신체 기능에 영향을 미치며, 극소량(밀리그램 또는 마이크로그램)으로만 요구된다. 대부분의 비타민은 20세기 초(1906에서 1939년 사이)에 처음 발견되었다. 처음에 각 비타민에 문자를 부여하고 일단 화학적 구조가 식별되면 이름을 부여했다.

지용성 비타민은 지방에 용해되어 간에 저장될 수 있

다. 매일 이것들을 섭취할 필요는 없다. 지용성과 수용성 비타민이 무용수의 건강에 필수적이기는 하지만, 유일하게 우려되는 지용성 비타민은 비타민 D이다. 일일 적절한 양의 건강식품을 섭취하는 것과 관련해서 이 장의 조언을 따른다면, 비타민 A(면역계, 시력, 피부에 중요하며, 항산화제이기도 하다), 비타민 E(항산화제; 세포를 손상시키는 과정을 늦추거나 방지하는데 도움이 된다), 그리고 비타민 K(정상적인 혈액 응고에 중요하다)와 같은 다른 지용성 비타민을 충분히 얻을 수 있을 것이다. 몇몇 식품(예; 기름진 생선, 달걀 등)에는 자연적으로 비타민 D가 풍부하지만, 어떤 식품들은 비타민 D 영양가를 높인다. 신체에서 대부분의 비타민 D는 햇빛에 피부를 노출시킴으로써 생성된다. 연구 결과에 따르면 무용수를 비롯한 많은 사람들의 비타민 D 수준은 매우 낮다. 오전 11시 이전이나 오후 3시 이후에 잠시 햇빛에 노출 시키면(늦봄에서 초가을까지 선크림을 바르지 않고 일일 약 15분 정도), 필요한 양 대부분을 얻을 수 있을 것이다. 햇볕에 타는 것을 항상 피해야 한다. 비타민 D 수준이 의심되면, 병원에서 혈액검사를 통해 알 수 있다. 수준이 낮으면, 의사의 지시에 따라 보충제를 섭취하고 영양섭취 습관을 개선하도록 노력한다.

다른 비타민들은 물에 용해되며, 물 녹아 있는 성분들이 혈류로 흡수된다. 수용성 비타민은 소변으로 배설되며, 신체에 저장되지 않는다. 그래서 규칙적으로 섭취되어야 한다. 비타민 C는 항산화제이며, 결합조직을 건강하게 유지하고, 상처를 치유하는데 중요하며, 식물성 식품에서 철분을 흡수하는데 도움이 된다. 비타민 C는 과일과 채소에 많이 함유되어 있다. 무용수들은 매일 최소한 세 가지 종류의 채소와 두 가지 종류의 과일을 섭취해서 비타민 C와 다른 항산화제를 모두 충분히 얻는 것이 좋다. 비타민 B 군도 수용성이다. 〈표 7.1〉은 이 비타민 군을 자세히 보여준다.

표 7-1 비타민의 및 기능

비타민 이름	대체 이름	재료	기능/역할
비타민 A	레티놀; 베타 카로틴은 또한 비타민 A로 전환	황/녹색 채소 및 과일, 기름진 생선, 치즈, 우유, 요구르트, 달걀, 간	면역계, 시력, 피부, 정상적인 성장과 발달
비타민 B 군: 티아민	B_1	우유, 채소, 돼지 고기, 전곡류를 포함한 여러 가지 식품들	탄수화물의 신진대사
리보플라빈	B_2	우유, 달걀, 효모 추출물 등을 포함한 여러 가지 식품들	식품에서 에너지 이용
니아신	B_3	육류, 곡물, 우유 등을 포함한 여러 가지 식품들	식품에서 에너지 이용
판토텐산	B_5	육류, 곡물, 채소 등을 포함한 여러 가지 식품들	지방과 탄수화물의 신진대사
피리독신	B_6	전곡(全穀) 및 단백질이 풍부한 식품을 포함한 여러 가지 식품들	단백질의 신진대사, 헤모글로빈 생성
합성엽산/천연엽산		과일 및 채소, 현미, 빵을 포함한 여러 가지 식품들	정상적인 적혈구 생산, 임신 초기의 척수 발달
코발라민	B_{12}	우유, 치즈, 요구르트 등을 포함한 동물성 식품들과, 강화 시리얼 및 강화 효모와 같은 식물성 강화 식품들	빈혈 예방
비오틴		육류, 달걀, 채소, 말린 혼합 과일	지방의 신진대사
비타민 C	아스코르브 산	대부분의 과일 및 채소	상처 치유, 항산화제, 철분 흡수
비타민 D	콜레 칼시 페롤, 에르고 칼시 페롤	기름진 생선, 달걀, 강화 식품들, 피부에 비치는 햇빛 작용	칼슘 흡수, 면역계
비타민 E	토코페롤	식물성 오일, 견과류, 씨앗, 밀 배아	항산화, 항 염증, 면역계
비타민 K	필로 퀴논	짙은 녹색 잎 채소, 올리브 오일, 콩기름, 그림 빈(껍질콩), 콜리 플라워, 오이	혈액 응고, 뼈 건강

무기질 Minerals

여러 가지 무기질은 인간 건강에 필수적이다. **무기질**은 화학적 구성요소가 명확한 비-생물 자연 물질이다. 신체는 무기질의 양이 너무 많거나 너무 적지 않도록 조절할 필요가 있다. 대부분의 무기질은 저장될 수 없기에 매일 기본적으로 섭취되어야 한다. 예를 들면, 나트륨과 칼륨은 근육 기능과 조절에 도움이 된다. 세포와 혈액에서 건강한 수준으로 유지되도록 신장이 이들을 지속적으로 조절한다. 나트륨과 칼륨 뿐 아니라 다른 무기질도 신체에 의해 엄격하게 조절된다. 칼슘은 골격에서 가장 풍부한 무기질이며, 여러 가지 기능에도 필수적이다. 소장에서 칼슘이 흡수되는 것은 비타민 D에 의해 조절된다. 그래서 비타민 D 수준이 낮으면, 골 건강에 부정적인 영향을 미치게 된다. 제8장은 이 문제를 자세히 설명한다.

철분iron은 신체 전반에 산소를 운반하는데 도움이 되기 때문에 무용수들에게 특히 중요하다. 철분 수준이 낮으면, 무용을 할 때 일찍 피로해 진다. 육류 및 생선과 같은 동물성 소스의 철분은 식물성 소스의 철분보다 더 쉽게 흡수된다. 비타민 C는 곡물, 콩류, 채소에서 철분을 흡수하는데 도움이 된다. 여성 무용수들은 생리로 인한 손실을 보충하기 위해 남성 무용수에 비해 약 50% 이상 더 많은 철분을 필요로 하며, 식단 계획을 정기적으로 점검해서 철분이 풍부한 식품들이 포함되도록 하는 것이 좋다. 단백질 식품이나, 견과류, 씨앗류, 채소에는 여러 가지 무기질들이 함유되어 있다. 따라서 적절한 단백질을 포함하는 식단은 케이크, 쿠키, 캔디와 같은 정제된 탄수화물 식단에 비해 필수 무기질을 자동적으로 제공한다. 〈표 7-2〉는 무용수가 신체 건강을 유지하는데 필요한 주요 무기질의 개요를 보여준다.

표 7-2 무기질의 소스 및 기능

무기질 이름	소스	기능/역할
나트륨	소금, 간장, 보존 식품, 통조림, 훈제 및 소금절임, 육류 및 생선, 치즈, 빵, 대부분의 곡물, 기타 여러 가지 가공 식품들	신체의 수분 균형 유지, 근육 및 신경 활동, 혈압 조절
칼륨	과일 및 채소, 초콜릿, 커피, 견과류, 시리얼, 육류, 우유	신체의 수분 균형 유지, 근육 및 신경 활동, 혈압 조절
칼슘	우유, 치즈, 요구르트, 강화 대두 제품, 견과류 및 씨앗, 녹색 채소, 말린 과일	뼈 / 치아 구조, 신경 전도, 혈액 응고
인	곡물 및 시리얼, 우유, 치즈, 요구르트, 녹색 채소, 육류, 견과류	뼈 / 치아 형성, 에너지 신진대사
철분	붉은 고기, 계란, 시리얼, 녹색 채소, 두류(豆類)	헤모글로빈 / 미오글로빈 형성 (신체 곳곳으로 산소 운반), 건강한 면역계
마그네슘	녹색 채소, 육류, 유제품, 시리얼	근육 및 신경 활동, 뼈 형성, 효소 반응 (에너지 신진대사)
아연	육류, 해산물, 녹색 채소, 씨앗	기분저하 예방, 정상적인 상처 치유 허용, 면역계 관여, 식욕 조절, 효소 합성
구리	어패류, 동물 내장, 두류(豆類), 견과류, 코코아	효소 합성
요오드	해산물, 달걀, 유제품	갑상선 기능
플루오린화물	해산물, 물, 차	치아 구조
망간	견과류, 말린 과일, 시리얼, 차	효소 합성
크롬	육류, 전곡, 콩 및 렌즈 콩, 견과류, 유제품, 달걀	포도당 / 인슐린 신진대사
셀레늄	브라질 너트, 생선, 내장, 육류, 곡물, 달걀	항산화제, 전자 전달

식이섬유 Dietary Fiber

소화계는 매우 잘 확립되어 있어서 식품에서 영양소를 추출하고 수분을 흡수하며, 놀랍게도 복강 내로 길게 이어지는 길이는 약 6~7미터(20~23피트)나 된다. 소화계에는 수많은 신경들이 연결되어 있으며, 불안 및 스트레스는 장에 상당한 영향을 미칠 수 있다. 섬유질 함량이 높은 식단이 일반적으로 최상의 선택이기는 하지만, 이 선택이 자신에게 적합한지 고려해야 한다. 식이섬유는 식물성 식품에 함유되어 있다. 식이섬유에는 용해성 식이섬유와 불용성 식이섬유가 있다. 섬유질을 함유하고 있는 대부분의 식품들은 두 가지 모두를 혼합해서 함유하고 있다.

> **불용성 식이섬유** Insoluble fiber는 소화가 되지 않는 물질로, 거의 변화되지 않은 채 소화계를 통과한다. 이것은 채소 및 과일의 껍질과 전곡(全穀)의 씨눈 부분에 함유되어 있다. 불용성 식이섬유 섭취가 충분하지 않으면, 변비 원인이 될 수도 있으며, 장기적으로 장 건강을 잃는 것과 관련이 있다.

> **용해성 식이섬유** soluble fiber는 소화 과정에 젤gel 형태로 변하며, 혈당 수준을 조절하는데 도움이 된다. 용해성 식이섬유는 말린 콩이나 완두콩 귀리와 같은 콩류와, 일부 채소, 과일 등에서 발견될 수 있다. 용해성 식이섬유는 콜레스테롤 수치를 조절하는 것은 물론, 장내 유익균 유지에 기여한다.

식단에서 충분한 식이섬유를 얻으려면, 매일 채소 또는 샐러드를 3회 이상 섭취하고, 신선한 과일이나 말린 과일을 2회 이상 섭취해야 한다. 전곡으로 된 아침 시리얼이나 귀리를 선택하고 정백 빵 대신 전곡 빵을 섭취한다. 정백 식품보다 현미와 파스타에는 많은 식이섬유와 비타민, 무기질이 함유되어 있다. 완두콩, 콩, 렌틸은 단백질과 탄수화물 뿐만 아니라, 매우 양호한 섬유질 공급원이기도 하다.

📋 목표 설정하기
영양소 섭취

일일 식품 섭취를 살펴 본 다음, 영양소 섭취를 향상시킬 수 있는 방법을 생각해 보자. 단기 목표를 설정한다. 예를 들면, 과일과 채소를 충분히 섭취하지 않으면, 이러한 중요한 식품들을 권장량만큼 섭취하는데 2~3주가 소요된다. 장기적으로, 영양소가 낮은 식품 섭취를 줄이고 건강에 좋은 식품으로 그들을 대체할 수 있는가? 도너츠를 과일로, 패스트 푸드 저녁식사를 가정식 요리로, 그리고 소프트 드링크(soft drink: 과즙에 물, 당, 산, 인공 색소, 향료, 유화제를 가해서 만든 음료)를 물이나 과일 주스로 대체하는데 6개월이 걸린다. 인내심을 가져야 한다. 변화를 시키는 것이 처음에는 어려울 수 있지만, 시간이 지나면서 건강하고 영양가 있는 식단에 도달할 수 있다.

수화(水和) Hydration

수화(水和)란 식단에 물을 도입하는 것이다. 수는 섭취하는 식품에서 물이나 액체 형태일 수 있다. 인체의 약 50~75%는 물이며, 나이, 체중, 체지방률과 같은 요소에 따라 달라진다. 여성에 비해 남성은 수분함량이 높다. 남성에 비해 여성은 체지방 함량이 높다. 물을 너무 많이 섭취하면, 신장이 초과된 물을 소변으로 배출하는 역할을 한다. 그러나 이 규제 시스템에는 한계가 있기 때문에, 과도하게 물을 마시는 것은 위험하다. 반대로, 물을 너무 적게 섭취하거나 매일 수분이 풍부한 식품을 적게 섭취해서 야기되는 탈수증은 신체가 기능을 제대로 할 수 없기 때문에 적절한 기능을 할 수 있도록 이 불균형이 교정되어야 한다는 것을 의미한다. 과일과 채소는 최소 80%의 수분을 함유하고 있다. 그래서 신선한 과일과 채소를 충분히 섭취한다면 수분을 그렇게 많이 섭취할 필요가 없을 수도 있다.

갈증은 신체가 스스로를 보호하는 가장 원시적인 메커니즘 중 하나이다. 필요한 경우 수분을 대체할 수단을 안내해야 하지만, 여러 가지 이유로, 그러한 수단을 항

Dancer Wellness

상 신뢰할 수 있는 것은 아니다. 갈증을 느끼고 이용 가능한 액체가 있으면, 갈증은 수화(水和)를 유지하는데 도움이 되는 것이 틀림없다. 수업이나 연습 전에 물병을 채우고, 성별 및 활동 요건에 물이 충분한지 확인한다. 남성의 경우 90분 수업에 0.5리터 물병으로는 충분하지 않다. 여성의 경우 90분 수업에 최소 0.5리터 물병이면 충분할 수 있다. 무용수들은 대개 수업 스타일에 대해 잘 알고 있기 때문에, 의심스러우면, 물이 부족하지 않도록 잘 준비하도록 한다. 많은 사람들에게 갈증은 수분 보충을 위한 신뢰할 만한 메커니즘이 아니다. 사람들은 규칙적인 간격으로 물을 마실 수 있는 계획을 세워야 하며, 일반적으로 20~30분마다 약 150~200밀리리터를 마시는 것이 좋다. 스스로가 더 필요하다는 것을 알면, 휴식 시간마다 조금씩 더 마셔야 한다. 규칙적으로 물을 마시는 것이 익숙하지 않으면 처음에는 약간 어색하게 느낄 수 있지만, 시간이 지나면서 익숙해진다. 신체가 변한 수분 섭취에 적응하는 동안 화장실에 자주 가야할 수도 있지만, 시간이 지나면서 적응된다. 어떤 유형의 수분이 자신에게 가장 효과적인지 실험할 필요가 있을 수도 있다. 몇 가지 메모를 해 두는 것이 유용할 수 있다.

예를 들면, 물이 차가울 때 충분히 마시기 쉽다거나, 선호하는 과일 주스를 약간 첨가하는 것이 좋다는 것을 메모해 둘 수도 있다. 어쩌면 휴식 시간에 밀크쉐이크를 마시고 물보다 위에 더 오래 머물러 있다는 것을 느낄 수도 있을 것이다. 그럴 경우, 점프 동작을 할 때마다 뱃속에서 출렁거리는 것을 느낄 것이다.

매일 약 1.5~2.5리터(6~10컵) 물(키가 작고 체중이 가벼운 여성의 경우 더 적게, 키가 크고 체중이 무거운 여성의 경우 더 많게)이 하루 종일 온 몸에 퍼지면, 대부분의 사람들은 일생 생활에서 수분 균형을 유지할 것이다. 무용을 하면서 흘린 땀으로 손실된 수분을 보충해야 할 필요가 있을 것이다. 보충 량은 작고 가벼운 여성 무용수의 경우 시간 당 0.5리터(2컵), 크고 무거운 여성 무용수의 경우 1리터 (4컵) 이상이 적당할 수 있다.

탈수되는 알코올을 제외하고 모든 액체는 수화된다. 카페인은 많은 논쟁이 있고 토론 대상이 되지만, 적정량의 카페인을 마신다면(보통 수준의 차와 커피, 매일 최대 4잔), 일상적으로 섭취하는 수분의 일부로 간주될 수 있다. 카페인 섭취를 늘리면, 수분이 몸에서 빨리 배출되는 것을 느끼게 되는데, 이것은 수업, 연습, 또는 공연에서 많은 휴식을 취해야 하는 경우 도움이 되지 않는다. 이것은 또한 땀을 생성하고 체온을 조절하는데 수분이 사용될 수 없다는 것을 의미한다. 어떤 사람들은 다른 사람들보다 카페인에 매우 민감하다. 잠을 잘 이루지 못한다면, 오후에는 카페인 섭취를 피하는 것이 가장 좋다. 그 이유는 카페인이 체외로 배출되는데 몇 시간이 걸리기 때문이다. 대부분의 사람들에게, 물은 가장 훌륭한 선택이다. 물은 가장 쉽게 이용될 수 있고, 빨리 흡수되며, 치아에 손상을 주지 않고 바닥에 흘려도 별로 문제가 되지 않는다.

어떤 사람들은 아이소토닉 음료isotonic drinks를 선호할 수도 있다. 아이소토닉 음료(미네랄 함유 스포츠 드링크)의 성분은 혈액 및 타액과 같은 체액과 매우 유사하다. 이러한 음료는 100ml (0.4 컵)당 약 4~8g의 설탕을 함유하고 있다. 설탕의 종류가 무엇이든 수화(水和) 효과는 동일한 것으로 보인다. 이러한 음료는 또한 땀으로 손실된 염분을 보충할 수 있도록 염분을 함유하고 있다. 과일 주스나 스쿼시(과일 주스, 설탕, 물을 혼합한 음료), 과일 향이 나는 농축 시럽을 희석해서 아이소토닉 음료(미네랄 함유 스포츠 드링크)를 만들 수 있으며, 포도당과 소금을 이용하는 요리법을 따르거나, 시판하는 음료를 구입할 수도 있다. 〈표 7-3〉은 고전적인 스포츠 음료 요리법 몇 가지를 소개한다. 온라인에서 유사한 요리법을 쉽게 찾을 수 있다. 재료 비율이 비슷한 지 확인한 다음 자신에게 효과가 있는지 알아본다.

아이소토닉 음료는 수업이나 연습에서 사전에 강도를 예측하기 어려운 혈당 수준을 일정하게 유지해야 할 필요

표 7-3　아이소토닉 음료 요리법

음료 유형	재료	지시
레모네이드/코디얼 또는 과일향이 나는 음료	200ml(약 7온스) 보통(저칼로리가 아님) 과일 레모네이드/레모네이드 800ml(27온스)의 물 소금 한꼬집	혼합한 다음 차게 해서 마신다.
과일 주스	500ml (약 17온스) 무가당 과일 주스 (식사, 사과, 파인애플 또는 조합) 물 500ml 소금 한꼬집	주전자 또는 병에 모든 재료를 혼합해서 넣는다. 시간이 있으면 냉장 보관한다.
포도당/설탕	설탕 또는 포도당 분말 50 ~ 70 g 1 리터 (약 2 컵) 따뜻한 물 소금 한꼬집 무설탕 스쿼시 / 코디얼 / 레모네이드 최대 200 ml (약 7 oz.) 또는 원하는 경우 1 개의 음료 향 주머니.	혼합한 다음 차게 해서 마신다.

가 있거나 에너지 요구량이 높은 사람들에게 유용할 수 있다. 아이소토닉 음료는 신중하게 사용되어야 한다. 이러한 음료들은 치아 건강에 영향을 미치기 때문에, 물을 사용해서 최대한 구강을 청결하게 유지해야 한다.

　무용수들이 섭취하는 음료수 중 일부는 설탕이 너무 많이 함유되어 있다. 100ml당 설탕 함유량이 8그램 이상이면, 흡수 속도가 느려진다. 설탕은 물보다 먼저 흡수되어야 하기 때문에, 무용이나 연습 전/ 중간에 대부분의 주스와 탄산음료를 섭취하는 것은 좋은 선택이 아니다. 당분 음료는 치아 건강에도 위험을 초래한다. 소위 에너지 음료라 불리는 것들은 설탕 함량이 매우 높으며(일반적 500-ml/17-oz 병당 17티스푼), 종종 카페인이 첨가된다. 이와 같은 첨가는 수분을 유지하거나 에너지 수준을 일정하게 유지하는데 좋은 방법은 아니다.

　요약하면, 건강한 식단은 다양한 영양소를 함유하고 있는 식품으로 구성되어야 한다. 다량 영양소는 탄수화물, 지방, 단백질을 포함하며, 에너지와 건강한 몸을 만들기 위해 필수적이다. 미량 영양소는 비타민과 무기질을 포함하며, 신체 모든 기관의 기능을 지원하는 데 필요하다. 식이섬유와 수화(水和)는 모든 무용수들에게 중요한 식단 구성요소이다.

영양소 부족의 위험 Risks of Poor Nutrition

영양소 부족과 수화(水和)는 여러 가지 영향을 미칠 수 있다. 단기적으로, 탈수증은 예상보다 더욱 피로감을 느끼는 결과를 초래하며, 잠재적으로 두통과 같은 신체적 불편함으로 이어진다. 혈액은 90% 이상의 물로 이루어져 있다. 탈수 상태에서, 혈류의 효율성이 떨어지기 때문에, 근육은 정상적인 상태보다 산소와 영양소 공급을 적게 받게 되며, 신진대사 부산물은 정상보다 느리게 제거된다. 면역계도 제대로 기능을 하지 못하기 때문에, 탈수 증상이 있을 때, 병에 걸릴 위험이 높아진다. 기분이 좋지 못하기 때문에, 무엇을 해도 즐거움을 덜 느끼게 된다. 단기적으로, 영양소 부족과 수화(水和)는 공연 성과 저하 뿐 아니라, 신체적, 정신적, 예술적 성과를 유지하기 위한 노력을 더욱 많이 하게 되어 부상 위험이 높아지는 결과를 초래한다. 신체 회복을 촉진시킬 때, 다음과 같은 세 가지 사항을 고려하기 바란다.

1. 스낵이 아닌 정상적인 식사를 한다. 너무 적게 식사를 하면 힘든 무용을 한 후 회복이 쉽게 되지 않는다.

2. 지방은 당신의 친구이다. 좋은 지방은 염증을 억제하는 것과 같은 많은 이점들을 지니고 있다.
3. 연습 또는 공연 후 식사를 한다. 연습 후 식사를 하는 것은 회복 기회를 증가시킨다.

> **스스로 진단하기**
>
> ### 영양 습관을 추적하라
>
> 일주일 동안 먹고 마시는 것을 모두 기록하자. 일주일 후, 기록한 것을 검토하고 필요한 영양소를 모두 적정량으로 섭취했는지 여부를 평가하자. 섭취하지 못한 것은 무엇인가? 과도하게 섭취한 것은 무엇인가? 필요한 것을 모두 조정하고 그 다음 일주일 동안 영양 섭취 습관을 다시 추적하자. 어떻게 느끼는지, 그리고 식품 섭취에 대한 이러한 조정이 에너지 또는 다른 건강 측면을 변화시키는지 여부를 기록하자.

건강한 식습관 기르기
Cultivating Healthy Eating Habits

오늘날 사용되고 있는 "다이어트diet"라는 용어는 "희생sacrifice" 및 "풍문rumors"과 동의어이다. 예를 들면, 어떤 사람들은, 누구나 글루텐gluten에 민감하다고 들었기 때문에, 탄수화물 섭취를 거부한다. 어떤 사람들은 지방이 뚱뚱하게 만든다고 들었기 때문에 지방 섭취를 거부한다. 200만 년 전에 인간이 섭취했던 모든 식품들을 누군가 정확히 알아냈다는 말을 들었기 때문에, 어떤 사람들은 오직 동물성 단백질만 섭취한다. 어떤 사람들은 샐러드가 체중을 줄이고 싶어 하는 무용수에게 좋다는 말을 들었기 때문에, 오직 샐러드만 섭취한다. 희생sacrifice과 상실deprivation이 따르는 이러한 시도는 논리적 이유로 오래가지 못한다. 첫째, 신진대사 시스템은 식량부족 및 기아와 싸우면서 진화되었다. 더욱 중요한 것은 생존의 주요 기관인 우리의 뇌는 적절한 영양 수준을 사용할 수 있도록 보장해서 우리가 기능을 유지할 수 있도록 고군분투한다. 식품 회사들이 불필요한 체중을 줄이는데 우리의 다이어트가 도움이 된다는 사실을 확신시켰을 때, 잊거나 생략하는 것 중 하나가 바로 이러한 진화적 효율성이다. 그러나 현실은 근본적으로 다르다.

양질의 영양소가 섭취되었을 때, 건강한 신진대사는 실제로 저장되어 있는 지방을 더 빨리 태운다. **신진대사** metabolism는 신체에서 생명을 유지하는 데 필요한 모든 생물화학적 변형을 설명하는데 사용되는 용어이다. 반대로 식품을 충분히 섭취하지 못했을 때, 신진대사는 더 느리게 작용한다. 공연자들의 경우, 신진대사가 이렇게 느려지면 여러 가지 부정적인 결과를 초래할 수도 있다. 신진대사가 빈약하면, 열이 부족해서 신체를 따뜻하게 유지하지 못하고, 손상된 근육을 빨리 회복시킬 수 있도록 영양소가 도움이 되지 못하는 등, 공연자들에게 많은 문제점들을 야기 시킨다.

건강한 식습관을 개발하는 첫 단계는 우리의 신체가 필요로 하는 영양소를 이해하는 것이다. 다음 단계는 신체적 요구사항을 충족시키는 생활방식을 채택하는 것이다. 이러한 생활방식을 채택하려면, 식습관을 위한 긍정적인 환경을 만들고, 신체에 항상 주의를 기울이며, 식품이 공연 수준에 미치는 영향을 인식해야 한다. 이러한 측면들 각각은 매일 건강한 영양소를 섭취하는 습관을 들이는데 도움이 될 것이다.

식습관을 위한 긍정적인 환경 형성
Create a positive environment for eating

약 70년 동안 서양식 식습관의 일부가 된 패스트푸드 습관 이외에도, 많은 사람들은 일반적으로 그 사회에서 관습화 되어 있는 식습관 환경social setting에서 음식을 섭취한다. 유년기부터 최소한 일주일에 1~2회 정도, 대개 가족과 함께, 나중에는 어쩌면 친구들과 함께, 웃고, 울고, 논쟁을 하고 토론을 하고 사랑하면서 음식을 함께 먹는다. 이러한 일들은 일찍이 음식에 대한 기억과 음식 선택 방식을 형성했다. 편안하고 친근한 환경에서 친구들과 함께 식사를 하면, 맛이 없을 수도 있는 음식이 생각했던 것보다 더 맛이 있을 수도 있다.

반대로, 최상의 재료만을 사용해서 가장 세심하게 준비한 음식이 완벽하게 양념이 되어 있지만, 낯선 사람들과 함께 또는 불안하고 적대적인 환경에서 제공된다면, 제대로 맛을 느끼지 못할 것이다. 따라서 음식과 식사에 관한 생각들은 식사 전, 식사 중, 식사 후 감정과 기분에 변화를 일으킬 수 있다. 식사를 하기 전에 동물들(인간 포함)은 배가 고프면 민감해지고 경계를 하며 짜증을 내는 경향이 있다. 이러한 신호는 본능적으로 음식을 찾도록 자극한다. 대부분의 동물들은 식사를 마치면 평온해지면서 무기력해지고, 대개 부정적인 분위기 보다 긍정적인 분위기를 나타낸다. 인간과 동물들이 먹는 것과 관련된 부정적인 분위기나 스트레스에 관한 연구는 스트레스 수준과 사람들이 언제 무엇을 먹을 지 선택하는 방법 사이에는 분명한 상호작용을 미치는 영역이 있음을 조사한다. 스트레스를 받았을 때 너무 많이 먹거나 전혀 먹지 않는 경향이 있을 수도 있다. 스트레스를 진정시키기 위해 짭짤하게 소금에 절인 음식이나 시럽같이 달달한 음식을 선택할 수도 있는데, 이것은 단지 일시적으로 효과를 볼 수 있는 것이다. 시험, 무용 리사이틀dance recital, 운동 부하가 높은 리허설과 같은 실제 스트레스가 많은 상황은 잠재적으로 스트레스가 많이 발생되는 상황을 제공한다.

식사하는 것을 선택할 때, 언제 누구와 식사를 할 지 고려하는 것이 무엇보다 중요하다. 혼자 식사를 하지 않도록 노력해야 한다. 휴식 시간이 주어지면 충분히 휴식을 취한다. 식사를 하는 동안은 단순히 식사만 한다. 연습했던 레퍼토리, 푸엥트 슈즈pointe shoes에 리본을 다는 것, 또는 의상 제작 일정과 같은 것들을 마음속으로 다시 예행연습을 하지 않도록 한다. 소속 단체에서 점심이나 저녁 식사를 제공한다면, 친하고 신뢰할 수 있는 동료나 친구들과 함께 하도록 한다. 친구들과 함께 웃고 울며, 심지어 울분을 토하면서 매우 빠르게 점심 식사를 하는 것조차도 식사 및 식습관에 대한 인식을 변화시킨다. 마지막으로 친구와 함께 요리를 한다. 현재 자신의 요리 수준이 어느 정도인지는 중요하지 않다. 작게 시작한다. 불을 사용하지 않고도 훌륭한 간식을 만들 수 있다. 여러 가지 방법으로 창의력을 발휘해 보기 바란다. 지금까지 시도해본 적이 없는 맛과 기존에 믿어왔던 재료들의 조합을 시도해 본다. 요리를 통제하거나 훨씬 더 나쁘거나, 또는 완벽해야 하는 것이 아닌, 재미있는 행사로 생각한다. 가장 맛있는 요리들 중 일부는 실수에서 비롯되었다. 그렇기 때문에 부끄러워할 필요가 없다. 무용 스튜디오에서처럼 부엌에서도 여러 가지 방법으로 창의력을 발휘해 보기 바란다.

신체가 보내는 신호에 귀기울이기 Listen to your Body

신체에는 식사나 간식에서 받은 영양소를 감지하기 위한 놀라운 피드백 시스템이 있다. 이 시스템은 단백질, 크롬, 또는 티아민 등이 더 많이 필요한지 감지할 수 있다. 하지만, 우리가 필요로 하는 것에 정확하게 접근하지 못하기 때문에, 우리 몸이 무언가를 필요로 할 때, 이 시스템은 필요로 하는 것과 상관이 없는 일반적인 신호를 우리에게 보낸다. 음식을 섭취하라! 이러한 신호들은 신체의 주요 전령 역할을 하는 호르몬과 신경계에 의해 고상하게 구성된다. 인간은 태어나는 순간부터 배가 고프다는 신호로 울기 시작한다. 아기들은 일단 먹이를 주면, 놀고, 침을 흘리며, 세상이 펼쳐지는 것을 보는 것에 완벽하게 만족한다 – 먹을 시간이 되었다는 신호를 다시 받으면, 먹이를 달라고 다시 소리를 지른다. 아이들이 성장함에 따라, 배고플 때 소리를 지르는 이 초기 본능은 그들이 성장하고 있는 문화에 따라 변화한다. 배가 부를 때까지 한자리에 앉아 음식을 다 먹어야 하는 아이들이나, 덜 먹는 것에 익숙해진 아이들이 바로 그와 같은 문화에 따라 식습관이 변화하는 예이다.

영양학적으로 필요한 것들이 충족되게 하려면, 매일 세 번씩 다양한 영양소를 포함하고 있는 식단에, 일정과 업무량에 따라 필요한 경우 한두 가지의 영양 간식을 추가하는 것이 가장 좋은 방식이다. 필요한 영양소를 충족시키는 방법에 관한 주제는 다음 섹션에서 설명된다. 식욕이 넘치거나 잃게 되면, 규칙적인 식사 및 간식으로 구성된 프로그램을 다시 수립할 수 있다. 그러나 그렇게 하는 것이 결코 간단하지 않다. 종종 무용 스케줄이 일상적인 식사 패턴과 일치하지 않을 수 있다. 휴식 시간이 별로 없이 수업이 연속된다면, 규칙적인 식사와 간식을 먹는 것은 어려울 수 있다. 인간은 좋아하는 것과 좋아하지 않는 것을 개발한다. 그래서 종종 오랫동안 열심히 춤을 춘 다음 적절하게 회복하는데 필요한 영양소들을 포함하지 않을 수도 있는데도 좋아하는 식품을 선택함으로써, 선호하는 식품에 희생될 수 있다. 격렬한 활동 후에 종종 식욕이 감소되는데, 이것은 어쩌면 체온 상승에 대한 반응 때문일 수도 있다. 일반적으로 운동을 마친 후 약 15~20분 후에 식욕이 회복되는데, 이 시간은 다음 수업이나 연습이 시작되는 시점이다. 그래서 원하기보다 필요할 때 식사를 해야 할 수도 있다. 신선한 과일이나 말린 과일이 들어 있는 견과류나 스낵바(라벨을 보고 주성분이 설탕이 아닌 곡물/견과/과일인지 확인한다)와 같은 양질의 스낵은 필요한 것을 보충하는데 도움이 될 수 있다.

마지막으로, 수면 부족이나 휴식 부족으로 인한 피로가 과식을 초래할 수 있다는 점을 유의해야 한다. 신체가 휴식을 취할 수 없을 때, 에너지 수준을 회복시키기 위한 시도의 일환으로 음식으로부터 더 많은 연료를 요구할 수 있다. 수분 섭취가 부족하면 과식을 초래할 수도 있다. 어떤 사람들은 허기와 갈증을 잘 구분하지 못한다. 갈증을 잘 못 느낀다면, 수분이 많은 식품 섭취에 특별한 주의를 기울여야 한다. 그렇지 않으면, 수분 섭취 대신 음식을 먹고 있을 수도 있다.

주변 환경은 먹는 것만큼 중요할 수 있다. 자신의 신체에 특별히 효과적인 것이 무엇인지 생각해서, 필요한 식품과 수분 섭취를 자신의 일정에 맞추는 방법을 생각해 본다. 휴식을 취하는 것은 결코 시간을 낭비하는 것이 아니다. 일정에 휴식시간이 불규칙 한 경우조차도, 휴식은 쉬면서 재충전해서 회복하는 순간이다.

식품이 공연에 미치는 영향 인식
Recognize food's impact on your performance

대부분의 일상생활에서, 음식을 먹으면 어떤 일이 일어나는지 생각하지 않고도 살아가는 것이 가능하다. 운동선수가 공연자가 아닌 일반인들의 경우, 좋아하는 음식을 즐기는 것이나 사랑하는 사람에게 생각을 집중할 수도 있으며, 너무 많은 음식을 먹어서 허리선이 늘어나기 시작하는 것에 고민을 할 수도 있다. 직업으로서, 무용은 음식과 공연 간의 상관관계를 이해하는데 더 많은 주의를 요한다. 이 섹션은 영양사, 영양학자, 공연 전문가들이 영양학적으로 무용수들에게 필요한 것을 평가하는 방법을 설명한다. 여기에서는 또한 식사 타이밍을 조절해서 공연 및 회복을 향상시키는 영양 과학 이면에 있는 기본적인 개념을 제시한다.

역량강화하기

영양을 이용한 공연 성과 향상

보다 좋은 영양 섭취로 공연 성과를 향상시킬 수 있는 방법을 생각해 보자. 어쩌면 무용을 할 때 신체에 더 많은 에너지를 공급하기 위해 더 많은 식단에 탄수화물을 첨가해야 할 수도 있다. 또는 근육 회복을 촉진시키기 위해 식단에 더 많은 단백질을 첨가해야 할 수도 있다. 이러한 식단 변화는 식사 시간 평가를 포함할 수도 있다. 근육 기능을 더욱 향상시키기 위해 수분 섭취를 늘리고 싶을 수도 있다. 무용 성과를 향상시키는데 사용할 수 있는 지식으로, 언제 무엇을 섭취해야 하는지에 주의를 기울임으로써, 역량이 강화될 것이다.

연소되는 연료 Fuel to Burn

무용 이면의 과학은 무용수들이 무용을 할 때 일어나는 것들에 대해 많은 것들을 밝혀내고 있다. 에너지가 소비되는 방법은 활동 강도에 크게 좌우된다. 제3장은 무산소 시스템과 유산소 시스템에 대한 자세한 정보를 제시한다. 강도를 판단하는 일반적인 방법은 수행하는 강도가 높을수록, 어떤 포인트에서 보충될 필요가 있는 에너지 사용이 더 많아진다는 것이다. 격렬한 무용 수업을 마치고 진정 또는 휴식을 취하는 경우조차도, 신체는 근육 조직에 저장되어 있는 에너지를 사용할 수 있다. 충분한 식사에 중점을 두는 핵심적인 이유는 잠시 후 또는 다음날 수행을 위해 신체를 회복시키는데 도움이 되도록 사용될 수 있는 에너지를 저장하는 것과 관련이 있다. 하루 종일 식사와 간식을 제대로 섭취하지 못하면, 에너지 부족이 발생되어, 장기적으로 문제를 일으킬 수 있다. 신체 작동을 유지하려면, 무용을 할 때 여러 가지 기능을 제공할 수 있는 식품들을 생각해 봐야 한다.

무용을 하는 것은 신체, 정신, 감정의 통합적 행위이다. 신체적 관점에서 엄밀히 관찰해 보면, 무용 분야에는 뚜렷한 차이점이 존재한다. 무용 분야에서 수업 시간이 다른 것은 여러 가지 방식으로 무용수에게 영향을 미칠 수 있다. 이 타이밍은 또한 무용수들이 자신들의 신체적 요건에 맞게 식단을 조절하는 것과 관련이 있다. 〈그림 7-1〉은 강도 관점에서 차이점을 분류하는 방법을 보여준다. 예를 들면, 전통적인 발레 수업 시작은 간단히 시작되지만 수업이 진행됨에 따라 복잡해지는 동작 조합으로 구성된다. 플리에Plie(꼿꼿한 자세로 두 무릎을 굽히는 동작) 조합은 땅뒤tendu(바뜨망 땅뒤 battement tendu처럼 쭉 뻗는 동작) 와 데가제degage(한쪽 다리가 바닥을 떠나 자유로워진 상태) 조합이 뒤따르는데, 이것은 모두 하지를 따뜻하게 하기 위해 고안되었다. 그와 같은 동작은 〈그림 7.1〉에서 가장 작은 막대로 보여주는 것처럼 분류될 수 있다. 그림에서 가장 큰 막대를 자세히 생각해 보기 바란다. 몇 시간 동안 공연되는 춤에서 (예; 저녁 공연이 이어지는 마티네matinee, 또는 댄스 마라톤 및 잼dance marathons and jams, 무용수들은 장시간에 걸쳐 여러 가지 상이한 신체적 강도를 절묘하게 다룬다. 2시간짜리 백조의 호수 공연에서, 무용수는 무대를 여러 번 드나들 수도 있으며, 듀엣, 트리오, 앙상블 섹션과 같은 매우 복잡한 안무에 참여해야 할 수도 있다.

무용 수업 대부분과 일부 공연은 **고강도 인터벌 트레이닝**High-intensity interval training (HIIT: 속도와 강도가 다른 활동을 교차 시켜가며 하는 훈련) 동작으로 구분될 수 있으며, 이것은 〈그림 7.1〉에서 중간 막대로 표시되어 있다. 예를 들면, 대부분의 고전적인 교과목들의 조합은 중

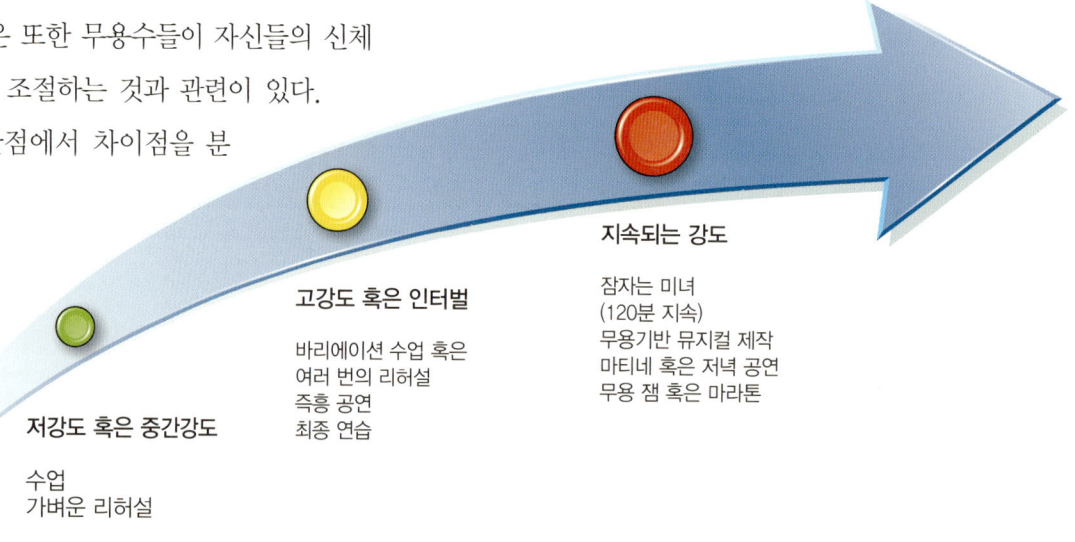

그림 7.1 무용강도의 단계 Levels of dance intensity

심에서 움직임 프레이즈movement phrases 연결하도록 준비하는 과정에 바barre(발레 바)의 끝을 향하도록 구성된다. 따라서 바의 끝은 롱 드 장브 앙 레르rond de jambe en l'air를 포함하는 조합을 포함할 수도 있다. 중간 템포에서 일련의 다리 동작gesture leg 중에서 큰 다리 동작large leg movements에 이어 빠른 동작이 필요한 바뜨리batterie(공중에서 두 다리를 엇갈리게 치는 동작으로 여러 가지 형태가 있다) 프레이즈phrase가 이어질 수도 있다. 나중에 이 두 가지 조합이 있으면, 그랑 바뜨망grand battements)과 같은 풀 레그full-leg 동작이 이어질 수도 있다. 이러한 저강도 조합에 이어 빠른 고강도 킥kick이 이어지는데, 이것은 특히 각 다리를 몇 번 반복할 때 고강도 인터벌 트레이닝 HIIT(속도와 강도가 다른 활동을 교차 시켜가며 하는 훈련)를 나타낸다. 속도가 빠른 탭 루틴tap routines인, 볼룸 댄스Ballroom dancing(사교춤) 뿐 아니라, 어반 댄스urban dance(팝송이나 힙합 음악에 맞추어 안무를 만들어서 추는 춤)는 무용에서 또 다른 HIIT의 예가 된다. 불규칙적인 무용의 속성 때문에 유산소 및 무산소 에너지 모두 소비가 매우 높아야 한다.

피로에는 여러 가지 요인들이 있지만, 고강도 및 저강도 신체 활동들은 지속적으로 꾸준한 활동에 비해 골격근에 저장된 에너지를 더 빨리 고갈시킬 수 있다. 예를 들면, 30~45분 정도의 짧은 준비운동은 에너지 저장에 즉시 영향을 미치지 않을 것으로 보인다. 그러나 하루 종일 풀 테크닉full technique 수업과 여러 번의 연습이 있는 날에는, 근육에 저장되어 있는 에너지 수준이 빠르게 고갈된다. 〈그림 7.2〉는 에너지 사용에 대한 참조표를 보여준다. 그림에서 보는 바와 같이, 무용에 사용되는 두 개의 주요 에너지는 지방과 탄수화물이며, 둘 다 무용수의 신체에 연료를 공급해서 무용 요건에 부응하는데 대등하게 중요하다. 에너지 사용은 순환이다. 신체에 지속적으로 연료를 공급함으로써, 시스템을 고갈시키지 않을 수 있다. 누구든지 지방이 풍부해서 저강도 운동을 몇시간 동안 지속할 수 있지만, 탄수화물은 매우 제한적으로 저장되어 1.5시간 정도의 고강도 운동으로 소진될 수 있음을 유의해야 한다.

공연이 끝났다. 전신에서 아드레날린이 솟구치고 있다. 주제가 진행되는 동안, 우리는 방금 경험했던 것에 대

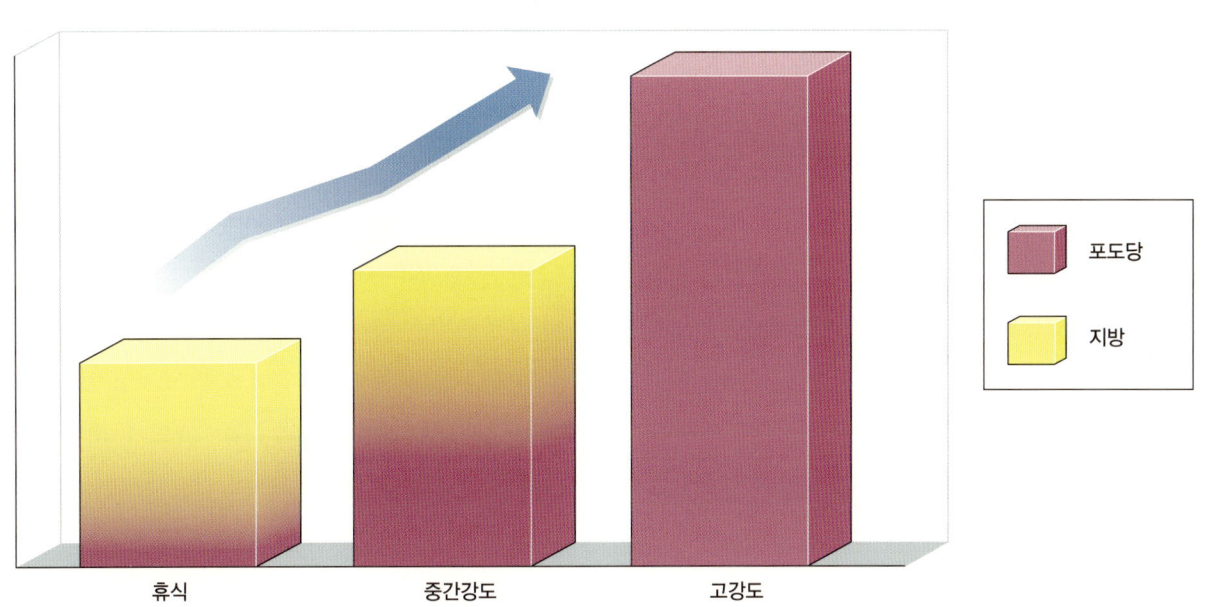

그림 7.2 강도와 에너지 사용 간의 상대적 관계 relative relationship between intensity and energy use

한 감정, 기억, 회상을 처리하고 있다. 한 주에 여러 차례 공연을 하는 전문 무용수들 중 일부는 공연 후 주제를 벗어나려는 습관을 들여서 의도적이든 아니든 먹는 것을 잊어버린다. 그러나 무용수로서, 이제는 최대한 빨리 신체가 에너지를 얻는데 더 많은 노력을 기울여야 할 때이다. 무용수에게, 이 시기는 단지 상실한 에너지를 보충하는 것뿐 아니라, 근육 회복 및 향후 공연을 위해 반드시 필요한 것이다.

공연이 끝난 후 이 시기는 탄수화물이 매우 중요하다. 얼마나 섭취해야 하는지 여부는 하루 종일 섭취한 음식 및 수분의 양, 그날의 무용 강도, 부상 상태, 다음날 일정과 같은 여러 가지 요인에 따라 달라진다. 특히, 공연 후 최대한 빨리 탄수화물을 섭취하면, 저장된 에너지에서 신체가 에너지를 생성하는데 도움이 된다. 너무 오래 지연되면, 이 생성 과정이 느려질 수 있다. 또한, 약간의 단백질을 첨가하면, 회복을 촉진시키고 근육이 회복되는데 도움이 된다. 한 가지 주의할 점은 과당이 많은 탄수화물(예; 과일 주스, 과일 등) 섭취를 제한해서 잠재적인 위장질환을 피해야 한다는 것이다. 식품을 선택할 때 지침은 탄수화물 대 단백질 비율이 3대1이면 적당하다는 것이다. 다음 섹션은 공연 후 섭취 가능한 음식들을 다룬다.

공연 요건에 적합한 식품소비 시기
Timing of Food Consumption for Performance Needs

무용수들은 공연이 있는 날 하루 종일 음식 섭취에 대해 준수해야 할 지침을 따라야 한다. 무용수는 탄수화물을 규칙적으로 섭취해야 한다. 가능하면, 전곡(全穀)에서 탄수화물을 섭취해야 하며, 필요한 양은 그날의 일정에 따라 달라질 것이다. 아침식사를 반드시 해야 한다. 식사를 하지 않고 오전 수업이나 연습을 한다면, 수업이나 연습 강도가 높아질 때 사용할 수 있는 에너지가 부족할 수도 있다. 점심과 저녁식사는 단백질, 탄수화물, 지방 모두에 기여해야 되지만, 점심식사 시간에 따라 그들을 다르게 배합할 수도 있다. 음식이 위장에서 내려가기 시작하는데 약 1시간이 걸리기 때문에, 짧은 휴식시간은 얼마나 많이 먹고 편안하게 무용을 할 수 있는지 여부를 제한할 수 있다. 트레이닝은 식사 직후에 무용을 할 수 있도록 대처하는데 도움이 되지만, 무용 강도가 매우 높다는 것을 알고 있다면, 강도가 다시 감소될 때까지 소화가 느려질 것으로 기대해야 할 것이다.

사전 학습 및 공연 기간의 경우, 다음과 같은 지침을 따른다. 가능하면, 식사와 수업 또는 연습 사이에 최소 한 시간의 여유를 가진다. 공연의 경우, 배가 고프지 않으면 위장을 비우는 것이 좋다. 따라서 대부분의 사람들에게 이상적인 공연 시작 시간은 식사 후 2~4시간 사이이다.

마지막으로, 공연 후 회복 전략에 대한 지침도 있다. 특히 이러한 지침은 단백질에 중점을 둔다. 강도 높은 수업, 연습, 그리고 공연 후 처음 45분 시간대를 이용해서 탄수화물과 단백질을 재충전한다. 한 가지 옵션은 과일과 함께 우유, 요구르트, 콩 제품 들을 이용하는 것이며, 필요한 경우, 약간의 전곡 빵을 추가해서 에너지를 재충전하도록 한다. 이 시점에 근육에 연료를 공급할 수 있도록 최대한 빨리 소화되는 동시에 잘 수용되지만 여전히 양호한 질을 유지할 수 있는 식품을 사용하는 것이 가장 좋다. 이 시점에 사탕과 같은 칼로리가 없는 것을 섭취해서는 안 된다. 일일 총 탄수화물 섭취량에서 체중 kg당 탄수화물 1g을 얻는 것을 목표로 한다면, 격렬한 수업이나 연습 후에 약 20g의 여분의 단백질을 추가한다. 닭고기 또는 생선 한 조각에서, 또는 우유 50ml에서 약 20g의 단백질을 얻을 수 있다. 〈표 7.4〉는 수행하는 활동을 위해 여러 가지 유형의 탄수화물을 선택하는데 도움이 되는 정보를 보여준다.

이 절은 에너지 사용과 무용 간의 관계를 살펴보았다. 사전 연료 공급 및 재공급의 필요성뿐만 아니라 활동의 강도는 하루 종일 무용을 하기 위해 섭취 및 출력의 균형을 유지할 수 있도록 식사를 할 수 있는 시간에 영향을 미칠 것이다.

표 7-4 에너지 수준을 유지하는 실용적 지침: 탄수화물 선택

탄수화물	수화 음료	단순 탄수화물	녹말 식품	과일 및 채소
시기	무용 수업이 끝날 무렵; 격렬한 연습 중; 또는 오랫동안 까다로운 공연을 하는 중	드물게	각 끼니의 일부로 – 접시의 1/4 에서 1/3, 또는 큰 무용 행사 후 1시간 이내	권장되는 한끼 식사: 식사 때마다 최소 1~2가지
예	전해질이 첨가된 저당 또는 무설탕 비탄소 음료는 항상 마시기에 적합 연습, 공연, 또는 수업이 길고 까다로우면, 에너지를 유지하기 위해 아이소토닉 (스포츠) 음료를 고려	스포츠 음료 시판용 아침 시리얼 소다 과일 주스 테이블 설탕 설탕 디저트 아이스 크림 머핀, 베이글, 설탕이 풍부한 간식	빵 파스타(전곡) 쌀(전곡) 감자(단맛 포함) 귀리(전곡) 시리얼 곡물(밀, 호밀 등)	스피나치 당근 토마토 브로콜리 콜리플라워 애플 오렌지 아보카도스 베리

좋은 영양 섭취를 유지하기 위한 과제
Challenges to Maintaining Good Nutrition

건강 및 영양을 논의할 때, 종종 사람들은 그것을 돈과 동일시하지 않는다. 그러나 대부분 학생들의 경우, 영양가 있는 식사를 할 수 있을 만큼 자금이 부족하기 때문에 실제로 문제가 될 수 있다. 집에서 거주하면서 공부를 하는 학생들은 가정식에만 의존하며, 영양 가치나 비용을 고려하지 않을 수도 있다. 집을 떠나 생활하는 학생들은 영양 가치나 비용을 고려하는 것이 어려울 수 있다. 많은 학생들은 계란과 토스트만으로 생계를 이어갈 수도 있다. 대부분의 무용수들은 식품을 구입할 수 있는 예산 부족과 양질의 음식을 준비할 수 있는 시간 부족 등 두 가지 문제에 직면한다. 현명한 무용수들은 돈이 빠듯할 때 식품 예산을 줄이고, 빠르고 영양가 있는 요리법을 익혀서 미래를 위해 몇 가지 부분을 절약한다. 〈표 7-5〉는 만들기 쉽고 경제적인 5일 간의 표본 식단을 보여준다. 비율크기는 정의되지 않았다. 이것은 개별 무용수에 따라 다르다.

식이 보충제 Dietary Supplements

일반적으로 식이 보충제 사용은 흔한 일이다. 연구에 따르면, 미국 및 유럽 인구의 최소 절반 정도는 일종의 보충제

표 7-5 경제적인 균형 잡힌 식단 표본

	Day1	Day2	Day3	Day4	Day5
아침	과일 또는 건과일, 호두/호두 버터/ 씨앗, 우유 또는 우유대용을 함께 사용해서 만든 귀리 포리지 Oat porridge	과일 또는 건과일, 호두와, 그리스 스타일 요거트 한 티스푼과 함께 우유 또는 우유 대용을 사용해서 만든 폴렌타 스타일 포리지 Polenta-style porridge	스키니 에그 샌드위치: 달걀 1개, 달걀 1개의 흰자, 버섯, 양파, 토마토 양념, 밀가루 반죽, 또는 휴대가 용이한 토르티야	과일 또는 건과일, 호두와 함께 우유나 우유 대용을 사용해서 만든 라이스 포리지 Rice porridge	전곡 토스트, 바나나, 우유나 우유 대용 한잔으로 만든 견과류/씨드 버터 Nut/seed butter
점심	참치와 달걀을 곁들인 전곡 파스타 샐러드 과일 및 요구르트	달걀과 콩을 혼합한 라이스 샐러드 과일 및 요구르트	채소 스프를 곁들인 전곡 치즈 샐러드 샌드위치 과일	치킨을 곁들인 퀴노아 샐러드 과일 및 요구르트	수제 렌즈 빈 과 채소 스프를 곁들인 전곡 빵 요구르트
저녁	현미와 채소를 곁들인 닭고기 볶음 과일 및 요구르트	감자와 채소를 곁들인 고등어 또는 연어 과일 및 요구르트	칠리 콘 카르네를 곁들인 구운 감자 사이드 샐러드 과일 및 요구르트	구운 고구마와 채소를 곁들인 오믈렛 과일 및 요구르트	채소나 샐러드를 곁들인 파스타 볼로냐 과일 및 요구르트

를 사용한다. 운동선수와 무용수들에게도 유사한 경향이 있는 것으로 보인다. 어떤 경우, 일시적으로 보충제를 사용하는 것은 괜찮을 수도 있을 것이다. 다른 상황에서, 특정 보충제를 지속적으로 사용하면, 장기적으로 건강과 웰빙을 손상시킬 수 있는 결과를 초래할 수 있다.

무용수와 그들이 사용하는 보충제에 대한 연구에 따르면, 보충제를 사용하는 주요 동기는 건강을 증진시키고, 면역력을 향상시키며, 피로를 감소시키기 위한 것이다. 그러나 무용수의 45%는 무용이 보충제 사용 필요성을 증가시킨다고 믿고 있으며, 30%는 보충제 사용은 위험할 수도 있다고 생각하고 있다. 주로 약국, 슈퍼마켓, 건강식품 가게에서 보충제를 구입하고 있다. 보충제 사용에 관한 정보를 얻는 것과 관련해서, 많은 무용수들은 동료나 교사들로부터 정보를 얻고 있다. 친구들과 교사들이 좋은 조언을 해 줄 수도 있지만, 영양 분야에서 교육을 받은 전문가들은 보충제에 대한 더욱 포괄적인 정보를 제공할 수 있다. 예를 들면, 스포츠 영양 전문가는 공연에 효과가 있을 수도 있는 보충제에 대한 정보를 제공할 수도 있다. 항상 영양사의 이력을 확인해 보아야 한다. 공인 영양사는 충분한 자격을 갖추고 있지만(많은 영양사들이 무용에 전문적이지 않을 수도 있다), "영양사"라는 단어는 많은 국가들에서 누구든지 사용할 수 있다. 또한, 어떤 사람들은 실제로 보충제 제조 회사에 근무하고 있기 때문에, 회사편으로 편향되어 있어서 최상의 연구를 기반으로 조언하지 않을 가능성도 있다. 반대로, 임상 영양사들은 무대 위나 무대 밖 모두에서 일반적인 건강과 관련해서 보충제가 얼마나 효과적인지 심층적으로 평가할 수 있다. 보충제는 부상에서 회복 중인 무용수나, 여전히 성장 중에 있는 젊은 무용수들에게 특히 중요할 수 있다.

식이 보충제 사용에 대한 동기부여 측면에서 수행한 연구에 따르면, 대다수 무용수들은 일반적인 건강을 위해 보충제를 섭취하고 있다. 남성 81%, 여성 79%. 여성에 비해 남성(60%)들이 훨씬 더 많이 보충제가 에너지를 개선시키는 이점이 있어서 공연을 향상시켰다고 인식하고 있다. 여성 무용수들이 인식하는 보충제의 이점은 부적절한 다이어트(24%)와 체중 또는 지방 손실 메커니즘(14%)에 대한 보상에 더욱 중점을 두었다. 엘리트 무용수들은 무용수에게 적합한 식이 보충제에 대한 지식이 있는 건강관리 전문가들과 개별 상담을 통해 보충제의 이점을 확신하고 있다.

보충제는 위험이 없지 않다는 것을 염두에 두어야 한다. 보충제에 대한 최근 조사결과에 따르면, 5개 제품 중 단지 하나만 위험을 알리는 라벨이 붙어 있었다. 그래서 기대했던 것보다 더 많이 또는 더 적게 섭취할 수도 있다. 어쩌면 오염이 가장 위험한 문제일 수도 있다. 특히, 저렴하거나 품질관리가 표준 이하인 회사의 제품을 구입할 때 더욱 그러하다. 이러한 사례들 때문에, 건강 문제로 보충제를 사용한다고 생각하는 경우 건강관리 전문가를 찾게 되는 것이다.

적정한 체중 유지하기
Maintaining a healthy weight

우리가 태어난 순간부터 체중은 늘어났다. 체중은 인생의 자연스러운 부분이 되었기 때문에, 체중에 집착하는 것은 용서받을 수 있을 것이다. 그러나 체중에 대한 염려는 기껏해야 골칫거리이고 최악의 경우 질병이라는 사실을 인식하는 것이 중요하다. 믿기 어렵겠지만 체중계에서 보는 숫자는 단지 숫자일 뿐이다. 이러한 이유로, 많은 전문가들은 체중이 아니라 신체 구성성분을 이야기한다. 전문가들은 체중 뿐 아니라, 키, 허리둘레, 신체가 어떻게 기능을 하는지 여부에 관심이 있다. 인체는 물, 지방, 단백질, 글리코겐, 무기질(주로 칼슘과 인, 그리고 주로 뼈에) 등 최소 5개의 성분으로 구성되어 있다. 인간은 복잡하다. 그래서 한 유형이나 한 숫자로 축소시킬 필요가 없다.

가장 먼저 고려해야 할 문제는 체중이 정말로 걱정해야 할 필요가 있는지 여부이다. 특정 체중 미달이나 이상이 되어야 할 필요가 있는 유도나 카누와 같은 스포츠처럼 무용에는 체중을 제한하는 규정이 없다. 무용에서는 선택한 무용 스타일을 수행할 수 있도록 적절하고 건강한 신체가 필요하다. 거울에 비추어보고 더 날씬해 져야 하다고 생각한다면, 먼저 무용을 잘 알고 있는 신뢰할 수 있는 교사나 의료 전문가와 상담을 하고 자신의 신체에 지나치게 비판적이지 않은 지 여부를 논의한다. 더 많은 근육이 필요할 수도 있을 것이다. 그럴 경우 운동 프로그램을 전반적으로 재검토해야 할 것이다. 지나치게 과대한 근육을 만드는 경향이 있다면, 체중감량은 목표 달성을 실패하게 만들 것이다. 이 경우, 목표를 달성할 수 있도록 달리 운동할 수 있는 것에 대한 조언을 구해야 할 것이다. 신중하게 생각하고 적절한 조언을 구한 후 변화를 반드시 확인해야 하고 싶다면, 식품 및 과일 선택을 변경하기 전에 반드시 고려해야 할 사항들이 있다.

근육이나 지방량이 크게 변하지 않으면서 체중이 하루하루 몇 파운드 씩 변화하는 것이 정상이다. 이러한 변화는 신체의 수분 변동 및 글리코겐(탄수화물) 함량의 변화 때문에 발생된다. 아침에 일어나서 음식을 먹고 마시기 전에 체중이 적게 나가고, 하루 종일 체중이 늘어나는 것은 정상이다. 무슨 일이 일어나는지 알고 싶어서 체중계를 확인해야 한다고 느낀다면, 매일 같은 시간에 체중을 비교해야 한다. 그날 늦게 체중이 더 나가는 것은 체지방으로 축적된 것이 아니라 아직 신체가 처리하지 못한 음식과 음료가 반영되어 있기 때문이다.

체지방의 약 2파운드(0.9kg)는 약 7000칼로리(kcal)에 해당된다는 점을 유념하면 도움이 될 수도 있다. 그래서, 일주일에 1파운드(0.45kg)를 감량한다는 것은 자신이 섭취하는 것보다 매일 약 500kcal(일주일에 3500kcal) 정도를 더 많이 태운다는 것을 의미한다. 이 에너지는 매일 설탕 25 티스푼에 해당된다. 식품 측면에서 이것은 매일 큰 케이크 조각이나 샌드위치와 요구르트에 해당된다. 건강하고, 적절한 에너지 수준을 유지하면서 칼슘 및 철분과 같은 무기질이 부족하지 않고도 체중 변화를 달성할 수 있지만, 교육, 계획, 인내심이 필요하다. 식품 섭취를 변화시킬 때, 항상 다른 식품을 줄이기 전에, 사탕, 초콜릿, 케이크, 쿠키, 설탕이 든 음료, 바삭바삭한 음식(칩)과 같은 덜 유용한 고설탕/고지방 식품을 끊고, 튀긴 음식 및 다른 고지방 음식뿐만 아니라 알코올음료도 피해야 한다. 체중계에서 변화가 있다는 것을 관찰하기 어려우면, 일주일에 최대 2회 정도만 체중을 체크하도록 한다. 그렇지 않으면, 변동이 없다는 사실에 실망할 수도 있다.

무용의 문화와 미학이 종종 무용수들 스스로가 과체중이라고 생각하게 만들기 때문에, 무용에서 체중 및 건강 문제는 중요한 주제이다. 체중을 관리해서 날씬한 신체 구성을 달성하는 것은 건강한 영향 섭취가 있어야 가능한 것이다.

요약 Summary

영양은 수업과 외부 컨디셔닝(특정 조건에 반응을 보이거나 익숙해지게 하는 훈련) 프로그램만큼이나 무용수로 발달하는데 중요하다. 영양은 신체, 심리, 정서적 건강을 비롯한 우리의 모든 측면에 영향을 미친다. 무용에 필요한 에너지를 얻기 위한 충분한 칼로리뿐만 아니라, 지금까지 설명했던 다량/미량 영양소 모두를 고르게 섭취해야 한다. 식이 보충제 섭취를 고려할 수도 있지만, 결정을 하기 전에 자격을 갖춘 전문가의 조언을 구해야 한다. 식품 선택을 이성적으로 생각해서 특정 체중보다는 건강한 신체 구성을 유지한다면, 더욱 건강하고 무용에 적합한 강한 신체가 될 것이다.

■ 응용활동: 동료관찰 활동

일주일 동안, 주변의 다른 사람들이 먹는 식품을 관찰하고 기록한다. 일주일간의 관찰을 끝내고 단백질, 탄수화물, 지방 등의 범주로 관찰한 식품들을 분류한다. 그런 다음 이 장에서 설명했던 식품들의 권장량과 사람들이 섭취한 것들을 비교 검토해 본다. 어떤 영양소들이 부족한가? 당신이 관찰한 사람들이 균형 잡히고 영양가 있는 식사를 한다고 생각하는가? 동료를 선택하는 것이 당신에게 매우 강력하게 영향을 미친다는 점을 기억해야 한다. 따라서 이 활동은 건강한 식단을 달성하는데 잠재적인 장벽이 되는 무언가를 인식하는데 도움이 될 수도 있다.

■ 복습질문

1. 다량 영양소와 미량 영양소는 무엇인가? 이러한 영양소의 다양한 유형을 설명해보자.
2. 무용수들에게 수화가 왜 중요한가?
3. 영양소가 부족하면 나타나는 위험요인은 무엇인가?
4. 신체의 요구조건에 적합한 건강한 식습관을 어떻게 개발할 수 있는가?

 챕터별 보충 학습 활동, 학습 보조자료, 제안된 읽을거리, 웹 링크 등에 대한 자세한 내용은 www.HumanKinetics.com/DancerWellness. 인터넷 자료를 참조하자.

Dancer Wellness

Chapter 8 뼈 건강
Bone Health

샤논 스터넌, 크리스티나 파사리도

핵심 용어

- 골간 막 interosseous membrane
- 골다공증 osteoporosis
- 골단 epiphyses
- 골단판 epiphyseal plate
- 골막 periosteum
- 골수 bone marrow
- 골화 ossification
- 관절 연골 articular cartilage
- 관절강 joint cavity
- 관절안정성 joint stability
- 내골 endosteum
- 단골 short bones
- 불규칙 골 irregular bones
- 섬유 관절 fibrous joints
- 수질 구강 medullary cavity
- 신경성 식욕 부진 anorexia nervosa
- 연골 관절 cartilaginous joints
- 연골 cartilage
- 운동 사슬 kinetic chains
- 장골 long bones
- 조골 세포 osteoblasts
- 종자골 sesamoid bones
- 중수 remodeling
- 치밀 골 compact bone
- 콜라겐 collagen
- 편평 골 flat bones
- 해면골 cancellous bone
- 활액 관절 synovial joints
- 활액 synovial fluid

학습목표

1. 신체의 다양한 뼈 구조와 관절을 설명할 수 있다.
2. 뼈형성을 향상시키는 신체 활동 및 요소들을 이해할 수 있다.
3. 관절 및 뼈 건강에 부정적 영향을 미칠 수 있는 요소들과 무용 활동들을 파악할 수 있다.
4. 준비운동과 적절한 스트레칭이 왜 관절과 골에 중요한지 설명할 수 있다.

신체가 다양한 부위에서 구부리고, 곧게 서고, 척추를 비트는 능력 덕분에, 무용수들은 한 다리로 균형을 잡고 하는 동작이나 복잡한 형체를 만들고, 다양한 방향으로 다리를 뻗으며, 다양한 자세로 돌리고, 공중에서 점프를 할 수 있다. 인간의 골격 구조로 인해, 무용수들은 무대에서 기이한 라인을 보여주고, 말하지 않고도 의미를 전달하며, 어떠한 말로도 설명할 수 없는 감정들을 표현할 수 있다. 뼈, 관절, 근육은 동작 선택의 무한한 가능성을 허용하는 뛰어난 방식으로 구조화된다.

이 장에서는 골격계의 구조와 기능에 대해 설명하고, 특히 건강과 관련된 뼈와 관절 발달 및 유지 관리를 강조한다. 추가 주제에는 뼈와 관절의 핵심 요소들이 포함되며, 영양적으로 균형 잡힌 식이, 신체활동의 역할과 같이 건강에 영향을 미치는 주요한 요인 및 요소들도 이어진다. 더불어 이러한 주제들이 무용수 및 무용수들의 신체적 요구와 어떻게 직접적으로 연관되는지를 설명한다. 마지막으로, 무용수들의 뼈와 관절 건강에 필요한 전략들과 함께, 주요한 위험 요인들을 인식하는 데 도움을 준다.

골격 Bone Structure

태어 났을 때, 인간의 골격은 거의 300개의 연골로 구성된다. 아동기 및 청소년기 동안 뼈는 크기가 자라고 형태가 바뀌고 경화되어 대다수가 융합된다. 그 결과 성인의 골격은 〈그림 8.1〉과 같이, 206개의 뼈로 구성되며, 일생에 걸쳐 기능을 더 잘할 수 있도록 크기와 형태가 변화한다.

뼈 기능, 범주, 구조 Functions, cagegories, and structures of bones

뼈에는 다섯 가지 기능이 있다.

1. 지지
2. 보호
3. 동작
4. 혈액 세포 생산
5. 미네랄 저장

뼈는 신체 형태에 제공할 수 있도록 구조적 틀을 제공 한다. 뼈의 지지적인 구조가 없다면, 신체는 무너질 것이다. 일부 뼈는 내부 장기 및 그 밖의 조직들을 보호한다. 예를 들어, 흉곽은 심장을 보호하고 골반은 생식 기관들을 보호한다. 뼈는 또한 근육의 부착점 역할을 함으로써 동작을 가능하게 한다. 근육이 수축되면 뼈를 움직이며 동작을 만들어낸다. 많은 뼈에는 적혈구 생산을 담당하는 적

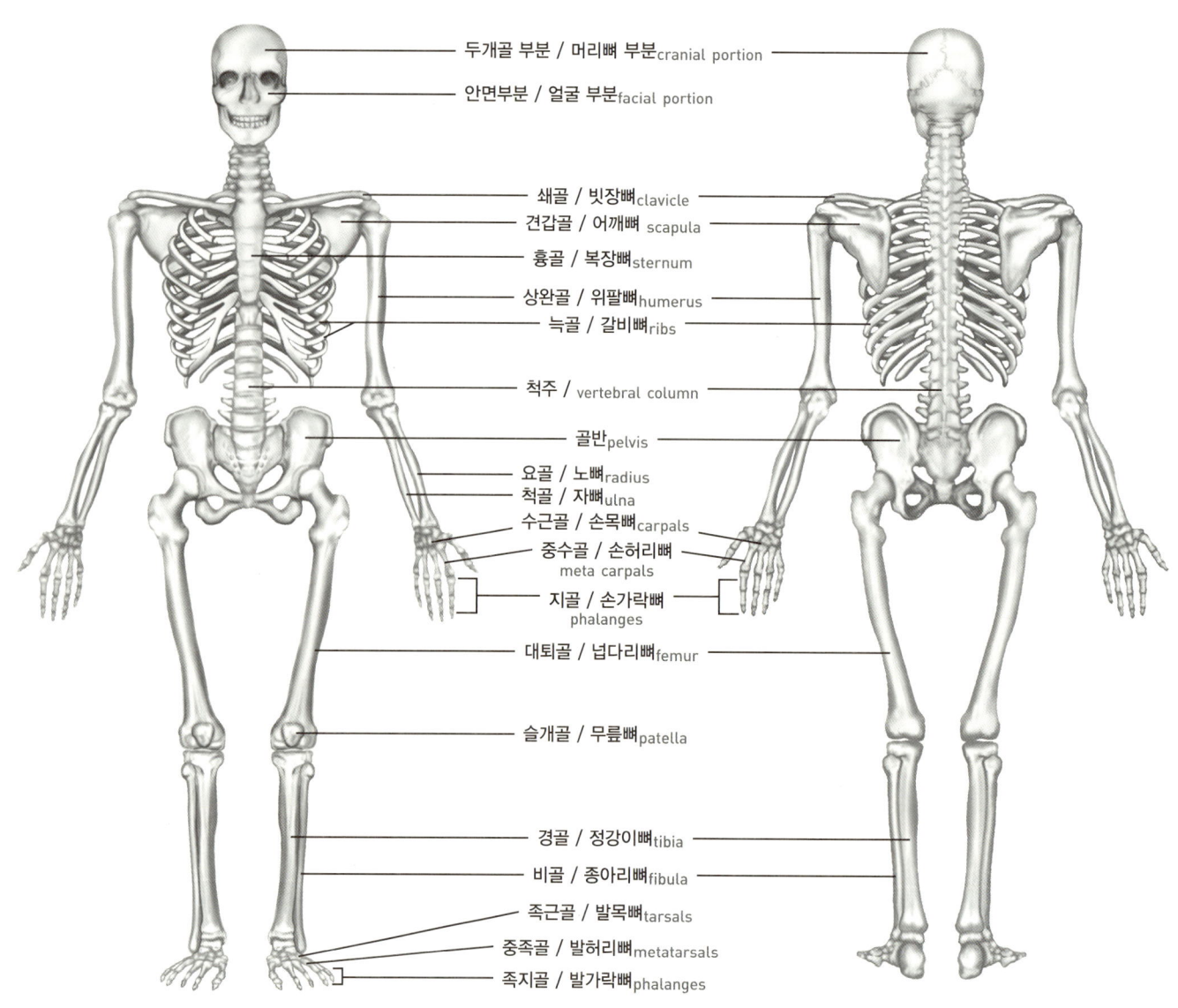

그림 8.1 인간의 골격 the human skeleton

골수라고 불리는 특별한 조직이 포함된다. 이러한 혈액 세포들은 산소를 신체 전체 조직으로 전달하는 역할을 한다. 마지막으로, 뼈는 주로 미네랄로 구성되기 때문에 식이 섭취율이 낮을 때 분해되어 신체에 미네랄을 제공할 수 있다. 대부분의 뼈는 이러한 일반화된 기능을 공유하지만, 각 뼈의 고유한 형태와 크기는 신체의 특정한 요구들을 담당하도록 도움을 준다.

뼈는 <그림 8.2>와 같이, 형태에 따라 다섯 가지 범주로 분류된다. 각 형태를 통해 뼈는 신체에서 특정한 방식으로 기능할 수 있다. 이러한 범주에는 다음이 포함된다.

1. 장골
2. 단골
3. 편평골
4. 불규칙골
5. 종자골

장골long bones은 너비보다 길이가 더 길며, 동작을 하는 데 중요하다. 다리, 팔, 손가락, 발가락 뼈가 장골의 예이다. 다리뼈는 선 자세에서 전신을 지탱해야 하기 때문에, 팔의 뼈보다 더 크고 더 강하다. 단골short bones은 작은 주

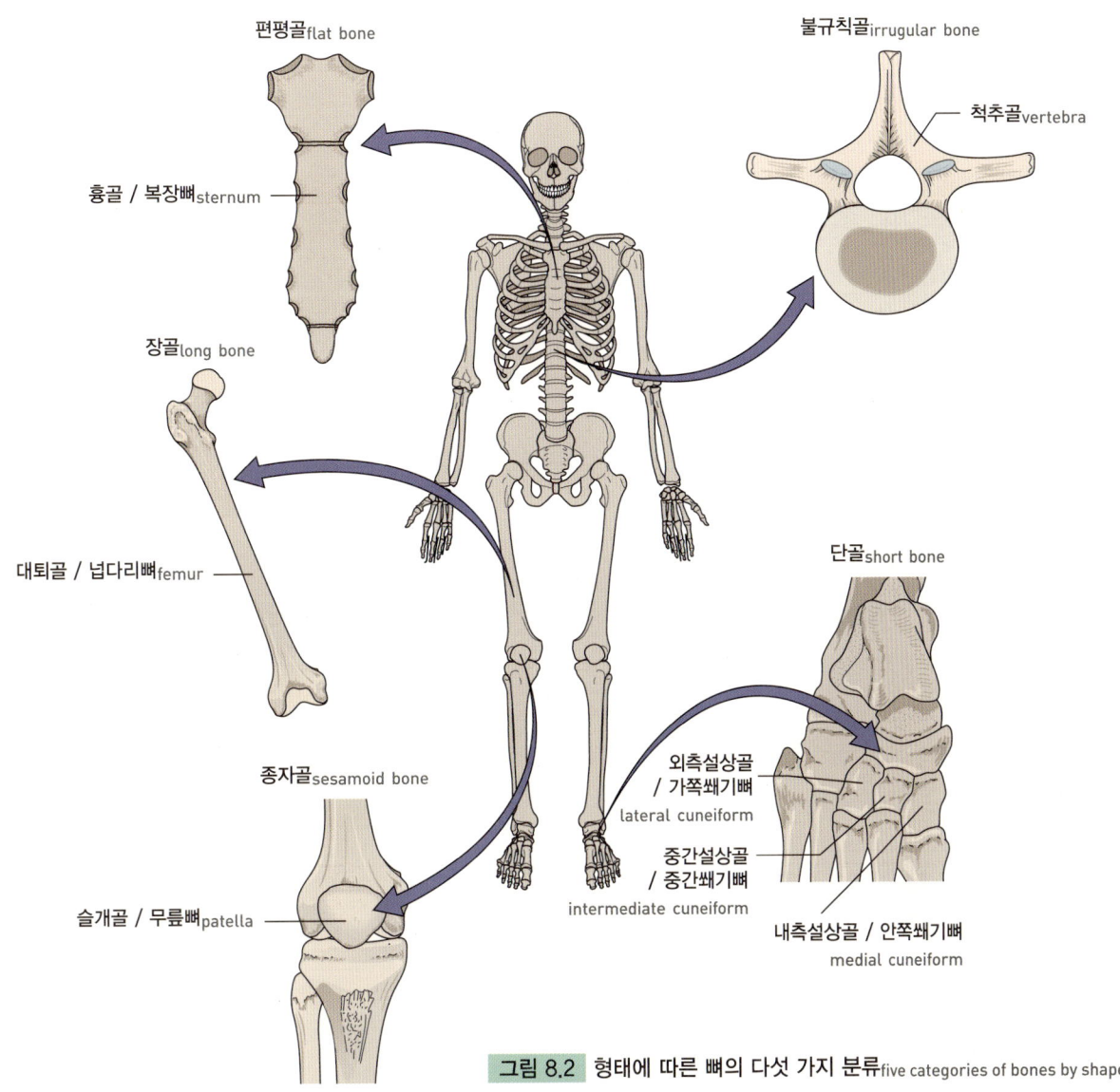

그림 8.2 형태에 따른 뼈의 다섯 가지 분류 five categories of bones by shape

사위 형태이다. 이들은 팔목과 발목에 위치하며, 복잡하고 자세한 동작을 할 수 있다. **편평골**flat bones은 보통 장기를 둘러싸며 보호한다. 예를 들어, 두개골을 형성하는 편평골은 뇌를 보호하며 갈비뼈는 폐를 보호한다. **불규칙골**irregular bones은 형태가 복잡하며, 앞의 어떠한 골 범주에도 속하지 않는다. 불규칙골의 형태는 특정한 목적에 전문화되어 있다. 예를 들어, 척추뼈는 척수를 보호하며, 캄브레camber부터 아라베스크arabesque까지 범위의 복잡한 동작에 사용된다. **종자골**ssamoid bones은 힘줄 내에 포함되기 때문에 독특하다. 이들은 힘줄을 보호하며, 힘을 덜 들이고 동작을 할 수 있게 도움을 준다. 슬개골은 종자골에 속하는 예이다. 엄지발가락 근처의 발 볼ball 부위 아래에는 두 개의 추가적인 작은 종자골이 위치해 있다.

뼈는 형태가 엄청나게 다양하지만 유사하며 복잡한 내부 구조를 공유한다. 대부분의 사람들은 박물관에서 또는 사진으로만 이러한 뼈를 볼 수 있다. 종종 당신이 보게 되는 뼈는 화석화된 것이다. 이들은 죽어서, 뻣뻣하며, 변하지 않는 것처럼 보인다. 이들은 미네랄 함량이 높기 때문에 뻣뻣하다. 상상하기 어려울 수 있지만, 뼈는 사실 식이 섭취, 신체의 요구, 신체에 대한 요구에 대한 반응으로 지속적인 변화를 겪고 있는 살아 있는 조직들이다.

뼈의 주요한 구조적 요소는 뼈의 내부 구조를 함께 지탱하는 **콜라겐**collagen(일종의 결합조직)과, 뼈에 강도와 강성을 제공하는 칼슘, 인, 마그네슘과 같은 미네랄이다. 뼈는 〈그림 8.3〉의 장골의 횡단면에서 볼 수 있듯이, 몇 개 층으로 구성된다.

관절연골articular cartilage이라 불리는 얇고, 미끌 거리는 특별한 결합조직 층은, 다른 뼈들과 접촉하게 되는 뼈의 끝 부분을 감싼다. 관절연골을 통해 뼈는 보다 원활하게 미끄러지듯 움직일 수 있다. 연골을 제외하고, 전체 뼈는 뼈에 강도와 강성을 제공하는, **치밀골**compact bone(피질골이라고도 불림)로 구성된, 딱딱하고 치밀한 겉껍질로 둘러싸인다. 치밀골을 둘러싸는 것은, 새로운 뼈를 만들어

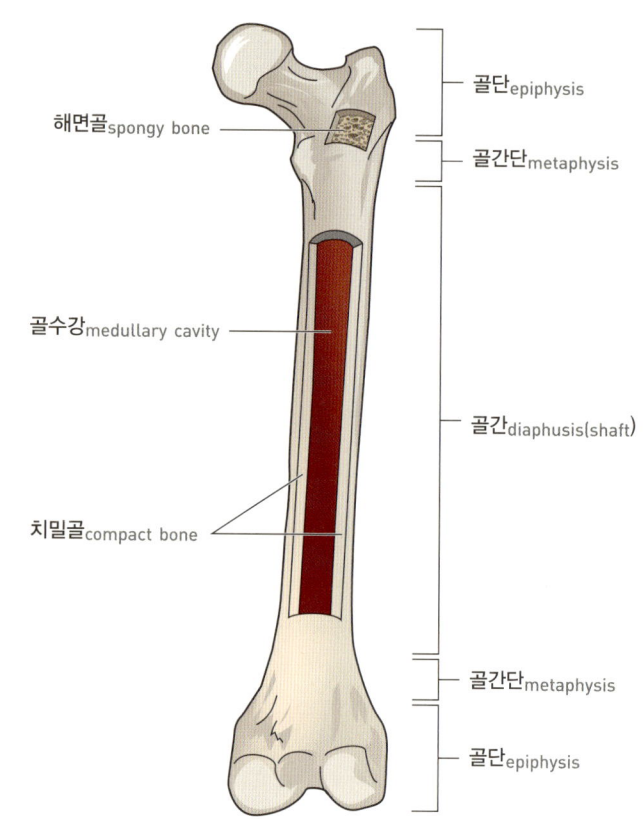

그림 8.3 장골의 횡단면 Cross-section of a long bone

내는 전문 세포들을 함유하고 있는 **뼈막**periosteum이라고 불리는 매우 얇은 막이다. 뼈막에는 뼈에 산소와 영양분을 제공하는 많은 혈관이 포함되어 있다. 내벽이 유사한, 골내막에는 뼈 안에, 수강이라는 열린 공간이 있다. 장골 끝에는 **해면골**cancellous bone(소주골이라고도 불린다)로 채워져 있다. 이러한 스폰지 같은 조직에는 뼈가 충격을 흡수하고 더 가벼워질 수 있게 해주는 열린 공간이 있다. 골격이 완전히 치밀골로 구성되었다면, 움직이기에는 너무 무거웠을 것. 수강과 해면골은 **골수**bone marrow라고 불리는 연한 지방조직으로 채워져 있다. 적골수는 새로운 적혈구를 만들어내는 기능을 한다.

장골에는 다음과 같은 두 가지 구별되는 영역이 있다. 딱딱한 치밀골로 구성된 자루 같은 **골간**epiphyses과, 주로 해면골로 구성된 뼈끝이 확장된, 골단. 이러한 두 영역은 **골단판**epiphyseal plates(성장판이라고도 불린다)으

로 구분된다. 아동기와 청소년기 동안 이러한 판은 뼈의 길이가 성장하게 하는 연골로 구성된다. 사춘기가 끝나가면서(15~25세 사이) 연골은 뼈로 대체되면서 성장판을 효과적으로 닫히게 만들고 높이가 더 성장하는 것을 막아준다.

약 25세 이후부터는 뼈의 크기가 성장을 멈추지만, 이들은 지속적으로 오래된 골조직이 골격으로부터 제거되며 새로운 조직을 통해 재활용 및 대체되는 재성형 remodeling이라고 불리는 일생의 과정을 겪는다. 아동기와 청소년기 동안, 새로운 뼈는 분해되는 속도보다 훨씬 더 빠르게 골화 ossification라는 과정을 통해 형성된다. 골화는 최대 골량에 도달할 때까지(최대 뼈 크기와 강도) 지속적으로 뼈의 분해 속도를 앞지르게 된다. 최대 골량의 약 90~95%는 여성의 경우 18세, 남성의 경우 20세까지 형성된다. 뼈는 18세 이후, 계속해서 경화되며, 밀도가 증가한다. 그러나 골화의 속도는 상당히 느려지며, 새로운 골형성은 본질적으로 30세 이후에는 중단된다. 따라서 청소년 무용수라면, 어릴 때에 강한 뼈들을 구축해야 한다. 뼈의 건강을 은퇴 계획으로 간주해보자. 당신이 어릴 때, 골화의 과정이 매우 빠를 때, 골조직을 구축하고 뼈 안에 미네랄을 쌓아두어야, 30세가 지나면 최대 골량에 도달하게 되어, 나머지 인생 동안 강한 뼈를 유지할 수 있다.

역량강화하기

단단한 뼈 만들기

단순하며 실용적인 전략들을 통해, 뼈 건강을 책임질 수 있다. 특정 비타민, 미네랄과 같이, 뼈가 요구하는 영양분을 비롯하여, 자신의 식이요법이 견고한 영양분 정보를 바탕으로 하는지 확인하자. 시즌 사이, 무용을 하지 않는 시기 동안에도 활동적으로 신체를 사용하자. 흡연자라면, 금연에 도움을 줄 프로그램을 찾아보자. 커피, 차, 카페인이 함유된 청량음료를 포함하여, 매일의 카페인 섭취량을 제한하자. 당신이 오늘 개발하는 습관들은, 나머지 인생에서 당신의 뼈 건강에 큰 영향을 미칠 수 있다.

골형성을 향상시키는 요소들
Elements that enhance bone formation

유전, 환경 요인들을 포함한 많은 요인들은 뼈건강에 영향을 미칠 수 있다. 뼈의 크기, 강도, 질을 결정하는 데에는 주로 유전학이 관여하지만, 식이, 신체활동과 같은 환경적 요인들 또한 뼈 성장과 발달에 영향을 미친다. 당신은 아동기와 청소년기 동안의 골형성을 향상시키기 위해, 식이 섭취, 에너지 가용성, 신체활동을 비롯한 이러한 많은 환경적 요인들을 수정할 수 있다.

비타민과 미네랄 Vitamins and Minerals

뼈는 주로 칼슘과 인산 미네랄로 구성된다. 신체의 약 98%의 칼슘과 약 90%의 인이 뼈에 저장되어 있다. 식이를 통한 섭취가 불충분하여, 혈액에서 칼슘 공급이 부족하게 되면, 신체는 뼈에 저장된 칼슘을 가져올 수 있다. 너무 많이 가져오게 되면, 뼈를 약하게 할 수 있으며, 따라서 스트레스에 취약하게 만들어 골절을 야기할 수 있다.

모든 연령대의 칼슘 섭취는 매우 중요하다. 청소년 무용수의 경우, 혈액 내 충분한 칼슘 공급을 위하여, 일일 1,300mg의 칼슘을 섭취해야 한다. 비타민 D는 뼈 건강에서 중요한 역할을 하는 또 다른 미량영양소이다. 뼈 건강에서 중요한 역할을 하는 그 밖의 중요한 비타민은 비타민 A, C, K이다. 비타민 A는 조골세포라고 불리는, 골형성 세포 발달에서 그리고 칼슘 섭취와 대사 과정에서 중요한 역할을 한다. 낮은 비타민 A 수치는 취약할 골성장 및 골절 위험 증가와 연관된다. 비타민 C 또한 건강한 뼈에 중요하다. 비타민 C는 콜라겐 형성에 도움을 주며, 골형성 세포를 자극하며, 칼슘 섭취를 향상시킨다. 비타민 K는 연골, 결합조직, 뼈의 성분인, 콜라겐 생산에 기여한다.

뼈 건강에 중요한 역할을 하는 미네랄은 인, 칼륨, 마그네슘, 아연, 망간이다. 종종 식이를 통해 적절하게 섭취되는 인은, 연한 유골의 광화에서 하는 역할 때문에, 뼈 건강에 영향을 미친다. 칼륨 또한 뼈 건강에 영향을 미친다. 칼륨은 섭식 장애가 있는 무용수들에게 핵심적인 미네랄이다. 식이를 통해 적절하게 섭취하지 못하면, 골손실과 심장 문제가 일어날 수 있다. 따라서 무용수들은 식이에 충분한 과일과 채소, 콩과 식물을 포함시켜, 적절한 칼륨 섭취를 할 수 있도록 해야 한다. 마그네슘 또한 뼈 건강을 지지하는 데 중요한 역할을 한다. 마그네슘은 칼슘 흡수 및 대사에 중요하며, 골량 보존에 도움을 준다. 따라서 심장 및 그 밖의 신체 부위로의 신경 충동 전도를 위해서 필요하기 때문에, 식이를 통한 적절한 마그네슘 섭취는 중요하다. 골 대사에서, 아연은 콜라겐 단백질 생산에 필요하며, 또한 재생되어 닳은 골 단백질 조각들의 성능을 저하시키는 효소 생산에 필요하다. 적절한 칼슘 섭취와 뼈 치료에서도 아연이 중요하다. 아연과 같이, 망간은 뼈 건강에 심오한 영향을 미칠 수 있는 미량 원소이다. 최근 연구에서는 골 연골, 골 콜라겐, 골 광화 형성에 있어서 망간의 특별한 역할을 암시하였다. 골다공증은 칼슘과 그 밖의 미네랄 성분 손실로 인해, 뼈가 약해지고, 구멍이 생기며, 부스러지게 되는 질환이며, 골절이 훨씬 더 많이 발생한다. **골다공증**osteoporosis은 진행성 질환이며, 골손실이 초기 증상 없이 일어나기 때문에, 종종 조용한 도둑이라고도 칭해진다. 검진 및 의학적 검사를 통한 골손실의 조기 발견이 중요하다. 결과는 골 강도 증가 및 낮은 골절 위험에 초점을 맞춘 식이 및 운동에서 변화를 초래할 수 있다. 비타민과 미네랄 출처에 관한 추가 정보와, 이들이 신체에서 어떻게 사용되는지에 대한 정보는 7장을 참조하자.

호르몬 Hormones

다양한 **호르몬**Hormones은 뼈의 대사 활동을 조절하거나 이에 영향을 미친다. 칼슘을 조절하는 세 가지 호르몬은 건강한 뼈 생산에서 매우 중요하다. 부갑상선 호르몬parathyroid hormone은 칼슘 수치를 유지하고, 뼈의 분해와 형성을 모두 자극한다. 게다가, 칼시트리올calcitriol(비타민 D 유래 호르몬)은 칼슘과 인을 충분히 흡수할 수 있도록 장을 자극하며, 뼈에도 직접 영향을 미친다. 마지막으로, 칼시토닌calcitonin은 뼈의 분해를 억제하며, 혈액 내에서 과도하게 높은 칼슘 수치를 막아준다.

칼슘을 조절하는 호르몬과 함께 성 호르몬도 수치 변동에 따라 골 미네랄 농도에 직간접적인 영향을 미친다고 알려져 있다. 여성 호르몬 에스트로겐과 남성 호르몬 테스토스테론은 모두, 뼈 건강과 발달에 직접적인 영향을 미친다. 아동기 및 사춘기 초기 동안 난소에서 생산된 에스트로겐은 뼈 건강을 높일 수 있다. 집중적 운동과 칼로리의 제한으로 인해 무용수의 체중이 낮다면 이러한 과정은 손상될 수 있다. 특히 섭식 장애가 있는 청소년 무용수에게는 매우 영향을 미칠 수 있다. 때로 마른 몸을 강조하는 미학이 무용수에게 강요되기도 하며, 이는 극심한 다이어트와 체중 감량 요법을 초래할 수 있다. 결과적으로 연령대에 따라 원발성 무월경으로 알려져 있는 초경 지연 형태의 월경 장애가 야기될 수 있다. 속발성(2차) 무월경은 3개월 이상 월경이 없는 것을 말하며, 희발월경은 기간 동안 월

스스로 진단하기

뼈 건강에 대한 인식

당신은 나중에, 뼈가 약해지고 골다공증이 있을 위험이 있는가? 당신은 현재 이러한 질환이 발생할 가능성을 인식하기 위한 조치를 취할 수 있는가? 첫째, 골다공증의 가족력이 있는지 알아보자. 가족 내에 이러한 질환이 있는지 알아보기 위해서는, 생물학적 조부모에 관한 정보부터 시작하자. 그들이 골다공증이 있는가? 둘째, 당신이 월경 지연 또는 불규칙을 경험한 여성이라면, 의사와 면담하라. 이 질환은 식이 또는 호르몬 이유가 있을 수 있다. 월경 지연은 칼슘 흡수에 필요하며, 따라서 골건강에 중요한 에스트로겐 부족과 관련이 있다. 셋째, 아동기에 골절이 있었거나, 현재 피로골절을 앓고 있는가? 이러한 질문에 대한 답은 골 문제의 경고 신호가 될 수도 있다. 자신의 잠재적 문제에 대해 더 잘 알수록, 지금부터 문제를 막을 수 있다.

Dancer Wellness

경이 드물게 이뤄지는 것을 말한다. 청소년기 동안 최대 골량은 이러한 상황에서 감소하게 된다. 특히, 아동기에 집중적인 훈련을 시작한 무용수들에게 자주 볼 수 있는 지연 초경이, 척추 구조에서 골성장에 영향을 미치며, 척추 측만증 발달 위험을 높인다는 것을 근거들에서 보여준다.

신체활동 Physical Activity

신체활동은 뼈 건강에 중요한 역할을 한다. 특히, 골형성은 부착된 근육의 당김pull과 밀도에 의해 결정되며, 뼈의 강도는 주로 신체활동의 기계적 스트레스에 의해 영향을 받는다. 뼈는 골화를 높임으로써 신체활동의 스트레스에 반응하며, 따라서 골 미네랄 농도를 증가시킨다. 무용과 같은 고충격 활동들은 뼈의 성장을 자극하도록 기계적 스트레스를 제공한다. 반대로, 골격에 스트레스가 거의 또는 전혀 적용되지 않는다면, 골분해 속도가 증가하게 된다. 예를 들어, 우주비행사는 무중력 환경에서 단 5개월 거주하는 것만으로도 골 미네랄 농도의 10%까지 잃을 수 있다. 휴식이 충분하지 않거나, 활동을 하지 않는 시간이 많다면, 신체에 유사한 피해를 주며, 빠르게 골 강도를 감소시킬 수 있다.

대부분의 무용 활동은 하지, 골반, 다리의 뼈에 스트레스를 준다. 따라서 골 강도와 밀도는 척추와 상지에 비해 하지에서 더 발달한다. 전신의 골 밀도를 높이고, 신체 모든 뼈를 강화시키기 위해서, 무용수들은 상지에 영향을 미치는 활동들과 교차로 훈련을 해야 한다. 체조, 무술, 배구, 웨이트, 저항 밴드를 통한 근력 훈련은, 전신의 골 밀도를 향상시키는 것으로 보이는 활동들의 예이다. 컨디셔닝과 크로스-훈련에 관한 더 많은 정보는 3장을 참조하자.

골 미네랄 밀도를 감소시키는 요소들
Elements that Diminish Bone Mineral Density

무용수들은 종종 뼈 건강에 대한 신체 훈련의 이익을 상쇄시킬 수 있는 활동들에 참여한다. 식이 장애 패턴과 연관된 불충분한 칼로리 및 영양분 섭취는 낮은 체중을 초래한다. 흡연, 높은 카페인 및 알코올 섭취, 일부 약물은 골 미네랄 밀도에 부정적 영향을 미칠 수 있다. 이러한 요인들을 통제하는 것은 뼈 건강 향상에 중요하다. 골 밀도에서의 작은 변화는 골 질환과 골절의 위험을 상당히 감소시킬 수 있다.

장기적인 기간 동안의 에너지 제한은 사춘기 동안의 월경 지연 및 불규칙과 같은 건강 문제를 초래한다. 체중이 너무 낮으면 인체의 조절 체계가 손상되어 불충분한 골성장 및 골 약화를 초래할 수 있다.

낮은 칼로리 섭취는 보통 골형성 및 재형성 과정에 중요한 그 밖의 비타민 및 미네랄 양이 충분하지 못하게 된다. 따라서 격렬한 훈련 요법에 참여하며, 영양 섭취를 제한하는 무용수들은 골 미네랄 밀도가 감소할 위험이 높으며, 골절 위험도 증가된다. 식이 장애가 있을 가능성이 있거나 이미 있는 무용수들은 골건강 손상에 가장 취약하다.

스트리트 댄스에서 무게를 견디기 위해 팔을 이용한 춤 실력은 상지에 골밀도를 형성하는데 도움을 준다.

사진제공: 제이크 펫Jake Pett

일부 질환은 의학 질환 자체로 인해 또는 질환을 위해 처방된 약물 때문에 골건강에 영향을 미친다. 비정상적으로 높은 혈당 수치와 관련된 만성 질환인 당뇨병(제 1형과 2형)은 뼈 건강에 영향을 미칠 수 있는 질환이다. 또 다른 예는 비정상적으로 낮은 체중을 초래하는 과도한 다이어트가 특징이 되는 복잡한 식이 장애인, 신경성 식욕 부진anorexia nervosa이다. 글루코코티코이드의 사용(종종 천식과 관절염 치료에 사용됨)은 골질환의 원인인 것으로 사용되었다.

흡연은 무용수로서의 당신의 건강에 악영향을 미칠 수 있다. 뼈 건강과 관련하여, 흡연은 다양한 방식으로 골 미네랄 밀도를 감소시킨다. 그 중에서도, 흡연은 체내 칼슘 흡수량을 낮추고, 비타민 D 처리를 변경시키며, 건강한 뼈 분해 및 형성 과정에 필요한 에스트로겐 및 그 밖의 호르몬 대사에 영향을 미침으로써, 뼈 건강에 간접적인 영향을 미칠 수 있다. 흡연은 또한 골세포에 직접적인 독성 영향을 미칠 수 있다. 당신이 무용수라면, 전반적인 건강을 향상시키고, 최적의 성과에 도달할 수 있도록 금연을 할 것을 매우 권고한다. 연구에서는 금연이 부분적으로 뼈 건강에 미치는 흡연의 부정적 영향을 반전시킬 수 있음을 보여주었다. 유사한 이유로, 높은 알코올 섭취량은 골 재형성 과정을 저해할 수 있으며, 뼈를 약하게 하고, 나중에는 피로골절에 취약하게 만들 수 있다. 따라서 무용수의 건강을 위하여 알코올 섭취를 낮출 것을 권장한다. 학교에 이러한 습관적 행동에 변화를 주는 데 도움을 줄 수 있는 상담 센터가 있는지를 확인해보자.

골형성을 향상시키는 신체 활동
Physical Activities that Enhance Bone Formation

신체활동은 뼈 건강에 중요한 역할을 한다. 신체활동은 청소년기 동안 최대 골량에 영향을 미칠 수 있으며, 모든 연령대에 보호적 영향을 미친다. 연구에서는 아동기와 청소년기에 골량과 강도를 최대화할 수 있다는 점을 알 수 있다. 이러한 기간 동안의 운동, 특히 체중 부하 운동과 근육 강화 활동은 단기간 동안 골 강화를 증가시키며, 지속된다면, 청소년의 최대 골량을 더 높일 수도 있으며, 노년의 골절 위험도 감소시킬 수 있다.

최근의 과학적 증거를 기반으로 한 다음의 운동 지침은, 노년의 골다공증 발생 위험을 낮추고, 골형성을 향상시키는 데 도움을 줄 수 있다.

> 골밀도는 다양한 신체활동 동안 생성되는 힘에 의해 생기는 기계적 스트레스의 영향을 받는다. 뼈는 더 많은 칼슘을 저장하여 더 강력해지게 함으로써, 뼈에 가해지는 기계적 스트레스에 직접 반응한다. 예를 들어, 테니스 선수의 경우, 주로 사용하는 쪽 팔뼈의 골밀도가 증가할 가능성이 가장 크다. 달리기 선수와 무용수들은 하퇴골의 골밀도가 증가하는 것을 보여준다.

> 연구에서는 골량 증가를 위해서, 일반적으로 뼈가 경험하는 것보다, 이러한 기계적 스트레스가 더 커야 할 필요가 있음을 보여준다. 따라서 체중 부하 활동 동안 부하량의 증가는 잦은 간격으로 이루어져야 한다. 예를 들어, 무용수들이 보충 활동에 웨이트 훈련을 포함시킨다면, 무게는 시간에 따라 점차 증가되어야 한다.

> 점프하기, 조깅, 하이킹과 같은, 고충격, 고강도의 체중부하 활동은 강한 뼈를 발달시키고 유지하는 데 이익이 되는 것으로 증명되었다. 다행히도, 점프하기는 항상 무용 테크닉 수업에 포함된다. 증거를 통해 5~10분의 점프라도 골량을 증가시킬 수 있음을 알 수 있다. 골량을 좀 더 증가시키기 위해서, 오른쪽으로의 점프 시퀀스에는 항상 왼쪽에서의 반복 동작을 필요로 한다. 조깅, 계단 오르기와 같은, 고강도 체중부하 활동을 통한 교차 훈련은, 심혈관 체력과 골밀도를 모두 향상시킬 것이다. 이러한 활

Dancer Wellness

동을 적어도 30분 이상, 주 5일 포함시키는 것을 목표로 해야 한다.

> 신체활동은 활동에 의해서 스트레스를 받거나 부하를 받는 골격 부위에서만 뼈에 영향을 미치기 때문에, 무용수들은 보통 무용 테크닉 수업에서는 강조되지 않는 체중부하 활동들을 자신의 훈련 요법에 포함시킬 필요가 있다. 점프는 항상 일반적인 무용 수업 구조에 속하며, 충격을 전하는 어떠한 활동과 같은 효과가 있는 것으로 증명되었기 때문에, 상지의 뼈에 스트레스를 주는 체중부하 활동을 통합하는 것이 도움이 된다. 완전한 요법에 상지만을 포함시켜야 할 것이라고 말할 수는 없으며, 여기에는 전신의 뼈에 스트레스를 주는 활동이 포함되어야 한다. 필라테스, 요가, 태극권 수업은 뼈와 근육을 더 강하게 해줄 뿐 아니라, 균형, 조정, 자세, 유연성을 향상시키고, 스트레스와 불안을 감소시켜준다.

> 지구력 활동은 근육량과 강도, 균형, 조정을 증가시킴으로써, 골격 건강에서 여전히 중요한 역할을 한다. 이러한 기술과 특징들은 이미 기법 향상에 중요한 문제들이다. 그러나 특히 스트레스를 받거나, 영양 결핍이 있거나, 탈수 상태이거나, 피로한 경우, 수업과 리허설 동안의 골절 위험도 여전히 존재한다. 따라서 훈련 세션 동안 낙상을 예방하기 위한 조치를 취함으로써, 뼈 건강을 보호해야 한다. 충분한 휴식을 취하고, 영양분을 적절하게 섭취하며, 유산소 체력을 적절하게 유지한다.

> 질병에 걸린 기간 동안, 또는 부상 후 회복 기간 동안의 활동 부족은, 골 손실을 초래한다.

따라서 손상된 신체 부위에 스트레스를 주지 않고 할 수 있는 매일의 체중 부하 동작들을 꾸준히 하여야 한다. 예를 들어, 발목 염좌라면, 서 있기 또는 부상을 입은 다리를 사용하지 않는 동작을 수행할 수 있다. 팔과 부상당하지 않은 다리를 위한 탄성 밴드 사용 또는 앉아서 웨이트 들기 등이 좋은 예이다.

인간의 골격은 부상으로부터 보호하고, 운동성을 높이기 위한 틀을 신체에 제공한다. 신체 내 206개의 각각의 뼈는 일생 동안 기능을 더 잘 수행하기 위해서 크기와 형태가 변화한다. 비록 뼈는 신체의 뻣뻣한 구조를 구성

탭댄스의 인상적인 스텝은 하지의 골밀도를 높여준다.

제이크 펫Jake Pett 사진제공

Part III 무용 웰니스의 기능적 요소 | 141

하지만, 그 전체적 구조는 신체에 운동성을 제공한다. 뼈의 건강을 유지하는 법을 인지하는 것도 매우 중요하다. 아동기, 청소년기, 초기 아동기 동안 최대 골량을 최적화하는 것은, 무용수 경력 동안 장기적인 피로골절 예방 효과를 제공할 수 있다. 개인 맞춤 건강 계획을 설계할 때, 뼈 건강에 기여하는 이러한 지침들을 고려해보아야 한다.

> 충분한 칼로리, 영양분과 함께 균형이 잘 잡힌 식이를 섭취한다. 균형이 잘 잡힌 식이 유지에 관한 더 많은 정보는 제 7장을 참조하자.
> 1컵의 우유 또는 요거트, 30그램의 딱딱한 치즈, 60그램의 부드러운 치즈와 같이, 저지방 또는 무지방 유제품을 하루 3회 이상 섭취함으로써, 골내 칼슘량을 높인다. 비건(채식주의) 무용수의 경우, 시금치, 두부, 브로콜리, 케일, 풋콩, 무화과, 오렌지, 강화 시리얼, 아몬드와 같이 칼슘 함량이 높은 식품을 섭취한다. 당신과 의사가, 칼슘 보충제가 필요하다고 결정하였다면, 칼슘 섭취에 도움을 주는 비타민 D를 함유한 음식을 선택한다.
> 매일 적어도 15분간 햇빛에 노출되게 한다. 더불어 식단에 연어, 참치 통조림, 송어, 고등어, 계란 노른자, 강화우유(fortified milk), 오렌지 주스, 시리얼과 같이 비타민 D가 함유된 음식을 포함시킨다.
> 체중이 낮거나 식이 장애가 있는 무용수들은 뼈 건강을 보호하기 위해서 영양사나 의사의 조언을 구해야 한다. 게다가 월경이 규칙적이지 않다면 의사와 상담해야 한다. 6개월간 월경이 없었거나, 1년 동안 불규칙했다면, 의학적 도움을 구해야 한다.
> 하루 1컵의 커피로 카페인 섭취를 제한한다. 흡연을 피하고 알코올 섭취를 제한한다. 질병이 있거나 뼈 건강에 영향을 미칠 수 있는 약물을 섭취하고 있다면, 의사로부터 도움을 구한다.
> 신체활동은 뼈 건강에 중요한 역할을 한다. 골량을 증가 또는 유지시키는 데 가장 유용하기 때문에, 주 3~5회 충격이 이뤄지는 활동들을 포함시켜야 한다. 체중부하 활동은 신체 여러 부위의 체중 부하를 높임으로써, 주 2~3회 훈련 요법에 포함시켜야 한다. 고강도 심장 운동 또한 훈련 요법에 포함되어야 한다. 활동 부족은 골 손실을 야기한다. 부득이하게 활동을 할 수 없는 경우라면, 매일 짧은 체중부하 동작이라도 골 손실을 감소시키는 데 도움을 줄 수 있다.

건강한 뼈는 무용수로서의 전반적인 건강에 중요하다. 어떻게 먹고, 휴식을 취하고, 움직이는가는 뼈의 건강과 발달에 기여한다. 식이 장애는 특히 아동 및 청소년기의 뼈에 좋지 않다. 관절에 관한 다음 절을 읽으면서, 계속해서 골격 건강 향상을 위해 개인적인 습관이 어떻게 향상될 수 있는지에 관해 생각해보자.

목표 설정하기
뼈 건강 향상

매일의 식품 및 음료 섭취에 대해 생각해보라. 당신은 뼈 건강에 필요한 영양분을 충분히 섭취하고 있는가? 칼슘과 비타민 D를 충분하게 확보하기 위해서 식이에 무엇을 추가할 수 있는가? 앞으로 몇 주 동안, 당신의 영양분 섭취를 모니터하고, 당신의 일일 식이 계획에 필요한 식품 및 음료가 충분하게 포함되어 있는지를 확인하기 위한 목표를 세우자. 둘째, 충분한 체중 부하 운동, 특히 상지 운동을 하지 않고 있다면, 컨디셔닝 계획에 이러한 운동들을 추가하는 것을 하나의 목표로 삼자.

관절 구조 Joint Structure

뼈는 신체의 단단한 구조적 지탱을 제공해주며, 신체를 위한 틀을 제공하고, 목적이 있는 동작을 할 수 있는 다양한 방법으로 서로 결합되어 있다. 그러나 뼈는 스스로 동작을 형성할 수 없다. 무용을 포함한 모든 인간 활동은 무용 활동을 위해 관절을 최적으로 움직이기 위하여, 뼈, 근육, 결합조직의 효과적인 상호작용에 의존한다.

관절의 구성 성분 Components of Joints

근육은 힘줄이라고 불리는 전문화된 결합조직을 통해 서로 뼈를 연결시키며, 근수축은 뼈를 움직이는 데 필요한 힘을 제공한다. 동작 자체는 관절이라 불리는, 뼈 사이의 결합에서 일어난다. 신체에는 많은 유형의 관절이 있다. 일부는 많은 움직임을 허용하며, 일부는 거의 어떤 동작도 허용하지 않으며, 안정성 및 충격 흡수를 담당한다. 가장 큰 가동 범위를 허용하는 관절은 **윤활관절**synovial joints(또한 가동관절)이라고 불린다.

윤활관절에서 뼈는 서로 직접 연결되지 않는다. 그러나 이들 사이에 관절 윤활과 영양분 제공을 위한 액체로 채워지고 황액막으로 둘러싸인 관절강이라고 불리는 작은 공간이 있다. 이러한 **윤활액**synovial fluid은 계란 흰자와 농도가 유사하며, 체온 변화에 반응한다. 신체가 휴식 상태이면, 액체가 걸쭉해지며, 가동범위가 감소한다. 신체 준비운동은 심박수, 근육 온도, 신체 코어 온도를 높인다. 게다가 윤활액을 묽게 만들어, 관절에 저항이 덜한 움직임을 가능하게 한다. 어떠한 신체활동 전 간략한 준비운동은 이러한, 또는 많은 다른 이유로 도움이 된다.

관절강 내에서, 관절을 이어주는 뼈의 끝은 **연골**cartilage로 덮여 있다. 연골은 뼈가 서로 원활하게 미끄러질 수 있게 하며, 서로 직접 맞대어 문질러지지 않도록 하는 단단하고 미끄러운 조직층이다. 건강한 연골은 윤활액이 충분하고 지구력이 있으며 지구력이 있고 충격 흡수를 위해 다소 탄력이 있다.

뼈의 끝을 감싸는 연골뿐 아니라, 일부 관절들은 관절을 안정화하고 충격을 흡수하는 데 도움을 주기 위해, 그 안에 전문적인 구조가 포함된다. 이러한 구조에는 와순(고관절과 어깨에서 관찰됨)과 무릎의 반달연골이 포함된다. 이러한 구조는 모두 관절의 안정화에 더하여, 뼈가 서로 잘 맞도록 도움을 준다. 관절강 외부에 위치한 점액낭은 관절 주변의 힘줄을 보호한다. 이들은 마찰을 줄이고, 힘줄이 뼈를 통과하면서 자극을 받지 않게 하는 전문적인 패드와도 같다.

대부분의 관절의 뼈 구조는 뼈를 서로 직접 결합해주는 전문적인 결합조직인, 인대에 의해 강화된다. 인대는 관절을 안정화시키기 위해서 가동 범위를 제한하는 강력한, 비탄성의 조직 밴드이다. 무릎은 관절을 안정화시키기 위해 주로 인대에 의존하는 관절의 한 예이다.

관절 유형과 관절이 기능하는 방식 Types of Joints and How they function

일부 관절은 다른 관절들보다 더 자유롭게 움직이며, 일부 관절은 다양한 방향으로 움직일 수 있는 반면, 다른 관절들은 행동을 제한하기도 한다는 점을 알아챘을 수도 있다. 팔꿈치로 가능한 동작들을 고려해보자. 팔꿈치를 구부릴 수 있으며(굴곡), 뻗을 수도 있다(신전). 이제 어깨를 생각해보자. 어깨 관절은 사실상 모든 방향으로 동작을 가능하게 한다. 가동 범위에서의 이러한 차이는 주로 뼈 구조와 이들이 서로 얼마나 잘 맞는지에 달려 있다. 윤활관절은 관절의 형태와, 관절에서 허용된 가동범위에 따라 분류된다. 6가지 유형의 윤활관절에 대해서는 2장을 참고하자.

윤활관절에 더하여, 신체에는 두 가지 다른 유형의 관절이 포함된다. 섬유관절과 연골관절. **섬유관절**fibrous joints은 거의 또는 전혀 동작이 불가하다. 이러한 유형의 관절은 두개골의 뼈를 함께 지탱하며, 뼈를 연결하고 강화시키는 역할을 한다. 예를 들어, 상완의 두 개의 뼈는 **골간막**interosseous membrane이라 불리는 전문적인 섬유관절을 통해 함께 지탱된다. **연골관절**cartilaginous joints은 충격을 흡수하는 역할을 한다. 척추뼈 사이의 디스크는 이런 식으로 기능을 하며, 척추에서의 움직임을 증가시킨다.

관절의 많은 기능과 안정성은 뼈의 형태를 통해 정해지지만, 그 밖의 요인들 또한 관절에서 허용된 가동 범위에 영향을 미친다. **관절 안정성**joint stability은 관절의 가동 범위 또는 위치를 통제하는 능력이다. 아라베스크 턴과 립 leap 동작에는 동작의 명확성과 형태 유지를 위해서, 또한 불안하지 않게 스텝을 실행하기 위해서 다양한 관절의 통제가 필요하다. 관절을 적절하게 통제하지 않는다면, 아라베스크 턴 동작에서 발이 떨어지거나, 립 동작 착지 시 발목이 뒤틀릴 수 있다. 무용 수업에서 근육은 강화되며 관절 안정성이 향상될 수 있도록 신경근 통제가 발달하지만, 무용수들은 또한 극단적인 가동범위로 동작을 수행하도록 장려된다. 극단적인 가동범위는 많은 무용 형태에서 요구되기 때문에, 무용수들은 유연성을 높일 수 있게 자주 스트레칭을 한다. 가동범위는 많은 요인들에 의해 제한될 수 있다. 당신은 스트레칭과 훈련을 통해 이러한 일부 요인들을 안전하게 바꿀 수 있지만, 가동 범위에 대한 그 밖의 제약은, 신체 조직에 손상을 초래하지 않고 바뀔 수는 없다.

관절 안정성과 운동성은 연관되어 있으며, 안정성이 증가하면 가동범위가 감소하는 결과를 낳으며, 과도하게 이동하는 관절은 안정화되기 어려울 수 있다. 안정성과 운동성 사이의 관계는, 뼈와 관절 구조, 인대 길이, 근육 길이, 근육의 신장성, 관절낭의 기밀성tightness을 비롯한 많은 요인들에 의해 영향을 받는다. 이러한 모든 요인들은 아니지만, 일부 요인들은 시간이 지나면서 변화하여, 가동범위 증가를 야기한다.

관절의 골구조는 동작을 제한할 수 있으며, 구조와 안정성을 제공한다. 예를 들어, 고관절에 체중이 부하되면, 중력이 대퇴골 윗부분을 비교적 심부의 절구socket, 관골구까지 압박한다. 이러한 뼈는 선 자세로 뼈가 잘 맞을 수 있도록 구성되며, 위치가 정해진다.

관절의 움직임은 또한 인대, 근육과 같은 연조직에 의해 제한될 수 있다. 짧은 인대는 뼈가 제 자리에 단단히 붙어 있도록 지탱하며, 관절의 온전성을 보호한다. 부정확한 스트레칭이나 부상으로 길게 늘어진 인대는 본래의 길이로 되돌아가지 않으며, 따라서 관절의 안정성은 위태로워진다. 이러한 신장elongation을 경험하였다면, 반복적인 부상의 위험이 있을 수 있다. 일부의 경우, 인대의 느슨함을 보완하기 위해서 관절 주변의 근육을 강화시킬 수 있다. 곡예사와 같은 사람들은 매우 긴 인대가 타고났으며, 이들은 관절을 보호하고 안정화하도록 적절한 근력을 발달시키는 것이 중요하다.

근육이 스트레칭을 하고 길게 신장시키는 능력을 근육의 신장성이라고 부른다. 대부분의 근육은 휴식기의 길이보다 1.5배 더 신장시킬 수 있다. 짧고 긴장된 근육은 신장성을 향상시키도록 훈련이 될 수 있다. 이러한 유연성의 향상에는 부드러운 30초간의 스트레칭이 필요하며, 최적의 효과를 위해서, 세 번 반복해야 한다. 유연성 훈련에 관해서는 3장에서 좀 더 알아볼 수 있다.

일부 관절은 전체 관절낭이 이동하지 않기 때문에 긴장되어 있다. 이러한 부동성immobility은 회복을 위해 관절을 움직이지 않아야 하는, 부상 이후에 일반적이다. 관절낭의 이동은 종종 특정 부상 유형 이후 재활 과정의 일부가 된다.

각 관절에서 정상 가동 범위에 대한 기준은 일반 인구를 대상으로 확립되었지만, 연구자들은 여전히 무용수들에게 특이적인 정상 및 최적의 범위를 조사하고 있다. 유전은 가동 범위가 안전하게 증가할 수 있는 정도를 결정하는 데 큰 역할을 한다. 어떤 사람들은 잘 신장되지 않는 짧고 긴장된 근육을 타고났다. 이러한 무용수들은 관절이 매우 안정적이라는 이점이 있으며, 이는 큰 점프와 같은 고충격 작업 및 파트너 작업에서 바람직하다.

다른 무용수들은 극단적인 가동 범위까지 쉽게 움직일 수 있는 관절을 갖고 있다. 이러한 무용수들은 과운동성 증후군이라 불리는, 관절의 과운동성이 나타날 수 있다. 이들은 구조적으로는 일반적인 가동 범위를 가진 사람들과 다른 결합 조직을 갖고 있다. 과운동성은 무용에서 큰 자산인 것처럼 보일 수 있지만, 해부학적으로 중립적인 수준 이상으로 움직이는 것은 강도와 안정성을 해칠 수 있으며, 매우 적은 수의 엘리트 무용수들만이 과운동이 가능하다.

대부분의 전문 무용수들은 일반 인구보다 더 큰 가동 범위를 갖는다. 많은 무용수들은 일부 관절에서만 과운동을 보이며, 전신이 과운동인 것은 아니다. 스트레칭이나 근력 강화 요구는 신체 유형에 따라 다르기 때문에, 당신(또는 당신이 교사라면, 당신의 무용수들)이 과운동인지 여부를 아는 것이 중요하다.

관절 건강에 부정적 영향을 미칠 수 있는 무용 활동
Dance Activities that can Negatively Impact Joint Health

더 큰 가동범위에 대한 안무 요구는 많은 무용 장르에서 하나의 트렌드인 것으로 보이지만, 가동 범위를 높이기 위해 너무 무리하는 것은 연조직과 뼈 등을 손상시킬 수 있다. 무용수들이 경험하는 관절 문제는 새로운 안무로부터 또는 급성 부상으로부터 초래된 단기적 문제일 수도 있으며, 만성적이고 장기적인 문제일 수도 있다. 무용 훈련은 더 큰 부상 또는 만성 통증으로 이어질 수 있는, 많은 만성 관절 문제를 초래할 수 있다. 많은 요인들이 관절 손상에 영향을 미칠 수 있다.

무용수들에게 영향을 미치는 관절 문제에는 관절염; 골극, 아탈구, 탈구와 같은 뼈의 기형; 점액낭, 힘줄과 같은 연조직의 염증이 포함된다. 관절낭은 과도하게 신장될 수 있으며, 인대에는 염좌가 발생할 수 있다. 이러한 부상은 9장에서 더 자세하게 논의된다.

하나의 관절에서의 불안정성 또는 문제는 신체 다른 부위의 문제로 이어질 수 있다. 이는 신체의 많은 관절이 일련의 순서로 배열된 많은 관절들의 조합하여, 복잡한 운동 패턴을 형성하는 운동사슬kinetic chains을 통해 연결되기 때문이다. 운동사슬의 예는 드미 플리에demi-plié 동작에 포함되는 관절이다. 고관절, 무릎, 발목. 이러한 세 가지 모든 관절은 구부려서 동작을 만들어야 한다. 관절은 함께 연결되기 때문에, 관절 하나에서의 문제는 다른 관절에 부정적인 영향을 미칠 수 있다. 드미 플리에서, 고관절을 바깥쪽으로 회전시키는 근육의 강도가 충분하지 않으면, 무릎이 비틀리고 발목이 안쪽으로 돌아가게 만들 수 있다. 이렇게 특정한 문제들은 개별적인 고관절 구조와 근력에 관계없이, 180도 턴아웃 자세로 서 있어야 하는 무용수들에게서 공통적으로 나타난다.

무용수들이 개별 체형, 구조, 근력, 신체 발달에 대해 고려하지 않고, 특정한 기술적 표준에 따르도록 요구하는 것은, 관절 손상을 포함한 많은 문제들을 초래할 수 있다. 180도 턴아웃 자세를 요구하는 것이 한 예이며, 많은 다른 문제들도 존재한다. 앉는 자세에서 뼈를 바닥에 닿게 하는 현대 무용 수업에서 바닥에서 네번째 자세로 앉도록 하는 것은, 무릎에 스트레스를 줄 수 있다. 신체와 무용 기법이 충분히 발달하기 전에 앵 포엥트en pointe 자세를 시작하는 것은 자라나는 뼈에 잠재적으로 손상을 가할 수 있다. 포엥트 자세와 포엥트를 시작하기 위한 기준은 9장에서 설명한다. 일부 무용 기법 교사들은 전통적으로 무용수들에게 곧게 바로 서서, 자연스럽게 발생하는 목과 척추의 곡선을 최소화하도록 요구하였다. 이러한 곡선을 없애거나 최소화하는 것은 척추가 서로 적절하게 이어지지 못하게 방해하며, 등의 신전근을 과사용하게 만들어 등이나 목의 통증을 초래할 수 있다.

일반적으로 과운동 무용수들에게서 추정되는, 구부정하게 앉는 것과 유사한 자세는 피로 자세이다. 이 자세에서, 무용수는 고관절을 전방으로 밀며, 뒤쪽으로 기댄다. 그 결과 코어와 척추의 자세 근육을 사용하여 몸통을 골반 바로 위쪽으로 지탱하는 대신, 몸통은 인대를 통해 지탱된다. 이러한 오류는 인대, 척추, 척추 사이의 디스크에 과도한 압박을 야기한다.

무릎 인대와 힘줄의 과도한 압박은, 무릎을 압박한다

면, 무릎의 과신전이 발생할 수 있다. 과신전된 무릎과 그 밖의 불균형은 제 2장에서 더 자세하게 논의된다. 과도한 스트레칭은 관절 및 주변의 연조직을 손상시킬 수 있으며, 3장에서 자세하게 논의하였다.

가장 일반적이며, 두드러지는 관절 문제 중 하나는 관절의 펑 소리popping와 뚜둑 소리cracking이다. 이러한 소리는 보통 소리에 통증이 동반되지 않는 한 전혀 걱정할 것이 없다. 뚜둑 하는 소리는 관절낭이 신장되고 관절 안에 있던 가스가 나와 거품을 형성할 때 발생한다. 그 관절에서 바로 다시 한 번 펑 소리가 날 수는 없으며, 가스 거품이 나오기 위해서는 기다려야 한다는 사실을 깨닫게 될 것이다.

근거 없는 믿음이 있긴 하지만, 이러한 관절의 뚜둑 하는 소리는 관절염을 초래하는 것은 아니다. 그러나 펑 소리와 뚜둑 하는 소리는 관절염 또는 관절의 그 밖의 손상의 결과일 수 있다. 관절염이 있는 관절은 연골의 악화로 야기된 관절의 거침, 불균형의 결과로 뚜둑 소리가 나거나 삐걱댈 수 있다. 가스 거품 형성의 결과로 인한 펑 소리와는 달리, 관절염이 있는 관절에서의 펑 소리는 보통 관절이 움직일 때마다 일어난다. 그 밖의 관절은 손상된 조직이 관절 표면 사이에 갇히게 만들기 때문에, 간헐적으로 펑 소리가 날 수 있다. 파열된 연골 또는 파열된 노폐물은 이런 식으로 갇히게 된다. 통증이나 제한적인 가동범위가, 소리를 만들어내는 동작과 연관된다면, 이는 해결되어야 하는 문제가 있음을 암시하는 일일 수 있다.

무용수들의 경우, 일반적으로 고관절에서 두 가지 소리인, 펑 소리와 딱 소리가 매우 일반적으로 나타날 수 있으며, 이는 전측 및 외측 발음성 고관절snapping hip이라 불린다. 이러한 두 가지 소리는 통증과 관련이 있을 수도 있으며, 긴장된 근육으로 인해 야기될 수도 있고, 따라서 쉽게 예방 및 치료될 수 있다. 이러한 두 가지 조건은 제 9장에서 자세하게 설명된다.

뼈 건강을 강화시키는 방법 Ways to Enhance Joint Health

앞으로 수 년 동안 건강한 관절을 보장하는 최고의 방법은 관절의 과도한 스트레스를 최소화하는 것이다. 무용수들에게, 과도한 스트레스는 애매모호한 영역이다. 높은 수준의 신장, 내번inversion, 현대적 안무 등은 신체가 관절에 스트레스를 주는 자세를 취하게 할 수 있으며, 이러한 동작을 실시하기 위해서는 수업 및 리허설 요구를 충족시켜야 한다. 그러나 신체의 정상 가동범위 이상으로 강요하는 것은, 결국 연골과 관절의 그 밖의 연약한 조직을 악화시킬 것이다.

> ⚠️ **안전수칙**
>
> ### 관절 보호
>
> 관절을 보호하기 위해 몇 가지 조치를 취할 수 있다. 첫째, 항상 준비운동을 하라. 더운 날이라도, 관절은 적절히 윤활되어야 한다. 둘째, 근육보다 인대를 늘이는 경향이 있는 스트레칭은 피하라. 일단 인대를 과도하게 늘리면, 본래의 길이로 되돌아가지 않을 것이며, 관절을 보호를 받을 수 없다. 셋째, 특히 상지의 적절한 근력을 길러, 어려운 안무를 하는 동안 관절을 보호하라. 현명하게 일하고, 자신의 몸을 알며, 그 한계를 이해하는 것을 대체할 수 있는 것은 없다 — 모든 사람들은 한계가 있다. 안무 요구가 관절 건강에 최적이 아닐 때조차, 스트레스를 최소화하는 데 도움을 줄 수 있도록, 무용 스튜디오 밖에서 조치를 취할 수 있다. 다음은, 관절 건강을 유지하기 위한 몇 가지 추가 지침이다.

정확한 기법의 사용 Use Correct Technique

신체 모든 관절의 정상 가동 범위는 뼈와 관절 형태, 인대 길이, 근육 긴장도와 같은 구조적 요소들에 의해 정해진다. 스튜디오 안팎에서의 정확한 기법과 신체역학은 관절을 정상 가동범위 내에서 움직이게 한다. 이러한 개념은 무용 유형과 관계없이 적용된다. 발레 수업에서 발을 뒤쪽으로 브러시brush 동작을 하거나, 스트리트 댄스에서는 극단적인 척추 분절 동작을 할 수도 있다. 어떤 상황이든, 제대로 되지 않은 기법 및 신체역학은 허리의 급성 또는 만성 통증을 유발할 수 있다.

적절한 자세 유지 Maintain Proper Posture

스튜디오 외에서의 자세 습관이 나쁘거나 가구 디자인이 좋지 않다면 자세에 부정적인 영향을 미칠 수 있다. 많은 무용 지도자들은 여러 가지 이유로 수업을 하는 동안 바에 기대는 것을 금지하는데, 한 가지 이유는, 자세 근육을 강화시키기 위해 톨tall 자세로 서 있을 때, 바에 기대는 것이 구부정한 자세를 만들기 때문이다. 하루 종일 자신의 선 자세와 앉은 자세를 주기적으로 확인하여, 몸을 구부정하게 하거나 피로한 자세에 빠지지 않도록 주의한다.

휴식 Relax

피로 자세는 무용수들의 몸에 좋지 않을 수 있지만, 휴식과 회복이 중요하다. 무용수들은 몸을 열심히 사용하며, 무용의 세계에는 항상 근육통이 따른다. 시간을 갖고 스스로를 소중히 보살피자. 엡솜Epsom 소금을 사용한 목욕은 근육통을 완화시킬 뿐 아니라, 관절의 스트레스를 줄이는 데 도움을 준다. 규칙적인 마사지는 근육통을 약간 향상시키며, 스트레스 수준을 크게 완화시키는 것으로 나타났다. 이완 반응의 자극 또한 관절 스트레스를 완화시킬 수 있다. 일부 연구에서는 마사지 테라피와 침술이 모두 골관절염의 증상을 향상시킴을 증명하였다. 제 6장에서는 휴식, 이완, 회복에 관한 광범위한 정보를 제공한다.

준비운동 Warm Up

적절한 준비운동은 관절의 정상 기능 유지에 필수적이다. 준비운동으로 무용 스튜디오 주변에서 가볍게 조깅할 수도 있다. 조깅이 지루해진다면, 큰 걸음으로 활보prances, 샤쎄chasses 동작, 스쿼트, 런지 등과 섞을 수 있다. 작은 동작으로 시작하고, 몸이 따뜻해지면서, 점점 더 크고 깊은 동작으로 발전해 나간다. 이런 식의 준비운동은 활성근의 온도와 관절 내 윤활액의 온도를 높여, 유체가 덜 끈적거리게 만든다. 따뜻한 근육과 관절은 더 쉽게 움직인다. 3장에는 준비운동에 관한 중요한 정보가 포함되어 있다.

정기적인 훈련 Use it or Lose it

사용하지 않으면 잃게 된다는 옛 속담은 관절에도 적용된다. 여름 동안 또는 다른 휴식기 동안, 정기적으로 무용 수업을 듣지 않는다면, 어떤 형태로든 매일의 활동에 참여해야 한다. 또한 관절은 젊을 때 더 쉽게 움직인다. 나이가 들면서 관절은 뻣뻣해지며, 가동범위도 감소할 수 있다. 이러한 자연스러운 노화 과정은 신체활동이 감소하면서 증폭될 수 있다. 이러한 관절을 유연하게 유지하기 위해서, 계속해서 움직여야 한다. 특히 무용 훈련을 하지 않더라도 계속 움직인다. 수영, 요가와 같은 그 밖의 활동과의 교차-훈련은 건강한 가동범위를 유지하는 데 도움을 줄 수 있다.

교차-훈련 Cross-Train

어떠한 하나의 무용 장르 또는 수업에서도, 무용수에게 모든 근육군의 완벽한 균형을 이루게 하는 훈련 기법을 제공할 수 없다. 무용 훈련에 내재적인 근육의 불균형은 관절에 스트레스를 준다. 따라서 모든 무용수들은 전통적인 무용 수업에서 하지 않는 방식으로 근육과 관절을 움직이게 하는 활동에 참여하여 혜택을 볼 수 있다. 교차-훈련은 제 3장에서 설명된 바와 같이, 많은 형태를 띨 수 있다. 이러한 훈련 기법은 전통 무용 훈련으로 초래된 근육의 불균형을 교정하는 데 도움이 될 수 있으며, 관절 주변의 근육을 강화시키고 안정화하는 데 도움을 준다. 아니면, 무용수들의 요구와, 이 직업의 요구를 이해하는 물리치료사나 운동 트레이너들이, 개개인의 요구를 다룰 수 있도록 근력강화 및 컨디셔닝 요법을 설계할 수 있다. 다양한 신체 기법들은 뼈를 당기고, 근육을 압박할 수 있는 불필요한 긴장 부위를 확인할 수 있게 도움을 줄 수 있다.

요약 Summary

인간의 골격은 신체가 이동 하고, 부상으로부터 보호할 수 있게 해주는 틀을 제공한다. 신체에서 206개 각각의 뼈는 기능을 더 잘 발휘할 수 있도록 일생 동안 크기와 형태가 변화한다. 비록 뼈는 몸의 단단한 구조를 구성하지만, 전체적인 이들의 구조는 운동성을 제공한다. 이 장에서는 뼈의 미네랄 농도를 감소시키는 요인들과 골형성을 향상시키는 요소들에 대해 논의하였다. 특히, 영양분 섭취, 에너지 가용성, 신체 활동이 골건강에 미치는 영향에 대해서도 설명하였다. 연구에 따르면, 아동기와 청소년기는 골량과 근력을 최대화하는 기회를 제공한다. 아동기, 청소년기, 및 성인기 초기의 최대 골량의 최적화가, 무용 경력 동안 피로골절의 장기적으로 예방할 수 있게 도움을 준다는 사실을 이해하는 것이 매우 중요하다. 칼로리와 영양분이 충분한, 균형이 잘 잡힌 식이는 뼈를 강하게 하고, 경력을 연장시켜줄 것이다. 흡연과 알코올 섭취를 제한하는 것은, 당신의 전반적인 성과와 무용수로서의 건강에 도움을 줄 것이다. 마지막으로, 웨이트 훈련, 충격을 포함하는 활동, 심혈관 강도가 높은 운동과 같은, 뼈 강화 활동들에 주 5일, 적어도 30분간 참여해야 한다. 뼈, 관절, 근육은 무용의 움직임과 그 밖의 활동들에 대한 많은 가능성을 제공하는, 특별한 방식으로 구성된다. 자신의 뼈와 관절을 돌보는 것은 필수적이다.

■ 응용활동: 뼈 건강을 위한 교차훈련

집중적인 무용 후 다음 휴식기 동안, 뼈 건강을 위해 상지 근력을 위한 몇 가지 방법들을 탐구해보자. 요가 수업, 공중운동, 스트리트 무용, 체조 등은 모두 팔에 체중을 두는 동작 및 기술들을 사용하자. 또한 웨이트, 운동 밴드, 케틀벨, 메디신볼을 사용하는 저항 훈련을 고려하자. 이러한 활동들은 현재 안무에 필요한 근력을 제공해줄 뿐 아니라, 강하고 건강한 뼈를 발달시키는 데에도 도움을 줄 것이다.

■ 복습질문

1. 신체의 다양한 골구조와 관절은 무엇인지 설명해보자.
2. 골형성을 향상시키는 요소와 신체 활동에는 무엇이 있는가?
3. 뼈와 관절 건강에 잠재적으로 부정적 영향을 미치는 요소와 무용 활동들은 무엇이며, 왜 그러한 영향을 미치는가?
4. 관절과 뼈에 왜 준비운동 및 적절한 스트레칭이 중요한가?

 챕터별 보충 학습 활동, 학습 보조자료, 제안된 읽을거리, 웹 링크 등에 대한 자세한 내용은 www.HumanKinetics.com/DancerWellness. 인터넷 자료를 참조하자.

Chapter 9

상해 예방과 응급 처치
Injury prevention and first aid

제프리 A 러셀, 마리카 모나르, 브렌다 크리티치필드

핵심 용어

- 건열 avulsion
- 건염 tendinopathy
- 과운동 hypermobility
- 근막통증 myofascial pain
- 급성 상해 acute injuries
- 도밍 운동 doming exercises
- 만성 상해 chronic injuries
- 반달연골 meniscus
- 발뒤꿈치 클락 heel clocks
- 상해 injury
- 상해증상 injury symptoms
- 상해징후 injury signs
- 염좌 sprain
- 피로골절 stress fractures

학습목표

1. 급성 및 만성 상해의 개념을 이해할 수 있다.
2. 만성 상해를 초래할 수 있는 유전적 요인, 나쁜 습관, 근육의 불균형을 이해할 수 있다.
3. 무용 상해를 예방할 수 있는 방법들을 인식할 수 있다.
4. 상지, 고관절과 골반, 무릎, 발과 발목, 척추에 나타나는 무용 상해를 설명할 수 있다.
5. 상해를 당했을 때 응급처치 하는 방법을 인지할 수 있다.

무용은 생각보다 강도 높고 경쟁적인 신체활동이다. 무용수는 경력이 증가함에 따라 고된 훈련이 필요한 상황이나 과도하게 연습하는 경향이 증가하게 된다. 일반적으로 무용수들은 신체가 보내는 경고 신호를 무시하고 과도하게 훈련함으로써 상해의 위험을 높게 한다. 공연이 많은 시즌 동안 상해를 입은 무용수가 95%나 된다는 연구결과가 보고되고 있다. 누군가에게는 충격적인 통계일 수 있지만, 무대에 서는 사람들은 무용의 엄격성, 특히 긴 시간 동안 반복적인 안무 연습과 리허설 등을 당연하게 여길 수 있다. 많은 무용수들은 치료보다 예방이 훨씬 중요하다는 사실을 받아들이지 않고 있으며, 당장의 현실 앞에 상해 예방은 무시하는 경향이 있다. 무용 상해에 관한 연구들은 무용수가 상해를 당할 것인가가 아니라, 언제 상해를 당할 것인지가 문제라고 지적한다.

이 장은 상해 가능성을 줄일 수 있는 방법들을 다룬다. 상해를 잘 이해하고 예방할 수 있도록 상해의 기본 개념, 일반적인 상해를 위한 예방 방법, 엥 포엥트 동작과 같은 특정 주제에 관한 전문적인 내용을 다룬다. 마지막으로 상해를 당한 경우 어떻게 해야 하는지에 관한 절차들을 다룬다.

무용 상해 Common Dance Injuries

상해injury는 일정 기간의 휴식이 요구되는 신체적 손상을 말한다. 무용 상해는 빈번히 일어나지만, 대개의 상해는 예방이 가능하다. 무용 상해에 기여하는 요인들을 배운다면, 적절한 예방법을 더 잘 인식할 수 있다.

무용 상해는 급성 상해와 만성 상해로 분류된다. 급성 상해acute injuries는 순식간에 일어나기에 '사고'라고도 불린다. 무용수들은 보통 상해가 발생한 시점을 확인할 수 있다. 특정 사건으로 인해 상해가 발생하기 때문이다. 상해를 입은 신체 조직은 즉각적인 힘을 견딜 수 없다. 급성 상해의 예로 발목 인대 염좌, 제5중족골 골절(일명 '무용수 골절'로도 알려져 있다), 전위성 슬개골 등이 있다.

만성 상해chronic injuries는 일정 기간 동안 일어난다. 만성 상해는 상해 증상과 신호가 나타나며, 무용수의 활동에 영향을 미치는 시점까지 계속해서 쌓인다. 상해 증상injury symptoms은 통증처럼 느끼는 감각을 말한다. 상해 신호injury signs는 가동범위의 감소 또는 특정 동작을 완성하지 못하는 등, 상해로 인한 외적 증거를 말한다. 이러한 상해는 때로 과사용 상해 또는 반복적 좌상 상해라고 불린다. 무용수가 상해가 일어난 순간이나 특정 사건이 무엇인지 알 수 없더라도, 전형적으로 상해 증상을 야기하거나 악화시키는 활동은 파악할 수는 있다.

상해를 입은 조직은 반복적으로 가해지는 힘을 견딜 수 없다. 일반적으로 무용수에 영향을 미치는 만성 상해의 예는 아킬레스건병증, 장무지 굴근 건병증('무용수 건병증'으로도 알려져 있다), 피로골절, 과사용 근육의 근막 통증 등이다. 건병증tendinopathy은 힘줄(건)에 입는 상해를 일컫는 용어이며, 부정확한 표현이지만 '건염'이라고도 불린다. 피로골절stress fractures은 중족골과 같은 뼈가 과다하고 반복적인 충격인 받아 생기는 작은 골절이다. 근막 통증myofascial pain은 근육 주변에 근육으로 통하는 결합조직(근막)과 근육의 과도한 사용 때문에 발생하는 통증이다.

급성 상해 Acute injuries

급성 상해는 갑작스러운 부상으로 나타나며, 그 예로 발목 돌아감, 근육 염좌 등이 있다. 급성 상해는 예방하기가 어렵지만 경미하며, 즉시 정확한 처치를 받는다면 완전하고 빠르게 회복할 수 있다. 그럼에도 불구하고 급성 상해는 치유하는 데 시간이 걸릴 수 있다. 급성 상해를 당했다면, 휴식을 갖고 전문 의료진과 상담하여 적절한 치료를 받아야 한다. 냉찜질, 휴식 등의 응급처치는 통증을 줄이고 빠르게 복귀하는 데 도움을 줄 수 있지만, 상해에 적절한 치료가 되지는 못한다. 응급처치는 후반에 자세하게 다루겠다.

> ⚠️ **안전수칙**
>
> ### 급성 상해의 예방
>
> - 무용 시설, 소품, 의상 등이 적절하게 배치되도록 하라. 바닥에 파편이나 장애물이 없어야 한다. 환경에 관한 추가적인 정보는 1장을 참고하자.
> - 연습 시에는 신체 정렬과 동작을 정확하게 하자(2장 참조).
> - 연습 전에 워밍업을 하고 정적인 스트레칭은 피하라. 워밍업에 관한 더 많은 정보는 3장을 참조하자.
> - 스트레스와 불안을 줄이고 심리적 웰니스를 증진시키기 위한 전략을 개발하라(4, 5장 참조).
> - 충분한 수면을 취하지 않은 상태나 피곤한 상태에서는 연습을 피하라(6장 참조).
> - 충분한 영양분을 섭취하라(7, 8장).

만성 상해 Chronic Injuries

만성 상해는 급성 상해보다 무용수들에게 더 일반적으로 나타나며, 치료하는 데 적절한 시간을 들이지 않고 신체의 조직에 반복적으로 가해지는 힘, 스트레스, 외상 때문에 일어난다. 대부분의 상해는 어떻게 발생하는지에 대한 약간의 이해만 있더라도 예방이 가능하다. 만성 상해는 발병하는 데 오래 걸리기 때문에, 치유에도 더 오랜 시간이 걸린다. 이러한 유형의 상해는 수개월, 때로는 수년과 같이 장기간에 걸쳐 느리게 발생한다. 통증은 약하지만 오래 지속되기 때문에 당연하게 여기기 쉽다. 이 때문에 만성 상해 증상은 모호하고 분명히 진단하기 어렵다. 만성 상해를 입은 무용수들은 자신도 모르게 "난 무릎이 늘 아프다"거나, "앉아 있다가 일어설 때, 발바닥에 약간의 통증이 있다" 또는 "무릎에 통증을 달고 산다" 등의 말을 한다. 그러나 적절한 치료를 받지 않으면, 작았던 통증이 전신을 약화시키는 큰 상해로 변할 수 있다.

만성 통증의 유전적 요인
Genetic Predisposition for Chronic Injuries

만성 통증은 다양한 이유로 일어난다. 통증은 과신전 무릎, 척추측만증과 같이, 유전적이거나 구조적인 원인으로 나타난다. 이러한 질환은 그 자체로 상해는 아니지만, 무용수가 자신의 신체구조상 나타나는 통증을 어떻게 완화시키는지를 알지 못한다면, 만성 상해를 초래할 수 있다. 예를 들어, 척추측만증이 있는 무용수는 의사, 물리치료사, 트레이너와 같은 재활 전문의를 만나, 만곡의 진행을 모니터하고 악화되지 않는지 확인해야 한다. 재활 전문의는 척추 측만을 교정하거나, 진행을 늦추는 데 도움을 줄 수 있는 운동을 제공할 수 있다. 전문 의료진이 허용한다면, 무용수는 계속해서 무용을 할 수도 있다. 치료를 받지 않는다면, 계속해서 척추가 굽어 흉곽을 회전시키기 때문에 체형이 비틀어지게 되며, 한 쪽 척추 쪽에서 근 긴장이 일어날 수 있고, 다른 쪽에서는 한 쪽 어깨 또는 한 쪽 고관절이 더 높아질 수 있다.

나쁜 습관 Bad Habits

오랜 시간동안 형성된 나쁜 습관은 만성 상해의 또 다른 원인이다. 일반적으로 나타나는 나쁜 습관에는 발이 지속적으로 내측을 향해 돌아가는 발의 회내pronation 작용이 있다. 만성 회내로 인해 발생하는 상해에는 무릎 통증, 정강이 통증, 고관절 또는 골반 기능장애, 요통 등이 있다.

또 다른 나쁜 습관은 완전 턴 아웃 자세로 서거나 걷는 것이다. 고관절을 완전히 회전시킨 채 서 있거나 걷는 것은, 내측 무릎, 외측 고관절, 허리, 발 등에 부자연스러운 스트레스를 가한다. 이러한 신체 조직의 스트레스와 근육의 불균형은 심신을 쇠약하게 하는 상해로 이어질 수 있다. 턴 아웃 자세는 대부분의 무용 장르에서 중요하지만, 무용동작을 할 때만 사용해야 한다.

> **다양성에 도전하기**
>
> **다양한 무용 형태, 다양한 상해**
>
> 무용수가 추는 무용의 형태와 유형에 대해 생각해보자. 매주 발레 수업을 많이 듣는다면, 일상생활에서도 턴 아웃 자세로 걷거나 서 있지는 않은지 확인해보자. 무용동작에 요추의 반복적인 과신장이 포함된다면, 허리를 충분히 스트레칭하고 좋은 정렬 자세로 서거나 걷고 있는지 확인하자. 댄스스포츠 무용수이거나 하이힐을 신고 춤을 춘다면, 종아리 근육을 스트레칭하고 정상적인 걸음걸이로 걷도록 한다. 각각의 무용 형태에는 잠재적인 상해 위험이 있으며, 주로 추는 무용 형태와 관련된 예방 조치를 취할 수 있다.

또 다른 나쁜 습관은 등을 아치형으로 신장한 채로 걷거나 서 있는 것이다. 무용수가 아치 자세로 오랜 시간 동안 서 있을 때, 신체 나머지 부분에 악영향을 미칠 수 있다. 이는 전방 골반 경사를 야기할 수 있으며, 이는 고관절 굴근을 단축하고 복근을 약화시켜, 고관절, 골반, 허리의 만성 상해를 초래한다. 종종 무릎 뒤쪽에 과도한 스트레스가 가해지며 무릎 통증을 초래할 수 있다. 햄스트링의 약화를 야기하는 과신장 무릎과 함께 나타나기도 한다. 또한 햄스트링 힘줄의 건병증, 슬와(무릎 뒤쪽) 좌상, 아킬레스 건병증, 족저근막염에도 영향을 줄 수 있다. 계속해서 등을 신장시킨 상태로 서 있거나, 걷는 동안 장시간 동안 근육을 스트레칭하는 것은, 근육을 약화시켜 상해에 더 취약하게 만들 수 있다. 아라베스크와 같은 특정 무용동작을 수행하기 위해서는 등의 신장이 필요하지만, 걷거나 선 자세에서 척추와 골반은 중립적으로 정렬되어 있어야 한다.

외부 영향 Outsied Influences

만성 두통, 경부통, 어깨 통증, 등 중앙 부위의 통증에 크게 영향을 주는 요인은 하루 중 상당 시간 동안 휴대용 전자기기를 사용하는 것이다. 특히 무용과 관련된 상해 원인은 아니지만, 이러한 기기들은 무용수들에게 많은 영향을 미친다. 휴대용 기기를 사용한 문자, 게임, 인터넷 사용으로 인한 목과 등 윗 쪽의 만성 상해가 크게 증가하였다. 일반적으로 컴퓨터, 텔레비전은 화면을 눈높이에 맞추지만, 휴대용 기기는 대략 가슴 높이에서 잡고 있기 때문에 화면을 내려다본다. 이러한 습관은 목과 등 윗부분에 최대 27.2kg의 압력을 가한다. 이는 목에 8세 아동을 앉혀놓거나, 4개의 볼링공을 놓고 걸어 다니는 것과 같다. 안타깝게도, 이러한 상해가 일반인뿐 아니라, 무용수들에게도 점점 더 빈번히 발생한다.

일반적인 통증과 다르게 목 수술이 필요할 정도로 디스크가 탈출되는 등 심각하게 나타나기도 한다. 이를 위해서는 비교적 쉬운 해결책이 있다. 오랜 시간 동안 문자를 하면서 핸드폰을 내려다보거나, 휴대용 기기로 영화를 보거나, 핸드폰으로 이메일을 읽는 것을 피해야 한다. 눈높이에 있는 컴퓨터를 사용한다. 눈높이로 핸드폰이나 휴대용 기기를 잡아, 척추가 중립적인 위치에 있도록 하는 것도 좋은 방법이다.

근육 불균형 Muscle Imbalances

만성 상해는 근육 불균형, 약한 근육, 통제력 부족 때문에 발생할 수 있다. 무용수로서 근육 불균형이 나타나는 경우는 댄스스포츠와 같이 반복적인 움직임을 연습함으로써 발생한다. 댄스스포츠에는 어깨 높이로 팔을 들어올리고, 등을 아치형으로 만들며, 머리를 돌리는 동작이 포함된다. 이러한 동작 패턴은 근육 불균형을 초래하여, 목과 등 윗부분의 상해를 야기할 수 있다.

무용 장르에 특정한 반복 동작이 필요한 경우 만성 상해에 대처하는 방법은, 교사가 지시하는 대로 정확한 근육을 사용하여 동작을 하고, 3장에서 설명된 바와 같이, 전신을 포함하는 교차-훈련을 실시하도록 하는 것이다. 또한 어떤 근육이 덜 발달되었는지 확인하여 이를 강화시킬 수 있는 운동을 해야 한다.

볼룸댄스용 홀딩프레임. 두 파트너 모두 뒤로 뻗은 자세와 방향을 바꾼 자세에 주목하라.

사진제공: 브렌다 크리츠필드Brenda Critchfield; 무용수: 스터링Sterling과 니콜 스톨Nicole Stolle

반복적인 동작의 단점은, 상해가 재발할 위험이 높다는 것이다. 근육의 불균형은 무용수의 나쁜 습관으로도 나타난다. 대부분의 무용수들은 한 쪽 방향으로 특정 동작을 하는 데 더 편안함을 느낀다. 일단 한 쪽으로 동작을 하는 데 편하다고 느낀다면, 다른 쪽으로도 연습을 한다. 자신이 다양한 동작을 어떻게 연습하고 있는지 인지해야 하며, 양쪽을 똑같이 사용하도록 해야 한다.

쇠약 General Weakness

근육의 쇠약 또한 만성 상해의 원인일 수 있다. 무용수들은 종종 자신이 수행할 수 없는 강한 동작을 시도한다. 물론 일시적으로 동작을 해낼 수는 있지만 근육을 강화시키지 않는다면, 신체는 피로하게 되어 상해를 초래한다. 예를 들어, 약한 고관절 근육은 무릎 통증을 야기할 수 있다. 플리에plié, 특히 그랑 플리에grand plié를 할 때 가장 잘 나타난다. 드미 또는 그랑 플리에를 할 때 무릎은 발 위 중심에 있어야 한다. 고관절 근육이 약하면 무릎은 약간 내측으로 이동하며, 시간이 지나면서 대퇴골에서 슬개골까지 잘못된 정렬은 슬개대퇴 활주 및 건병증을 포함한 심각한 무릎 상해를 초래할 수 있다. 데미 또는 그랑 플리에를 하거나 계단 오르기나 내리기를 할 때 무릎 통증을 느낀다면, 거울을 보고 플리에를 해 보거나, 누군가에게 동작을 봐달라고 해야 한다. 무릎이 굽혀질 때 어떻게 정렬되는지 확인한다. 내측으로 떨어진다면 고관절 강화 운동을 시작한다.

또한 동작에 대한 통제력이 부족하면, 만성 상해를 초래할 수 있다. 많은 무용 동작은 정확하게만 한다면 안전하다. 그러나 어떤 무용수들은 동작을 제대로 이해하지 못한 상태에서 교사나 안무가가 하는 것을 그대로 따라 한다. 이러한 모방은 잘못된 동작 패턴과 만성 상해를 초래할 수 있다. 예를 들어, 꼭두각시처럼 고개를 확 돌리는 동작이 포함된 뮤지컬 안무에는 현대무용수가 척추와 골반을 안정화시킬 수 있는, 정확한 코어 근육의 동작이 포함되지 않았다. 4~5개월 연습한 후, 현대무용수는 등 중간 부분과 고관절에 통증이 시작되었으며, 공연을 하는 동안 거의 동작을 할 수 없는 지경에 이르렀다. 이 무용수는 어떤 동작이 문제였는지 파악하고 교정하였으며, 쇠약한 근육을 강화하여 통증을 약화시켰고, 재활도 성공하였다. 이와 같은 상해를 피하기 위해서는 반드시 신체를 정확하게 정렬하고 움직이는 방법을 이해해야 한다.

무용 상해의 원인 Predisposing Factors of Common Dance Injuries

무용에 내재된 몇 가지 요인들은 상해가 일어날 수 있는 환경을 제공한다. 게다가 무용수의 신체적인 특성은 상해가 더 쉽게 일어나게 한다. 전반적으로 무용수, 무용교육자, 무용 관련 전문 의료진, 어린 무용수의 경우 보호자가 한 팀이 되어, 무용 상해를 초래할 가능성을 줄이는 노력이 필요하다.

상해를 당하게 만드는 무용의 특징이나 환경은 다음과 같다.

> 장시간의 훈련
> 너무 복잡하거나, 신체적 요구가 많은 안무
> 너무 딱딱하거나 부드러운 바닥
> 적응하기 힘든 정도로 변화가 많은 바닥

그밖에도 긴 수업이나 리허설 시간, 불합리한 요구가 많은 교사, 안무가, 예술 감독, 연습실의 온도와 같은 사항들이 고려되어야 한다. 무용의 환경적 요인들에 관한 더 많은 정보는 제1장을 참고하자. 앞서 제시된 요인들은, 무용을 연습하는 동안 상해의 위험을 줄이기 위해 수정이 가능하다.

무용수 자체가 지닌 내부적인 상해 요인에는 상해를 암시하는 증상 무시, 휴식을 취하지 않는 것, 부족한 영양

상태, 신체 훈련에 대한 부주의, 적절한 준비운동 없이 무용을 시작하는 것, 부적절한 신체 정렬, 부적절하거나 강제적인 리허설 등이 포함된다. 무용수의 신체가 지닌 전형적인 해부학적 특징 또한 상해의 가능성을 높일 수 있다. 발세모뼈(발목 관절 뒤에 있을 수 있는 추가적인 뼈), 평발(편평한 발), 외반슬, 신체 결합 조직의 상대적 경직성(인대, 근막과 같이 신체를 함께 연결시키는 조직들), 과운동성(결합조직의 전형적인 신장성을 넘어서는 질환)이 그 예이다. 이러한 조건을 지녔다면, 교사나 자격을 갖춘 의료진의 보살핌을 받고, 잠재적으로 상해 위험이 있는 연습을 멀리할 필요가 있다.

상해를 야기할 수 있는 무용 활동
Common Dance Activities that can cause Injuries

연습과정에서의 몇 가지 활동들도 상해를 초래할 수 있다. 부적절하거나 강제적인 방법으로 리허설을 하는 것은 무용 상해의 주범이다. 예를 들어, 일반적으로 턴 아웃은 강제로 하는 경향이 있는데, 이는 허리부터 발끝까지 상해를 초래할 수 있다. 턴 아웃이 잘 되지 않는 무용수는 본인 스스로나 교사로부터 최대한의 턴 아웃 각도를 만들어 내기 위한 다양한 방법들을 사용한다. 여기에는 골반을 앞으로 기울이고, 무릎을 구부려 턴 아웃을 수행하며, 이후 일단 자세를 잡고 무릎을 강화시키는 방법이 포함될 수 있다. 그러나 이러한 동작은 허리와 하지 조직에 과도한 스트레스를 가하여, 원치 않는 상해를 초래할 수 있다. 턴 아웃에 관한 자세한 정보는 제2장을 참고하자.

서투른 점프 습관, 부주의한 정렬, 코어(자세를 유지하고, 몸통과 고관절의 동작을 야기하는 근육계)의 안정화 부족 등은, 무용수에게 상해를 야기할 수 있는 세 가지 측면이다. 특히 많은 무용 장르에서 잘못 하고 있거나 반복적으로 나타나는 점프 동작은 통증과 상해를 초래할 수 있다. 신체 정렬은 무용에서 미적으로도 매우 중요하기 때문에, 엄격하게 유지하고 발달시켜야 한다. 동작의 시작이나 종료 위치에서 정렬되지 않는다면, 취약한 신체조직의 과도한 사용으로 상해 위험이 따르게 된다. 게다가 근력의 불균형과 단축이 초래되어, 결과적으로 상해의 증상을 야기할 수 있다.

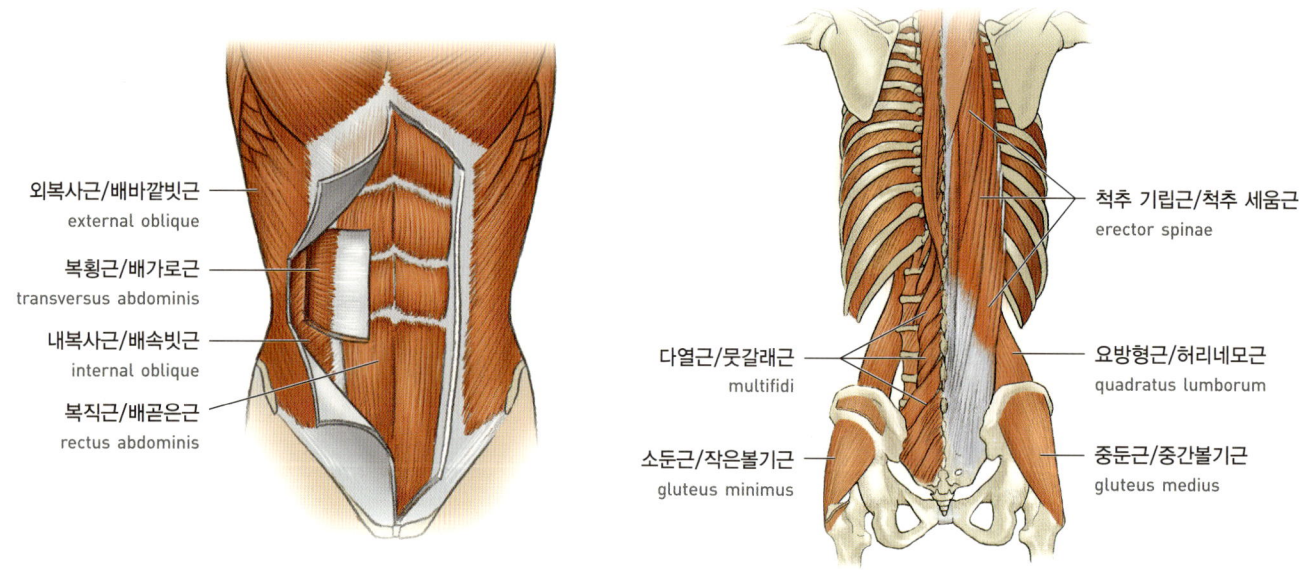

그림 9.1 몸통을 안정화 및 이동시킬 뿐 아니라, 사지 동작의 기초를 형성하는 코어의 많은 근육들

몸통에 고관절을 부착시키는 근육을 포함한 코어 근육은 특히 점프와 정렬을 수행하는 데 큰 역할을 한다. 코어 근육은 몸통을 지탱할 뿐 아니라, 사지가 정확하게 움직이게 하는 역할도 한다(그림 9.1 참조). 코어 근육이 약화되어 신체정렬이 불안정해지면 무용수뿐만 아니라 모든 사람들이 상해 위험을 갖게 된다.

무용수 경력의 초기에 자신이 취약한 부분은 빠르게 교정하는 것이 좋다. 어린 무용수의 경우, 부모가 좋은 무용 수업과 나쁜 수업의 차이를 쉽게 인지하지 못하기 때문에 대부분은 가까운 스튜디오를 선택하게 된다. 그러나 부모는 학교 교사들에게 하는 것처럼 무용교육자가 무용수들을 지도하고 관리하는 것을 평가하고 자녀를 지도하는 교사에게 관여해야 한다. 결국 어린 아이들은 자신의 안전well-being을 부모나 보호자에게 의존할 수밖에 없기 때문에 보호자들이 현명한 결정을 내릴 수 있도록 충분한 지식을 갖추어야 한다. 제2장에서는 무용의 기능해부학적 기초에 대해 다루고 있다.

스스로 진단하기

잘못된 정렬과 기법

신체 정렬과 습관에 대해 생각해보자. 상해의 원인이 될 수 있는 동작 패턴을 알고 있는가? 코어는 적절하게 강화되어 있으며, 무용을 할 때 사용하고 있는가?

점프 습관을 검토해보자. 착지 시 충격을 흡수하기 위해서, 발과 플리에plie를 어떻게 사용하는지 주목해보자. 신체 정렬과 나쁜 습관을 인식한다면, 상해를 예방하는 데 도움을 줄 수 있는 방법을 발달시킬 수 있다.

요약하면 상해가 급성인지 만성인지와 관계없이 많은 요인들이 상해를 초래할 수 있다. 환경 및 해부학적 요인, 특정한 무용 동작, 연령 등과 같은 요인들은 무용수의 일생 동안 심각한 상해를 초래할 수 있다. 그러나 다행스럽게도 많은 상해는 예방이 가능하다.

무용 상해의 예방 Preventing dance injuries

무용 상해의 예방은 공동의 책임이다. 무용수, 무용교사, 전문 의료진, 부모가 모두 책임을 져야 한다. 가장 일반적인 예방 방법 중 하나는 컨디셔닝이다. 많은 연구들은 상해 예방을 위해서뿐만 아니라, 부상 수준을 낮추고, 회복 속도를 높이기 위해서는 적절한 컨디셔닝이 중요함을 보여준다. 3장에는 상해 예방의 이러한 측면에 관한 정보가 포함되어 있다.

많은 위험 요인들이 무용 상해의 가능성을 높일 수 있다. 상해를 완벽하게 막을 수는 없지만, 이 절에서는 위험을 최소화하기 위해서 이러한 위험 요인들에 대처하는 방법들을 제안한다.

위험 요인은 주로 전문 의료진이 처치해야하는 근골격계의 질환이다. 질환과 특징을 파악하였다면, 자신이 선택한 무용을 하는 것이 적절한지에 관한 조언을 구해야 한다. 이러한 과정이 쉽지는 않지만, 무용수 자신을 위해 반드시 필요하다. 검진 또한 이러한 변수들을 밝힐 수 있는 방법이 된다. 검진을 위한 지침은 10장에서 찾을 수 있다.

또 다른 위험 요인은 무용의 기간, 빈도수, 강도가 증가하는 속도이다. 봄 시즌 동안 주 5회 수업으로 시작하여 점진적으로 작업 부하를 높이지 않고, 여름 시즌 동안 집중적으로 주 15회 수업을 진행한다면 신체에 무리가 될 수 있다. 이 때 신체적, 정신적으로 가해지는 과부하는 근육이 힘을 흡수하는 속성을 감소시키고, 관절에 스트레스를 주며, 기술 습득에 집중하는 능력을 약화시켜 과도한 피로를 초래할 것이다. 휴식은 상해 예방의 중요한 요소이다. 휴식과 회복에 관한 더 자세한 정보는 6장을 참고하자.

성장이 급진적으로 진행되는 시기에는 근육의 불균형으로 인해 특정 근육은 긴장되고, 나머지 근육은 약화된다. 그 결과 불균등한 힘이 긴장을 일으켜 관절의 정렬을 변화시키며, 신체의 안정성을 감소시킬 수 있다. 또한 관절에 가해지는 생체역학적 변화는 뇌로 전달되는 정보를 변경시킬 수 있다. 이러한 잘못된 정보 전달은 자기수용 결핍을 야기할 수 있다. 예를 들어, 요추 신근, 햄스트링, 고관절 굴근으로부터 균형을 잡기 위해 복근 및 둔근을 정확하게 동원함으로써, 척추의 지탱 및 안정성을 유지할 수 있다. 매일 실시하는 유연성 및 근력 강화, 안정화 프로그램은 척추를 바르게 정렬하고 특정 부위의 손상 가능성을 낮출 수 있다.

> **역량강화하기**
>
> **상해 예방을 위한 지식**
>
> 상해 예방을 위해 스스로의 신체 능력이 어떠한지를 생각해 보자. 근력, 유연성, 코어 근육을 강화시키는 방법과 컨디셔닝을 학습함으로써 상해를 예방하고 장시간의 무용연습을 견디기 위한 지식을 얻을 수 있다. 최근 많은 무용수들이 상해 예방을 위한 보강 훈련 프로그램에 참여하고 있다. 이러한 프로그램에 참여하여 얻은 지식을 통해 무용수의 역량을 강화시킬 수 있다.

모든 무용수는 일상적으로 상해를 예방하는 방법에 주의해야 한다. 다음의 측면에서 지속적인 주의가 필요하다.

> - **자세 훈련**postural training : 적절한 신장, 강화, 안정화가 함께 이루어지는 신체 인식 교육.
> - **정확한 보행 패턴**healthy gait patterns : 발을 턴 아웃 하지 않는 정상적인 걷기 패턴의 재확립.
> - **견갑대, 골반, 코어의 안정성**shoulder girdle, pelvic, and core stability : 자세 형태를 유지하면서 코어를 지지하고 사지를 들어올리기 위한 심부 반중력 근육들을 강화하는 훈련.
> - **근육 및 인대 긴장**muscular and ligamentous tension : 요추 안정성을 위한 심복부 및 골반 기저근 교육. 뼈, 특히 햄스트링, 대퇴근막장근, 장경인대, 요추 신전근을 위한 뼈에 긴장이 미치는 영향을 최소화하기 위해 매일 하는 유연성 프로그램.
> - **자기수용과 균형 운동**proprioception and balance exercises : 를르베releve에서 플리에로, 다리와 발의 위치를 바꿔가면서, 눈을 뜬 채로, 또한 감은 채로 한 다리로 서는 자세 변형.
> - **필요에 따른 테이핑**Taping as necessary : 특정 신체 부위의 통제 및 자기수용.
> - **스트레스 감소 및 회복 기술**Stress reduction and recovery skills : 스트레스 완화를 위한 통제 호흡 및

무용수가 물리치료사와 함께 짐볼을 사용하여 균형과 자기수용을 연습하고 있다.

사진제공 : 카일 프로만Kyle Froman. 물리치료사 : 마리카 몰나르Marika Molnar.
무용수 : 로버트 패어차일드Robert Fairchild

그 밖의 진정 방법과 같은, 역동적 휴식 및 감압, 긴장한 구조들의 길이 회복을 위한 운동 후 이완과 유연성 운동, 요추와 고관절 근육의 이완을 위해서, 다리를 고정시키고 등을 대고 누운 자세.

포엥트 동작 Pointe work

포엥트 슈즈는 본래 발끝을 꿰맨 새틴 슈즈에 지나지 않았다. 19세기 발레리나 마리 탈리오니Marie Taglioni의 아버지가 무대에서 마치 요정처럼 가볍게 보이도록 개발하였다. 초기 공연에서는 발레리나의 발이 공중에 떠 있는 것처럼 무대에서 이동시키기 위해, 가이드 와이어를 사용하였다.

현대의 포엥트 슈즈가 만들어진 것은 20세기 러시아 발레리나인 안나 파블로바Anna Pavlova의 영향이 컸다. 그녀는 발가락 부분에 별도의 작은 박스를 덧대고 발끝을 지탱하면서 편평하고 딱딱하게 만들기 위해 단단한 가죽을 추가하는 등 초기 포엥트 슈즈를 변형하였다. 소수의 제조업체를 제외하고 현대의 포엥트 슈즈는 파블로바 시절의 슈즈와 크게 다르지 않다. 이들은 여전히 주로 새틴, 모슬린, 삼베, 판지, 접착제와 같은 재료를 사용한다.

오늘날 프로 발레리나의 대다수는 맞춤 제작자로부터 자신의 포엥트 슈즈를 주문한다. 또한 새 슈즈를 자신이 원하는 느낌으로 변형시킨다. 발레를 3~4년간 연습하면 보통 수업에서도 포엥트 슈즈를 신을 정도의 수준이 된다. 어린 무용수들에게는 흥미로운 시간이다. 그러나 이러한 순간 또한 적절한 예방책을 취하지 않는다면 상해를 초래하는 시간이 될 수 있다. 포엥트 슈즈를 신기 전까지 상해 위험을 최소화하기 위해서는 발, 다리, 몸통(코어)에 점진적인 근력 운동을 해야 한다. 부드러운 발레 슈즈와 포엥트 슈즈 사이의 중단 단계로 특별한 드미-포엥트 슈즈를 신는 것도 도움이 될 수 있지만, 이러한 슈즈를 적절한 연습의 대체품으로 여겨서는 안 된다.

포엥트 슈즈는 폭이 매우 좁아 중족골에 스트레스와 압박을 주는데 이 때문에 신경종(발가락 사이의 신경의 확대)이나 발가락 사이의 공간에 티눈이 생길 수 있다. 포엥트 슈즈가 너무 넓거나 너무 길면, 발의 지탱력이 감소하고, 앞으로 미끄러질 수 있다. 이렇게 슈즈가 잘 맞지 않으면 엄지발가락이 발과 만나는 첫 번째 중족지절관절의 건막류에서 엄지발가락이 바깥쪽으로 전위되는, '외반 엄지발가락'을 초래할 수 있다. 잘 맞지 않는 포엥트 슈즈를 신으면, 중족부의 긴장 증가, 인대 약화가 나타날 수 있다.

엥 포엥트 동작을 한 상태에서 발의 외측으로 체중을 부하시키는 시클sickle이 되지 않도록 발목을 충분히 강화시켜야 한다. 이 자세는 발목 염좌의 위험성을 높인다. 또한 중골, 뒤꿈치 뼈, 발 외측의 중족골 사이에 위치할 때, 발의 입방뼈의 부정렬을 의미하는 '입방골의 아탈구'를 야기할 수 있다.

또한 엥 포엥트를 한 무용수는 포엥트 슈즈의 내측에 체중을 실어야 한다. 그렇지 않으면 리스프랑lisfranc 염좌를 초래한다. 리스프랑 관절과 이를 지탱하며 중족을 교차하는 인대들은 엥 포엥트 동작에 매우 중요하다.

포엥트 슈즈 신기를 시작하는 무용수들은 포엥트 자세를 위해 충분한 근력과 유연성을 갖추어야 한다. 따라서 연령은 무용수가 포엥트 동작을 할 준비가 되었는지를 결정하는 유일한 기준은 아니다. 오히려 교사가 정보에 입각한 결정을 내려야 한다. 포엥트 동작에 관한 지식이 있는 전문 의료진과의 상담 또한 도움이 될 수 있다.

다음은 포엥트 슈즈를 신을 것인지 결정하기 위해 필요한 요인들이다. 어린 무용수가 엥 포엥트 슈즈를 신기 위한 명확한 특징을 보이지 못하는 경우, 학생이 실망하겠지만 교사와 부모는 마음을 바꾸어서는 안 된다. 대신 최종적으로 포엥트 슈즈를 신을 수 있도록 추가적인 연습을 제공해야 한다.

> **신체 정렬과 자세의 조절**overall body alignment and postural control: 무용수가 정적인 균형동작이나 복잡한 동작에서 몸통과 골반을 조절할 수 있는가?

> **하지의 강도**strength of the lower extremities: 엥 포엥트 동작을 취하면서, 고관절의 턴 아웃을 유지할 수 있는가? 다리와 발목이 흔들리지 않고 를르베 동작을 할 수 있는가? 안전하게 엥 포엥트 자세를 취하기 위해, 자신 있게 하지에 체중을 부하시키고, 통제할 수 있는가?

> **하지의 유연성**flexibility of the lower extremities: 무릎을 곧게 펴고 발목과 발이 완전한 굴곡 자세를 취할 수 있는가?

> **과운동성**hypermobility: 발과 발목 관절이 느슨한 채로, 발을 지나치게 포엥트한 채로 과이동하는가? 무릎이 과도하게 과신장되어 발목과 발에서 더 큰 각도의 족저 굴곡을 야기하는가?

> **저운동성**hypomobility: 발목이나 발에서 무용수의 발의 운동성이 낮은가? 경골(정강이뼈)로부터 라인을 신장시킨다면, 바닥과 발 윗부분까지의 라인과 평행한가? 아니면 무용수가 포엥트 발 자세를 위해 무릎을 약간 구부려야 하는가?

과도하게 운동성이 높은 경우에는 발과 발목의 근력 및 균형능력을 강화시켜야 할 것이다. 이러한 개인 연습은 포엥트 슈즈를 준비하는 무용수뿐 아니라, 모든 무용수들에게 도움이 된다. 특히 신체적, 심리적 변화와 빠른 성장이 일어나는 시기의 무용수에게는 자기 수용적인 태도가 요구된다.

발과 발목의 가동 범위가 충분하지 않다면 추가적인 스트레칭이 필요할 수 있으며, 주의 깊게 동작을 취하여 안전한 범위 이상으로 관절에 힘을 주거나 상해를 입히지 않도록 해야 한다. 충분한 가동 범위를 얻을 수 없다면, 지속적으로 포엥트 동작을 취하는 것이 어려울 수도 있기 때문이다.

적절한 스트레칭 Proper Stretching

수업, 리허설, 공연 전에 신체가 준비되어야 한다. 발레와 재즈댄스의 그랑 바뜨망grand battement, 플라멩코의 팔동작과 같이 대부분의 무용 동작에서는 넓은 관절 가동 범위가 요구된다. 이러한 활동을 위해 신체를 준비시킬 수 있는 가장 효과적인 방법은 워밍업에서 역동적인 운동을 실시하는 것이다. 이러한 운동은 무용수들이 사용해야 하는 근육들을 활성화시킨다. 친구들과 대화를 하며 스트레칭 자세로 앉아있는 정적인 스트레칭 운동은 도움이 되지 않는다. 정적인 스트레칭은 연습을 마무리할 때 정리운동에 적합하다. 이때에는 근육들을 부드럽게 신장시키고 긴장을 완화시키는 역할을 한다. 다양한 형태의 스트레칭과 타이밍의 활용은 제3장에서 자세하게 설명하였다.

뿐만 아니라, 스트레칭은 유형과 시기, 무용수의 체형에 따라 상해를 예방하거나 초래할 수 있다. 넓은 가동 범위를 요구하는 무용동작은 무용수가 규칙적으로 스트레칭하지 않는다면 특정 유형의 상해를 당할 수 있다는 것을 의미한다. 가동 범위를 넘어서는 동작이 반복되는 경우, 근육 조직이 파열되거나 상처가 생길 수 있다. 햄스트링, 종아리, 척추 근육, 사두근은 무용수들이 자주 상해를 당하는 근육이다.

반대로 너무 유연한 과운동성의 무용수들도 근력과 운동 조절력이 충분하지 않은 경우에는 상해를 당할 위험이 동일하다. 이러한 무용수들은 스트레칭에 많은 시간을 할애해서는 안 된다. 대신 이들은 코어 지지와 근력 운동을 해야 한다. 이들은 인대와 같은 관절의 가동 범위가 매우 극단적이기 때문에, 상해에 취약하다. 예를 들어, 무릎 인대가 과하게 이완되어 있는 무용수들은 더 쉽게 염좌 상해를 입을 수 있고 발목 염좌 또는 허리 문제에 더 취약하다.

결과적으로 무용수 자신과 교사, 전문 의료진 등이 생리학 및 심리학적 원칙에 근거하여 상해에 접근함으로써 스튜디오와 무대에서 모두 성공할 수 있다. 포엥트 동작과 같은 특정 활동을 언제 시작해야 하는지, 점프 높이를 어떻게 수정해야 하는지를 결정하는 데 있어서 다양한 요인들을 고려해야 한다는 점은 분명하다. 다음 절에서는 특정한 무용 상해 예방에 대해 논의할 것이다.

특정 무용의 상해 예방
Preventing Specific Dance Injuries

무용수들은 신체적으로 매우 활동적이기 때문에, 많은 상해가 일어날 수 있다. 사실상 모든 장르의 무용에는 반복적인 행동, 큰 범위의 동작, 이상한 자세의 유지, 정교하고 세심하게 짜여진 안무 패턴을 통한 다양한 속도의 동작이 필요하다. 무용에 방해가 될 만한 것들은 사실상 무한하다. 그러나 특정 상해는 다른 사람들보다 무용수들에게 더 일반적으로 나타난다. 이 절에서는 이러한 많은 상해들을 정의하며, 적절한 예방법을 제공한다. 설명된 해부학적 구조는 2장을 참조하자. 이 절에서는 상지, 고관절과 골반, 무릎, 발목, 발, 상지와 하지를 함께 묶는 부위인 척추를 다룬다.

> ### 목표 설정하기
> #### 상해 예방을 위한 계획 설계
> 신체와 동작의 어떠한 측면들이 상해의 요인이 되는지에 대해 생각해보자. 이러한 상해를 막기 위해 컨디셔닝의 구체적인 목표를 설정한다. 근육과 관절에 유연성이 부족하다면, 규칙적인 스트레칭 프로그램을 계획할 수 있다. 과운동성 무용수라면, 근력, 균형, 코어 지지 연습을 할 수 있다. 적극적인 자세로 상해 예방의 건강한 접근법을 위한 목표를 설정한다.

상지 Upper Extremities

대부분의 무용 상해는 하지에서 발생하지만, 무용수들은 상지(팔과 견갑골)에서도 상해를 경험한다. 공중동작, 남녀가 들어 올리는 동작, 팔로 파트너의 체중을 버티는 안무가 증가하면서, 앞으로 상지 상해는 더 일반적일 것이다. 최근에 나타나는 상해에는 외측 상과염, 어깨 탈구, 어깨 충돌, 회전근개 파열, 견봉쇄골(A-C) 관절 염좌가 있다.

외측 상과염 Lateral Epicondylities

테니스 엘보tennis elbow라고 불리는 상완골의 외측 상과염은 팔꿈치 외측의 과사용으로 인한 손상을 말한다. 팔목을 신장시키는 근육의 반복적 수축은 근육이 뼈로 삽입되는 염증 반응을 일으킨다. 이러한 상해를 입는 무용수들은 보통 현대무용 또는 스트리트 댄스와 같이, 체중 부하 동작이나 파트너를 잡는 동작에서 상완을 반복적으로 사용한다.

외측 상과염의 예방을 위해서는 손, 팔목, 팔꿈치, 어깨 근육의 스트레칭 및 강화 운동이 필요하다. 대부분의 파트너 동작이 팔목을 신장시키고, 손가락을 굴곡하거나 신장시킨 상황에서 일어나는 반면, 이러한 근육들은 조심스럽게 스트레칭되어 완전한 가동 범위를 갖출 수 있도록 해야 한다. 팔의 회내근과 회외근의 동심성 및 편심성 강화는 삽입 부위의 힘줄의 부하량을 높여, 더 많은 힘을 견딜 수 있게 해준다. 신근-회외근의 강화는(손바닥을 전방을 향하게 한 전완의 외측 표면에 위치), 외측 상과에서 이러한 근육이 시작되는 부위에서 긴장이 쌓이는 것을 막아줄 수 있다.

어깨 탈구 Shoulder Dislocation

어깨 탈구는 긴급하고 적절하게 관리되어야 하는 심각한 외상성 상해이다. 상완골의 볼ball 부분은 매우 얕은 절구로부터 미끄러진다. 탈구된 위치에서 자세를 취한다면, 몇 가지 합병증이 발생할 수 있다. 의사와의 상담이 필요하다. 자격을 갖춘 의료인만이 관절의 위치를 다시 잡아

줄 수 있다. 일단 어깨 탈구가 일어나면, 어깨 관절 주변의 안정화 조직이 신장되어 있기 때문에, 뒤이은 탈구 또는 부분적인 탈구가 일어날 가능성이 높다. 이러한 상해는 현대무용, 스트리트 댄스, 접촉 즉흥contact improvisation에서와 같이, 상지의 체중 부하가 요구되는 안무를 수행하는 무용수들에게 발생할 가능성이 높다.

어깨 탈구는 급성 상해로 보통 쭉 뻗은 팔로 갑작스럽게 미끄러지거나 넘어지는 동안 일어난다. 특히 어깨 관절의 과운동 또는 불안정을 보이는 여성 무용수의 경우 상해가 더 잘 일어난다. 견갑대의 강화 및 안정화 운동은 이러한 요인이 있는 무용수들에게 필요하다.

어깨충돌 Shoulder Impingement

어깨 충돌이란 어깨 높이 이상의 상지가 반복적인 움직임에 의해 야기되는 과용성 부상이다. 회전근개Rotator cuff는 어깨 관절 주위를 둘러싸고 있는 네 개의 깊은 근육의 그룹이다. 이 근육들 중 하나의 힘줄의 일부가 이런 종류의 상지 운동을 하는 견갑골의 밑 부분과 흉골 사이에 끼인다. 안과 시간을 반복하면 힘줄이 아프고, 붙붙을 수 있고, 제대로 관리하지 않으면 찢어질 수 있다. 이러한 유형의 부상은 팔이 어깨 위로 움직이는 댄스 장르에서 발생할 수 있다.

어깨 손상에는 종종 나쁜 자세와 어깨 관절 복합체의 정렬이 수반된다. 어떤 근육의 불균형은 근육의 부정확한 움직임을 유발할 수 있다. 몸통에서 견갑대의 적절한 정렬을 유지하는 것은 예방에 있어 중요한 고려사항이다. 소흉근과 견갑거근과 같은 근육은 살살 늘려야 하고, 전거근, 등세모근, 상완이두근은 튼튼해야 한다. 흉추는 뻣뻣하지 않고 유동적으로 움직일 수 있어야 한다. 견갑골을 쥐어뜯고 분리하면 해당 부위의 근육을 자극할 수 있고 회전근개가 어깨 관절이 움직일 때 인체모형의 적절한 위치를 유지하는 데 도움이 된다.

회전근개 파열 Rotator Cuff Tears

회전근개 파열은 힘줄에 붙은 근육에 힘을 가할 때, 어깨 관절 주변에서 하나 이상의 회건근개 힘줄이 약화되어 나타난다. 조직의 강도는 연령에 따라 감소하기 때문에, 이러한 상해는 연령에 따라 증가한다. 또한 어깨 관절의 충돌을 치료받지 않아도 증가한다. 매우 고통스럽고 움직임을 제한하기 때문에, 적절한 의료 상담을 받아야 한다. 이를 예방하기 위해서는, 경량 덤벨이나 밴드를 사용하여 회전근개 근육을 강화시켜야 한다.

견봉쇄골(A-C) 관절 염좌 Acromioclavicular (A-C) Joint Sprain

견봉쇄골(A-C) 관절 염좌는 보통 무용수가 어깨로 떨어질 때 발생하는 외상성 상해이다. 사고로 추락할 때나 구르기와 같은 안무가 정확하게 이뤄지지 않을 때 발생한다. 빗장뼈 외부 끝쪽부터 견봉을 잡아주는 인대(견갑골의 상부로부터의 돌출부)가 신장되거나 파열된다. 어깨 분리는 빗장뼈가 견봉 쪽으로 위치가 바뀔 정도로 A-C 관절 염좌가 심각할 때 일어난다. 이 경우 의학적 상담이 필요하다. A-C 관절 염좌는 사고로 야기되는 급성 상해기 때문에 예방이 불가능하지만, 정확한 낙법을 배우는 것이 예방에 도움이 될 수 있다.

고관절과 골반 Hip and Pelvis

고관절과 골반의 상해는 상지 상해보다 더 빈번하게 나타난다. 연구에 따르면 청소년에게 더 자주 일어난다. 큰 가동 범위로 고관절과 골반을 사용하는 것은 상해 위험을 높인다. 고관절 상해에는 건열 상해, 피로골절, 발음성 고관절, 고관절염, 활액낭염, 좌골신경통, 비구순 파열이 포함된다.

건열 손상 Avulsion Injuries

건열 손상은 뼈조각이 붙어 있거나 그렇지 않은 상태에서 조직이 뼈에 부착되지 않고 멀어질 때 발생한다. 이러한 상해는 골격계가 성숙하지 않은 무용수의 골반과 고관절에서 일어난다. 골돌기가 부착되어 있는 힘줄과 근육보다 더 약할 때 일어난다. 골돌기는 장골의 성장을 형성하는 영역과는 달리, 뼈의 성장 영역이다. 전상장골극ASIS, 장골능, 좌골결절이 그 예이다. 따라서 근육이 충분한 힘으로 수축할 때, 그 힘줄 부분은 뼈의 성장 영역이 분리되면서 뼈 가장자리를 떼어놓을 수 있다. 보통 성장 영역에서의 분리는 불완전하거나 그리 넓지 않기 때문에 적절한 관리를 통해 상해를 잘 치유할 수 있다. 이러한 유형의 상해를 적절하게 관리하기 위해서는 의사와의 상담이 필요하다.

건열 손상을 예방하는 것은 골반에 부착되는 근육이 건열을 형성하도록 충분한 힘을 발생시키는 위치에서 고도의 탄도 동작이나 모멘텀을 사용하지 않는 것이다. 다리에서 햄스트링, 대퇴직근, 봉공근은 장골능에 부착되는 복사근과 같은 몸통 근육처럼, 건열이 자주 발생하는 부위이다. 충분하게 골격이 성숙할 때까지 아라베스크나 바트망의 높이를 제한하는 것이 도움이 될 수 있다.

피로골절 Stress Fractures

피로골절은 뼈에 적용되는 반복적인 힘으로 인해 뼈가 약해지는 과사용 상해이다. 뼈 구조의 매우 미묘한 변화로 시작하여 뼈에 작은 금이 생길 수 있다. 치료하지 않고 두면 피로골절이 완전 골절이 될 수 있기 때문에 초기의 적절한 관리가 필요하다. 고관절 부위에서 피로골절이 가장 일반적으로 보이는 곳은 대퇴골의 목 부분 또는 전자 아래의 오른쪽 부분, 고관절에서 가장 가까운 대퇴골 부분이다.

피로골절을 막을 수 있는 방법은 회복 시간의 중요성을 인식하는 것이다. 반복적이고 낮은 부하의 무용 연습은 충분한 회복 시간이 허용되지 않을 때 근육의 피로를 야기할 수 있다. 특정한 안무가 반복적으로 이뤄지는 리허설이나 수업의 일정이 계속해서 잡혀 있는 경우가 가장 일반적이다. 피로골절은 하나의 과정이다. 따라서 계속해서 무용을 하기 전에 휴식이 필요하다고 경고하는 단서가 있었을 것이다. 예를 들어, 연습시간이나 빈도가 많아짐에 따라 갑작스럽게 시작된 통증, 휴식 시에는 완화되지만 체중 부하 시의 통증, 환부의 압통점이 있다면 모두 피로골절이 발생할 수 있는 초기 지표이다.

근육의 피로는 뼈의 긴장을 고조시키기 때문에, 근육이 과도하게 피로해지기 전에, 무용을 중단하는 것이 현명하다. 휴식하거나 집에 오자마자 다리를 이완시키거나 올리는 것은, 무용수가 매일 휴식하고 회복학위 위한 일상의 일부가 되어야 한다. 게다가 발가락을 바깥쪽으로 향하는 외측 고관절 회전보다는 정상 보폭으로 걷는 것이 하지 웰니스에 중요하다. 이는 근육이 가장 효율적이고 가장 덜 스트레스를 받으며, 관절이 최적의 위치에 놓이기 때문이다. 또한 발이 바닥에 부딪힐 때 중력과 바닥에 대한 반응력을 정확하게 흡수하여 분산시킬 수 있게 해준다.

발음성 고관절 Snapping Hip

발음성 고관절은 전방(내부) 발음성 고관절과 외측(외부) 발음성 고관절의 두 가지 종류가 있다. 내부 발음성 고관절은 대요근과 장골근, 합쳐서 장요근이라 불리는 근육의 힘줄이, 골반 부위에 걸쳐 딱딱 소리가 날 때 일어난다. 이러한 소리는 취약한 동작 패턴 또는 이러한 근육에서의 긴장이나 쇠약으로 인해 일어날 수 있다. 내부 발음성 고관절의 또 다른 원인은 파열된 비구순이며, 이에 대해서는 추후 다시 논의된다. 외부 발음성 고관절은, 장경인대(IT)가 긴장되고, 동작을 하는 동안 대퇴골 전자에서 딱딱 소리가 날 때 일어난다.

발음성 고관절 예방은 꽤 어려울 수 있다. 운동 조절(신경과 근골격계가 함께 작용하여, 협응된, 효율적인 동작을 생산하는 능력)은 골반을 안정화시키는 근육에서 중요하다. 어린 무용수의 경우, 대퇴근막장근(TFL), 햄스트링, 요추 기립근, 요방형근은 보통 더 긴장이 되며, 복근과 둔근은 더 약하다. 그러나 이러한 상해는 어린 무용수들에게만 국한된 것은 아니다. 발음성 고관절을 형성하는 긴장한 근육과 힘줄을 위한 유연성 운동은, 고정된 몸통에서 다리가 움직일 때, 골반이 중립 정렬을 유지할 수 있게 도움을 줄 수 있다. 다리 동작을, 골반과 요추 동작과 분리하는 법을 배운다면, 발음성 고관절을 야기할 수 있는 부위에서, 구조들을 손상시키지 않고 더 안전하며 보다 생산적인 운동을 할 수 있다.

게 문질러질 수 있도록 윤활액을 제공한다. 그러나 과사용된다면 점액낭은 염증이 생기고, 부풀어 오르며, 통증이 생길 수 있다.

고관절과 골반대의 모든 근육을 매일 일상적으로 스트레칭을 하고, 격일로 근력 강화 운동을 함으로써, 활액낭염을 예방하거나 완화시키는 데 도움을 줄 수 있다. 휴식 시, 한 쪽 옆으로 눕는 것보다 무릎 아래 롤을 대고, 등으로 누워 체중 부하로 초래된 점액낭의 압축을 감소시킬 수 있다. 옆으로 누워야 한다면, 무릎 사이에 베개를 두어, 윗 쪽의 다리가 바닥과 평행이 되게 하고, 근육이 신장된 자세로 있지 않도록 한다. 활액낭 위에서 누르는 근육과 힘줄을 스트레칭하는 것은 보통 예방과 완화에 도움을 준다.

고관절염 Hip Arthritis

고관절염은 대퇴골의 머리 부분이나 관골구의 내부 또는 둘 모두를 덮고 있는 매끄러운 연골 표면의 퇴행성 파괴가 일어날 때 가장 일반적으로 발생한다. 대개 고관절 자체에 외상성 상해가 있거나, 전형적인 가동 범위 이상으로 고관절을 강제로 움직이거나, 능력 이상으로 부하를 준, 장기적인 누적 영향의 결과로 나타난다. 매끄럽게 덮어주는 연골이 없다면, 관절은 계속해서 통증이 있으며 자극을 받게 된다. 현재로서 알려진 관절염 예방법은 없으며, 일부 무용수들이 왜 관절염이 발생하며, 다른 무용수들은 왜 그렇지 않은지에 대해서도 완전히 이해할 수 없다.

활액낭염 Bursitis

활액낭염은 두 개의 인접한 해부학 구조 사이에 위치한 윤활액 낭인, 점액낭의 염증이다. 고관절의 해부학적 정렬은 힘줄이 다른 힘줄에 걸쳐져 있고, 골구조에 걸쳐 문질러질 수 있는 상태이다. 이러한 부위에서 점액낭은 부드럽

좌골신경통 Sciatica

좌골신경통은 고통스러운 좌골 신경 질환이다. 좌골신경은 요추에서 시작해서 합류하여, 엉덩이 아래에서, 허벅지를 통하는 큰 신경을 형성하는 신경근으로 구성된다. 이러한 신경은 턴 아웃에 사용되는 주요 근육 중 하나인, 이상근piriformis 아래를 지나간다. 이상근이 긴장되어 있거나, 잘 발달한 경우, 좌골신경을 압박하여, 통증을 유발하고, 증상들을 후방 허벅지 쪽으로 퍼지게 만든다.

성장이 급등하는 동안, 요배근막과 햄스트링의 긴장 때문에, 척추 정렬이 바뀔 수 있다. 따라서 유연성을 유지하기 위한 프로그램은, 좌골신경통을 예방하는 데 도움이 될 것이다. 걷기 시, 턴 아웃되지 않는 보행 패턴에 집중하는 것처럼, 앉기와 같이 매일의 활동 동안 척추의 중립 자세를 유지하는 것이 도움이 된다. 턴 아웃 자세는 자연스럽게 이상근을 단축시키며, 그 결과 턴 아웃 상태가 아닐 때에는 긴장을 하게 된다. 내부 회전으로 고관절의 유연성에 의식적으로 집중하는 것이, 좌골신경통을 예방하는 한 가지 핵심이다. 한 다리로 서 있을 때, 골반은 어느

한 쪽으로 기울여져서는 안 된다. 이러한 행동은 다리를 교차하고 앉는 것과 같이, 이상근에 불필요한 긴장을 만들어낸다. 요추와 고관절의 정상 가동범위를 유지하는 것은, 필요한 신경 길이를 보존하고, 동작을 하는 동안 움직일 수 있게 도움을 줄 것이다. 고관절에서 항상 턴 아웃 자세를 유지한다면, 이상근은 단축되거나 긴장할 것이며, 좌골신경을 압박할 것이다.

비구순 파열 Acetabular Labral Tears

비구순은 비구 가장자리 주변에 위치한 연골의 고리이다. 이러한 구조의 파열은 하나의 외상성 사건으로부터의 결과일 수도 있으며, 주로 대퇴골을 와순으로 반복적으로 문지름으로써, 무용에서 일반적으로 발생한다. 내부 발음성 고관절의 한 가지 원인이기도 하다. 와순이 파열되어 있다면, 악화되거나 고관절염을 초래하지 않도록, 전문 의료진의 평가를 받아야 한다.

    전방 고관절 인대가 과도하게 느슨한 고운동성의 무용수는 고관절이 외부 쪽으로 회전되거나 신장될 때, 대퇴골의 머리 부분이 지나치게 전방으로 움직이는 것을 경험할 수 있다. 이러한 자세는 와순에 압력과 압박을 가하며, 파열을 초래할 수 있다. 관골구에서 대퇴골 머리 부분을 안정적인 자세로 유지하기 위해서는, 뛰어난 운동 조절, 및 발달이 필요하며, 이는 고운동성 무용수의 일상적인 루틴이 되어야 한다. 이러한 조절력을 높이는 방법에는, 70도 굴곡(몸통은 머리 쪽으로 위치한 상태)에서 손과 무릎을 고관절에 위치시키는 것으로 시작하여, 이후 몸통을 손으로 뒤쪽으로 밀어 고관절을 90도까지 굴곡시키는 것이다. 이러한 절차는 관골구에서 대퇴골 머리 부분을 다시 안정화시키도록 돕는다. 대요근, 장골근, 심복부뿐만 아니라, 대둔근, 심부 외회전근을 위해 매일 할 수 있는 좋은 강화 프로그램은, 이러한 안정성을 유지하기 위해서, 근육계를 훈련시키는 데 도움을 줄 것이다.

무릎 Knee

무릎 관절의 구조는 특별히 무릎 관절이 견뎌야 하는 부하량을 고려할 때, 특히 안정적이지 않다. 심부 절구가 있는 고관절과는 달리, 대퇴부 관절구를 지탱하는 경골 고평부는 매우 얕다. 안타깝게도 무릎 상해와 무릎 통증은 무용의 경우 매우 일반적이다. 여기에는 반월 손상, 슬개대퇴 통증 증후군, 연골연화증, 슬개골 아탈구와 탈구, 인대 파열, 좌상, 슬개건병증, 무릎 활액낭염, 오스굿슐라터병 Osgood-Schlatter's disease이 포함된다.

반월 손상 Meniscal injuries

반월 손상은 무릎의 뒤틀림 외상에 의해 야기된다. 반월은 무릎 관절에서 연골판 패드를 형성하는 연골의 원형 조각이다. 내측 및 외측 반월은 모두 무릎 관절에 존재한다. 이러한 패드에 손상이 가해지면, 무릎에서 딸깍 소리가 나고 통증이 있을 수 있다. 이들은 무릎에 관절염을 초래하는 무용을 줄여서, 적절하게 관리되어야 한다.

    외상성 상해는 완전하게 예방하기 어렵지만, 무릎 관절을 둘러싼 근육을 강화시킴으로써 반월 상해의 가능성을 줄일 수 있다. 이러한 근육을 강화시키기 위한 운동에는 무릎을 곧게 지탱하고 한 다리로 서 있다가, 무릎을 구부려 몸을 낮추는 동작이 포함된다. 고관절부터 발가락까지 적절하게 인대를 유지하는 것은 관절을 보호하기 위해 적절한 근육들을 모두 동원하도록 도움을 준다. 웨이트를 추가하거나(손으로 잡거나 백팩에 넣어), 탄성 저항 밴드를 사용함으로써(양 손에 한 쪽 끝을 잡고, 발로 지지하는 자세) 운동 강도를 높일 수 있다. 특히 무릎 굴곡 자세에서 무게 하중을 높여야 하는 무용 활동을 수행할 때에는 주의해야 하는데, 무릎 굴곡이 더 커지면, 반월, 특히 후방 부분에 압력이 증가되기 때문이다.

슬개대퇴 통증 증후군과 연골연화증
Patellofemoral Pain Syndrome and Chondromalcia

슬개대퇴 통증 증후군과 연골연화증은 슬개골 아래에서 일어나는 관련 질환이다. 이들은 대퇴골 위 홈에서 위 아래로 미끄러져 가면서, 통증이나 슬개골의 삐걱거리는 소리를 야기할 수 있다. PF 통증 증후군은 보통 슬개골이 홈의 중앙에서 미끄러지는 대신 외측을 향해 미끄러지는 활주tracking로 인해 발생한다. 이러한 부정렬은 무용수가 비교적 외반슬이고 장경인대가 긴장되어 있으며, 무릎 아래로 턴 아웃하기 때문에 일어날 수 있다. 증상을 무시하고, 적절한 재활에 참여하지 않는다면, 슬개골연골연화증으로 알려진 질환을 초래할 수 있다. 이 용어는 "연골이 좋지 않다"는 의미이지만, 이 질환은 후방 슬개골에서 매끄러운 관절 표면(연골)의 연화 및 퇴화를 말한다.

정확한 무릎 역학을 사용하는 것은, 슬개대퇴 통증 증후군을 예방하는 데 필수적인 부분이다. 예를 들어, 무릎 아래로 턴 아웃을 하는 것은, 외측으로 움직일 때, 슬개골에 추가로 압력을 가한다. 이러한 기법의 실수는 적절한 훈련을 통해 교정할 수 있다. 외측 사두근과 외측 햄스트링을 스트레칭하는 것은, IT 밴드의 긴장을 줄여준다. 이러한 긴장은 경골의 외회전 증가를 야기하며, 슬개대퇴 통증의 가능성을 높이는 경향이 있는, 슬개골의 외측 당김을 야기한다. 폼롤러에서 IT 밴드를 굴리는 것도, 이러한 구조를 신장하는 데 도움이 된다. 내측광근을 강화시키면서, 완전하게 분리시키려고 노력하는 것은, 무릎 신장 시, 슬개골을 내측으로 끌어당기는 데 도움이 될 것이다.

슬개골 아탈구와 탈구 Patellar Subluxation and Dislocation

슬개골 아탈구와 탈구는 휴식 시 슬개골이 대퇴골의 홈에서 벗어나는 두 가지 수준의 외상성 상해이다. 슬개골이 정상 위치로 돌아오지 못한다면 매우 통증이 있는 상해이다. 무릎을 강화하는 것이 보통 슬개골을 원래 있어야 하는 뒤쪽으로 미끄러지게 하는 데 도움이 된다. 탈구와 아탈구 사이의 차이는, 탈구의 경우 슬개골이 완전히 홈에서 벗어나는 반면, 아탈구 시 슬개골은 홈에서 부분적으로 벗어나며, 자발적으로 본래 있어야 하는 곳으로 되돌아온다. 탈구된 슬개골은 가능한 빨리 전문 의료진의 평가를 받아야 하는 심각한 상해이다. 한 번 발생한 후에는 재발할 가능성이 더 높다. 탈구된 슬개골이 무릎 탈구는 아니라는 사실에 주목해야 한다.

인대 파열 Ligament Ruputres

무릎 인대 상해는 주로 전방십자인대(ACL), 후십자인대(PCL), 내측 측부 또는 경골 측부 인대(MCL), 외측 측부인대(LCL)의 네 가지 인대에서 일어난다. ACL은 무릎의 인대를 주로 안정화시키는 역할을 한다. ACL은 스포츠에서, 특히 여성의 경우 일반적으로 파열되기 때문에, 가장 잘 알려진 무릎 인대이다. 다행히도 ACL 파열의 발생은 무용수들의 경우 훨씬 적지만, 보통 수술과 몇 개월간의 재활이 필요하기 때문에 심각한 상해이다.

무릎 인대 상해는 순간적인 외상성 특징 때문에 쉽게 예방할 수 없다. 그러나 연구에 따르면, 무용수들은 운동선수들보다 ACL 상해를 훨씬 덜 겪는다. 이는 무용수들이 아름답게 동작을 하기 위해 운동선수들과는 다른 점프 착지 훈련을 하기 때문이다. 무용수들은 주로 미리 계획되고 조절된 동작을 하기 때문일 수도 있다. 일반적으로 코어, 골반대, 고관절, 하지 근육을 위한 매일의 스트레칭 프로그램과 격일의 강화 프로그램은 무릎 관절 주변의 적절한 근육 균형과 안정성을 유지하는 데 도움을 줄 것이다.

좌상 Strains

좌상은 근육의 상해이며, 신체적으로 활동적인 사람들에

게 가장 자주 나타나는 상해 중 하나이다. 하지에서는 전방 대퇴부의 사두근 또는 후방 대퇴부의 햄스트링에서 가장 자주 발생한다. 이들은 근육이 한계 이상으로 빠르게 스트레칭되는 경우 또는 너무 많은 저항으로 수축하는 경우에 발생되는 외상성 상해이다. 대부분의 근육 좌상의 통증은 과다 스트레칭된 근육 조직이나 근육의 경미한 파열로부터 발생한다. 휴식을 취하거나, 무용수 상해를 위한 표준적인 응급 치료에 잘 반응한다. 제6장에서 휴식 및 회복에 관한 주제를 검토할 수 있으며, 응급처치에 관해서는 본 장의 후반부에서 다루어진다.

대부분의 좌상은 근육이 힘줄이 되는 전이 구역인, 근육과 힘줄의 접합부에서 일어난다. 이러한 부위에서의 조직 구조의 변화 때문에, 조직이 근육-힘줄 단위에서 발생된 힘을 견디기에는 상대적으로 약하다. 매일의 근력, 지구력, 힘, 조정력, 자기수용, 유연성 운동에서와 같이, 어떠한 활동 전에, 해당 부위로의 혈액 공급을 높이기 위해 준비운동을 해야 한다. 이러한 부위의 유연성을 높이기 위해 스트레칭하기 가장 좋은 시간은 근육조직이 따뜻해져 있는 수업이나 리허설 후이다.

슬개건병증 Patellar Tendinopathy

슬개건염, 점퍼의 무릎jumper's knee이라고도 불리는 슬개건병증은 전방 허벅지의 네 개의 사두근을 근위 경골과 연결시키는 슬개골 힘줄의, 통증이 있는 질환이다. 이러한 힘줄은 슬개골 바로 아래에서 두드러지게 나타나 쉽게 찾을 수 있다. 슬개골은 슬개골 힘줄에 둘러싸여 있다. 건병증이 있는 힘줄에는 어떠한 염증도 없기 때문에, "힘줄의 염증"을 의미하는 건염이라는 용어는, 대부분의 경우 이러한 상해에 정확한 용어는 아니다. 이는 많은 긴장이 가해지거나 힘줄을 과도하게 사용하여 초래되는 통증이 동반된 질환이다.

힘줄은 제2장에서 설명한 바와 같이, 근육들이 편심성으로 작용할 때 건병증을 초래하는 요구를 견딜 수 있도록 가장 잘 대비될 수 있다. 이는 단축성 훈련보다 더 높은 부하를 견딜 수 있도록 훈련될 수 있다. 힘줄이 뼈에 부착되는 곳은 근육 힘줄 접합부에서와 같은 이유로, 준비운동을 하지 않거나 적절하게 훈련하지 않는다면 상해에 취약하다. 힘줄과 뼈 사이의 조직은 과도기적이며, 따라서 이들에 걸친 힘을 감당하기에는 부족할 수 있다.

슬개골 건병증을 예방할 수 있는 단축성 자기수용 훈련의 예는 두 다리로 서서 한 다리 쪽으로 런지 훈련을 하는 것이다. 이 운동에서 슬개골 힘줄은 하중의 스트레스를 흡수하며 사두근은 무릎의 속도를 줄이고, 무릎이 굴곡으로 바뀌면서 지면에 디딘 사지의 힘에 적응하게 된다. 이러한 유형의 운동에서는 착지가 일어나는 높이를 증가시키는 단계부터 시작하여 힘줄이 더 많은 힘을 흡수하도록 훈련할 수 있다. 힘줄 하중의 속도와 방향을 바꾸는 것도 이러한 유형의 훈련을 진행하는 데 사용될 수 있다.

무릎 활액낭염 Knee Bursitis

고관절에 관한 토론에서 언급된 바와 같이, 점액낭은 서로 교차하여 문지르는 구조들의 과도한 마찰을 막는 데 도움을 주는 윤활액낭이다. 무릎의 활액낭염은 보통 과사용 상해라기보다는 외상성 상해이다. 무용수가 무릎을 직접 바닥에 닿게 떨어질 때 발생한다. 이러한 상해의 신호는 슬개골 전방에서, 또는 무릎 관절 높이 바로 아래에, 전방 무릎이 젤리같이 부어 있는 것이다. 이러한 상해의 일반적인 용어는 무릎 수종water on the knee이다. 이러한 설명은 상해의 힘으로 인해 점액낭에 유액이 축적되는 데서 온 것이다. 때로 많이 부풀어 오르기도 하지만, 외상성 활액낭염은 특별히 심각하지는 않다. 그럼에도 관리를 위해서는 전문 의료진의 도움을 받아야 한다.

오스굿슐라터병 Osgood-Schlatter's disease

오스굿-슐라터병은 반복적으로 점프를 하는 운동선수 및 청소년 무용수들에게서 볼 수 있다. 슬개골 힘줄이 삽입되는 전방 경골의 힘줄 부위가 특징적이다. 보통 이 부위에는 뼈의 작은 돌출부가 존재하지만, 오스굿-슐라터병의 경우 사두근 수축으로 슬개골 힘줄을 당기게 되며, 따라서 부착된 뼈 부위까지 당기기 때문에 돌출부가 더 확대된다. 이 부위는 뼈가 성장하며 상대적으로 약한 부위이다. 일단 무용수의 골격이 성장하면, 오스굿-슐라터병은 가라앉지만, 경골에서 추가된 돌출부는 뼈가 굳어지면서 계속해서 남아있을 수도 있다.

발목과 발 Ankle and Foot

발목과 발의 상해 발생은 특히 무용수들의 경우 빈번하다. 몇 가지 요인들이 이러한 문제에 기여하는데, 여기에는 지지되는 슈즈를 신지 않은 채의 반복적인 점프, 하지와 발의 정렬 문제, 장시간의 수업 및 리허설이 포함된다. 발목과 발의 상해에는 외측 발목 염좌, 내측 발목 염좌, 골절, 후방 발목 충돌 증후군, 전방 발목 충돌 증후군, 장무지굴근(FHL) 건병증, 아킬레스건증, 무지 제한증과 무지 강직증, 무지 외반증, 몰톤 신경종이 포함된다.

외측 발목 염좌 Lateral Ankle Sprains

외측 발목 염좌는 신체 활동적인 사람들에게 훨씬 많이 일어나는 상해이다. 염좌는 인대 상해이다. 외측 발목 염좌는 무용수가 바닥에서 발 옆쪽을 잡거나, 자신의 발을, 다른 무용수의 발에 내려오도록 하는 경우에 초래된다. 그렇게 되면 발이 안쪽으로 돌아가면서 염좌를 야기한다. 염좌는 늘어난 인대부터, 인대의 완전한 파열에 이르기까지 심각도가 다양하다. 또한 외측 발목의 인대에서 일어날 수도 있다. 이들 중, 특히 발목 관절 약간 위쪽에 위치하며, 상해 시 높은 발목 염좌라 불리는 이러한 상해는 정확하게 치료하지 않는다면 장기적인 문제를 야기할 수 있다. 보통 발목 염좌는 처음 발생 후 재발할 가능성이 올라가며, 인대가 심하게 늘어난다면 발목의 심각한 불안정을 초래할 수 있다. 그러므로 다시 무용을 하기 위해서는 적절한 진단, 치료, 재활이 중요하다. 이러한 상해는 사고로 인한 것이기 때문에 중요한 예방법은 조심하는 것이다! 상해 예방에 도움이 될 수 있는 특정 조치들에는 거골하 관절, 거퇴관절, 입방골의 정확한 정렬 동작이 포함된다. 무용수들이 하프 포엔트로 정확하게 를르베 동작을 할 수 없을 때, 보통 더 높이 올라가기 위해 낫sickle 모양을 만드는데 이 때 발목 염좌를 초래할 수 있다. 따라서 제1중족골 관절의 적절한 가동 범위를 유지함으로써, 낫 모양을 만들 위험을 줄일 수 있다. 마지막으로 여러 가지 방법으로 한 다리로 서는 연습을 통해 자기수용 능력을 향상시킴으로써 염좌 위험을 줄일 수 있다.

내측 발목 염좌 Medial Ankle Sprains

내측 발목 염좌도 외측 발목 염좌와 유사하지만, 덜 일반적인 상해이다. 발을 외측으로 회전시키는 동작이 자주 일어나지는 않으며, 발목의 내측 인대 복합체가 외측 인대보다 더 강하기 때문이다. 이러한 상해는 일반적으로 외측 발목 염좌보다 회복 시간이 더 길다.

골절 Fractures

발목 부위에 골절이 일어나면 인대 상해가 동반되는 경우가 많다. 골절은 발이 인대 상해 중 기울어질 때 내측 또는 외측 복사뼈에서 발생할 수 있다. 심각한 염좌의 경우, 하나 또는 두 개의 복사뼈가 모두 골절이 될 수 있다. 발에서 일어나는 또 다른 골절 유형은 건열 골절로 발의 측면을 따라 위치한 제5중족골의 끝에 붙어 있는 힘줄이 무리하게 벌어질 때 발생할 수 있다. 무용수에게 나타나는 가장 흔한 골절 중 하나는 '무용수의 골절'이라고도 불리는 제3중족골 간부shaft 골절이다. 이러한 골절은 넘어지는 동안 발의 중간 부분이 뒤틀리면서 발생한다. 많은 골절에서 부러진 뼈 조각들이 서로 문질러지며 오도독거리는 마찰음이 발생하게 된다. 골절은 반드시 적절한 의학적 치료를 받아야 한다. 발과 발목의 건열 상해 예방법은 고관절과 골반의 건열 상해 예방과 유사하다.

피로골절은 뼈의 구조가 부서지게 만드는 외상성 사건이 아니라, 뼈의 반복적인 긴장으로 인해 야기되기 때문에 위에서 언급한 골절과는 다르다. 무용수들의 경우, 발목과 발의 피로골절은 중족골, 특히 제 2, 3, 4 중족골과 비골에서 가장 흔히 발생한다. 여기에는 매우 국부적인 부위의 뼈에서 압통이 동반된다.

피로골절을 예방하기 위해서는 발의 내재근(중족골 사이의 작은 근육들)을 강화해야 한다. 아치 근육과 첫 마디뼈의 굴근을 수축시키는 도밍doming 운동과 발가락의 신장 운동이 이러한 강화 운동에 속한다(그림 9.2 참조). 예방에는 또한 서 있을 때 체중 부하가 발 볼(ball) 부분뿐 아니라, 전족부와 뒤꿈치에 동일하게 분산될 수 있게 하는데 도움을 주는, 일반적인 종아리 스트레칭이 포함된다. 그 밖의 발의 피로골절 가능성을 줄이는 방법에는 발 또는 포엥트의 강도나 시간을 빠르게 증가시키지 않는 것과 잘 맞는 포엥트 슈즈를 신는 것 등이 포함된다. 너무 좁은 신발이 중족골을 압박하는 것처럼, 뱀프(슈즈의 발 등 부분) 아래에 포엥트 슈즈의 묶인 끈을 집어넣으면 중족골의 외압을 높일 수 있다.

후방 발목 충돌증후군 Posterior Ankle Imlingement Syndrome

후방 발목 충돌 증후군은 몇 가지 요인에 의해 일어날 수 있으며, 이러한 요인들은 모두 발목 관절 뒤 연조직이나 뼈가 옥죄이는 것이다. 이는 발레, 특히 엥 포엥트 자세와 같이, 극단적인 발바닥 굴곡을 요하는 무용 장르에서 가장 흔히 발생한다. 인대나 그 밖의 연조직은 족저 굴곡 동안 뼈가 함께 모이면서 조일 수 있지만, 가장 일반적인 후방 충돌 형태는 발목 뒤, 발세모뼈라고 불리는 작은 뼈를 여분으로 갖고 있기 때문에 나타난다. 많은 무용수들은 발세모뼈를 갖고도 무리 없이 잘 수행할 수 있지만, 이와 관련된 증상 또는 그 밖의 후방 발목 충돌 유형들이 너무 부담이 되게 되면, 의학 상담을 받아야 한다.

발세모뼈의 존재와 같은, 선천적인 후방 충돌 유형을 예방하는 것은 불가능하다. 그러나 이러한 유형의 질환들이 무용수들에게 문제가 될 가능성을 줄이기 위한 조치들도 있다. 플리에 동작을 하는 동안 복사뼈가 후방으로 미끄러지는 동작은, 발의 포인팅 자세에서 뒤꿈치를 결합시

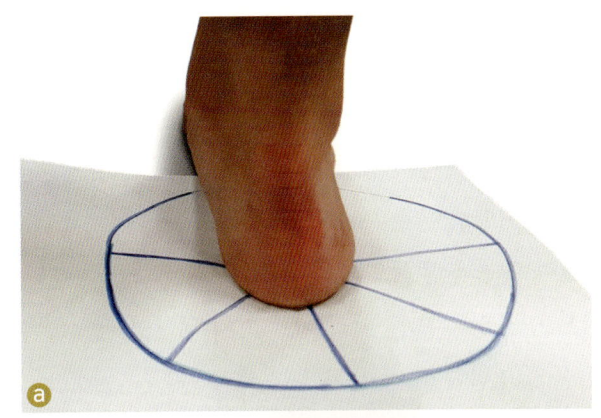

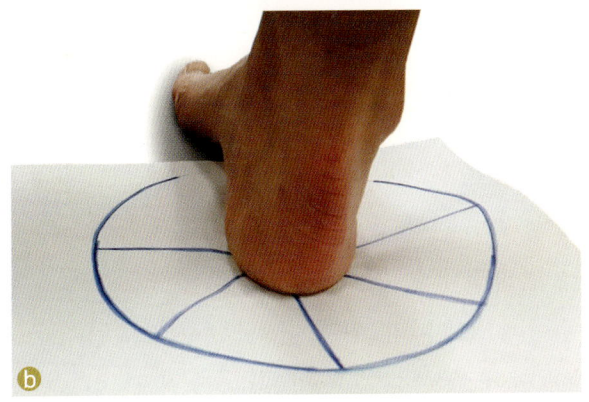

그림 9.2 발의 외번(a)과 내번(b)을 보여주는 뒤꿈치 클락clocks 연습은, 발 관절 훈련에 도움이 된다.

브렌다 크리치필드Brenda Critchfield

키는 것과 같이, 중요한 전제 동작이다. 무용에 필요한 그 밖의 발동작들이 종종 빠지게 되며, 정상적인 발목 동작을 위해서는, 교정적인 의료 상담이 필요할 수도 있다. 편평한 발을 하고 서 있을 때, 뒤꿈치의 클락clock 연습을 하는 것은, 이러한 관절을 잘 훈련시킬 수 있다. 뒤꿈치의 클락 동작은 거골하 관절을 동원하기 위한 특별한 체중 부하 운동이다. 뒤꿈치 아래 시계 앞면이 있다고 상상하고, 발을 시계 주위로 움직인다고 생각해보자. 그림 9.2a와 9.2b는 뒤꿈치의 클락 운동을 보여준다. 남성 무용수는 여성만큼, 특히 엥 포엥트 여성 무용수들만큼 발목의 족저 굴곡을 하지 못한다. 따라서 이들은 후방 충돌 증상들을 경험하지 않을 수도 있다.

전방 충돌증후군 Anterior Impingement Syndrome

전방 충돌증후군은 발목 앞부분에 일어난다는 점을 제외하고는, 후방 충돌증후군과 유사하다. 반복적으로 드미 플리에로 들어가게 되면, 발목 주위의 경골 앞쪽 가장자리가, 거골(발 상단의 뼈)을 부딪치게 만든다. 시간이 지나면서, 이러한 충격은 추가적으로 뼈의 침착을 야기하여 통증이 있거나 발목의 배측 굴곡 가동 범위를 제한하게 된다. 연조직은 또한 이러한 두 가지 뼈 사이에서 갇힐 수 있다. 이러한 유형의 충돌은 조직의 염증을 초래할 수 있다.

전방 발목 충돌의 예방에는, 점프에서 착지할 때 정확한 자세를 취하는 것과 같이, 드미 또는 그랑 플리에 시, 발과 발목의 정확한 정렬이 중요하다. 무릎은 제2중족골에서 발 위로 직접 내려와야 한다. 무릎이 안쪽으로 움직이면, 발의 회내와 무릎 인대의 불필요한 스트레스가 일어날 수 있다. 또한 시간이 지나면서 너무 깊게 플리에 자세로 착지하게 되면, 경골과 거골의 앞쪽 가장자리 사이에서 충돌이 증가할 수도 있다.

장족무지굴근 건병증 Flexor Hallucis Longus Tendinopathy

장족무지굴근(FHL) 건병증은 또한 무용수의 건병증이라고도 알려져 있다. 무용수가 아닌 사람들에게는 거의 나타나지 않는다. 장무지굴근은 엄지발가락의 대 굴근이다. 이러한 굴근의 힘줄은 발목의 내측 부분의 터널을 통과하게 된다. 이러한 터널에 제약이 있거나 과사용될 때, 힘줄은 자극을 받고, 붓거나, 통증이 있을 수 있다. 종종 내측 발목의 힘줄 부위에 손을 올려두고, 엄지발가락을 굴곡 및 신장시킬 때, 부어 오른 힘줄이 움직이려 하면서 나는 열을 느낄 수 있다.

안타깝게도 많은 무용수들은 발과 발목의 포엥트 시 FHL을 사용하는데, 이는 FHL 힘줄에 하중을 가중시켜 과사용 증후군이 빠르게 발생할 수 있다. 무용수들은 FHL을 활성화시키기 전에, 아킬레스건을 통해 뒤꿈치로 삽입되는 비복근-비장근군(종아리 근육)을 사용함으로써, 뒤꿈치를 들어올리는 연습을 해야 한다. FHL의 역할은 발을 완전하게 포인트시키기 위해 엄지 갈가락을 통해 밀어내는 역할이어야 한다. 뿐만 아니라, 회내는 후방 경골 힘줄과 FHL에 과도한 긴장을 일으켜, 건병증을 초래할 수 있기 때문에, 실기 수업에서 발의 회내를 하지 못하게 하는 것이 중요하다.

아킬레스건증 Achilles Tendinopathy

아킬레스건증은 아킬레스건에 통증이 있는 질환이며, 과사용으로 인해 발생한다. 고전 발레에서는 포엥트 슈즈의 리본에 의해 힘줄에 가해지는 압박 때문에 아킬레스건증이 야기될 수 있다. 또한 캐릭터 슈즈의 단단한 칼라collar 부분이 힘줄을 문지르며, 건병증을 야기할 수도 있다. 맨발로 안무를 할 때조차, 무용수들은 과사용으로 인한 건병증이 발생할 수 있다. 이러한 상해가 힘줄의 퇴화가 일어나는 더 심각한 상태로 진행된다면, 건병증이 된다.

이러한 상해를 가장 잘 예방할 수 있는 방법은 종아리 근육을 위한 유연성 프로그램 후, 발을 배측으로 굴곡시키는 전방 다리 근육을 위한 강화 프로그램을 진행하는 것이다. 이러한 프로그램은 하지의 근력과 유연성의 균형을 잡는데 도움을 줄 것이다. 많은 무용, 특히 발레는 상당한 족저 굴곡을 요하지만, 아킬레스건은 의도적으로 신장시키지 않는 한 단축되는 경향이 있다. 발의 회내는 내측 아킬레스건에 과도한 긴장을 주기 때문에 지양되어야 한다. 포엥트 슈즈 리본에 고무 밴드를 달면, 발의 각도가 크게 확장되거나 좁아지는 것을 모두 수용할 수 있어 아킬레스건 마찰을 줄일 수 있다.

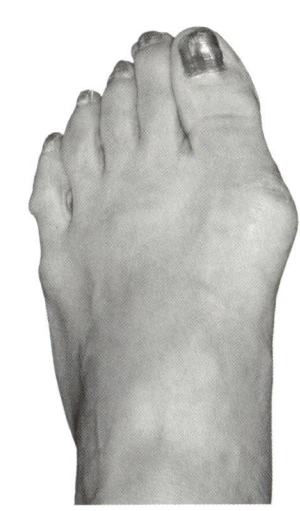

그림 9.3 무용수의 발은 무지외반증이 특징적인 발과 비교하여, 엄지발가락의 외측 각을 보여준다.

제프리 A. 러셀Jeffrey A. Russell

무지 제한증과 무지 강직증 Hallus Limitus and Hallus Rigidus

무지 제한증은 엄지발가락이 제1중족지절관절에서 완전한 가동 범위를 통해 이동할 수 없게 되는 의학적 명칭이다. 관절이 움직이지 못하는 지점까지 가게 되면, 이 질환은 무지 강직증이라고 불린다. 이러한 질환은 엄지발가락의 제1중족지절관절 과신장을 제약하여, 적절한 를르베 및 드미 포엥트 자세를 하지 못하게 하기 때문에, 많은 무용수들을 쇠약하게 만들 수 있다. 두 가지 유형의 무지 제한증과 강직증은 구조적, 기능적 증상이다. 구조적 유형은 제1중족지절관절 과신장을 막은 관절 또는 뼈의 관절염 또는 그 밖의 비정상으로 야기된다. 기능적 무지 제한증은 체중 부하 시 일어난다. 발의 앞부분의 자세를 취하는 동안, 발이 체중 부하가 되지 않을 때, 보이지 않는 중족지절의 과신장에서 제약이 일어나게 된다.

서 결정됨), 과도한 회내, 특히 강제적인 턴 아웃으로 인해 발생할 수 있다. 무용수가 강제로 턴 아웃을 하면, 엄지발가락은 그 방향으로 반복적으로 힘이 가해진다. 시간이 지나면서, 제1중족지절 관절에서 발의 안쪽 부분에 건막류가 발생할 수도 있다. 앞서 논의한 바와 같이, 이러한 질환은 또한 잘 맞지 않는 포엥트 슈즈 때문일 수도 있다.

정확하게 잘 맞는 슈즈, 전족부와 앞심toe box 부분이 너무 좁거나 너무 작지 않은 슈즈를 신어, 엄지발가락과 제1중족지절 관절 문제를 예방할 수 있다. 슈즈가 잘 맞으면 엄지발가락의 관절 가동범위가 정상이 된다. 하이힐 슈즈가 큰 원인이 될뿐 아니라, 포엥트 슈즈나 캐릭터 슈즈와 같은 딱딱한 무용 슈즈가 주 원인이다. 제1중족지절관절에 특이적인, 부드러운 가동 범위 연습은 일상적인 연습이 되어야 한다. 이러한 연습은 발가락의 가동 범위를 제약하는 슈즈를 신고 할 때, 특히 중요하다.

무지 외반증 Hallus Valgus

무지 외반증은 엄지발가락이 나머지 네 발가락을 향해 뻗어 있는 것이며, 일반적으로 무용수들이 경험하는 증상이다(그림 9.3). 일부의 경우 선천적이기도 하지만(태어나면

몰톤 신경종 Morton's Neuroma

몰톤 신경종은 중족골의 원위부 사이의 발가락으로 이동하는 신경에 영향을 미치는 과사용 질환이다. 종종 앞심이 과도하게 좁은 슈즈(특히 포엥트 슈즈 또는 캐릭터 슈즈)

때문에 발생하기도 하며, 인접한 중족골 머리 부위가 그 사이의 신경을 쥐어짜게 된다. 신경은 두꺼워지고 통증이 생기며 반응하게 되며, 얼얼함과 저린 감각이 이어진다. 이러한 감각은 인접한 두 발가락의 앞쪽 표면에서 느껴진다. 두 번째 및 세 번째 발가락에서 가장 흔히 발생하며, 그 다음으로 자주 발생하는 부위는 네 번째 발가락이다.

척추 Spine

척추는 여러 관절로 구성되며, 척수를 감싸고 있기 때문에 복잡하다. 따라서 척추 상해는 쇠약하게 만들며 치유가 어렵다. 상해에는 척추분리증과 척추전방전위증, 척추 후관절증후군, 추간판성 허리통증, 척추전만, 좌상, 인대 염좌가 포함된다.

척추분리증과 척추전방전위증
Spondylolysisi and Spondylolisthesis

척추분리증은 본래 관절간부라고도 알려진 하나 이상의 요추 위치의 피로골절이다. 일반적으로 이 위치의 선천적인 쇠약에서부터 시작된다. 4번 요추가 가장 흔한 영향을 받으며, 그 다음으로는 5번 요추이다. 반복적인 과신장, 척추 회전에 따른 과신장(과장된 아라베스크와 같은 동작)과 골반의 전방 경사가, 증상이 증가하는 일반적인 원인이다. 이 질환이 악화되면, 피로골절은 관절간부를 통해 골절이 될 수 있다. 이러한 골절이 일어나면, 하나 이상의 요추가 전방으로 미끄러질 수 있다. 이렇게 악화된 상황은 척추전방전위증이라고 불린다.

척추분리증과 척추전방전위증의 가능성을 줄일 수 있는 주요한 핵심은 무용수의 성장이 급등하는 시기 동안 수행하는 반복적인 요추 굴곡 및 신장을 제한하는 것이다. 척추, 골반, 고관절, 다리의 긴장된 근육을 풀어주기 위해 매일 유연성 연습을 하는 것이 뼈에 가해지는 스트레스를 줄일 수 있다. 근육 강화와 함께 유연성 연습을 하고, 안정화 훈련과 지구력 훈련을 하도록 한다. 후방 흉곽을 확장시키도록 숨을 들이마시고 복근의 도움을 받아 내뱉는 의식적인 호흡은, 내적인 워밍업을 하고 척추 관절의 긴장을 풀어줄 수 있다.

척추 후관절 증후군 Articular Facet Syndrome

척주의 개별 조각들은 관절면이라고 불리는 칼날과 같은 뼈 구조의 각 쌍으로 함께 들어맞는다. 이들은 부드러운 관절 연골로 덮여 있으며, 척추 안정성을 통제하는 데 도움을 준다. 척추 후관절 증후군은 이러한 관절의 통증과 염증 질환이며, 또한 관절면의 표면이 약간 탈구되는 것을 말한다. 노인의 경우, 관절면은 관절염의 영향을 받아 통증이 생기고 이동성이 제한될 수 있다.

척추에서 관절 생체역학의 변화는 요추 신근, 햄스트링, 대퇴근막장근, 요방형근에서 야기되는 척추 연골의 변화로 인해 야기될 수 있다. 회전 및 과신전과 함께 과도한 굴곡의 동작을 최소화하는 것은, 관절면의 스트레스를 줄여줄 것이다. 심복부를 포함하여 분절 요추 관절들을 위한 안정성 프로그램은 척추관절을 건강하게 할 수 있다.

추간판성 요통 Discogenic Back Pain

추간판성 요통(추간판 문제로 인해 발생하는 요통)은 치료하기 가장 어려운 허리 질환 중 하나이다. 척주의 척추 쌍은 추간판들로 분리된다. 젤리 같은 중앙 부분이, 섬유로 된 바깥 부분으로 둘러싸여 있다. 디스크에 과도한 압력이 가해지면, 또는 디스크가 노화로 인해 회복력이 떨어지면, 디스크 안쪽의 부드러운 부분이 섬유 부분 쪽으로 돌출될 수 있다. 이러한 돌출부(탈출) 척추로부터 흐르는 신경근을 압박할 때, 탈출 부위뿐 아니라, 신경이 하지로 이동하는 부위를 따라 아래쪽으로 통증, 경사, 저린 감각이 일어날 수 있다. 이러한 증상이, 좌골신경으로 집중되는 하나 이상의 신경근에 일어나는 것을 좌골신경통이라로 부른다. 추간판 탈출증의 일반적인 명칭은 추간판 탈출증이다. 그러나 추간판은 척추 사이 위치로부터 실제 떨어지는 것은 아니다.

돌출되어 탈출한 부분이 증상을 일으킨다. 추간판성 통증을 가장 잘 예방할 수 있는 방법은 앉거나 선 자세에서 전방 굴곡을 최소화하는 것이며, 이는 추간판 상해 가능성을 줄여줄 것이다. 게다가 높은 수직 점프를 과도하게 반복하지 않고 정확하게 착지하는 기법을 연습함으로써, 이러한 점프로부터 오는 압박을 줄일 수 있다. 안정성 및 운동성 근육의 강도와 지구력을 발달시킴으로써, 무용 동작을 하는 동안 운동 통제력 및 자기수용력을 높일 수 있으며, 따라서 척추 디스크의 부담을 줄일 수 있다.

좌상 Strains

등 근육의 좌상은 보통 극장에서의 로드인load-in과 스트라이크strike, 장비를 이동할 때, 파트너와의 부적절한 리프팅 때문에 발생한다. 과도한 신장 자세를 취할 때 수축된 근육 또한 좌상을 야기할 수 있다. 좌상은 무용수가 충분히 워밍업이 되어있지 않을 때 더 쉽게 발생한다. 몸통에는 척추를 따라 몇 개 층의 근육들이 존재한다. 이러한 근육들은 부담이 가해지는 부위에서 강도 및 지구력을 갖추어야 할 뿐 아니라, 근육의 협응이 좋아야 한다. 이러한 상해를 예방하기 위해서는 척추의 모든 근육을 위한 강화와 유연성 프로그램이 필요하다.

인대 염좌 Ligament Sprains

인대 염좌는 비교적 척추에서는 드물게 발생하는 외상이다. 척추는 지지하는 많은 인대가 있으며, 대부분 꽤 강하다. 따라서 척추 염좌를 일으키려면, 꽤 많은 양의 힘을 주는 동작 및 반대 동작들이 요구된다. 근육 염좌와 마찬가지로, 척추 근육의 적절한 강도 및 지구력이 예방에 도움이 될 수 있다.

Dancer Wellness

응급처치: 일반적인 무용 상해 치료
First Aid: Treating Common Dance Injuries

상해를 피하기 위한 모든 예방 조치에도 불구하고, 대부분의 무용수들은 경력상 이런 저런 상해들을 경험하며, 또한 경험할 것이다. 상해를 적절하게 관리하는 법을 아는 것은, 통증, 좌절, 무용을 하지 못하는 시간 등을 줄여줄 것이다. 일단 상해가 발생하면, 상해 관리를 위해, 또한 무용을 하지 못하는 시간을 줄이기 위해, 즉각적인 조치가 취해져야 한다. 이러한 즉각적인 조치는 응급처치로 알려져 있으며, 본 절에서 설명된다.

> PRICED의 사용 Use PRICED : 보호protection, 휴식rest, 냉찜질ice, 압박compression, 거상elevation, 진단diagnosis

상해를 즉각, 정확하게 관리한다면, 급성 상해로 인해 활동을 못하는 시간을 줄이고, 통증을 급격하게 줄일 수 있다. PRICED를 기억하고 상해의 즉각적 처치를 위한 가이드로 사용한다. 상해 이후 처음 몇 분의 시간 동안 PRICED를 사용하는 것은, 염증을 통제하는 데 도움을 주며, 따라서 통증을 줄일 수 있다.

> 보호(Protection): 상해 부위로부터 추가 위험을 제거한다.
> 휴식(Rest): 무용을 멈추고 상해 부위의 이동을 멈춘다.
> 냉찜질(Ice): 2시간마다 20분간 상해 부위에 얼음을 댄다.
> 압박(Compression): 상해 부위에 압박을 위한 랩핑을 한다.

> 거상(Elevation): 상해 부위를 가슴 위로 들어 올린다.
> 진단(Diagnosis): 전문 의료진을 찾아가 급성 상해에 대한 평가를 받는다.

HARM 피하기 Avoid HARM: 열heat, 알코올alcohol, 달리기running, 마사지massage

급성 상해 후 처음 며칠간은 HARM을 기억하도록 한다. 이는 상해를 입었을 때 무엇을 피해야 하는지에 대한 내용으로 다음과 같다.

> 열(Heat): 어떤 유형의 열이라도 순환 속도를 높여, 더 부어오르거나, 회복 시간을 길어지게 만든다. 열에는 장시간의 뜨거운 물 샤워, 뜨거운 욕조, 사우나, 발열 패드, 피부에 열을 만들어내는 국부 처치 등이 포함된다.
> 알코올(Alcohol): 알코올성 음료는 부기를 증가시키고, 회복 시간을 길어지게 만든다.
> 달리기, 과도한 운동(Running or excessive exercise): 근육이 손상되어 있으며 추가 상해를 막을 만큼 강하지 않기 때문에, 너무 이르게 운동을 시작하는 것은 상해 부위에 더 손상을 줄 수 있다. 운동은 또한 순환과 체온을 높이며, 이는 부기를 더 악화시키고 회복 시간을 길어지게 만든다.
> 마사지(Massage): 마사지는 부기를 더 악화시키며, 조직의 출혈을 높여, 통증을 심화시키고, 회복 시간을 길어지게 만든다.

염증 과정 조절 Control the Inflammatory Process

상해가 지속되면 상해 조직 내 세포가 손상된다. 신체는 염증 과정을 일으키는 다양한 화학물질들을 방출함으로써 손상을 제한하려 한다. 발적, 부기, 체온 상승, 기능 상실, 통증은 신체 염증 과정의 증상들이다. 먼저, 신체는 발목이 돌아간 것과 무언가를 밟을 때의 발이 베인 것 사이의 차이를 구분할 수 없다. 같은 방식으로 반응한다. 염증은 외부 물질로부터 방어하고, 손상된 조직을 처리하며, 새로운 세포의 성장을 촉진시키기 위해 해당 부위로 백혈구를 이동시킨다. 조직 치유에는 염증 과정이 필요하다. 그러나 너무 심한 염증 과정은 문제가 될 수 있다. 급성 상해의 경우, 목표는 염증 과정을 통제하고 이를 제거하는 것이다. 염증 통제는 통증을 줄이고, 상해를 당한 신체 부

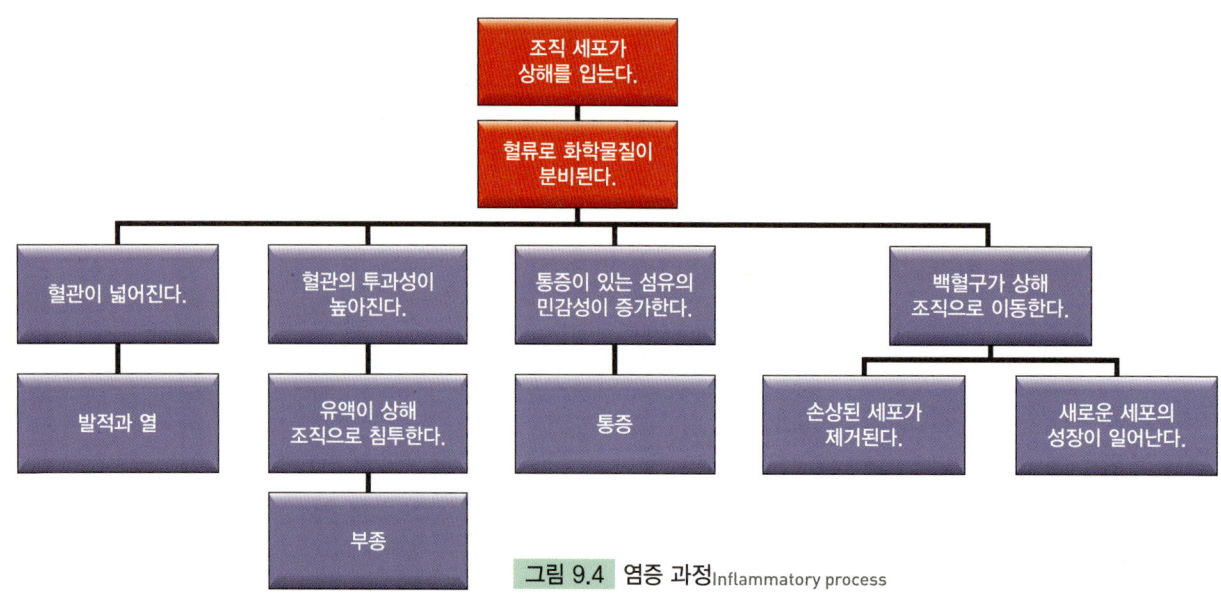

그림 9.4 염증 과정 Inflammatory process

위의 기능을 높이는 데 도움을 줄 것이다. 그림 9.4에서는 염증 과정을 보여준다.

염증 과정은 또한 만성 상해에서도 일어나지만, 보통 증상은 급성 상해에서만큼 일반적이지는 않는다. 만성 상해는 보통 조직의 미세 외상들의 결과이며, 신체는 처음에는 이를 치유할 수 있다. 미세 외상이란, 보통 반복적 과사용으로 인한 조직 내 미세한 손상들을 말한다. 미세외상의 원인이 제거되면, 조직이 손상되었다는 것도 모를 것이다. 그러나 미세외상이 반복적으로 일어나면, 염증 반응이 일어나며, 결국 증상을 알아채게 된다. 증상을 알아차리는 대로 만성 상해를 치료해야, 더 심각한 또는 영구적인 질환을 막을 수 있다. 무용수들은 자주 초기 단계의 건병증을 무시하곤 한다. 어느 정도 시간이 지나면 신체는 상해 부위 보호를 위해 적응을 하기 시작한다. 때로 이러한 적응은 장기적인 상해를 야기할 수 있다. 그 예가 아킬레스건증이다. 이를 무시하고, 만성 염증을 일으키는 문제의 원인을 고치지 않는다면, 이러한 적응은 때로, 아킬레스건을 두껍게 만들고, 움직임을 잃게 되며, 무용수가 전신의 힘줄 파열에 더 취약하게 만드는 결과를 초래한다. 이 단계에서는 건병증이라 불린다.

여기에, 만성 상해를 예방 및 치료하는 데 도움이 되는 몇 가지 방법이 있다.

> 특히 통증이 3일 이상 지속되고 냉찜질과 휴식 후에도 사라지지 않는다면, 이를 무시하지 않는다.
> 근육의 불균형을 줄이고 전신의 근력을 높이는 전반적인 컨디셔닝 및 강화 훈련 프로그램을 개발하고 지속한다. 약점 보완을 위해 교차-훈련을 사용한다. 이러한 목표 달성 방법에 관한 더 많은 정보는 3장을 참조한다. 우측으로 하는 특정 동작의 여러 번의 반복 후, 불균형 예방을 위해, 동일한 양을 왼쪽으로도 수행한다.
> 수업의 움직임에 주의한다. 오른쪽에서 어떤 움직임의 반복 횟수를 세고, 불균형을 막기 위해 왼쪽에서 같은 양을 하도록 확실히 한다.
> 무용을 하지 않는 시간 동안 자세에 집중한다. 턴 아웃 자세로 서 있는 지, 어깨가 둥글게 말아져 있는지, 목이 전방으로 기울어져 있는지를 확인한다. 휴대폰, 컴퓨터, 태블릿 등을 내려다보는지를 확인하고, 그렇게 한다면 이러한 자세 습관을 고치려 노력한다.
> 폼롤러, 라크로스 볼, 골프공을 사용하여 셀프 마사지를 하도록 하며, 이는 근육의 긴장을 완화하는 데 도움을 준다. 그러나 급성 근육 긴장의 경우에는 이러한 도구나 기법을 사용해서는 안 된다. HARM에서 M을 기억한다.
> 통증이 오래 간다면, 변화를 이루도록 노력한다.
> 만성 상해가 있다면, 전문 의료진의 조언에 따르며, 여기에는 휴식, 재활, 강화 훈련, 컨디셔닝 등이 포함될 수 있다.
> 통증을 초기에 관리하고, 교차-훈련을 하며, 전신을 강화시키고, 불균형을 막기 위해 올바르게 컨디셔닝을 수행하며, 적절한 기법 및 신체 역학에 따른다면, 많은 만성 상해를 피할 수 있다.

무용수들은 자신의 기법과 습관에 대한 인식을 발달시켜, 경력 동안 일어날 수 있는 상해의 수와 정도를 줄이는 데 도움을 받을 수 있다. 그러나 무용수들은 어떻게 상해를 초기에 관리하고, 언제 의학적 조언을 구해야 하는지를 아는 것도 중요하다. 응급처치는 상해를 다루는 첫 번째 단계이다. 항상 PRICED를 사용하고 HARM을 피해야 한다는 것을 잊지 말자. 이러한 지식은 무용수들이 만족스러운 경력을 누리면서 신체를 관리할 수 있도록 역량을 강화시킬 수 있다.

요약 Summary

상해는 흔히 일어난다. 상해에 대비하기 위해서는 어떻게 이것을 방지하고, 어떻게 인식하는지를 이해해야 하며, 상해가 일어날 때 이를 다루는 법을 알아야 한다. 핵심적인 예방 전략에는 정렬, 동작 습관, 근육 불균형에 대한 검토가 포함된다. 마지막으로 상해는 장기적인 목표에 영향을 미칠 수 있기 때문에 필요할 때 적절한 의학적 치료를 받아야 한다.

■ 응용활동: 신체 평가

각 장에서 상해에 대해 설명한 순서대로 신체를 평가한다. 상지(팔, 어깨 관절, 견갑골)로 시작하여, 고관절과 골반, 무릎, 발, 발목을 검토한 뒤, 척추로 마무리한다. 각 부위별 근육이 불균형한 부위가 어디인지를 결정한다. 예를 들어 가슴 앞부분이 너무 긴장된 느낌이 드는지, 등 위쪽 근육이 약하지는 않은지 확인한다. 사두근과 햄스트링이 너무 약하지 않은가? 자신이 인지한 각각의 근육 불균형 위치에서, 불균형을 교정할 수 있는 하나 혹은 두 가지 운동을 설계할 수 있는지를 확인한다. 이러한 활동을 통해 기법을 향상시키면서 상해를 예방하는 목표를 충족시킬 수 있다.

■ 복습질문

1. 급성 상해와 만성 상해의 차이는 무엇인가?
2. 만성 상해를 초래할 수 있는 유전적 요인, 나쁜 습관, 근육 불균형은 무엇이 있는가?
3. 훈련 연습에서 무용 상해를 어떻게 예방할 수 있는가?
4. 상지, 고관절과 골반, 무릎, 발, 발목, 척추에서 가장 흔한 무용 상해는 무엇인가?
5. 응급처치의 목적은 무엇이며, 즉각적인 상해에는 언제 응급처치를 적용해야 하는가?

 챕터별 보충 학습 활동, 학습 보조자료, 제안된 읽을거리, 웹 링크 등에 대한 자세한 내용은 www.HumanKinetics.com/DancerWellness. 인터넷 자료를 참조하자.

춤추는 사람들의 웰니스
Dancer Wellness

　이 책의 마지막 부분에서는 무용수의 웰빙을 평가하고 각 무용 웰니스를 계획하는 방법을 설명한다. 무용수 검진(10장)은 기술 향상과 상해 예방에 대한 자세한 내용을 배울 수 있는 훌륭한 도구이다. 무용 웰니스 계획(11장)은 무용수가 웰니스를 위한 계획을 개발하고 시간의 경과에 따른 변화를 추적하기 위한 단계별 지침을 제공한다.

　무용수 검진은 무용수의 독특한 웰니스 상태에 관한 정보를 수집한다. 검진에는 신체적 평가와 영양, 심리적 웰빙에 대한 정보를 수집하는 질문이 포함될 수 있다. 검진은 교육 프로그램이 뒤따를 때 웰니스 향상에 가장 효과적이다. 검진에서 얻은 정보는 더 나은 체질을 얻기 위해 교실 밖에서 연습 프로그램을 설계하는 데 도움을 줄 수 있다. 상해 예방 전략도 연습에 추가될 수 있으며, 검진 결과에 따라 영양, 스트레스 감소에 대한 교육이 이루어질 수 있다.

　1장부터 10장까지의 주제를 통해 스스로 진단하기, 역량강화하기, 목표 설정하기, 다양성에 도전하기를 확인할 수 있다. 11장에서는 이전의 내용을 참고하여 무용 웰니스 계획을 설계할 수 있다. 각 장에서 학습 주제와 관련된 질문과 활동을 완료했다면, 마지막 장에서는 무용수의 개별화된 웰니스 계획을 설계할 수 있으며, 시간이 지남에 따라 이를 사용하여 교육과 웰니스를 지속적으로 향상시킬 수 있다.

　요약하자면, 무용수로서 몸을 건강하게 유지하려면 일상생활의 많은 부분에 주의를 기울여야 한다. 무용수의 몸과 마음이 춤출 때 사용하는 악기를 구성하기 때문에 무용수는 그 악기를 돌봐야 한다. 무엇을 먹는지, 언제 먹는지 꼼꼼히 따져봐야 한다. 몸의 힘, 유연성, 체력을 향상시키는 적절한 정렬, 기술, 컨디셔닝을 통해 상해의 위험을 줄일 수 있다. 만약 무용수가 상해를 당한다면, 상해를 무시하거나 숨기는 패턴을 깨고 적절한 치료를 받아야 한다. 상해를 인식하고 치료하는 것은 결과적으로 춤추는 시간을 낭비하지 않고 재상해의 위험을 줄일 수 있다. 무용수 검진은 이러한 교육 분야에 도움이 될 수 있다. 몸이 악기인 무용수가 이를 개발하고 관리하는 것에 힘을 실어줄 때, 기쁨과 충만한 에너지로 삶의 열정에 다가갈 수 있다.

Part IV

무용 웰니스를 위한 평가
Assessments for Dancer Wellness

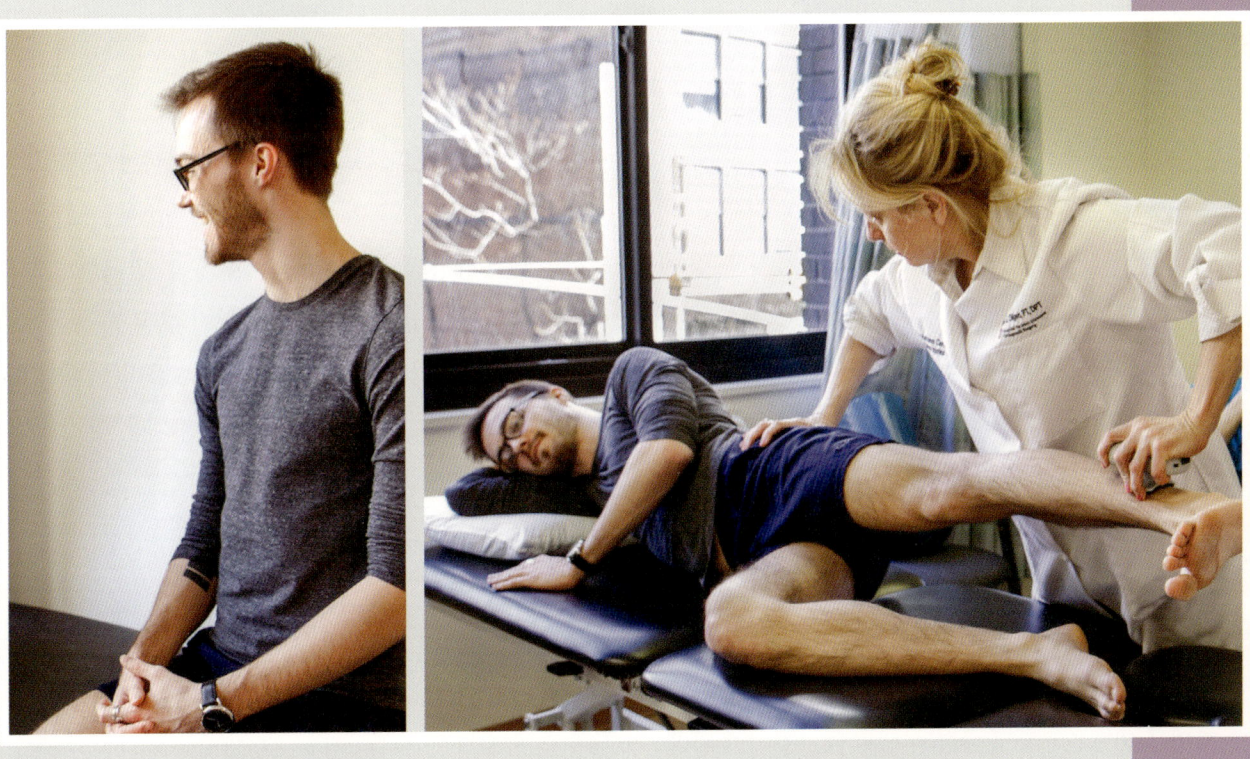

Chapter 10
무용수 검진 프로그램
Dancer Screening Programs

마리잔느 리데바흐, 게리 갈브레스

핵심 용어

- 각도계 goniometer
- 규범적 가치 normative values
- 근거 기반 evidence based
- 노출 exposure
- 무용수 검진 과정 dancer screening process
- 보상 동작 compensatory movements
- 상해 모니터링 injury surveillance
- 상해 injury
- 순환 cyclical
- 우수사례 best practices
- 유효한 valid
- 회전판 rotational discs

학습목표

1. 검진 과정을 이해할 수 있다.
2. 검진의 목적, 유형 및 구성 요소에 대해 설명할 수 있다.
3. 검진 정보를 사용하여 상해를 예방하고 기능을 향상시키기 위한 방법을 숙지할 수 있다.
4. 검진, 평가의 유형을 결정하는 요소를 이해할 수 있다.
5. 검진의 다양한 결과를 설명할 수 있다.

뛰어난 무용수가 될 수 있는 가장 좋은 방법 중 하나는 무용수 검진에 많이 참여하는 것이다. 무용수들은 평균 이상의 힘, 유연성, 조정력, 인내심, 집중력을 가지고 있어야 한다. 또한 엄격한 신체적 조건이 따른다. 무용수들은 극한의 관절 이동성, 강력한 점프 기술, 뛰어난 균형 능력, 무용 장르에 따라 특정한 체형을 갖추어야 하는 등 엄격한 체력 훈련과 심미적 요구를 받는다. 이 장에서는 무용수 검진이 무엇이며, 무용수로서의 목표를 추구함에 있어서 이것이 자신에게 왜, 어떻게 도움이 될 수 있는지 설명한다.

매년 97%의 무용수들이 상해를 입고, 이 때문에 무용수를 그만두고 있다. 이 장에서는 무용수 검진이 어떻게 무용에 필요한 사항을 준비하고 상해 가능성을 낮추는 데 도움을 줄 수 있는지 살펴본다. 또한, 무용수 검진에 참여하는 방법도 다룬다. 무용수 각자가 뛰어난 기량을 가질 수 있도록 도울 뿐만 아니라, 무용 웰니스에 관한 과학적 빅데이터를 제공함으로써 무용 직업군의 변화를 일으키는 데 도움을 줄 수 있다. 무용 의과학자들과 연구자들이 많은 양의 정보를 가지고 있을 때, 무용수들이 어떻게 더 적은 상해를 입고 더 나은 연습을 하고 더 나은 연기를 할 수 있는지 제안할 수 있을 것이다.

검진과정의 이해
Understanding the Screening Process

무용수 검진과정에서는 무용교육자와 의학 전문가로 구성된 팀이 정보를 수집한다. 이들은 개별 무용수들로부터 개인정보와 연습환경에 대한 정보를 수집한다. 검진에는 근력 측정, 관절 운동, 유연성, 심혈관계, 체력 등 무용 활동과 관련된 신체 측정도 포함된다.

이러한 변수는 객관적 점수를 산출하는 실험을 통해 구한다. 예를 들어 무용수의 외부 및 내부 고관절 회전은 각각 저마찰 회전판 또는 각도계를 사용하여 선 자세 또는 엎드린 자세에서 정량화할 수 있으며, 각 회전판은 측정값을 제공한다. 회전판rotational discs은 볼 베어링 위에 놓인 작은 플랫폼으로, 어느 방향으로든 회전할 수 있다. 각도계는 두 팔다리 사이의 관절 각도를 측정하기 위해 사용되는 도구이다. 또 다른 예로는 측정 테이프나 기타 기구를 사용하여 측정할 때 숫자 점수를 부여할 수 있는 왼쪽 대 오른쪽 다리 점프 높이를 측정할 수 있다. 〈그림 10.1a〉과 〈그림 10.1b〉는 회전판과 각도계를 나타낸다.

검진의 목표 Purpose of Screening

무용수 검진의 목표는 두 가지다. 첫째, 무용수들이 무용 능력을 향상시키기 위해 개선할 수 있는 신체적, 심리적 구성의 요소들을 알 수 있도록 돕는다. 둘째, 안전하게 공연하기 위해 무용수들이 필요로 하는 신체적 능력의 한계를 더 잘 식별하도록 한다.

안전한 상태에서 춤을 잘 추는 능력은 무용수의 근육 강도, 연령, 연습기간, 생활습관, 과거의 상해 이력, 대처 스타일, 근육의 유연성, 슈즈의 착용, 바닥 표면, 휴식에 대한 교사나 학교 정책 등 외적인 환경 등 많은 변수에 의해 영향을 받는다. 이러한 변수와 무용수 웰니스의 상대적 중요성을 고려하여 판단하는 한 가지 방법은 개별 무용수의 검진 결과를 매우 큰 표본, 즉 무용수 그룹의 각 요인 평균값과 비교하는 것이다. 무용 의학 전문가들은 대량의 데이터를 바탕으로 표준 값을 계산할 수 있다. 표준 값은 이전에 동일한 모집단의 모집단에서 측정한 값에 기반한 특정 모집단의 예상 값이다. 최적의 무용 웰니스에 대한 답을 도출하는 가장 효과적인 방법은 건강한 무용수들에게서 표준화된 검진 데이터를 얻는 것이다.

특정 형태의 전문 무용수들이 상해가 없는 상태에서 자신의 수준을 알고자 할 경우, 의사는 개별 환자 측정치를 비교할 수 있는 표준 값을 제시한다. 이 정보는 무용수가 연습에 안전하게 참여하기 위해 적합한 속성을 가지고

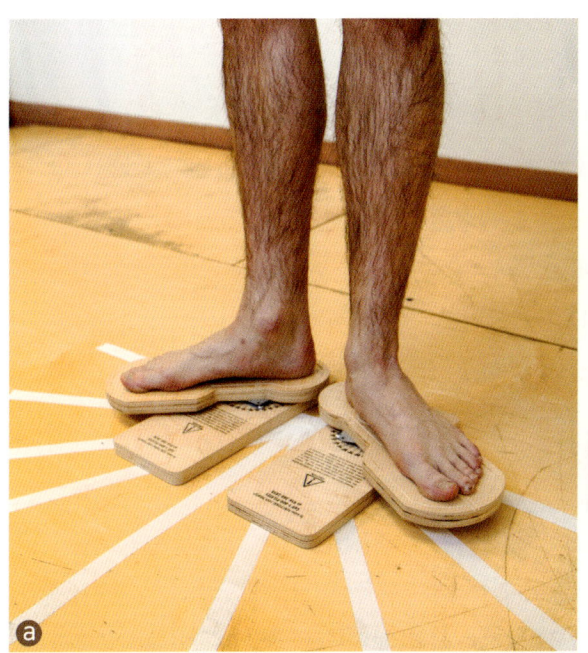 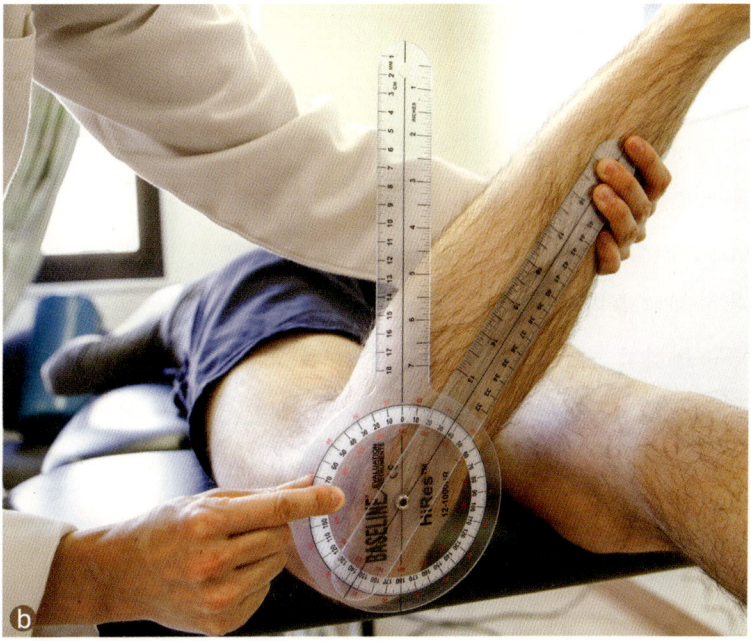

그림 10.1 턴아웃을 측정하는 방법: (a) 회전판은 기능적 턴아웃을 특정함; (b) 각도계는 수동적 턴아웃을 측정함
콜린 한Colleen Hahn 사진제공

있는지 확인하는 데 도움이 된다. 이 데이터를 보유하는 것은 상해 발생 시점과 무용수가 재활하는 과정에서 무용수가 어떻게 사전 상해 수준을 회복하는지를 평가하기 위해 도움이 된다.

평균화된 검진 데이터는 임상 문제를 다루는 전문 의료진들에게 귀중한 지침이 될 수 있다. 이는 무용교사들이 상해를 피하면서 성과를 극대화하는 연습 프로그램을 개발하는 데 도움을 줄 수 있다. 무용수들에게는 자신의 체력 수준을 다른 무용수들과 비교하는 기초가 될 수 있고, 실력 향상을 위해 연습에서 집중해야 할 부분이 무엇인지 파악하게 한다.

비록 대규모 집단의 표준 데이터가 개인 무용수 비교에 사용되지만, 무용 의학 전문가들은 일반적인 무용수들의 능력 개발이 목적이 아니라고 이해하고 있다. 각각의 무용수들은 공연에 최적화되어야 하는 독특한 속성들을 가지고 있다. 무용 의학 전문가는 대규모 집단의 표준 값과 비교하여 위험 요인이 존재하는지를 평가하고 최고의 웰니스 프로그램이 시행될 수 있도록 한다. 무용의 성공은 한 가지 변수에만 의존하지 않는다. 오히려 여러 가지 기술의 조합이 무용수의 재능을 형성하고 성공을 결정한다. 어떤 무용수가 무엇을 잘하는지, 또 다른 무용수가 무엇을 잘하는지는 알 수 없다. 한 분야에서 부족하다고 여겨질 수 있는 무용수는 가능하면 그 분야를 개발하거나 다른 분야를 보충하도록 해야 한다. 개별 무용수의 특성과 취약점을 파악하는 것은 무용수에게 상해를 예방하고 공연에서의 성취를 극대화하기 위한 구체적인 상담, 치료와 훈련 요법을 제공하는 첫 번째 단계이다. 무용수 검진은 무용수들에게 성공적인 무용을 위한 지침을 제공한다.

표준 데이터가 유용하려면 데이터가 타당valid해야 하며, 이는 각 연구자나 실무자가 수집하고자 하는 정보를 똑같이 세심한 방법으로 정확하게 포착해야 한다는 것을 의미한다. 158쪽 무용 의학과 무용교육 전문가 사이에서 표준화된 방식으로 검증된 방법을 사용하여 데이터를 수집하는 것은 전체 데이터의 신뢰도 확보를 위해 필요하다. 신뢰할 수 있는 정보가 수집되면, 무용 의학 및 무용교육 전문가들은 상해의 원인을 파악하고, 이를 방지하기 위해 무용수나 무용 단체와 보다 효과적으로 협력할 수 있다.

검진의 유형과 요소 Types and Components of Screening

무용수 검진은 면허를 가진 전문 의료진이 개별 무용수와 인터뷰하는 것부터 시작한다. 두 번째 구성요소는 전문 의료진이나 무용교육자에 의한 운동기능 테스트로서, 무용 참여율 및 점프 테스트와 같이 무용수의 기능적 기술을 평가하도록 설계되었다. 세 번째 구성요소는 각 무용수와 검진을 진행한 전문의와의 익명으로 진행되는 면담이다. 담당 의료진은 정보를 요약하고, 무용수의 웰니스, 생활 방식, 연습에서 우려되는 점과 요구되는 것을 돕기 위해 적절하게 개별화된 운동을 추천할 것이다. 이 검진이 끝날 때, 의료진은 무용수에게 추가적인 활동이 필요할 경우 건강관리에 대한 정보를 제공할 것이다. 〈그림 10.2a〉와 〈그림 10.2b〉는 면담과 신체검사를 모두 수행하는 전형적인 검진 환경을 보여준다.

무용 웰니스 센터 방문 또한 검진으로 간주될 수 있다. 예를 들어, 어떤 시설은 무용수가 심혈관계 시스템 및 근골격계 시스템과 같은 다양한 시스템의 신체검사를 거치지 않거나 측정된 기능 테스트를 거치지 않는 동안 무료 웰니스 방문을 제공한다. 오히려 무용수는 업무 스트레스, 정신적, 사회적 근심, 섭식장애, 우울증을 겪는 무용수를 위한 사회적 지원 그룹에 대해 배우는 데 시간을 보낼 수 있다.

무용수가 참여할 수 있는 또 다른 방문 유형은 웰니스에 대한 일상적인 테스트를 위해 일반적으로 의사와 함께하는 공식적인 검사일 수 있다. 혈액 검사, 적절한 주기적인 유방 조영술, 뼈, 관절 또는 기타 유형의 통증을 진단하기 위한 방사선 연구가 포함된다.

Dancer Wellness

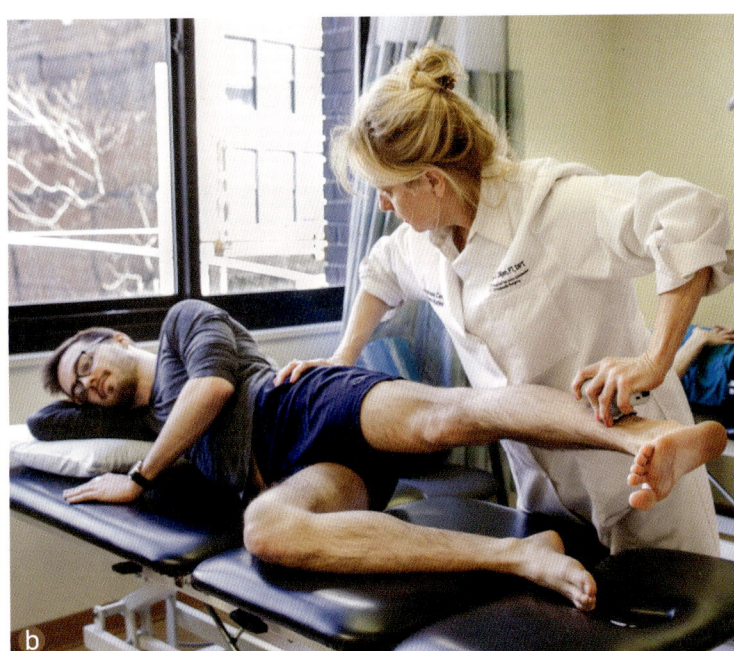

그림 10.2 무용 검진 진행 중: (a) 면담 과정, (b) 근육 검사
콜린 한Colleen Hahn 사진제공

전문 무용수들을 대상으로 한 정기적인 후속 검진으로 더 길고 더 포괄적인 검진도 가능하다. 이러한 단체들은 더 복잡한 신체적, 심리적 테스트와 상해 발생에 대한 기록을 수반할 수 있는 일련의 질문지를 보유하고 있다.

검진의 목적 Goals of Sscreening

무용수 검진은 무엇보다 무용수들이 건강상태를 인식하고 문제가 있을 경우 1차적으로 진료의사와 면담한다. 이후 심장학, 영양학, 항암학, 부인과, 심리학, 수면 전문가들, 컨디셔닝 또는 근골격 전문가들, 필요에 따라 간호 전문가들을 만나 추가적인 보완사항들을 점검하도록 한다. 또한 검진은 무용수들이 연습 중에 상해를 입기 쉬운 어떤 조건들을 가지고 있는지 탐색하는 것을 돕는데 목적이 있다. 예를 들어, 무용수들은 상반신의 근골격계에 상당한 약점이나 통제력 부족을 가지고 있다. 검진을 통해 무용수들은 자격을 갖춘 웰니스 전문가들을 만난다. 일단 무용수가 웰니스 전문가와 관계를 맺으면, 웰니스에 대한 조언이 필요할 때 어디부터 시작해야 하는지 아는 것이 더 수월해진다.

무용수들을 돕는 것 외에도 무용수 검진은 교사, 안무가, 무용가, 스튜디오 경영자, 예술감독을 포함하여 무용을 직업으로 하는 사람들이 무용수의 웰빙, 경력, 그리고 공연을 향상시키는 과정에서 무용수의 웰니스에 대한 인식을 변화시키는 더 큰 목적을 지니고 있다. 인식 변화를 위해 가장 좋은 방법은 예방 행동을 하는 것이다. 이러한 행동들은 우선 많은 수의 무용수들에게 검증된 방식으로 수집된 기존의 연구를 검토하는 것을 포함한다. 이 정보는 무용수 사이에서 발생하는 상해의 빈도와 유형을 보여줄 것이다. 다음 단계는 상해 횟수의 변화를 감지하기 위해 과학적 근거를 사용하여, 무용수의 웰니스 향상을 목표로 하는 임상 연구의 질을 향상시키는 것이다. 마지막 단계는 무용수들의 연습에서 긍정적인 변화를 일으키고, 이 귀중한 정보를 사용하여 상해가 덜 일어나는지 여부를 평가하는 것이다. 무용수들의 상해 횟수가 줄어들면 무용수 웰니스에 미치는 영향이 긍정적이라고 단정할 수 있다.

건강증진을 위한 교육, 연구에 검진을 사용해야 한다

는 것이 전문가들의 공통된 생각이다. 대부분의 검진은 무용수를 전문학교나 무용단에서 선발해야 하는지, 무용수에게 어떠한 역할을 부여해야 하는지, 무용수가 좀 더 높은 수준의 테크닉 수업을 들어야 하는지를 결정하는 데 사용되지 않는다. 그러한 관행은 차별적인 것으로 볼 수 있으며, 많은 나라들은 그러한 편견을 금지하는 법을 가지고 있다. 게다가, 특정 무용수들에 대한 선호도를 보여주기 위해 검진을 사용하는 것은 대부분의 교육적 목표와 모순된다. 검진은 무용수들의 웰니스를 촉진하고, 효과적이고 효율적인 무용 연습을 촉진하고, 무용수를 위해 독특하고 개별화된 프로필을 만드는 것을 돕고, 무용수에 영향을 미칠 수 있는 위험 요소를 식별하고, 개별 무용수의 연습 프로그램을 개발하는데 도움을 주며, 웰니스를 중시하는 학습과 작업 환경을 옹호하는 데 사용된다.

검진의 한계 Limitations of Screening

검진에는 한계가 있다. 무용 검진은 검진 당시 무용수의 상태를 보여주는 스냅사진이다. 마치 검진을 할 때 상태를 평가하기 위해 무용수의 사진을 찍는 것과 같다. 성인 무용수의 키와 같이 평가된 어떤 조건들은 시간이 지남에 따라 크게 변하지 않을 수 있다. 무용수의 힘이나 체력 수준과 같은 다른 조건들은 시간이 지남에 따라 달라질 수 있다.

예를 들어, 무용수가 시즌 초에 검진을 받는 경우 공연이 한창인 기간보다 특정한 근력이 더 낮을 수 있다. 대조적으로 피로 수준은 시즌 초에 비해 훨씬 더 높을 수 있다. 이러한 발견은 무용수가 실패했거나 약하다는 것을 의미하는 것이 아니라, 오히려 검진이 그 시점에 주의가 필요할 수 있는 영역을 식별하는 데 도움을 준다. 적절한 연습과 컨디셔닝으로 대부분의 근력은 시간이 지남에 따라 향상된다.

몇몇 요소들은 검진 유형에 도움을 준다. 이러한 요소들은 검진팀의 일부인 검진의 목표와 평가받는 무용수의 유형, 그리고 이들 무용수들에게 어떤 조건이 존재하는지를 포함한다. 무용수에 관한 자료는 검진 유형에도 영향을 미칠 수 있다. 평가는 좀 더 심층적인 분석을 제공하는 수단인 반면, 검진은 주어진 시점에서 몇 가지 요인을 신속하게 살펴보는 방법이 된다는 것을 기억하자. 검진은 또한 무용수의 웰니스와 교육을 증진시키는 데 도움을 주는 방법으로 사용된다.

무용 상해 유형에 관한 검진연구 결과
What Screening Research Demonstrates about Patterns of Dance Injury

지난 30년 간 무용에 대한 연구는 〈그림 10.3〉에서 보듯이 하지의 상해가 가장 일반적이었다는 것을 보여준다. 왜 무용 상해 패턴이 나타나고 어떤 예방 프로그램을 사용해야 하는지를 더 잘 이해하기 위해서는 각각의 무용 상해 발생과 관련된 조건들을 이해해야 한다. 무용수 웰니스 검진에서 얻은 자료는 이 목표를 달성하는데 도움이 된다. 예를 들어, 검진 관련 연구는 다음과 같은 결론을 제공했다.

> 신체적인 불편에 대해 불만족하고 있는 무용수들은 계속해서 부상을 당하고, 이로 인해 시간이 흐르면서 무용으로 인해 상해를 입게 된다.
> 전통적인 클래식 무용에서는 발목과 엉덩이 관절의 제어력 부족과 상해 사이에 강한 통계적 연관성이 존재한다.
> 사회적 지지가 낮고 부정적인 경험을 지니거나 연습 환경에서 통제력이 떨어지는 무용수들은 상해 위험이 높아진다.
> 무용수들은 적절한 휴식 기간이 부족하고 영양 공급(균형적이고 시기적절한 영양과 수분)이 부족하여 피로 상태에 있을 때 상해 위험이 더 높다. 그들은 또한 장시간의 단조로운 연습으로 인한 피로를 경험할 수도 있다. 영양과 수분 섭취에 대한 자세한 내용은 제8장을 참조하자.

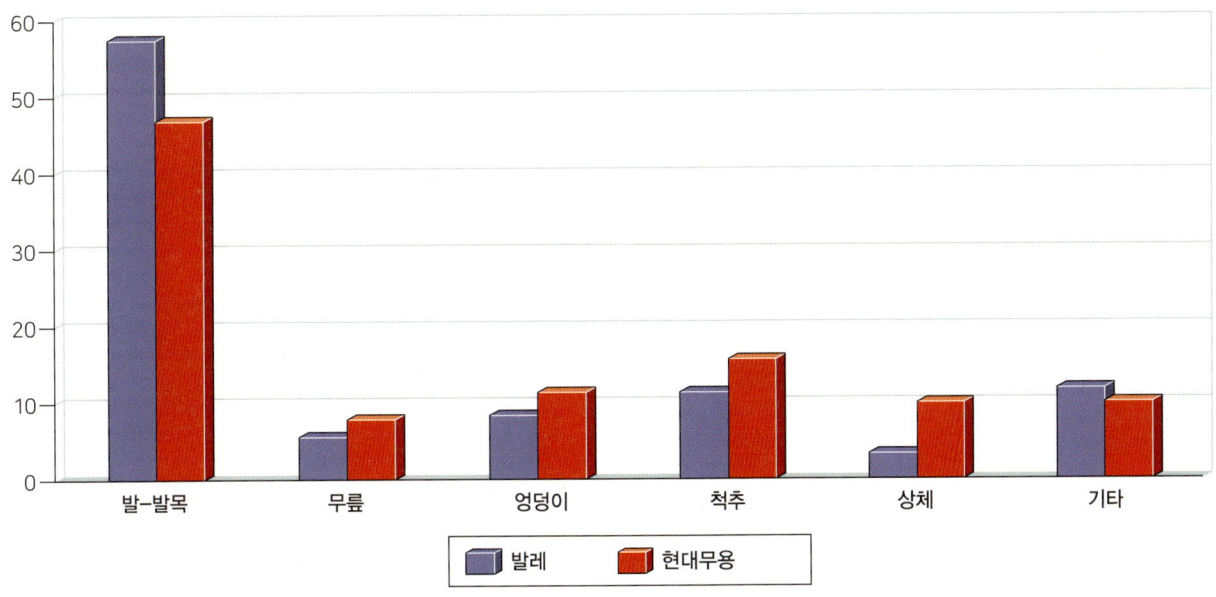

그림 10.3 발레 무용수와 현대 무용수의 해부학적 부위별 상해의 비율.
Marijeanne Liederbach 디자인

> 엘리트 수준의 신체적 기술을 달성하는 데 필요한 추진력과 관련하여 무용수의 성격 특성도 상해 발생과 관련이 있다. 전체 상해자 수가 가장 많은 무용수들은 상해자가 적은 무용수들보다 훨씬 더 진취적인 것으로 나타났고, 피로골절과 기타 과사용으로 인한 상해가 있는 무용수들은 과성취자, 즉 완벽주의자의 성격을 가진 무용수들이었다.

제5장은 무용수들에게 문제를 일으킬 수 있는 성격 특성에 대한 정보를 제공한다.

> ⚠️ **안전수칙**
> ### 경고 신호
> 상해가 보내는 경고 신호에 주의하자. 만약 자신이 오랜 시간 동안 아프거나 불편함을 느끼고 있다면 의사의 조언을 구하자. 자신에게 스트레스를 주는 문제에 대해 믿을 만한 사람에게 털어놓을 수 있는 사회적 지원 시스템을 구축하자. 충분한 휴식과 영양분을 섭취하고 있는지 확인하자. 마지막으로 체력, 체력, 유연성 면에서 가능한 최고의 신체조건을 유지하자.

기존의 무용 테크닉 연습만으로는 리허설이나 공연 중에 마주치는 작업량에 맞춰 무용수들을 충분히 준비시키지 못한다. 예를 들어, 2000년 Liederbach 등이 실시한 검진 연구는 800명의 건강한 전문 무용수들로부터 수집된 데이터를 조사했다. 그들은 68%가 종아리 근육의 비정상적인 조임과 약한 근력을 모두 가지고 있다는 것을 발견했다. 63%는 비정상적인 엉덩이 굴곡감을 가지고 있었고, 50%는 벤치에서 내리는 것과 같은 동작을 하는 동안 하지 정렬을 유지할 수 없었다. 40%는 30초 동안 눈 감은 상태에서 한 다리로 균형을 잡을 수 없었다. 38%는 비정상적으로 약한 근력을 가지고 있었다. 이러한 사실은 무용수들에게 상해가 왜 많이 나타나지를 부분적으로 보여준다. 무용수들은 파트너와의 동작, 높은 킥, 매 수업에서 200회 이상 최대 높이로 점프하는 등 매일 까다로운 동작을 많이 하고 있는 것이다. 이러한 유형의 연구들은 무용동작에 비해 준비가 부족하여 무용수들이 상해를 입기 쉽다는 것을 명백하게 보여준다.

검진을 통한 데이터 해석 Interpreting Data form Screenings

무용수들은 연습에서 요구하는 것을 충족시키기 위해 다양한 방법으로 몸을 적응시킨다. 시간이 지남에 따라 규칙적으로 무용을 연습하면서 각 무용수의 몸에 특정한 연습 반응을 이끌어낼 수 있을 것이다. 무용 검진에서 얻은 데이터는 다음과 같은 여러 가지 방법으로 사용될 수 있다.

> 무용수에게 적절한 형태의 무용 수준 안내
> 상해 위험을 줄이기 위한 보강 활동 설정
> 특수 슈즈, 패딩, 테이핑 등 보조 장비의 설계
> 추가 검사를 위해 전문가에 의뢰해야 할 대상자 파악
> 성과의 예측

무용 훈련에서 불균형하게 발달된 근육은 상해를 야기한다고 알려져 있다. 검진은 각 무용수의 몸이 겪은 훈련 반응을 감지하기 위해 사용한다. 이를 통해 무용의학자와 교육자들은 각각의 무용수들에게 필요한 곳에 균형을 이룰 수 있도록 재조정할 수 있는 방법에 대한 정보를 얻을 수 있다. 이런 방법으로 무용수들은 최상의 잠재력을 끌어낼 수 있고, 부가적인 훈련으로 인한 신체적 상해를 예방할 수 있다. 기존의 연구들은 무용수들이 적응을 위한 연습 시간을 연장해야 한다는 점을 보여준다. 종아리와 엉덩이 근육의 경우, 주변 관절의 운동 장애를 보강하는 움직임이 요구된다. **보강 운동**은 상해를 입은 근육을 보충하기 위해 다른 근육이 보통보다 더 열심히 사용될 때 강도를 조정해주는 역할을 한다.

또한 무용수들은 특정 근육의 힘이 부족하기 때문에 매우 강렬하고 반복적이며 충격이 큰 무용 동작을 하는 것이 문제가 될 수 있다. 무용에서 근력과 지구력은 최적의 관절과 자세 정렬, 충격 흡수, 운동 제어, 체력 향상을 위한 중요한 속성이다. 상대적인 불균형과 힘의 부족은 특히 무용수가 지칠 때 상당한 위험을 초래할 수 있다. 무용 상해가 나타나는 **주기적인** 패턴이 연습의 증가와 일치하기 때문에 근육의 피로로 인한 부정적인 효과라는 것을 시사한다. 이 주기적인 패턴은 매년 계절이 지나가는 것과 같이 반복된다. 이러한 정보는 무용수 검진에서 웰니스의 목적을 추구할 때 보다 정확하게 이해할 수 있다.

일단 검진 데이터가 확보되면, 무용수의 웰니스를 위한 전략을 설계하는 것이 가능하다. 상해자가 많은 이유 중 하나는 전통적으로 올림픽과 프로 선수들이 사용하는 과학적 원칙이 아닌 예술적 전통에 의해 무용 연습이 지시되어 왔기 때문이다. 무용수 검진을 통해 무용수들은 과학적 원리에 대해 배울 수 있고 연습에 이를 적용할 수 있다. 이를 통해 리허설이나 공연 중에 마주치게 될 특정한 스트레스에 더 잘 대비할 수 있다. 또한 해부학적 특징에 대해 많은 것을 배울 수 있고 아픔이나 통증이 느껴질 때 정상적인 연습 반응인지 상해의 시작인지를 알 수 있다. 무용수들은 매우 높은 신체적, 정신적 스트레스를 받을 수 있기 때문에 자신에 대해 잘 알고 본인에게 잘 맞는 연습 지침을 갖는 것은 상해나 다른 웰니스 문제에 대한 위험을 줄이는 능력에 있어서 큰 차이를 만들 것이다.

상해 방지를 위한 검진 데이터의 활용
Using data from Screenings to Prevent Injuries

2004년 국제무용의·과학협회(IADMS)는 SMCI Standard Measures Consensus Initiative로 알려진 연구 소위원회를 구성하여 상해 감소에 대한 지역사회의 활동을 개선하기 위한 다음과 같은 방법을 모색하였다. 당시 IADMS는 무용교육자, 과학자, 경영자, 웰니스 전문가들이 무용 상해 연구에서 보편적으로 사용하는 정의에 동의하지 않는다는 점을 깨달았다. 예를 들어, 무용연구자들은 "상해"라는 용어를 통일하여 정의하고 있지 않았기 때문에, 연구대상인 그룹에서 상해자의 수를 각기 다르게 제시하였다. 예를 들

어, 어떤 연구자는 직간접적으로 무용수가 아픔과 고통을 느끼는 부위나 지속시간이 있다면 상해에 해당한다고 보았다. 다른 연구자들은 상해자 수에 다른 기준을 적용했다. 이러한 연구에서 상해자의 수를 계산하기 위해서는 무용수가 상해를 당한 시작일 이후 1일 이상 무용을 할 수 없고 정식 진단을 위해 면허를 받은 전문 의료진을 만날 정도로 심각한 것으로 정의되어야 했다. 이처럼 무용 상해 연구의 모순은 무용과학계가 상해에 대해 조사하고, 이해하는 것과 대량의 데이터를 축적하고 발전시키기 위해 상해연구의 자료를 사용하는 것을 매우 어렵게 만들었다.

그 결과, IADMS의 회원들은 이 문제를 해결하기 위한 특별 프로젝트를 지정하기로 결심하였고 이에 SMCI가 구성되었다. SMCI의 목적은 무용수의 운동 기능을 평가하고, 상해의 위험 요소를 측정하고 보고하여, 무용단체가 이러한 권고사항을 광범위하게 적용할 수 있도록 돕기 위한 증거 기반 권고사항과 표준을 개발하는 것이었다. 과학자들이 엄격한 기준을 가진 과학적 연구나 반복적인 실험을 통해 얻은 정보를 증거 기반이라고 한다. 궁극적으로 이러한 정보들은 무용수에게 도움이 될 것이다. 상해를 줄이는 가장 의미 있는 방법을 알아내는 데 있어 SMCI는 다음과 같은 6가지 권장사항을 개발했다.

1. 상해 모니터링을 실시한다.
2. 상해를 정의한다.
3. 노출을 정의한다.
4. 무용에 특수화된 검진을 사용한다.
5. 잘 알려진 위험 감소 전략을 사용한다.
6. 관련 전문가들과 협력한다.

이 6가지 권고사항들은 의료진, 무용교육자 및 무용수에게 유용할 수 있는 상해 예방과 관리를 이해할 수 있도록 한다.

상해 모니터링 수행 Conduct Injury Surveillance

상해 모니터링 또는 상해 보고란 상해 유형, 영향을 받은 신체 부위, 상해 발생 시기, 장소 및 대처 방법에 대한 정보와 기타 요인을 관찰하고 추적하는 것을 의미한다. 만약 무용수에게 상해가 얼마나 자주, 언제, 어떻게 일어나는지, 상해와 관련된 다른 요소들을 알고 있다면, 상해 예방에 대한 높은 수준의 자신감을 가질 수 있고 위험을 줄이기 위한 변화를 시도할 수 있다. 만약 자신이 상해 횟수를 세고 관련된 요소들을 체계적이고 조심스럽게 기록하는 것에 주의를 기울인다면, 긍정적인 변화를 만드는 것이 훨씬 더 쉬워질 것이다. SMCI는 특정 무용단체의 무용수에게 상해 모니터링이 의무화되어야 하고, 면허를 받은 전문 의료진이 상해 진단을 할 수 있어야 하며, 상해와 관련된 정보를 문서화하는 데 표준화된 형식을 사용할 것을 권고한다.

상해의 정의 Define Injury

상해라는 용어는 의학계보다 일상 언어에서 훨씬 포괄적으로 사용된다. SMCI는 다음과 같은 정의를 사용하여 스포츠 의학에 의해 확립된 관점을 따를 것을 권고한다. 즉, 무용수가 상해를 당한 날 이후 적어도 하루 동안 무용 활동을 쉬어야 하는 신체적 장애이다. 이때의 "무용 활동 dance activity"이란 말은 수업, 리허설 또는 공연에 참여하는 것을 의미한다. 이러한 특정 상해의 정의를 충족하지 않는 질병은 근골격계 질환이라고 한다.

노출 정의 Define Exposure

무용에 참가하는 것은 무용수를 상해 위험에 빠뜨릴 수 있다. 상해 위험은 무용수가 춤을 추는데 얼마나 많은 노출이 필요한지를 살펴봄으로써 계산된다. 상해라는 용어와 마찬가지로, 무용수가 무용 활동에 노출됨으로써 의미하는 것을 정확히 정의하기 위해 의학적, 과학적으로 매우 구체화시킬 필요가 있다. **노출**은 무용수가 참여하는 무용 이벤트의 수(예: 수업, 리허설, 공연)로 측정할 수 있다. SCMI는 이러한 이벤트 각각은 지속시간에 관계없이 하나의 노출로 간주할 것을 권고한다. 이는 리허설 2시간과 리허설 4시간이 각각 하나의 리허설 노출로 간주된다는 것을 의미한다. 이 방법은 수십 년에 걸친 스포츠 의학 및 연구와 일치한다. 일부 연구자들은 실제 시간을 노출의 척도로 사용한다. 이 카운트는 1년 동안 무용수 그룹에 예정되어 있는 평균 시간 등 대략적인 시간이 될 수 있다. 다른 연구자들은 매일 각 무용수가 춤추는 정확한 시간과 분 등의 매우 정교한 시간을 사용한다. 각 무용수들의 실제 활동을 검증하지 않기 때문에 대략적인 시간은 권장되지 않는다. 오히려, 각각의 무용수가 일주일에 40시간과 같이 1년 동안 얼마나 많은 시간을 보냈는지 대략적으로 보여준다. 정교한 시간과 빈도로 했을 때 가장 정확하지만, 그것을 정확하게 하기 위해서는 무용수의 지속적인 주의가 필요하기 때문에 실질적으로 측정하기에도 매우 어렵다. 다수의 무용 연구자들과 무용 단체들 중에 매일 세심한 방법으로 이를 실천할 수 있는 사람은 없다.

무용에 특수화된 검진의 사용
Use Dance-Specific Screenings

운동선수들은 특화된 고강도 운동을 하고, 무용수들 역시 특화된 운동을 하는 선수로 볼 수 있다. 따라서 무용수를 검진할 때, 검진의 세부 테스트활동은 앉아 있는 사람이나 야구와 같이 다른 종류의 활동을 하는 운동선수에게 사용하는 것보다 더 특수화되어 있는 것이 유용하다.(163쪽) SMCI는 무용의학 전공자를 추천한다. 웰니스 기록을 기준으로 검진에 적합한 의료팀을 배치하고, 사전예측 신체평가(PPE preparticipation physical evaluation)로 알려진 널리 인정되는 검진 도구를 사용하며, 무용수에게 검증된 시험으로 이를 보완한다.

위험 감소 전략
Employ Risk Reduction Strategies

SMCI는 그 책임의 일환으로, 역사적으로 주요 기관들이 상해 위험을 어떻게 감소시켜왔는지 찾아보았다. 그러한 조직 중 하나인 세계보건기구(WHO)는 웰니스를 평가할 때 생물학적, 심리적, 행동적, 환경적 요인을 고려하는 자연적인 생체검사로서 사회적인 웰니스 모델을 매우 잘 고안해냈다. SMCI는 무용단체가 상해와 다른 질병들을 예측하고 예방하는 데 도움을 주기 위해 위험 요소들을 평가할 때, 많은 유형의 요소들의 상호작용을 고려한 이 모델을 사용할 것을 권고한다.

협력
Collaborate

무용단체의 사람들이 혜택을 받고 최선을 다할 수 있도록 함께 일하고 정보를 공유하는 것은 매우 중요하다. SMCI는 연구자들이 함께 일하고 이전의 권고안과 우수사례를 따를 것을 권고한다. **최상의 수행**은 최선의 환자 치료를 제공하기 위해 임상의사가 준수하는 일련의 가이드라인이다. 이는 과학적, 경험적 근거에 따른 검토에 기초한다. 오늘날 인터넷이 안전하고 프라이버시가 보호되는 방식으로 사용될 때 인터넷에 감사할 수 있는 것처럼, 무용수와 서로 협력하기를 원하는 세계 각지의 다양한 연구자들과 공동의 노력을 기울여갈 때 무용수들이 건강해지고 나아가 더욱 건강한 무용 환경을 만들 수 있다.

검진 프로그램 운영 전략
Strategies for Implementing a Screening Program

검진은 무용수들의 장단점, 실기 수업 밖에서 이용할 수 있는 다양한 연습 방법을 제공하기 위해 사용된다. 이 연습 방법들은 안전한 춤을 출 수 있도록 완전히 준비하는데 도움을 줄 수 있다. 또한 검진은 상해 후 이용할 수 있는 다양한 종류의 치료 서비스를 알려줄 수 있다.

만약 전형적인 무용수 검진에 참여한다면, 매주 얼마나 많은 시간동안 어떤 종류의 연습을 하는지, 개인적인 의학 기록과 상해 경험에 관한 정보, 영양 상태, 슈즈, 육체적 고통과 정신적 스트레스, 근육 강도, 유연성, 심박 능력, 균형감, 조정력 등의 변수를 평가하는 특수체력 유형 검사를 하게 될 것이다. 간단히 말해서, 무용수 검진은 무용수가 잘 준비되었는지 확인하기 위해 특정 유형의 무용에서 요구하는 조건과 현재의 능력 수준을 결정할 것이다.

무용수 검진 보고서는 무용 성과와 웰니스를 향상시키기 위해 실제 연습활동의 전체적인 그림을 제공한다. 검진 과정은 무용수가 문제를 해결하는 데 도움을 줄 수 있고 목표를 달성하기 위한 최선의 선택사항에 대해 과학적인 근거를 제공하며 전문 의료진들과 신뢰할 수 있는 관계를 발전시킬 수 있는 기회를 제공할 수 있다. 궁극적으로 무용 검진은 무용수에게 정신적, 육체적 웰니스에 대한 지식을 제공할 수 있고, 무용수는 그 정보를 사용하여 문제가 될 만한 상황을 피하고 연습 효과를 극대화할 수 있다.

일반적으로 무용 연습은 육체적으로나 심리적으로 부담이 되기에 상해는 예상되는 결과이다. 상해는 다른 운동선수들이 그렇듯이 무용수 삶의 일부분이다. 상해의 빈도와 충격을 줄이기 위해서는 자신의 건강에 대한 책임과 역할을 이해하는 것이 중요하다. 많은 무용 상해는 힘든 연습과 공연 주기 사이에 예정된 휴식 시간을 준수하여 예방할 수 있다. 지속적인 에너지, 최상의 기량, 장기적인 영양 공급을 통해 연습 일정을 어떻게 활용할 수 있는지 배울 필요가 있다. 무용수는 믿을 수 있는 능력과 청렴성을 지닌 실무자들을 식별하는 것을 배울 수 있다. 또한 보강 교육 프로그램을 통해 다양한 기술과 신체적 능력을 습득해야 한다. 무용수는 불안, 우울증, 피로 관리, 발의 위생,

컨디션 조절, 적절한 영양 공급 등 성공하지 못한 무용수들이 해내지 못한 많은 자기 관리 기술을 배울 수 있다. 또한 무용수가 필요할 때 이용할 수 있는 사회적 지원 네트워크와 지역사회 자원을 구축할 필요가 있다. 상해나 질병의 증상이 나타난 초기에 진료를 받을 수 있도록 확신을 가질 필요가 있다.

세계의 몇몇 단체들은 웹사이트를 통해 무용수 검진에 필요한 자료를 제공한다. 무용수는 인터넷을 사용하여 무용수 검진 기회를 찾을 수 있는 합법적인 무용의학 건강 관리단체에 연락해야 한다. 두 가지 예로는 하크니스 무용 상해 센터가 후원하는 국제 공연 예술 상해 보고 시스템(IPAIRS)과 이장의 뒷부분에 설명된 무용 웰니스 프로젝트(DWP)가 있다. IPAIRS는 1981년 조프리 발레단과 함께 운영하기 위해 만들어졌으며, 이후 대규모 전자 글로벌 데이터베이스로 확장되었다. IPAIRS는 스포츠의학과 직업의학에서 사용되는 우수사례 시스템을 본떠 무용의학을 위해 만들어진 최초의 상해보고 시스템이다. 이 두 개의 인터넷 자료들과 온라인 자료들은 각 개인의 사생활을 보호한다. 무용수 검진은 항상 각 무용수의 사생활을 보호해야 하며, 각 무용수가 일주일에 몇 시간씩 어떤 연습을 하는지, 무용수의 개인 의료 기록과 상해 경험에 관한 주목할 만한 정보를 수집해야 한다. 요약하자면, 무용수 검진은 무용수가 될 수 있는 한 잘 준비되었는지 확인하기 위해 특정 무용의 요구 조건 대비 현재의 무용 능력 수준을 결정해야 한다.

검진과 관련된 요인 및 결과
Factors and Outcomes Related to Screening

전문 무용단체, 학교, 클리닉의 건강프로그램에는 검진 계획이 포함되어 있다. 지난 몇 십 년 동안 다양한 학교와 무용단체에서 웰니스 프로그램과 검진 계획이 증가했다. 이러한 성장은 다음을 포함한 여러 가지 요인의 결과였다.

- 현대 의료 사례에서 상해 예방에 중점을 둠
- 무용수들과 무용 전문가들이 검진의 다양한 이점에 대해 더 잘 알게 됨
- 일반적으로 무용수들이 자신의 몸에 대해 더 많이 아는 것에 더 관심을 갖게 됨
- 학교 및 단체가 검진을 개발하고 관리하는 데 도움이 되는 새로운 모형 및 자료의 수

검진 유형에 영향을 미치는 요인
Factors that influence type of screening

앞서 언급했듯이 무용수가 되기 위해서는 많은 부분이 관여한다. 여기에는 연령, 무용 경력, 신체적, 심리적 특성이 포함된다. 마찬가지로 무용수 삶의 일부와 무용수들이 하는 일, 무용의 종류, 그들이 일하거나 연습하는 곳, 얼마나 자주 춤을 추고 있는가를 포함한 몇 가지 요소들이 존재한다. 이러한 다양성 때문에 무용수들에게 사용될 수 있는 단 하나의 검진은 없다. 그 결과 무용수들과 함께 사용할 수 있는 다양한 종류의 검진이 개발되었다. 여러 가지 요인들이 사용된 검진의 유형에 영향을 미칠 수 있지만, 세 가지 큰 범주는 검진 목적/목표, 검진/웰니스 팀에 속한 사람들, 검진을 의식하고 있는 무용수와 작업/연습 환경이다.

"무용수는 왜 검진을 하고 싶고, 무엇을 이루기를 바라는가?"라는 것은 목적과 목표를 확인하는 데 있어서 중요한 질문이다. 검진의 설정에 따라 서로 다른 답안이 존재하며, 어떤 유형의 검진이 수행되는지에 영향을 미친다. 검진의 목적과 목표는 검진의 이유와 방법뿐만 아니라 사후 검진에 따른 후속 조치에서 정보를 어떻게 사용하는지에도 영향을 준다.

검진 프로그램을 가지고 있는 학교나 무용단, 프로그램을 개발하고 있는 학교들은 검진팀의 일원으로 다양한 전문가들을 보유할 것이다. 무용교육자와 무용에 친숙한 전문 의료진들로 의사, 물리치료사, 운동 트레이너, 정신 웰니스 전문가, 영양사가 포함될 수 있으며, 이들은 모두 무용 검진의 유형에 영향을 미칠 것이다. 이러한 전문가 풀은 검진 목적과 목표, 검진 유형에도 영향을 미칠 것이다. 검진을 수행하는 팀원을 인식함으로써 어떤 결과를 기대할 수 있고 결과를 어떻게 진행할지 더 잘 알 수 있다.

> **스스로 진단하기**
>
> ### 검진을 통해 나의 몸을 이해하자
>
> 검진원과 대화할 시간을 정한다. 자신의 신체와 기술에 대해 검진 결과가 어떠한지 물어보고 본인이 개선할 수 있는 방법을 물어보자. 검진은 무용 수업 외에 개발이 필요한 분야를 인지할 수 있는 좋은 기회이다. 무용수는 검진팀의 도움을 받아 자신만의 프로그램을 고안할 수 있다.

검진의 종류에 영향을 미치는 또 다른 고려사항은 검진을 의식하는 무용수들의 모집단이다. 어떤 면에서 각각의 무용수들은 서로 다른 필요와 해결해야 할 각기 다른 문제들을 가지고 있다. 어린 무용수들은 성인 무용수들에 비해 몸이 성장하고 변화하고 있기 때문에 평가되어야 할 요소들이 다르다. 학생 무용수들도 학습 환경에 있기 때문에, 어떤 검진 목표는 교육적인 목표를 포함할 수 있다. 검진팀은 재입학하는 학생들과 달리 다른 학교에 있다가 편입하는 학생들만을 검진하도록 선택할 수 있다. 하지만 다른 학교들은 시간이 지남에 따라 변화를 추적하기 위해 재입학하는 학생들도 검진하기를 원할 수도 있다.

네 번째 요소는 검진 계획에 도움이 될 수 있는 가용 자원이다. 이러한 자원은 일반적으로 시설과 장비를 포함한다. 많은 검진들이 무용 스튜디오나 치료실이나 진찰실에서 행해진다. 사용 가능한 공간이 작고 무용수의 수가 많은 경우, 제한된 공간은 전체 검진 시간에 영향을 미쳐 검진에 사용되는 평가의 크기나 유형을 제한할 것이다.

물리치료사 클리닉이나 사무실에서 흔히 볼 수 있는

도구는 검진에서 자주 사용된다. 이러한 도구에는 심박수를 측정하는 각도계, 시계, 심박수 모니터, 혈압 측정기, 회전판 및 발레 바 등이 포함될 수 있다. 이러한 도구는 쉽게 사용할 수 있고 저렴하지만, 기관이 더 정교한 장비를 가지고 있다면 데이터 수집에 더 상세한 정보를 제공할 수 있을 것이다. 그러나 검진은 일반적으로 완전한 의학적 평가가 아니라 간단한 맛보기 형태로 설계된다. 따라서 더 복잡하거나 강력한 검진은 일반적이지 않다. 검진하는 동안 다양한 도구들이 어떻게 무용수가 연습을 향상시키는 데에 도움을 줄 수 있는지 볼 수 있다.

대부분의 검진에서 시행되는 평가는 검진 팀이 빠르고 쉽게 수행할 수 있으며 불편함을 유발하지 않는다. 만약 검진이 특정 동작이 어떻게 수행되는지 살펴보는 평가를 포함하여 기술 부분이나 기능적 구성요소를 가지고 있다면, 그것들은 무용수가 주로 하고 있거나 쉽게 할 수 있는 것들이 될 가능성이 가장 높다. 무용수가 요구 받는 무용 동작이 연습하고 있거나 관심이 있는 무용 형태와 직접적으로 관련되는지 아닌지를 고려해야 한다.

환경이 검진 유형에 미치는 영향
How the setting influences the type of screening

환경 유형은 설계한 검진 유형과 관리 방법에 영향을 미칠 수 있다. 검진은 교육적 환경이나 전문적 환경에서 시행될 수 있다.

학교는 교육적 목적에서 검진을 실시하기로 선택할 수 있다. 이러한 상황에서 검진의 목표는 교육의 향상과 연습 결과를 촉진하기 위해 무용수들에 대한 정보를 수집하는 것이다. 그들이 시행하는 검진들을 어떻게 관리해야 하는지 아는 무용교사들은 건강관리 전문가와 함께 검진팀의 일원이 될 수 있다. 검진은 정규 무용 수업과 기타 연습 또는 교육 수업의 맥락 안에서 다룰 수 있는 문제에 초점을 맞춘 평가로 구성될 것이다.

전문 무용단체에서 검진하는 것은 무용수의 기능 능력에 영향을 미칠 수 있는 웰니스 요인에 초점을 맞출 수 있다. 그러한 검진에는 향후 무용수의 관심사가 될 수 있는 과거의 상해와 같은 의료 조건을 식별하는 데 도움이 되는 평가가 포함될 수 있다. 이 검진은 무용수들을 건강하게 하고 공연하는 것을 돕는 책임감 있는 전문 의료진들에 의한 일반적인 웰니스 클리닉이나 전문 무용단에서 관리될 것이다. 무용단과 함께 일하는 의료진이 무용수들의 신체 상태를 더 잘 이해하도록 돕는 평가도 포함될 수 있다.

검진과 평가의 비교 *Screenings versus evaluations*

검진은 여러 요인을 신속하게 검사하도록 설계된 도구이다. 평가는 더 많은 정보를 제공할 수 있는 특별히 발견한 부분에 대해 보다 상세하게 조사하고 탐구하는 것이다. 즉, 검진은 큰 그림을 제공하는 반면, 평가는 좀 더 구체적인 정보를 얻기 위해 특정 상황에 대한 분석을 제공한다.

예를 들어, 검진은 무용수의 근육 불균형을 발견할 수 있다. 이 정보는 검진 팀이 어떤 근육에서 불균형이 나타나는지, 그 원인은 무엇인지 이해하기 위해 심층적인 평가를 목표로 하는 데 사용될 수 있다. 검진을 받든 평가를 받든 팀이 발견하는 내용에 주의하고 발견된 약점이나 불균형을 시정하기 위한 연습 설계에 적극적이어야 한다.

검진의 잠재적 결과 *Potential outcomes of screenings*

검진을 관리하는 것은 검진팀에게 시간과 노동이 집약된 활동이지만 여러 가지 귀중한 결과를 가지고 있다. 결과의 유형은 검진의 목표와 검진원과 밀접하게 연관되어 있다. (166쪽)검진은 개인 무용수, 전체 무용수 그룹, 교사 및 검진/웰니스 팀원들에게 중요한 결과를 제공한다.

개별 무용수의 프로필 Individual dance's profile

무용수로부터 수집된 정보를 사용하여 고유한 프로필을 만들 수 있다. 프로필은 자신의 장점을 부각시킬 뿐만 아니라 주의나 추가 평가가 필요할 수 있는 영역을 한눈에 볼 수 있다. 이러한 정보는 무용수에게 피드백을 제공할 수 있으며, 무용수로서 길고 건강하게 일하기 위해 중요한 요인인 자신의 신체에 대해 더 많이 인식하도록 도울 수 있다. 무용수의 개인 프로필은 또한 발전과 개선을 위한 목표에 사용될 수 있다.

이전에 검진한 적이 있는 경우 프로필을 비교하여 시간 경과에 따른 검진결과 간의 차이를 식별할 수 있다. 이러한 비교나 추적은 전문 의료진이 웰니스 상태를 모니터링하고 있거나, 무용 전문가가 기술적 또는 기능적 성장과 변화를 모니터링하고 있거나, 개인 컨디셔닝 프로그램의 효과를 추적하고 있다면 도움이 될 수 있다.

요약 프로필 Summary profiles

데이터를 검진하는 것은 개별 무용수의 프로필을 만드는 데 도움이 될 뿐만 아니라, 특정 무용학교나 전문 무용단에 관련된 모든 무용수들에게 요약될 수 있다. (167쪽) 이러한 요약은 전체 무용수 그룹의 프로필을 만들고, 무용수들 사이의 공통점과 무용수 그룹의 평균을 설명하는 데 도움이 될 수 있다.

많은 무용수들의 정보를 수집하는 것은 자신을 아는 데 도움이 된다. 여러 그룹의 사람들에게 특정 평균을 알아내기 위해 많은 연구가 행해졌다. 예를 들어, 특정 그룹의 무용수들은 키가 다르다.

무용 검진은 공연에 필요한 높은 수준의 기술을 달성하는 데 도움을 줄 수 있다.
마사 그레이엄의 "밤의 여행"에 나오는 게리 갈브레이스.
사진: 존 딘

그러나 특정 연령 그룹에 평균은 존재한다. 같은 연령대에서 다른 종류의 사람들의 평균을 갖는 것은 때때로 도움이 된다. 한 나라의 같은 연령대의 사람들은 다른 나라의 같은 연령대의 사람들보다 더 클 수 있다.

현재 무용수들에 대해 알려진 평균은 많지 않다. 무용수들은 독특한 조건을 가지고 있고 독특한 예술을 하는 운동선수들이기 때문에, 다른 종류의 무용수들을 묘사하는 더 많은 정보를 가질 수 있다. 이는 교사, 전문 의료진, 무용수들과 함께 일하는 연구원들을 도울 뿐만 아니라, 무용수가 다른 무용수들과 비교했을 때, 어느 지점에 위치하고 있는지를 분명하게 알려 줄 수 있다. 예를 들어, 뮤지컬작품의 무용수는 발레 무용수와는 매우 다르다. 따라서 이 두 그룹의 평균은 매우 다를 수 있다. 본질적인 차이점 때문에 남자 무용수들과 여자 무용수들 사이에, 다른 그룹들의 평균들이 존재할 것이다. 평균적으로 남성 무용수들은 여성 무용수들보다 키가 클 수도 있고, 상체 힘이 더 클 수도 있다. 너무나 많은 종류의 무용과 무용수들이 존재하기 때문에, 다른 그룹들에 대한 정보를 갖는 것은 도움이 될 것이다.

신뢰와 인식 Trust and perceptions

무용수들은 때때로 고통, 상해 또는 다른 개인적인 요인에 대해 말하기를 꺼린다. 이러한 난관은 무용수들이 이런 종류의 문제들에 대해 이야기한다면 무용수들이 무용에 참여하는 것을 방해하거나, 특정 역할을 연기하도록 캐스팅되거나, 좀 더 나은 수업으로 발전하거나, 제대로 작동하지 않거나, 열심히 하지 않거나, 심지어 실패한 것으로 인식되는 것을 우려하고 있다는 사실에서 비롯된다.

여러 해 동안 많은 개인 관찰 자료와 몇몇 예비 연구 자료에서 무용수들이 검진 프로그램에 참여하는 양상을 살펴볼 때, 검진 전문가들이 무용수들에게 관심을 갖고 돌본다는 것을 의미한다. 검진에 참여하면 교사와 의료진과의 신뢰를 쌓기 시작할 수 있다. 이 신뢰 요소는 자신이 의료팀 및 교사들과 건강한 작업 관계를 구축한다는 점에서 많은 면에서 매우 가치가 있으며, 이것은 미래의 잠재적인 웰니스 문제나 무용에 영향을 미칠 수 있는 다른 요소들에 대한 더 나은 의사소통을 의미할 수 있다. 신뢰를 갖게 되면 무용수는 근골격계 문제만큼이나 중요한 감정, 걱정과 같은 심리적 웰니스와 영양 상태에 대해 말하는 것을 편안해할 것이다.

많은 검진의 결과는 무용수에게 이로울 수 있다. 각 무용수들의 프로필은 검진의 결과물이다. 무용수의 프로필은 자신의 몸을 더 잘 이해하는 데 도움이 될 수 있으며, 검진 팀과 협력할 때 개선을 위한 옵션을 식별하는 데 도움을 줄 수 있다. 검진에 참여할 때는 교사나 검진원들과 건강한 관계를 구축하여 장기적인 효과를 볼 수 있으며, 반복적인 검진은 시간이 지남에 따라 변화를 추적하는 데 도움을 줄 수 있어 자기계발을 평가하는 데 도움이 될 수 있다. 그룹 프로필은 교사들과 검진 팀원들이 무용수 그룹의 문제를 식별하는 데 도움을 줄 수 있다. 연구에 검진결과를 사용하는 것은 무용수들의 독특한 조건과 상황을 더 잘 이해하는 데 도움이 될 수 있다. 이러한 연구는 무용수들에게 자기 계발을 위한 더 많은 정보를 제공함으로써 도움이 될 수 있다.

검진을 최대한 활용하기
Getting the most out of your screening

검진은 무용수에 대한 풍부한 정보를 제공하며, 개인 프로필의 개발과 교사 및 전문 의료진과의 협력을 통해 무용수에게 많은 가능성이 존재한다. 그러나 검진 정보를 작업할 때 몇 가지 핵심 사항들을 염두에 두어야 한다. 여기에는 운영 및 후속 조치, 검진 팀과의 협력, 과정 평가 등이 포함된다.

> **📋 목표 설정하기**
> ### 자기계발하기
>
> 첫 번째 검진 후에 교사나 검진팀과 협력하여 무용수가 자기계발을 위한 구체적인 목표를 세우는 것을 돕도록 하자. 이러한 목표는 근력이나 유연성을 위한 특정 영역이거나 균형 잡힌 연습일 수 있다. 무용수는 영양 상태나 수면 패턴을 바꾸기를 원할 수 있다. 후속 검사를 할 수 있도록 검진을 통해 어떠한 변화가 일어났는지, 목표를 달성하고 있는지 파악하자. 목표가 달성되었다면, 더욱 진전시킬 수 있는 새로운 목표를 세우자.

> **역량강화하기**
> ### 진행 사항 제어하기
>
> 무용교사, 검진 팀과 함께 일함으로써 무용수로서 문제를 통제할 수 있다. 어떤 문제를 해결해야 한다는 것을 인식하기 위해 상해를 기다리거나, 더 많은 힘과 체력이 필요하다는 것을 깨닫기 위해 어려운 안무를 기다릴 필요가 없다. 연습에서의 문제를 해결하고, 긍정적인 변화와 발전을 즐길 수 있다.

변경사항의 적용과 후속 조치
Implement changes and follow up

검진 프로필은 각 무용수에게 맞춤화된 프로그램을 구축하여 검진에서 주의가 필요한 것으로 확인된 부분을 해결하는 데 도움이 된다. 어떤 경우에 프로그램은 전문 의료진이나 무용수가 연습이나 건강 문제의 개선을 위해 제안하는 것들을 포함할 수 있다.

또한 전문가와 협력한 프로그램은 개인적인 목표를 달성하는 데 도움이 된다. 개인적인 목표 설정은 무용수로서의 책임감을 부여받았다고 느낄 수 있게 해주며, 자기개발과 실행에 참여하고 있음을 인식하게 해준다. 이러한 과정은 대개 더 큰 성공을 가져오는데 무용수 자신이 그 과정의 일부였기 때문이다.

대부분의 테크닉 수업은 무용수를 위한 기술적, 예술적 성장을 다루도록 설계되었으며, 검진 과정에서 발견되는 문제들을 고치도록 설계되지 않았다. 따라서 프로필에서 식별된 문제를 해결해야 할 수도 있다. 다양한 수업과 전문가들로부터 배운 지식이나 자료를 사용할 수 있으며, 교사나 의학 전문가의 적절한 지도를 받으면 무용 수업에서 다루지 않는 문제를 해결할 수 있는 컨디션 조절 연습을 설계할 수 있다.

강도에 대해 앞에서 언급한 예를 사용하여 교차훈련 프로그램은 심혈관 웰니스 운동과 결합된 강화 운동을 포함할 수 있다. 이러한 운동을 수업 전후에 체육관이나 스튜디오에서 할 수 있다. 무용수들이 함께 일하거나 스튜디오에서 각각의 교차훈련과 컨디셔닝 연습을 동시에 한다면, 그들은 긍정적인 지지 구조와 추가 작업을 할 때 격려와 수용의 수단을 만들 수 있다. 웰니스 프로그램의 맥락에서 당신은 회원들과 체크인 미팅을 가질 수 있었다. 웰니스 팀은 자신이 발전하고 성장할 때 프로그램을 수정하도록 도와준다.

무용수의 프로필에서 흔히 발견되는 문제를 해결하기 위해 다양한 방법이 존재한다는 점을 감안할 때, 검진/웰니스 팀 구성원의 전문성을 반영하여 제안된 연습을 할 수 있다. 예를 들어 물리치료사가 웰니스팀의 일원이라면 적절한 물리치료 연습을 권할 수 있는 반면 웰니스팀의 일원인 무용교사는 다양한 컨디셔닝 시스템에 기반한 운동을 권할 수 있다. 자세한 사항은 제3장에 설명되어 있다.

검진/웰니스 팀원은 무용수에게 필요한 자료를 제공하는 데 도움이 될 것이다. 이러한 종류의 자료로는 다른 유형의 교육, 1차 진료 의사, 영양사, 정신건강 전문가와의 상담이 포함할 수 있다.

팀과 함께 작업하기 Work with a team

무용수 검진은 결과 프로필에 많은 정보를 생성할 수 있다. 무용교사, 웰니스팀과 협력하여 그 정보가 무엇을 의미하고 어떻게 프로필을 가장 잘 활용할 수 있는지를 더 잘 이해하는 것이 최선이다. 이것은 모든 정보가 자신의 이치에 맞지 않을 수도 있고, 전문가들이 도와줄 수도 있기에 중요하다. 또한 프로필에는 전체 프로필과 관련하여 맥락에서 벗어나거나 고려하지 않은 데이터가 포함될 수 있다. 자격 있는 무용교사나 전문 의료진들은 모든 정보를 이해하는 데 도움을 줄 수 있는 좋은 자원이다.

일부 무용수들은 완벽주의에 빠지거나 검진 정보를 너무 개인적으로 받아들일 수도 있다. 따라서 정보를 잘못 해석하거나 숫자에 근거한 비현실적인 변화를 시도하지 않도록 하기 위해 교사나 전문 의료진과 협력하는 것이 중요하다. 어떤 무용수도 완벽하지 않으며, 자기 검증을 위한 수단으로 검진 프로필을 사용하는 것은 웰니스에 좋지 않다.

진행의 평가 Evaluate your progress

진행 상황을 평가하기 위해 검진 데이터를 사용하는 것은 가능하지만, 한 번 이상 검진을 받은 경우에만 이 작업을 수행할 수 있다. 검진 간의 결과를 비교함으로써, 특정 조건이나 상황의 변화를 더 잘 평가할 수 있다. 진행의 평가는 무용수뿐만 아니라 함께 일하는 교사들과 건강관리 전문가들에게도 도움이 될 수 있다. 이러한 평가는 자신을 위한 특정 목표를 재평가하고 필요에 따라 업데이트하는 데 사용될 수 있다.

예를 들어, 무용수가 특정한 영역의 힘을 향상시키기 위해 노력해왔다면, 반복적인 검진은 그 노력이 효과가 있었는지 여부를 결정하는데 도움이 될 수 있다. 이 비교는 자신이 해 온 운동이 올바른 것인지, 그들이 정확히 행해지고 있는지, 혹은 연습의 타이밍이 효과적인지를 아는 데 도움이 된다. 검진 간의 변화를 검토하는 동안, 자신은 연습 프로그램에서 이러한 연습의 연속성을 고려할 수 있고, 수행되는 방법이나 빈도를 수정하거나, 무용수의 흥미를 지속시키는 데 도움이 되는 새로운 연습들을 찾을 수 있다.

단, 검진 결과만을 비교함으로써 자신의 진행 상황을 평가해서는 안 된다. 다시 말해, 전체 성장, 변화 및 개발을 평가함에 있어 교사 및 다른 검진 팀원들과 의사소통을 유지한다.

검진은 무용수가 자신에 대해 배우고, 웰니스와 무용을 향상시키는 방법을 찾고, 무용수의 경력에 오랫동안 도움이 될 수 있는 건강한 태도를 채택할 수 있도록 한다. 검진 프로필은 목표를 향해 나아가거나 잠시 동안 자신을 괴롭혔을 수 있는 문제를 해결하기 위해 자신을 구현할 수 있는 전략을 만드는 데 도움을 줄 수 있다. 공통의 목표를 위해 함께 일하는 무용수들은 그 환경을 형성하는데 도움을 주며 그 스튜디오와 무용수들 사이에서 건강한 태도를 장려한다. 교사들과 함께 일하고 팀원들을 검진하는 것은 생산적이고 건강한 관계를 구축할 수 있다. 만약 자신의 프로필을 이해하는 데 더 많은 정보가 필요하거나 과대평가되어 있다면 이러한 관계는 매우 도움이 된다. 여러 개의 검진을 비교했을 때, 시간의 경과에 따른 변화를 확인할 수 있다. 이러한 비교는 목표 설정을 촉진하고 자신이 느끼는 방법의 변화를 인식하는데 도움이 될 수 있다.

데이터 수집 및 분석 Collect and analyze data

무용수들을 위한 검진은 무용수들에 대한 많은 자료들을 포함한다. 그 데이터는 무용수의 프로필을 만들 수 있게 한다. 검진을 하는 것은 어떤 사람들이 민감하거나 개인적인 것으로 간주하는 정보를 포함한다. 많은 조직이 그러한 정보를 수집, 저장 및 관리하는 방법에 대한 매커니즘을 개발했다. 많은 국가에서 그러한 정보가 어떻게 보호되어야 하는지를 규정하는 법이 존재한다. 검진팀이 기밀성을 보장하고, 건전한 방법을 가지고 있고, 잘 확립된 프로토콜과 일치하는 방식으로 검진 과정을 설정했는지 확인하고 싶을 것이다. 온라인 무용 웰니스 프로젝트는 무용수들에게 검진 방법에 대한 정보를 제공한다.

기밀성 Confidentiality

무용 검진에 참여하면 측정, 평가, 검사를 받게 된다. 이 정보가 특히 자신의 몸과 관련이 있거나 자신이 생각하고 느끼는 것과 관련이 있을 때 이 정보가 너무 개인적인 것이라고 느낄지도 모른다. 교사나 예술감독이 특정한 종류의 개인정보를 안다면 불편할 수도 있다. 좋은 교사들은 무용수의 웰니스와 성장에 대해 걱정한다. 그러나 그러한 정보가 특정한 역할에 캐스팅되든 안 되든, 수업 중에 교사나 감독들의 인식과 자신의 수행평가에 영향을 미칠 것을 여전히 두려워할 수 있다. 교사나 임원진이 무용수의 신체에 대한 특정한 문제나 무용수가 어떻게 생각하거나 느끼는지에 대해 안다면, 그것은 더 높은 수준의 기술 수업이나 미래의 교육적 또는 고용 기회로 발전하는 데 영향을 줄 수 있다고 생각할 수 있다. 따라서 검진 시책은 정보의 기밀성 및 데이터 보호에 큰 우선순위를 둔다.

많은 검진에는 검진의 내용, 검진의 목적이 무엇인지, 어떤 평가를 할 것인지, 어떤 정보를 사용할 것인지, 누가 정보에 접근할 것인지, 어떤 방식으로 데이터를 안전하게 보관할 것인지, 질문이나 우려가 있을 경우 무엇을 할 수 있는지에 대한 공개가 포함된다. 검진에 참여하기 전에 이 정보를 미리 입력하면 검진 프로젝트의 전체 범위를 더 잘 이해할 수 있다.

많은 전문 무용단 환경에서 검진 프로필은 예술 감독이나 예술 또는 교육 담당자가 접근할 수 없고 전문 의료진만 이용할 수 있다. 교육 환경에서 교사가 모든 정보에 접근할 수 있는 것은 아니지만, 웰니스 프로그램의 설정에 따라 달라질 것이다. 검진에 참여하기 전에 기밀 유지와 공개에 관한 질문에 대해 안심할 수 있어야 검사에 대한 긍정적이고 안전한 경험을 할 수 있다. 아직 미성년자인 무용수들을 위해, 부모들은 이 문제들을 알고 있어야 하고 무용수가 검진 과정에 참여할 수 있기 전에 상의해야 할 필요가 있을 것이다.

방법 Methods

전통적으로 검진 데이터는 문서 형태로 수집되어 왔다. 이러한 형태는 각 무용수마다 동일하며 각 테스트의 데이터를 채울 수 있는 빈칸을 가지고 있다. 빈 칸을 채우는 것이 쉽지만, 문서들은 기밀을 보장할 수 있는 장소에 안전하게 보관되어야 한다.(170쪽) 또한, 교사나 검진 팀의 사람은 자료를 평가하고 무용수가 결과를 이해하도록 돕기 위해 전체 서류 양식을 검토할 필요가 있을 것이다. 더불어 검진에 관련된 무용수들에 대한 요약 정보를 수집하고, 검진과 웰니스 팀의 공인된 사람들이 적절하게 접근할 수 있도록 데이터의 다양한 부분을 분류하기 위해 모든 양식을 검토하는 것은 어렵다.

시스템 Systems

기술과 다양한 인터넷 자원이 발전함에 따라, 많은 학교와 무용단들은 그들의 검진 프로그램을 돕기 위해 이러한 선택사항들에 눈을 돌리고 있다. 일반적으로 사용되는 온라인 자원은 무용 웰니스 프로젝트다. 프로젝트 웹사이트에 따르면 '무용 웰니스 프로젝트(DWP)'는 무용수 검진, 노출 추적, 상해 모니터링의 시행을 통해 무용수의 건강, 웰니스, 교육, 연구를 촉진하는 조직(전문 무용단체, 대학, 병원)의 집합체이다. 상해의 예방, 경력의 지속, 효과적이고 효율적인 연습을 촉진하고 무용수, 무용 교육자, 무용수들과 접촉하는 의료 종사자들을 돕는 것을 목표로 한다. DWP는 참여 기관/무용단체의 무수한 프로젝트를 촉진하고 지원하기 위해 필요한 기술 인프라와 기타 자료들을 제공한다. 이 온라인 자료들은 수년간 존재해왔으며 현재 무용 웰니스 프로그램과 검진 이니셔티브를 가진 전 세계의 많은 기관 파트너들을 지원하고 있다. DancerWellnessProject.com에 접속하여 이 장에서 설명한 검진의 많은 측면을 살펴볼 수 있다.

DWP는 5개의 모듈로 구성된다.

> **검진**: 이 모듈은 가장 인기 있는 모듈 중 하나이다. 이 모듈은 학교, 스튜디오 및 무용단의 자체 검진 도구를 구축하고 온라인에서 이용할 수 있는 데이터 수집 도구를 활용하여 모든 정보를 관리할 수 있도록 한다.

> **설문조사**: 이 모듈을 통해 무용단체들은 무용수들을 조사할 수 있고, 안전하게 자체 보고된 정보를 제공할 수 있다. 이러한 설문 조사는 건강 이력, 상해 이력 또는 무용에 얼마나 자주 관여하는지와 같은 활동에 대해 질문할 수 있다.

> **상해**: 이 모듈은 무용수의 상해 이력을 무용단체들이 살펴볼 수 있도록 한다. 검진과 달리, 상해는 회복할 수 있는 시간이 있다. 따라서 시간 경과에 따른 상해의 추적은 무용수의 웰니스를 관리해야 하는 학교와 무용단에게 도움이 된다.

> **노출**: 이 모듈은 얼마나 많은 시간 동안 연습하는지 기관이 관리할 수 있도록 도와준다. 이것은 교사와 관리자들이 수업과 리허설을 계획하고, 의학 전문가들이 무용수가 얼마나 자주 활동하는지 이해하는데 도움이 된다. 이러한 종류의 노출 정보를 가지는 것은 상해 패턴을 더 잘 이해하기 위한 특정 연구 프로젝트에서 매우 유용할 수 있다.

> **프로필**: 이 모듈은 이전의 정보를 종합하여 무용수, 그들의 역사, 현재 신체적 조건, 연습 일정 및 기타 필수적인 정보를 큰 그림으로 만드는 것이다. 이러한 프로필은 무용수의 학교 또는 무용단 내의 공인된 사람뿐만 아니라 암호화된 로그인을 통해서만 접근할 수 있다.

각 무용단체의 DWP에 대한 접근 수준이 어떻게 설계되었는지에 따라, 교사와 검진 팀 구성원은 접근 권한을 부여받은 프로필의 부분만 볼 수 있다. 무용수들이 프로필을 검토하고 교사, 검진 팀과 함께 자신의 상태를 의논하는 것은 그들의 지원을 강화하도록 돕는다. 또한 무용수들은 시간이 지남에 따라 어떤 변화가 일어났는지, 어떤 영역이 개선되었는지, 어떤 영역이 여전히 주의가 필요한지를 더 잘 이해하기 위해 과거의 프로필을 검토할 수 있다.

DWP는 무용수들에 대한 정보를 보호할 때 매우 높은 기준을 유지하고 있다. 앞에서 논의된 비밀 유지 문제는 DWP의 초석이다. 또한 DWP 무용단체들은 공통 웹사이트의 사용을 통해 검진과 무용수 웰니스의 다른 측면들을 어떻게 구현해야 하는지를 더 잘 이해할 수 있도록 협력할 수 있다. 검진과 관련된 많은 데이터가 존재하며, 사람과 관련된 데이터를 수집하고 작업할 때 몇 가지 요인들이 관련되어 있다. 각 개인의 고유한 조건을 존중하고 개인 정보를 보호하는 것이 데이터 검진 비밀성의 핵심이다. 검진 팀은 이러한 문제들을 이해하고 있으며, 무용수들은 어떤 정보가 수집되고 있는지를 아는 것에 편안함을 느껴야 한다. 무용 검진에 참여하기 전에 어떻게 사용될 것인가. 또한, 검진 데이터는 역사적으로 종이 양식을 통해 수집되어 왔으며, 그 후에는 안전하게 보관되어야 한다. 그러나 무용 웰니스 프로젝트와 하크니스 센터 무용 상해 프로젝트(IPAIRS)와 같은 온라인 서비스가 존재하며 많은 전문 무용단체들과 학교들이 검진 및 웰빙 프로그램을 지원하기 위해 사용하고 있다.

요약 Summary

검진은 무용수들에게 자신의 현재 상태에 대한 귀중한 정보를 제공할 수 있다는 점에서 중요한 도구이다. 비록 검진 자체가 반드시 상해를 예방하는 것은 아니지만, 그들이 춤추는 것을 돕기 위해 무용수의 속성에 대한 통찰력을 제공한다. 검진 결과 추가적인 단계를 밟음으로써 무용수는 무용과 관련된 고통이나 상해를 피하는데 도움을 줄 수 있다.

검진의 복잡성 때문에 교사나 다른 검진 전문가의 지도를 받지 않는 한 자기 자신이나 동료 무용수들을 가려내려고 해서는 안 된다. 검진은 많은 어려움이 있으며, 해부학 또는 검진 지식을 가진 교사나 전문가들이 수행하는 것이 가장 좋다. 검진을 통해 무용수는 몸과 마음에 대해 많은 것을 배울 수 있고, 더 좋고, 강하고, 건강해지도록 도울 수 있는 도구와 행동을 배울 수 있다. 이러한 자기 강화는 자신의 무용 경력에 오래도록 도움이 될 수 있다. 마찬가지로 스스로 컨디션 조절, 재활, 상해 예방 프로그램을 설계하거나 도입하려 해서는 안 되다. 특정한 목표나 질문을 다루기 위해 무용수들과 함께 일하는 전문가들로부터 지도를 받는다. 무용수의 일은 춤추는 것이다. 그러한 프로그램을 개발하는 데 필요한 기술들은 이런 종류의 전문 지식을 가진 사람들에게 가장 적합하다. 검진 팀은 자신이 그러한 전문가들과 연결될 수 있도록 도울 수 있을 것이다. 자기 관리에 대한 건강한 습관을 확립하고 연습에 능동적으로 참여하는 것은 좋은 도움이 될 수 있다.

■ 응용활동

학교 또는 의료 센터에서 검사를 제공하는 경우 개인의 관심사에 따라 탐색하고 싶은 다양한 구성 요소의 목록을 작성하자. 검진에 포함된 물리적 또는 기술적 측면의 어떤 것이 더 완전하게 이해하기를 원하는가? 검사하고 싶은 생활방식이 있는가? 심리학적 프로필이 포함되어 있다면, 어떤 추가 정보를 더 알고 싶은가? 무용수의 질문, 생각 또는 걱정을 도와줄 수 있는 다른 사람과 대화하는 것에 관심이 있는가? 단순히 이해하고 싶은 검진 구성 요소에 대해 생각하는 것만으로도 웰니스 팀과 협력하는 데 도움이 되고 연습에서 전진하는 데 도움이 될 수 있다.

■ 복습질문

1. 검진 과정은 무엇인가?
2. 검진의 목적, 유형 및 구성 요소는 무엇인가?
3. 검진 정보를 어떻게 사용하여 상해를 예방하고 기법을 개선할 수 있는가?
4. 검진 유형을 결정하는 다양한 요인은 무엇인가?
5. 검진에 따른 다양한 결과는 무엇인가?

 챕터별 보충 학습 활동, 학습 보조자료, 제안된 읽을거리, 웹 링크 등에 대한 자세한 내용은 www.HumanKinetics.com/DancerWellness, 인터넷 자료를 참조하자.

Chapter 11 무용 웰니스 계획
Your Dancer Wellness Plan

도나 H. 크라스노, M. 버지니아 윌머딩

핵심 용어

- **다양성** diversity
- **목표 설정** goal setting
- **역량강화** empowerment
- **자기인식** self-awareness

학습목표

1. 자기인식의 다양한 측면을 이해하고 연습과정에서 이를 개선하는 방법을 찾을 수 있다.
2. 역량강화가 웰니스 계획에 중요하다는 것을 이해할 수 있다.
3. 자기 개발을 위한 목표 설정의 방법을 알 수 있다.
4. 무용단체에서 다양성을 인식하고 개별 연습 환경에서 이를 어떻게 다루어야 하는지 고려해 볼 수 있다.

이 책의 제1장부터 제10장까지 읽었다면, 개인적인 무용 웰니스 계획을 세울 준비가 되었다. 이 책 전반에 걸쳐 자기 진단, 역량강화, 목표 설정, 다양성에의 도전이라는 제목의 반복적인 주제들이 있었다. 이 주제들은 자신이 무용수로서 웰니스와 웰빙을 증진시키기 위한 개인적인 계획을 세우는 것을 도울 수 있는 질문과 활동을 제공했다. 이러한 영역들은 각각의 무용수로서 어떻게 발전하고 건강하게 활동할 수 있는지에 대한 다른 측면을 형성한다. 이러한 각 개념과 장에 있는 주제를 통해 무용수는 무용 웰니스 계획을 설계할 수 있을 것이고 수년 동안 계속해서 그것을 발전시킬 수 있을 것이다.

스스로 진단하기 Self-Awareness

스스로 진단하기는 자기반성의 능력과 자신을 다른 사람과 분리된 개인으로 인식하는 기술이다. 무용수의 자각은 자기 지식의 일부에 속한다. 그러므로 자기인식은 자신의 욕구, 욕망, 실패, 습관, 동기와 그 밖의 사항을 이해하는 것이다.

무용 웰니스의 기초 Foundations of Dancer Wellness

자기인식은 무용수의 연습과 발전의 다양한 측면에서 많은 길을 택할 수 있다. 무용수 웰빙의 기본, 기초부터 시작하자. 무용 환경(제1장)을 다룰 때, 스튜디오 댄스 플로어의 표면, 온도, 환기, 조명, 음향과 같은 공간의 측면, 그리고 거울과 바를 사용하는 방법에 대한 질문에 답하였다. 무용 훈련과 테크닉(제2장)의 관점에서 해부학을 배우면서 다양한 근육이 무용에 어떻게 기여하는지를 알게 되었다. 또한 자세와 움직임에 따라 신체 정렬이 어떻게 다른지 탐구했다. 무용 수업의 파트너와 함께 연습하면서 신체골격이 정렬상태에 맞추어 위치해있는지 서로 탐색하였는가? 드미 플리에demi-plie에 상태에서 엉덩이-무릎-발의 정렬상태를 서로 평가하였는가? 교차훈련 및 컨디셔닝 필요성(제3장)을 위해 다리의 확장, 점프, 낙하동작 또는 파트너링 작업과 같은 가장 큰 과제가 무엇인지 생각해보라고 하였다. 무용수는 보충 연습에 대한 선택 능력을 넓힐 수 있는 집중을 위해 가장 필요한 조건과 보조적인 활동의 영역을 고려할 수 있다.

무용 웰니스의 심리적 요소
Mental Components of Dancer Wellness

다음으로, 웰니스의 심리적 요소들에 대해 생각하는 것으로 이동했다. 멘탈 훈련(제4장)에 있어서는 거울에 얼마나 의존하고 있는가를 더 잘 알게 되었고, 춤을 추면서 몸의 감각과 어떻게 교정에 사용하는가에 초점을 맞추게 되었다. 심리학은 연습과 자기인식에 중요한 역할을 한다. 무용수가 춤을 추는 이유와 동기가 시간이 지남에 따라 어떻게 변하는지 생각해볼 수 있었다. 무용수는 외적인 보상보다는 무용에 대한 본질적인 이유에 더 집중했다. 휴식과 회복(제6장)은 아마도 무용수들에게 가장 간과되는 웰니스의 측면일 것이다. 춤추는 동안, 특히 공연 전 격렬했던 연습 기간에 자신의 기분을 표현하는 일기를 시작함으로써 휴식과 회복의 필요성을 알게 되었다. 또한, 수면 습관과 충분한 휴식 및 회복 시간을 갖는지 여부에 대해 인식하게 되었다. 스트레스, 불안, 무용에 방해가 될 수 있는 다른 정신적 상태의 문제들, 최적의 수행을 위해 정신적 장벽에 어떻게 대처해야 하는지를 고려했다.

무용 웰니스의 기능적 요소
Physical Components of Dancer Wellness

웰니스의 기능적 요소에 대해서는 영양을 검사하는 것부터 시작했다(제7장). 일지에 매일 섭취하는 음식과 음료에 대한 정보들을 제공한다. 자신이 필요한 영양소를 섭취하고 있는지 아닌지를 알게 되었다. 필요한 경우 조정을 하도록 요청받았다. 그 후 어떻게 느끼는지, 음식 섭취에 대한 조절이 에너지 또는 웰니스의 다른 측면을 변화시켰는지 주목했다. 한편 영양과 관련된 뼈 건강(제8장)에도 자신이 알아야 할 다른 문제들이 있었다. 골다공증에 대한 가족력, 해당되는 경우 개인 월경 패턴, 그리고 뼈와 관련된 우려의 징후를 찾기 위해 골절의 초기 증상을 조사했다. 상해 예방(제9장)은 무용수들이 흔히 생각하기 싫어하는 것이지만, 상해에 대한 인식은 예방의 열쇠이다. 신체 정렬과 기술적 습관, 상해를 초래할 수 있는 패턴을 고려했다. 또한 코어를 어떻게 사용하는지, 어떻게 뛰어내리는지, 신체적 기술이 스스로를 어떻게 보호하는지 생각해보았다. 마지막으로, 검진(제10장)은 자기인식 통일 발전시킬 수 있는 가장 좋은 기회를 제공한다. 검진이란 무용 수업 밖에서 개발이 필요한 분야를 알아보는 좋은 기회이다. 검진 팀의 도움을 받아 조건부 필요를 해결하기 위한 자신만의 프로그램을 고안할 수 있다.

이러한 각 영역, 즉 기초, 정신적 요소 및 웰빙의 기능적 요소에서 차근차근 자기 진단을 발전시킬 수 있다. 일단 무용수가 스스로 진단을 할 수 있는 방법들을 검토했다면, 이제 무용수 자신에게 힘을 실어줄 전략을 개발할 때가 되었다.

역량강화하기 Empowerment

역량강화란 책임감 있게 무용수의 독립성과 동기부여를 높이도록 고안된 조치들을 말한다. 본문에서 역량강화라는 용어는 또한 무용수의 삶과 행동에 대한 책임감을 나타내기 위해 사용하였다.

무용 웰니스의 기초 Foundations of Dancer Wellness

무용 환경(제1장)은 통제 불능이라고 생각할 수도 있다. 그러나 스튜디오에 있는 어떤 요소들이 무용수의 웰니스를 지원하지 않을 때, 무용수는 목소리를 높여야 한다. 커튼이나 창문을 바꾸면서 조명이나 환기를 바꾸고, 스튜디오를 깨끗하게 하고 어수선하지 않게 하는 데 적극적인 역할을 해야 하는 것이다. 무용 훈련과 테크닉(제2장)의 일환으로 해부학은 무용 동작에서 일어나고 있는 활동에 대한 명확한 통찰력을 제공하고 동작의 명확성을 배울 수 있는 도구로서 움직임과 움직임 용어를 이해하는 데 도움을 주었다. 어떻게 춤을 추고 싶은지에 대한 명확한 이미지를 주는 것에 대해 생각했다. 무용수로서 연습에 임하고 예술성을 표현하는 데에 적극적으로 임할 수 있다. 교차훈련과 컨디션 조절(제3장)은 무용수의 춤에 힘을 실어줄 수 있는 많은 방법을 제공했다. 피로를 규칙적으로 다루고 있는 경우 심폐지구력 프로그램을 추가하는 것을 고려했다. 시간이 흐를수록 더 활기차고 덜 피곤해지기 시작했는지도 모른다. 이렇게 늘어난 지구력은 공연이 임박했을 때 자신감을 높일 수 있다.

무용 웰니스의 심리적 요소
Mental Components of Dancer Wellness

무용의 정신적 측면은 특히 무용수의 책임감과 동기 부여에 중요하다. 심리훈련(제4장)에 서는 무용을 통해 자신이 느끼는 것이 무엇인지를 생각해보라고 권유하였다. 춤을 추는 동안 더 강력한 힘을 느낄 수 있도록 도와주는 세 가지 이미지를 만들었다. 이 이미지들이 움직임에도 도움이 될 수 있는가? 심리학(제5장)에 있어서는 자신의 강점과 약점을 인식함으로써 강한 자아를 키울 수 있었다. 실수가 학습 과정의 일부라는 것을 깨달았을 때 새로운 것을 시도할 수 있다. 무용수는 자아개념, 자아인식, 자부심, 자신감, 자기효능, 자기연민 등 자신에 대한 광범위한 견해를 다루고 있다는 것을 이해하게 되었다. 휴식과 회복 습관에 대한 일기를 만들었다. 휴식과 회복 패턴을 조정했다면, 스트레스 패턴에 변화가 있었는가? 자신이 실제로 무엇을 하고 있는지 알고 있고, 원하는 것을 선택할 수 있는 것은 지금이다. 이 개념은 책임감과 동기를 부여하는 핵심개념이다.

무용 웰니스의 기능적 요소
Physical Components of Dancer Wellness

웰니스의 기능적 요소로서, 더 나은 영양 상태를 바탕으로 무용 수행 수준을 향상시킬 수 있는 방법을 생각해볼 수 있다. (176쪽) 무용수의 몸은 많은 에너지를 얻기 위해 더 많은 탄수화물을 필요로 할 것이다. 근육을 강화하거나 근육기능을 향상시키기 위해 단백질을 더 필요로 할 수 있다. 무용수는 무엇을 먹는지, 그것을 먹음으로써 무용을 향상시킬 수 있다는 새로운 지식을 갖게 되었다. 그리고 몇 가지 간단하고 실용적인 전략을 통해 뼈 건강을 인식하게 되었다. 여름 방학과 같이 춤을 추지 않는 시간 동안 어떻게 활동적으로 지낼 것인지를 고려했다. 금연 프로그램을 찾아보는 것도 생각해 봤다. 지금의 변화가 나중에 뼈 건강에 큰 영향을 미칠 것이다. 다음으로 상해 예방(9장)에 대해 알고 있는 내용과 구체적인 신체 능력을 고려하였다. 컨디션 조절과 체력, 유연성, 코어 강화 방법들은 상해를 예방하고 오랜 시간 동안 무용과 리허설을 지속하는 데 필요한 지식을 제공해 주었다. 교사와 검진팀(10장)과 함께 일할 수 있다면 무용수로서 더 나은 발전을 보일 수 있다. 어떤 문제를 해결해야 한다는 것을 인식하기 위해 상해를 기다리거나, 더 많은 힘과 체력이 필요하다는 것을 깨닫기 위해 어려운 안무를 기다릴 필요가 없다. 무용수는 이제 연습에서 개인적인 문제를 해결하고 자신의 변화와 발전을 즐길 수 있게 되었다.

이러한 각 영역, 즉 기초, 정신적 요소, 웰니스의 신체적 요소에서 무용수는 연습, 생활 방식을 검토할 수 있다. 이제 구체적인 단기적, 장기적 목표를 세워야 할 시점이다.

목표 설정하기 Goal Setting

목표 설정은 인생에서 이루고 싶은 것을 결정하고, 무엇이 중요하고 그렇지 않은지를 결정하고, 동기부여를 배우는 중요한 방법이다. 목표 설정은 성취하고자 하는 것을 세심하게 고려하는 것으로 시작하여 많은 노력과 함께 끝나는 과정이다. 또한, 목표를 향해 동기를 부여하고 안내하기 위해 고안된 계획의 개발을 포함한다.

무용 웰니스의 기초 Foundations of Dancer Wellness

목표를 설정하기 위해, 무용 환경을 위해 무엇을 할 수 있는지 고려했다. 무용 스튜디오나 야외 공연장에 오기 전에 물이나 간식을 가지고 오거나 알레르기 약을 복용하는 등 자신의 필요에 따라 공연 장소에서 스스로 준비할 수 있는 방법을 발견하였는가? 아마도 스튜디오에서 일상적으로 필요한 것이 무엇인지를 추적하기 위해 일기가 필요하다고 생각했을 것이다. 무용 훈련과 테크닉(2장)의 다른 측면을 이해하면 단기적, 장기적 목표를 세울 수 있었다. 예를 들어, 일부 근육이 너무 약하거나 너무 긴장되어서 최적의 기능을 할 수 없다고 판단했다면 이 불균형을 바로잡기 위한 목표를 세운다. 1개월이나 1년 후에 자신이 이루고 싶은 것을 기술하는 일기를 썼고, 이러한 목표를 달성하기 위한 계획을 고안했다. 목표를 세우는 것은 무용수가 변화하기를 원하는 것에 압도당하지 않고 스스로에게 동기를 부여할 수 있는 훌륭한 방법이다. 교차훈련과 컨디셔닝을 이용하려면 자신이 어떤 종류의 무용수인지 알아야 했다. 어떻게 자신의 강점을 강화할 수 있는지 본래 좋아하는 무용 동작이 아니더라도 강한 무용수가 될 수 있는지를 고려했다. 이러한 분야의 개선을 위해 몇 가지 합리적인 목표를 설정하였다.

무용 웰니스의 심리적 요소 Mental Components of Dancer Wellness

웰니스의 정신적 요소들에 관해서도 목표를 설정한다(4장). 외적인 면에 초점이 맞춰져 있는지, 자신을 다른 사람과 비교하는지 등 목표에 어떻게 접근하는지를 생각해보는 시간을 가졌다. 그리고 움직임을 어떻게 느껴지는지 생각하고 경험하면서, 즐겁게 할 수 있는 방법을 찾으려고 애썼다. 수업에서 이 과제를 성취하기 위해 감각에 집중하는 데 최소한 시간을 보내는 것을 목표로 삼는다. 심리학(5장)의 관점에서, 목표 설정은 자기 주도적으로 자율성, 능력, 통제력의 감정을 향상시키기 때문에, 자신의 업무를 관리하고 스트레스 수준을 낮추는 데 도움을 줄 수 있다. SMART(구체적인Specific, 측정 가능한Measurable, 활동지향적인Action-oriented, 현실적인Realistic, 정기의Timed) 목표를 설정하여 효과적이고 정해진 시간 내에 목표를 달성할 수 있도록 권장한다. 마지막으로, 휴식과 회복에 관련된 목표를 설정하였다(6장). 무용 연습에서 하는 일의 본질을 반성하고, 수업 시간이나 리허설 시간 사이에 휴식을 취할 수 있는 기회를 갖는 것에 대해 생각해보았다. 새로운 안무를 배우는 시간을 갖거나 공연 전에 리허설이 자주 생기거나 격렬해지지 않도록 하고, 다른 활동과 휴식을 위해 사용할 수 있는 전략을 개발했다.

무용 웰니스의 기능적 요소 Physical Components of Dancer Wellness

무용수의 에너지와 건강을 위해 영양과 관련된 목표를 세우는 것은 필수적이다. 일단 무용수가 매일 섭취하는 음식물을 살펴본 후, 어떻게 하면 영양을 향상시킬 수 있을까에 대해 생각해 보았다. 과일과 채소를 더 많이 먹는 것과 같은 단기적인 목표를 세운다. 장기적으로, 무용수는 영양가가 낮은 음식을 줄이고, 그것들을 더 건강한 선택으로 대체하기 시작했는가? 인내심을 가져라. 변화를 만드는 것은 처음에는 어려울 수 있지만, 시간이 지나면 건강하고 영양가 있는 식단에 도달할 수 있다. 다음으로 뼈 건강을 위해 필요한 영양분을 섭취하고 있는가?(8장) 예를 들어, 충분한 칼슘과 비타민 D를 식단에 첨가하는 것을 고려했는가? 만약 무용수가 특히 상체 운동을 하지 않는다면, 이러한 운동을 컨디셔닝 계획에 추가하는 것을 목표로 삼자. 상해 예방을 위한 목표 설정(9장)은 무용수로서 할 수 있는 가장 중요한 전략 중 하나이다. 신체적 능력이나 테크닉의 어떤 측면들이 이 책에서 묘사된 무용 상해에 취약하게 할 수 있는지 생각해 보았다. 이러한 상해를 예방하기 위해, 무용수를 덜 취약하게 만드는 조건의 조정과 재조정 측면에서 특정한 목표를 설정하도록 하였다. 선제적으로 상해 예방에 건강한 접근의 목표를 설정하자. 검진(10장)에 참가할 만큼 운이 좋다면 자기계발을 위한 몇 가지 구체적인 목표를 세울 수 있었다. 이러한 목표는 힘이나 유연성을 얻고자 하는 특정 영역에 균형 잡힌 연습을 해야 할 수 있다. 후속 검사를 할 수 있다면 어떤 변화가 일어났는지, 그리고 목표를 충족하고 있는지 알아보자.

이러한 각 영역, 즉 기초, 정신적 요소 및 웰빙의 신체적 요소에서 연습, 생활 방식 및 개발의 측면을 살펴보고, 구체적인 변화를 위해 무엇을 할 수 있는지에 대해 생각해봄으로써 단기 및 장기 목표를 설정할 수 있다. 마지막으로 다양성과 개성의 측면을 고려할 수 있다.

다양성에 도전하기 Diversity

다양성의 단순한 정의를 내린다면 다양한 형태, 유형, 아이디어, 개성이나 특정한 상태를 의미한다. 다양성의 개념은 수용과 존중을 포함한다. 이는 각자가 독특하다는 점과 각자의 개별적인 차이점을 인식할 필요가 있다는 것을 의미한다.

무용 웰니스의 기초 Foundations of Dancer Wellness

의상은 무용 환경의 일부분(1장)이며, 각각의 무용 스타일은 특정한 의상을 요구한다. 무용에서 스타일 차이를 어떻게 수용할 것인가에 대해 생각했다. 예를 들어, 만약 자신이 아프리카 무용 수업에서 겹겹으로 된 치마나 스트리트 무용에서 헐렁한 바지 같은 특정한 의상 요소들이 특정한 무용 스타일로써 입어야 한다는 것을 알았다면, 가능한 한 빨리 이러한 아이템들에 친숙해지려고 노력하여 그 안에서 움직이는 것이 익숙해지도록 해야 한다. 무용 훈련과 테크닉(2장)에 관해서, 운동 학습은 각기 다른 사람들이 지닌 중요한 측면이다. 스스로가 시각적 학습자인지, 운동적 학습자인지, 언어/분석적 학습자인지 결정하기 위해 학습 전략을 검토했다. 그리고 어떻게 학습 전략을 확장할 수 있는지에 대해 생각해 보았다. 만약 학습 전략에서 다양해질 수 있다면, 더 많은 교사들과 안무가들과 쉽게 일할 수 있다. 교차훈련과 조건화(3장)도 개인과 무용 형태의 차이를 이해해야 한다. 현재 공부하고 있는 무용 형태와 각기 다른 컨디셔닝이 필요한 것에 대해 생각했다. 각 수업(발레, 현대무용, 탭댄스, 재즈댄스, 아프리카댄스, 힙합 등)에 대해 생각해 보고, 그런 형태로 더 나은 무용수로 만들기 위해 어떤 조건들을 고려할 수 있는지 결정했다.

무용 웰니스의 심리적 요소 Mental Components of Dancer Wellness

훈련(4장)과 심리학(5장)에 있어서 어떤 종류의 피드백이 자신에게 가장 잘 작용하는지를 고려했다. 무용수는 교사와 다른 무용수들이 움직임을 보여주는 것을 보는 시각적 피드백에 의존한다는 것을 알고 있었는가? 언어 교정이 가장 효과가 있다는 것을 발견하였는가? 운동학적 교정이나 촉각 교정을 좋아하는가? 이제 무용수가 선호하는 피드백을 이해하였으니, 수업과 리허설에서 전략을 다양화할 수 있는지 알아보자. 휴식과 회복(6장)을 생각해 보면, 각각의 기법은 신체에 각각 다른 요구를 하고 있으며, 비록 자신이 선택한 형태로 오랜 시간 동안 수련하는데 익숙해져 있음에도 불구하고 새로운 기법을 다루기 위한 힘과 지식이 아직도 부족하다는 것을 깨달았을 것이다. (178쪽) 다양한 테크닉을 연습하는 것도 중요하지만, 자신이 필요한 만큼 쉬고 있는지도 확인해야 한다.

무용 웰니스의 기능적 요소 Physical Components of Dancer Wellness

영양(7장)과 골격(8장)의 상태는 사람마다 다를 수 있다. 무용수는 의학적인 이유나 개인적인 이유로 다양하거나 제한적인 식단을 섭취할 수 있다. 예를 들어, 만약 무용수가 채식주의자나 채식주의자의 생활방식을 받아들인다면, 충분한 단백질을 섭취하고 있는지 확인하기 위해 식재료에 대해 특별히 인식할 필요가 있다는 것을 깨닫게 될 것이다. 만약 유당불내증이고 식단에 유제품이 없다는 것을 알았다면, 칼슘과 비타민 D를 적정량 섭취하는 방법을 찾을 필요가 있다는 것을 안다. 전문 영양사와 직접 대화하여 매일 섭취하는 식품에 무엇을 추가하거나 변경해야 완전하고 건강한 식단이 될 수 있는지 확인하는 것이 가장 좋다.

상해 예방(9장)에 있어서는 다양한 무용 형태와 스타일을 생각해 보았다. 만약 매주 많은 발레 수업을 듣는다면, 일상생활에서 주로 걷거나 서있지는 않은지 확인하자. 만약 허리를 과도하게 확장시키는 동작을 반복하고 있다면, 나머지 시간동안에는 반드시 허리를 펴고 자주 걷고 잘 서있도록 하자. 만약 댄스스포츠 무용수이고 하이힐을 신고 일한다면, 반드시 종아리 근육을 뻗고 보통 걸음으로 발을 구르는 일을 해야 한다. 또 무용수 검진(10장)에 참여했다면, 상해의 예방을 위해 목표로 삼아야 할 구체적인 영역을 알고 있어야 한다. 동작 각각의 형태는 그 자체의 잠재적인 상해가 있기 때문에 체형과 관련된 예방 조치를 취할 수 있다.

이러한 무용 웰니스의 심리적 요소와 기능적 요소에 근거한다면, 다양한 무용이 어떻게 만들어지는지 각자의 무용 웰니스 계획에 독특한 요구들이 반영되어 개발될 수 있는지 이해할 수 있을 것이다. 이는 완전한 웰니스와 웰빙을 위한 마지막 구성요소이다.

무용 웰니스 계획의 완료
Completing Your Dancer Wellness Plan

무용 웰니스와 네 가지 범주(자기인식, 역량강화, 목표 설정, 다양성) 각각에 대한 내용을 알게 되었으므로 웰니스 계획을 설계할 수 있다. 지금쯤은 각 분야에서 성취해야 할 두세 가지 구체적인 목표를 알아야 한다. 인터넷 자료를 통해 이 장에서 목표를 지정하는 데 도움이 되는 입력 차트를 찾을 수 있다. 3개월에서 6개월 후에 다시 돌아가서 차트를 다시 찾아보자. 목표를 달성하기 위해 제자리걸음을 하고 있는가? 조정이 필요한가? 아니면 이러한 목표들 중 몇 가지를 충족시켰으며, 이제 새로운 목표를 세울 수 있는가? 이 과정을 매년 몇 번씩 한다면, 무용 경력을 계속 이어갈 수 있을 것이다.

요약 Summary

자기인식, 역량강화, 목표 설정, 다양성을 생각함으로써 이제 이 네 가지 영역 각각에서 발전할 수 있는 풍부한 정보와 전략을 갖게 되었다. 자기 진단은 자신에게 내적인 지식을 준다. 역량강화는 연습을 장악할 수 있는 용기를 준다. 목표 설정은 자신이 성취해야 할 것에 압도당하지 않고 발전할 수 있는 진보적인 방법을 제공한다. 다양성은 자신의 독특한 재능과 필요를 받아들일 수 있게 해준다. 이 네 가지 요소들은 무용수가 평생 동안 춤으로 향하는 길을 만들 수 있도록 도와줄 수 있다.

---

www 챕터별 보충 학습 활동, 학습 보조자료, 제안된 읽을거리, 웹 링크 등에 대한 자세한 내용은 www.HumanKinetics.com/DancerWellness. 인터넷 자료를 참조하자.

Glossary
용어해설

가로면 transverse plane—신체를 상부와 하부로 나누는 수평면, 때로는 테이블 평면이라고 부른다.

가변성 reversibility—조건 조절 프로그램에서 일관성이 없으면 성능 저하가 발생할 수 있다는 원칙

각도계 goniometer—두 개의 팔다리 사이의 관절 각도를 측정하는 데 사용되는 도구

감각운동 시스템 sensorimotor system—감각 정보를 사용하여 움직임을 생성하는 두뇌 영역

감각적 인식 sensory awareness—몸 전체에 걸쳐 감각 신경에서 오는 감각을 의식하는 것

감각적 피드백 sensory feedback—감각 신경으로부터 뇌로 전달되는 메시지

감정-중심 대처 emotion-focused coping—어떤 사람이 문제에 대해 화가 나거나, 불안해하거나, 불편해 하는 전략. 그 문제를 해결하는 데 에너지가 투자되지 않는다.

강도 intensity—얼마나 힘든 운동인지에 대한 운동 수준

거울 시스템 mirror system—당신의 뇌가 다른 사람의 움직임의 감각을 공유할 수 있게 해주는 시스템

건열 avulsion—조직이 뼈에 부착된 조직에서 벗어나는 상해

건염 tendinopathy—힘줄의 부상, 때로는 건초염이라고도 한다.

경골 비틀림 tibial torsion—경골이 다리 아래로 내려갈 때 나선형으로 돌거나 휘어지는 상태

고강도 인터벌 훈련 high-intensity interval training:HIIT—최대 심박수에 가까운 고강도로 짧은 간격의 동작 구문을 수행한 후 저강도 또는 완전 휴식이 이어지는 것이 특징

고유 수용성 신경근 촉진 proprioceptive neuromuscular facilitation: PNF—유연성 증진을 돕기 위해 근육 반사 및 반응을 사용하는 스트레칭의 한 형태

골간막 interosseous membrane—팔뚝의 두 뼈를 붙들고 있는 것과 같은 특수한 섬유질 관절

골다공증 osteoporosis—골격 강도의 저하로 특징지어지는 골격 질환으로, 사람은 골절의 위험이 높아지기 쉽다.

골단 epiphyses—장골의 확대된 끝은 취소된 해면골로 이루어져 있다.

골단판 epiphyseal plate—뼈 성장이 일어나는 곳에서 골단과 골단의 두 부위를 분리한다.

골막 periosteum—새로운 뼈를 만드는 전문 세포의 얇은 막으로, 치밀골을 덮는다.

골수 bone marrow—적혈구 형성과 지방 세포 저장에 중요한 연질 지방 조직

골화 Ossification—새로운 뼈가 형성되는 과정

공연불안 performance anxiety—어떤 사람에게 부과되는 요구와 그 요구를 충족시킬 수 있는 능력 사이의 불균형 인식

과다 사용 overuse—근육 또는 근육 그룹을 과도하게 사용하거나 행동이 너무 변하지 않고 반복하는 것

과신전 hyperextended knees—긴 인대 때문에 무릎 뒤가 굽어 있다.

과운동 hypermobility—연결조직의 일반적인 확장성보다 큰 조건

과잉 훈련 overtraining—사람의 운동량과 강도가 회복 능력을 초과할 때 발생하는 신체적, 행동적, 정서적 조건

관계성 relatedness—심리적으로 사회적 환경에서 타인과 연결됨을 느끼는 것

관상면 frontal (coronal) plane—몸을 앞과 뒤 부분으로 나누는 수직면, 때로는 도어 면이라고 부른다.

관절 가동 범위 joint range of motion—뼈와 인대에 기초하여 관절에서 허용되는 운동량

관절 과운동성 joint hypermobility—과다한 무릎과 같이 정상 범위를 넘어 확장될 수 있는 관절, 때로는 굽은 다리 swayback legs라고도 한다.

관절 연골 articular cartilage—움직이면서 부드럽게 미끄러질 수 있도록 뼈의 끝을 덮고 있는 얇고 미끄러운 특수 결합 조직 층

관절 운동성joint mobility—움직임 범위를 통해 관절을 이동하는 것

관절joint—두 개 이상의 뼈, 즉 두 개 이상의 뼈들이 함께 모이는 관절

관절강joint cavity—관절을 윤활하고 영양을 공급하기 위해 유체로 채워지는 시노빌 막으로 둘러싸인 작은 공간

관절안정성joint stability—움직임 또는 위치의 관절 범위를 제어하는 능력

교차 훈련cross-training—목표로 하는 활동 이외의 모든 형태의 훈련으로, 대상이 되는 활동을 보조하는 것을 목적으로 한다.

규범적 가치normative values—해당 모집단의 이전에 측정한 값에 기반한 특정 모집단의 기대 가치

근거 기반evidence based—과학적 연구 또는 엄격한 기준을 가진 반복적인 관행을 바탕으로 얻은 정보

근력muscular strength—최대 힘을 발휘할 수 있는 능력

근막fascia—강력한 결합 조직으로 만들어진 인대와 같이, 그것이 덮고 있는 부위에 안정성을 더한다.

근막통증myofascial pain—근육을 감싸고 흐르는 근육과 결합조직(근막)의 과다 사용에 뿌리를 둔 일종의 통증

근지구력muscular endurance—장시간 동안 힘을 발휘할 수 있는 능력

근파워muscular power—가능한 한 빨리 많은 힘을 발생시킬 수 있는 능력

글리코겐 합성glycogen synthesis—식단 탄수화물이 인간의 저장 형태, 즉 글리코겐으로 변환되는 과정

글리코겐glycogen—근육과 간에서 에너지원의 저장

급성 상해acute injuries—본질적으로 순식간에 발생하는 부상

기본/테크닉technique—기능적 신체 요소(예: 핵심 지지 및 투표율)에서 특정 춤 기술(예: 회전, 상승 스텝, 균형)에 이르기까지 무용수 훈련의 모든 측면을 포괄할 수 있는 광범위한 용어

기본욕구basic needs—자기결론이론에서 나온 용어로서, 이것들은 자율성, 역량 및 관련성에 대한 심리적 필요성으로, 충족되면 심리적 성장과 웰빙을 강화한다.

내골endosteum—골의 중공(Medullary cool)에 줄지어 있는 얇은 세포층

내재적 동기부여intrinsically motivated—재미, 호기심, 그리고 새로운 기술을 배우는 것과 같은 활동에 내재된 이유로 춤에 참여

노출exposure—테크닉 수입에 참여하거나 리허설 또는 공연과 같이 무용수를 상해의 위험에 빠뜨리는 것

다량 영양소macronutrients—에너지를 공급하는 영양소. 식품에 포함된 큰 영양소는 많은 신체 기능의 성장, 수리 및 에너지에 필요한 구성 요소를 형성한다.

다양성diversity—여러 가지 다른 형태, 유형, 아이디어, 심지어 개성을 갖는 품질 또는 상태

단골short bones—작은 주사위 모양인 뼈. 손목과 발목에 있어 복잡하고 세밀한 움직임이 가능하다.

단당류monosaccharides—포도당, 과당(과일 설탕) 및 우유 제품에서 발견되는 갈락토스를 포함하는 단일 설탕 분자

단백질protein—모발, 근육, 손톱, 뼈, 심지어 우리의 눈물 같은 신체 내 많은 조직의 구성 요소인 다량 영양소

단축성/동심성 수축concentric contraction—운동을 일으키는 근육이 짧아질 때, 예를 들어, 무용수들이 점프를 위해 밀어내는 것과 같다.

대처coping—개인 및 대인 관계 문제를 해결하고 스트레스 또는 도전적인 경험을 최소화 또는 조정하려는 의도적인 노력

데시벨dB—음향 강도의 측정단위

도밍 운동doming exercises—아치의 근육과 첫마디 뼈의 굴곡을 수축시키는 것을 포함한다.

마음챙김mindfulness—현재 하고 있는 일에 깊이 몰두하는 것

마킹marking—이동 실행 시 물리적 에너지를 절약하는 동시에 운동의 질적 측면에 초점을 맞추는 방식으로 춤추는 것

만성 상해chronic injuries—일정 기간 동안 발생하는 부상

멘탈 리허설mental rehearsal—무용 수업, 시험, 오디션, 리허설 또는 공연의 모든 측면을 실제로 일어나는 것처럼 상상하는 것

멘탈 연습mental practice—몸으로 하는 대신에 마음속의 움

직임을 수행하는 것

면적 변형 area deformation—무용 점프 및 착지를 하는 동안 위아래로 움직이는 무용수를 둘러싼 바닥 면적

목표 설정 goal setting—인생에서 달성하고자 하는 것을 결정하고, 무엇이 중요한지 대 무엇이 방해물인지를 결정하고, 자신에게 동기를 부여하는 방법을 배우는 중요한 방법

몰입 flow—몸과 마음 사이의 완전한 조화를 통해 뚜렷한 노력 없이 몸이 상상하는 대로 움직이는 것

무게 중심 center of gravity: COG—하향하는 중력이 신체 전체에 작용하는 것으로 보이는 지점

무기질 minerals—확실한 화학적 구성의 무생물 천연 물질

무산소 운동 능력 anaerobic capacity—산소를 사용하지 않고 매우 높고 격렬한 신체 활동 동안 에너지를 생성할 수 있는 신체의 능력

무용수 검진 과정 dancer screening process—시즌 시작 전 또는 부상 발생 전에 일련의 테스트를 수행하여 무용 공연 및 부상 발생과 관련될 수 있는 다양한 건강 측면을 검사한다.

문제-중심 대처 problem-focused coping—문제를 해결하는 데 필요한 에너지를 투입하는 전략

미량 영양소 micronutrients—몸에 필요한 아주 적은 양의 비타민과 미네랄

바이트 bite—토박스의 바깥쪽 가장자리가 비닐 속으로 파고들 수 있다는 것을 의미하는 무용수들이 사용하는 용어로서 비닐의 저항력을 높이고 슈즈가 바닥을 따라 미끄러지는 것을 막는다.

반달연골 meniscus: menisci— 무릎 관절에 공간 패드를 형성하는 원형 연골 조각

반사작용 postural reflex—모든 움직임을 통해 자동으로 몸의 자세를 유지하는 일련의 근육 반사

반사호 reflex arc—척수에 메시지를 전달하여 자극에 대한 빠르고 자동적인 반응을 일으키는 신경 경로

발뒤꿈치 클락 heel clocks—거골하관절을 움직이게 하기 위한 특별한 무게감 있는 운동. 뒤꿈치 밑에 시계의 얼굴이 있다고 상상하고 뒤꿈치를 시계 주위로 움직이도록 한다.

번아웃 burnout—무용이 잘 안되거나 피곤하거나 장시간 과로로 인한 관심 부족으로 특징지어지는 심리적·신체적 상태

변수 variables— 움직임의 본질을 그대로 유지하면서 변화될 수 있는 움직임의 특징이나 측면들

보상 동작 compensatory movements—다른 부상 근육을 보충하기 위해 보통 근육보다 한 근육이 더 열심히 운동하는 경우와 같이 부상이나 약점을 보완하기 위해 만들어진 조정

보상작용 compensation—무용수들이 피로나 부상으로 인해 효율적이거나 최적인 것 이외의 근육과 정렬을 사용할 때를 의미한다.

복제 replication—관측된 작업 수행 시도

불규칙 골 irregular bones—특정 목적에 특화된 복잡한 모양의 뼈

불용성 식이섬유 insoluble fiber—소화기관을 통과하는 거의 변하지 않는 소화가 불가능한 물질

불포화 지방 unsaturated fat—지방 분자에 하나 이상의 여유 공간이 포함되며, 올리브 오일 및 기타 식물성 기름, 연어와 같은 지방이 많은 생선에 포함된 실온의 액체

비숙련 활동 non-doing activities—자신의 습관적인 행동 방식을 중단(절제)하도록 요구하는 활동

비타민 vitamins—정상적인 신진대사에 필수적인 유기 물질, 천연 식품에서 소량으로 발견되며 때로는 합성적으로 생성되기도 한다.

사전 예방적 proactive—사건을 발생시키거나 향후 발생할 수 있는 문제에 대비하여 상황을 통제하는 책임

상부 upper—발 위와 슈즈의 발등 부분

상해 모니터링 injury surveillance—상해보고, 상해 발생 및 유형, 신체 부위 및 상해가 언제, 어디서, 어떻게 발생했는지에 대한 정보와 같은 관련된 기타 요인을 관찰하고 추적하는 작업

상해 증상 injury symptoms—상해로부터 느끼는 감각

상해 injury—무용수가 부상 당일을 넘어 무용 활동을 하루 이상 쉬어야 하는 신체장애가 발생하는 것

상해징후 injury signs—상해로 인한 제한의 외관적 증거

섬유 관절 fibrous joints—움직임이 거의 또는 전혀 없고 두

개골의 뼈를 함께 고정하는 관절로 뼈를 연결하고 보강하고 튼튼하게 하는 역할을 한다.

섬유연결 fibrocartilage—척추와 무릎에 있는 간격과 충격 흡수제

성과 지향적 performance oriented—성취 목표 이론에서 나온 용어로서, 이는 타인과의 관계에서 역량을 판단하는 것. 이것은 일부 문헌에서는 자아 지향이라고도 한다.

소매틱 훈련 및 소매틱 교육 somatic practices or somatic education—신체의 습관적인 움직임과 정렬에 변화를 주기 위해 감각과 자각에 초점을 맞추는 학습 방법

송진/로진 rosin—미끄러운 바닥에서 춤을 출 때 넘어지거나 미끄러질 위험을 최소화하는 마찰을 증가시키기 위해 슈즈 밑창 아래로 압착될 수 있는 끈적끈적한 소재

수용성 식이섬유 soluble fiber—소화 과정에서 젤로 변하며 혈당 수치를 조절하는데 도움을 준다.

수용성 water soluble—물속에 용해되어 소변으로 배설되는 비타민. 과잉은 저장할 수 없으므로 규칙적으로 섭취할 필요가 있다.

수직 변형 vertical deformation—춤추는 동안 발생하는 댄스 플로어의 상하 이동

수질구강 medullary cavity—골수를 포함하는 쇄골에 위치한 구멍

수화 hydration—체내의 물의 양을 증가시키는 것

숙달 지향적 mastery oriented—성취 목표 이론에서 나온 용어로서, 이는 개인의 진보와 관련된 역량을 판단하는 것. 일부 문헌에서는 업무 지향이라고도 한다.

순환 cyclical—매년 계절의 경과와 같은 반복

슈즈안창 insole—발바닥과 접촉하는 슈즈 밑창의 층

스트레스 요인 stressor—긍정적이거나 부정적일 수 있는 스트레스 증상을 유발하는 자극 또는 사건

스트레스 stress—신체에 생리적, 심리적 반응을 일으킬 수 있는 신체적 또는 심리적 사건에 의해 생성된 감정 경험

시각적 심상 visual imagery—마음에 있는 물체와 추상적인 모양을 보는 것을 포함하는 이미지

시상면 sagittal plane—몸을 좌우로 나누는 수직면, 때로는 바퀴면이라고도 한다.

신경계 neurological system—뇌와 뇌가 몸으로 가는 경로

신경성 식욕 부진 anorexia nervosa—과도한 다이어트로 인해 비정상적인 저체중이 되는 복합적인 섭식 장애

신장성/편심성 수축 eccentric contraction—무용수들이 점프에서 착지하는 것과 같이 계속 일해도 근육이 길어져야 하는 근육 수축

신진대사 metabolism—생명을 유지하는 데 필요한 신체의 모든 생화학적 변화

신체상 body image—무용수들이 키, 모양, 크기, 몸무게를 포함하여 몸에 대해 어떻게 느끼는가를 의미

신체적 불안 somatic anxiety—근육의 경직이나 흔들림, 변소에 자주 가야 하는 등 수행 불안의 신체적 증상, 위 속의 '나비', 심박수 증가, 입의 건조증 등이 나타난다.

신체-정신 body-mind—둘 다에 의한 통일된 기능을 보여주는 육체적 활동과 정신적 활동의 연결

심상 imagery—소리, 취향, 냄새, 운동 감각 및 촉각(터치) 감성을 포함

심폐지구력 cardiorespiratory endurance—신체 활동 중에 일하는 근육에 산소를 공급하는 신체의 능력. 때로는 유산소 피트니스라고 불린다.

아미노산 amino acids—단백질의 기본구성 단위로 탄소, 수소, 산소, 질소, 그리고 때로는 유황을 함유한 화합물

아웃솔 outsole—지면에 닿는 슈즈 밑창의 층

아이소토닉 음료 isotonic drink—리터 당 체액과 유사한 성분으로 마신다.

에너지 회수 energy return—무용수에게 바닥에 저장된 에너지를 방출하여 점프를 돕는 댄스 플로어의 속성

역량강화 empowerment—책임감 있고 자기결정적인 방식으로 자신의 이익을 뒷받침할 수 있도록 생활 속의 독립성과 자기결정성의 정도를 높이기 위한 조치들

연골 cartilage—뼈가 서로 부드럽게 미끄러지도록 하는 단단하고 미끄러운 조직 층

연골관절 cartilaginous joints—충격 흡수제 역할을 하는 접합부

염좌 sprain—인대 부상

영양소 nutrients—에너지나 건축 재료를 공급하거나 신체

기능에 기여하는 음식이나 음료에서 체내에 흡수되는 물질

외재적 동기부여 extrinsically motivated—찬양이나 처벌과 같은 활동과 외부적인 이유로 무용에 참여하는 것을 의미

우수사례 best practices—임상의사가 최상의 환자 진료를 제공하기 위해 준수하는 일련의 지침. 이것은 과학적이고 경험적인 증거에 대한 검토에 바탕을 두고 있다.

운동 감각 심상 kinesthetic imagery—물리적 감각을 수반하는 상상력

운동 감각 kinesthetic—몸의 위치와 움직임을 알려주는 근육, 관절, 힘줄의 감각과 관련이 있다.

운동 계획 motor plan—특정 순서로 발생하는 일련의 운동 명령(전기 신호)

운동 사슬 kinetic chains—순서로 배열되어 복잡한 운동 패턴을 형성하는 다수의 관절의 조합

운동 학습 motor learning—실습이나 경험으로 발생하는 변화로서 운동 기술을 생산하는 개인의 능력을 결정하는 것. 이러한 변화는 비교적 영구적이며 운동 기술의 반복과 관련이 있다.

운동량 volume—운동량 또는 반복 횟수

운동빈도 frequency—연습이 얼마나 자주 또는 몇 번 수행되는지에 대한 것

운동시스템 motor system—뇌와 신경계의 다른 부분들이 움직임을 통제하는 방법

움직임 계획 movement planner—목표를 일련의 운동 명령으로 변환하여 근육으로 보내는 두뇌 과정

유능감 competence—성공할 수 있다는 것을 아는 것을 의미

유리질 연골 hyaline cartilage—뼈의 모든 끝에 선을 그어 관절을 형성

유연성 flexibility—관절의 움직임 범위와 관절을 가로지르는 근육의 길이

유효한 valid—테스트 또는 장비 조각이 측정해야 할 것을 정확하게 측정할 때와 같이 어떤 것이 자신이 주장하는 바를 수행할 때 설명한다.

윤활관절 synovial joints—이동식 관절이라고도 하며, 운동 범위가 가장 큰 관절

윤활막 synovial membrane—매끄러운 동작을 위해 관절을 윤활하기 위해 유체를 분비하는 관절의 구조

은유적 심상 metaphorical imagery—실제로 발생하지 않는 아이디어나 감각을 전달하기 위해 단어나 구에 기초한 상상력

이당류 disaccharides—유당, 자당, 말토오스 등 서로 연결된 두 개의 설탕 분자

인대 ligaments—관절에서 뼈를 함께 묶는 구조

인지적 불안 cognitive anxiety—부정적인 생각, 걱정, 자기비판, 산만성, 부정적인 이미지와 같은 수행 불안의 심리학적 증상

인터벌 트레이닝 interval training—운동 강도를 고려하고 활동의 복구를 최적화하기 위해 특정 휴식 간격을 권장하는 훈련의 한 형태

자기수용/고유수용 감각 proprioception—신체가 공간 내에 있고 자신과 관련된 감각. 뼈, 근육, 힘줄, 인대, 관절 및 피부의 특수 조직(신경 세포)이 자세와 움직임 중에 정보를 수신하고 이 정보를 뇌에 보낼 때 생성된다.

자기연민 self-compassion—자신에게 친절하게 대하라.

자기인식 self-awareness—자기성찰의 능력과 다른 개인과 분리된 개인으로 자신을 인식하는 기술

자기효능감 self-efficacy—특정 작업을 수행할 수 있다는 믿음

자신감 self-confidence—어떤 일을 잘할 수 있다고 느끼는 정도

자아개념 self-concept—자질과 특성에 대한 안정적인 믿음의 집합

자아존중감 self-esteem—자신을 얼마나 소중히 생각하는지

자율성 autonomy—선택의식과 자신이 하는 일에 대한 발언권을 갖는 것

장골 long bones—움직일 수 있는 폭보다 긴뼈로 넓은 다리, 팔, 손가락, 발가락의 뼈를 예로 들 수 있다.

적응 adaptation—훈련의 결과로 발생하는 변화

전문성 specificity—훈련의 원리. 무용과 관련하여, 조건화 운동이 무용에 적절하게 전달되기 위해 무용 활동과 동일한 범위의 움직임, 속도 및 지속시간을 통해 근육 그룹을 운동시키는 것

전분 starches—포도당 분자의 매우 다양한 구조는 다양한 방법으로 서로 연결되어 있고, 흰 빵, 케이크, 많은 간식 음식과 같은 영양소가 적은 식품이나 통곡식 빵, 현미, 통곡식 쿠스쿠스, 파스타, 통곡식 귀리 같은 더 많은 영양소가 풍부한 식품에서 발견된다.

점진적 과부하 progressive overload—운동 중 신체가 적응함에 따라 신체에 가해지는 스트레스의 점진적 증가

접근-방지 대처 approach-avoidance coping— 스트레스를 정면으로 다루거나 대부분 무시하는 대처 전략

정렬 alignment—몸의 부분들이 자세와 움직임으로 구성되는 방법

정적 수축 isometric contraction—길이 변화가 없는 근육의 수축

조골세포 osteoblasts—뼈를 형성하는 세포

종자골 sesamoid bones—무릎과 같이 힘줄 안에 박힌 둥근 뼈

주관적 심상 subjective imagery—졸음, 공포, 고통과 같은 개인적인 감정에 대한 이미지

주기화 periodization—숙련된 시기 및 운동 일정을 통해 체력 훈련의 강도가 점차적으로 강화되는 것

중간창 midsole—아웃솔과 안창 사이에 있는 슈즈 밑창의 층

중립 골반 neutral pelvis—골반과 척추의 조직으로 ASIS 뼈(앞쪽 윗쪽 장골 척추, 엉덩이 뼈라고 불리는 골반 앞쪽의 두 돌출부)가 치골 위로 수직으로 정렬되어 있다.

중수 remodeling—오래된 뼈 조직이 뼈의 힘에 영향을 미치는 성인 골격의 새로운 뼈 조직으로 대체되는 과정

지각력 perceptual skills—학습보다는 계승되지만 훈련에 의해 강화될 수 있는 지각과 관련된 기술

지면마찰 friction—무용수의 몸과 미끄러짐을 방지하는 바닥 사이의 수평력

지방 fat—동물과 특정 식물에서 자연에서 발견되는 풍부한 에너지원을 함유하고 있는 다량영양소로 신체가 거의 할 일이 없을 때 종종 에너지의 풍부한 공급원을 제공

지속시간 duration—운동이 지속되는 시간

지용성 fat soluble—지방에 용해되고 간에서 저장될 수 있는 비타민으로 매일 섭취할 필요가 없다.

최대심박수 HRmax—최대 심박수에 대한 축약어

추선/연직선 plumb line—머리 윗부분, 귀의 중앙, 중앙 경추의 몸체, 어깨 견갑골 바깥쪽 돌기의 끝, 중앙 요추의 몸체, 대퇴골의 머리, 무릎 관절의 중앙 및 발목 관절의 중심을 통해 그릴 수 있는 상상선

치밀골 compact bone—피질골이라고도 불리는데, 대부분의 뼈의 바깥 껍질에 있는 촘촘하고 단단한 층

칼로리 calorie—과학자가 음식에 저장된 에너지를 측정하기 위해 사용하는 단위. 실제로 음식의 에너지는 kcal(kilocalories; 1,000 calories)로 측정된다.

콜라겐 collagen—뼈의 내부 구조를 함께 잡아주는 결합조직의 일종

탄성있는 바닥 sprung floor—충격을 흡수하고, 성능을 향상시키며, 무용 상해를 방지할 수 있는 바닥

탄수화물 carbohydrate—풍부한 에너지원을 함유하고 있으며, 근육에 빠른 에너지원을 제공하기 위해 체내에서 분해되는 다량영양소

테이퍼링 tapering—시간이나 강도 또는 작업 시간을 천천히 단축하는 것

토크 torque—물체가 회전하게 하는 힘, 회전하는 데 사용된다.

특화 individuality—개인별 능력, 이전 경험, 신체 조건, 성별, 나이 등을 고려하도록 설계된 훈련

페이싱 pacing—설정된 수준의 에너지 지출 결정 및 에너지 지출과 회복의 균형 유지를 말한다.

편평 골 flat bones—장기를 보호하는 얇고 평평한 뼈. 예로는 두개골과 갈비뼈가 있다.

포화 지방 saturated fat—지방 분자에 가능한 한 많은 산소 원자가 포함되어 있어 버터, 라드, 고기 지방 및 치즈와 같은 상온에서 이러한 형태의 지방을 고도로 고체화한다.

플리오메트릭스 운동 plyometrics—짧은 간격으로 최대 힘을 발휘하는 점프 훈련의 한 형태

피드백 feedback—뇌에 전달되는 신체의 자세와 움직임에 대한 메시지

피로골절 stress fractures—중족골과 같은 뼈의 과도한 반복 충격으로 인한 작은 골절

필수 아미노산essential amino acids―인간이 합성할 수 없지만 먹는 음식에서 얻어야 하는 아미노산

필수 지방산essential fatty acids―인체가 다른 지방으로 만들 수 없기 때문에 인간이 섭취해야 하는 지방산으로 불포화 지방의 한 부분군

해면골cancellous bone―대부분의 뼈 안에 있는 해면조직으로 삼엽골이라고도 한다.

해부학anatomy―식물과 동물의 구조를 다루는 과학의 한 분야. 인간 해부학은 인간의 뼈와 근육과 같은 신체 구조를 본다.

혈당부하지수glycemic load: GL―특정 식품이 사람의 혈당 수치를 얼마나 높일 것인지, 또는 혈액 내 단일 당분자의 양을 얼마만큼 올릴 것인지를 추정하는 방법

혈당지수glycemic index: GI―혈당 수준에 대한 전반적인 영향을 기준으로 한 식품의 순위

활액synovial fluid―관절을 윤활하고 영양을 공급하는 활막의 유체

회복 부족under-recovery―특정 활동에서 성과를 충족하거나 초과할 수 없는 경우, 무용수가 충분한 휴식과 영양을 얻지 못할 때, 훈련 변수(강도, 빈도 및 지속 시간)가 균형을 벗어날 때 발생한다.

회전판rotational discs―볼 베어링 위에 놓인 작은 플랫폼으로 어느 방향으로든 회전할 수 있다. 누군가가 디스크 위에 한 발을 올려놓고 서서 바닥에서 마찰 없이 엉덩이로부터 다리 전체를 회전시킬 수 있다.

훈련 전이transfer of training―한 상황에서 습득한 기술이나 지식이 다른 상황에서 학습하는 기술과 문제 해결에 미치는 영향

휴식rest―활동이 없는 기간, 육체적 또는 정신적 현재 업무로부터의 진정한 단절

힘의 감소force reduction―무용수의 착지 충격 시 에너지를 흡수하는 댄스 플로어의 특성

힘줄tendons―뼈에 붙은 근육. 인대와 유사한 조직으로 만들어진다.

1차 운동 피질primary motor cortex―운동을 제어하기 위해 신경 신호를 보내는 운동 피질의 일부

References and Resources
참고문헌

Chapter 1

Chockley, C. (2008). Ground reaction force comparison between jumps landing on the full foot and jumps landing en pointe in ballet dancers. *Journal of Dance Medicine & Science,* 12(1), 5-8.

Conti, S.F., & Wong, Y.S. (2001). Foot and ankle injuries in the dancer. *Journal of Dance Medicine & Science,* 5(2), 43-50.

Dance Consortium. (2013). Dancers as athletes. www.danceconsortium.com/features/article/dancers-as-athletes [October 12, 2013].

Dearborn, K., & Ross, R. (2006). Dance learning and the mirror. *Journal of Dance Education,* 6(4), 109-115.

Fong Yan, A., Hiller, C., Sinclair, P.J., & Smith, R.M. (2014). Kinematic analysis of sautés in barefoot and shod conditions. *Journal of Dance Medicine & Science,* 18(4), 149-158.

Fong Yan, A., Hiller, C., Smith, R., & Vanwanseele, B. (2011). Effect of footwear on dancers: a systematic review. *Journal of Dance Medicine & Science,* 15(2), 86-92.

Fong Yan, A., Smith, R., Hiller, C., & Sinclair, P. (2013). The effect of jazz shoe design on impact attenuation. *Footwear Science,* 5(sup1), S124-S125. doi: http://dx.doi.org/10.1080/19424280.2013.799597

Fong Yan, A., Smith, R.M., Vanwanseele, B., & Hiller, C. (2012). Mechanics of jazz shoes and their effect on pointing in child dancers. *Journal of Applied Biomechanics,* 28(3), 242-248.

Hackney, J., Brummel, S., Jungblut, K., & Edge, C. (2011). The effect of sprung (suspended) floors on leg stiffness during grand jeté landings in ballet. *Journal of Dance Medicine & Science,* 15(3), 128-133.

Hagins, M., Pappas, E., Kremenic, I., Orishimo, K., & Rundle, A. (2007). The effect of an inclined landing surface on biomechanical variables during a jumping task. *Clinical Biomechanics, 22,* 1030-1036.

Hopper, L., Alderson, J., Elliott, B.C., & Ackland, T. (2015). Dance floor force reduction influences ankle loads in dancers during drop landings. *Journal of Science and Medicine in Sport.* 18(4), 480-485. doi: http://dx.doi.org/10.1016/j.jsams.2014.07.001

Hopper, L., Allen, N., Wyon, M., Alderson, J., Elliott, B., & Ackland, T. (2014). Dance floor mechanical properties and dancer injuries in a touring professional ballet company. *Journal of Science and Medicine in Sport,* 17(1), 29-33. doi: http://dx.doi.org/10.1016/j.jsams.2013.04.013

Hopper, L., Wheeler, T.J., Webster, J.M., Allen, N., Roberts, J.R., & Fleming, P.R. (2014). Dancer perceptions of the force reduction of dance floors used by a professional touring ballet company. *Journal of Dance Medicine & Science,* 18(3), 121-130.

Hutt, K., & Redding, E. (2014). The effect of an eyes-closed dance-specific training program on dynamic balance in elite pre-professional ballet dancers: a randomized controlled pilot study. *Journal of Dance Medicine & Science,* 18(1), 3-11. doi: http://dx.doi.org/10.12678/1089-313X.18.1.3

Laws, K. (2008). *Physics and the art of dance.* 2nd ed. New York: Oxford Uniersity Press.

Liederbach, M., Richardson, M., Rodriguez, M., Compagno, J., Dilgen, F., & Rose, D. (2006). Jump exposures in the dance training environment: A measure of ergonomic demand. *Journal of Athletic Training,* 41(2 Suppl.), S85-86.

McGuiness, D., & Doody, C. (2006). The injuries of competitive Irish dancers. *Journal of Dance Medicine & Science,* 10(1&2), 35-39.

Pedersen, E.M., & Wilmerding, V. (1998). Injury profiles of student and professional flamenco dancers. *Journal of Dance Medicine & Science,* 2(3), 108-114.

Sawyer. Thomas H., editor-in-chief. (2013). *Facility Planning and Design for Health, Physical Activity, Recreation, and Sport.* 13th ed. Champaign, IL: Sagamore.

The National Institute for Occupational Safety and Health. (2013). Indoor environmental quality. www.cdc.gov/niosh/topics/indoorenv [April 21, 2015].

The National Institute for Occupational Safety and Health. (2014). Controls for noise exposure. www.cdc.gov/niosh/topics/noisecontrol [April 21, 2015].

Walter, H.L., Docherty, C.L., & Schrader, J. (2011). Ground reaction forces in ballet dancers landing in flat shoes versus pointe shoes. *Journal of Dance Medicine & Science,* 15(2), 61-64.

Wilmerding, V., Gurney, B., & Torres, V. (2003). The effect of positive heel inclination on posture in young children training in flamenco dance. *Journal of Dance Medicine & Science,* 7(3), 85-90.

Chapter 2

Batson, G. (2008). Proprioception. Resource Paper. International Association for Dance Medicine & Science. www.iadms.org/displaycommon.cfm?an=1&subarticlenbr=210

Biel, A. (2010). *Trail guide to the body.* 4th ed. Boulder, CO: Books of

Discovery.

Clippinger, K. (2006). *Dance anatomy and kinesiology*. Champaign, IL: Human Kinetics.

Education Committee, IADMS. (2000). The challenge of the adolescent dancer. Resource paper. International Association for Dance Medicine & Science. www.iadms.org/displaycommon.cfm?an=1&subarticlenbr=1

Hamilton, N., Weimar, W., & Luttgens, K. (2008). *Kinesiology: Scientific basis of human motion*. 11th ed. Boston: McGraw-Hill.

Krasnow, D., & Deveau, J. (2010). *Conditioning with imagery for dancers*. Toronto: Thompson Educational.

Krasnow, D., Monasterio, R., & Chatfield, S. J. (2001). Emerging concepts of posture and alignment. *Medical Problems of Performing Artists, 16*(1), 8-16.

Krasnow, D., & Wilmerding, V. (2011). Turnout for dancers: Supplemental Training. Resource paper for the International Association for Dance Medicine & Science, peer-reviewed by the Education Committee. www.iadms.org/displaycommon.cfm?an=1&subarticlenbr=329

Krasnow, D.H., & Wilmerding, M.V. (2015). *Motor learning and control for dance: Principles and practices for teachers and performers*. Champaign, IL: Human Kinetics.

Laws, K. (2011). Storing momentum in ballet movements. *The IADMS Bulletin for Teachers, 3*(1), 5-8.

Laws, K., & Petrie C. (1999). Momentum transfer in dance movement—vertical jumps: A research update. *Medical Problems of Performing Artists, 14*(3), 138-40.

Laws, K., & Sugano, A. (2008). *Physics and the art of dance*. 2nd ed. New York: Oxford University Press.

Magill, R.A. (2011). *Motor learning and control*. 9th ed. New York: McGraw-Hill.

Muscolino, J.E. (2009). *Musculoskeletal anatomy coloring book*. 2nd ed. St. Louis, MO: Mosby Elsevier.

Schmidt, R.A., & Lee, T.D. (2011). *Motor control and learning: A behavioral emphasis*. 5th ed. Champaign, IL: Human Kinetics.

Schmidt, R.A., & Wrisberg, C.A. (2014). *Motor learning and performance: A situation-based learning approach*. 5th ed. Champaign, IL: Human Kinetics.

Shumway-Cook, A., & Woollacott, M. (2001). *Motor control: Theory and practical applications*. 2nd ed. Baltimore: Williams & Wilkins.

Sugano, A., & Laws, K. (2002). Physical analysis as a foundation for pirouette training, *Medical Problems of Performing Artists, 17*(1), 29-32.

Wilmerding, V., & Krasnow, D. (2011). Turnout for dancers: Hip anatomy and factors affecting turnout. Resource paper for the International Association for Dance Medicine and Science, peer-reviewed by the Education Committee. http://www.iadms.org/displaycommon.cfm?an=1&subarticlenbr=323

Wilmerding, V., & Krasnow, D. (2009). Motor learning and teaching dance. Resource Paper. International Association for Dance Medicine & Science. www.iadms.org/displaycommon.cfm?an=1&subarticlenbr=250

Chapter 3

Ambegaonkar, J. (2004). Encouraging dancers to train for upper body fitness. *Bulletin for Dancers and Teacher, 5*(1), International Association for Dance Medicine & Science. www.iadms.org/?page=bulletinv5n1

Calais-Germain, B. (2007). *Anatomy of movement*. Seattle, WA: Eastland Press.

Clippinger, K. (2016). *Dance anatomy and kinesiology*. 2nd ed. Champaign, IL: Human Kinetics.

Clarkson, P.M., & Skrinar, M. (1988). *Science of dance training*. Champaign, IL: Human Kinetics.

Dowd, I. (2005) *Taking root to fly: Articles on Functional anatomy*. Irene Dowd.

Fitt, S. (1996). *Dance kinesiology*. 2nd ed. Independence, KY: Cengage Learning.

Franklin, E. (2012). *Dynamic alignment through imagery*. 2nd ed. Champaign, IL: Human Kinetics.

Franklin, E. (2004). *Conditioning for dance*. Champaign, IL: Human Kinetics.

Koutedakis Y., & Sharp, N. C. C. (1999). *The fit and healthy dancer*. Chichester, UK: Wiley.

Krasnow, D., & Deveau, J. (2010). *Conditioning with imagery for dancers*. Toronto: Thompson Educational.

Laws H. (2005). Fit to Dance 2: Report of the second national inquiry into dancers' health and injury in the UK. London: Dance UK.

Moore, M. (2007). Golgi tendon organs (GTOs): Neuroscience update with relevance to stretching and proprioception in dancers. *Journal of Dance Medicine & Science, 11*(3), 85-92.

Quin, E., Rafferty, S., & Tomlinson, C. (2015). *Safe dance practice: An applied dance science perspective*. Champaign, IL: Human Kinetics.

Rafferty S. (2010). Considerations for integrating fitness into dance training. *Journal of Dance Medicine & Science, 14*(2), 45-49.

Solomon, R., Minton, S.C., & Solomon, J. (1990). *Preventing dance injuries: An interdisciplinary perspective*. Reston, VA: American Alliance for Health, Physical Education, Recreation and Dance.

Watkins, A., & Clarkson, P.M. (1990). *Dance longer, dancing stronger: A dancer's guide to improving technique and preventing injury*. Hightstown, NJ: Princeton Books.

Welsh, T. (2009). *Conditioning for dancers*. Gainseville, FL: University Press of Florida.

Wynn, K., & Lawrence, M.E. (2013). *The anatomy coloring book*. Boston: Addison-Wesley Educational.

Chapter 4

Anema, H.A., & Dijkerman, H.C. (2013). Motor and kinesthetic imagery. In *Multisensory Imagery* (pp. 93-113). New York: Springer.

Barlow, W. (1973). *The Alexander Technique*. New York: Random House Incorporated.

Bartenieff, I., Hackney, P., Jones, B.T., Van Zile, J., & Wolz, C. (1984). The potential of movement analysis as a research tool: A preliminary analysis. *Dance Research Journal, 16,* 3-26.

Batson, G. (2009). Somatic studies and dance. Resource Paper. International Association for Dance Medicine & Science. www.iadms.org/?248

Batson, G. (2008). Proprioception. Resource Paper. International Association for Dance Medicine & Science. www.iadms.org/displaycommon.cfm?an=1&subarticlenbr=210

Batson, G. (2007). Revisiting overuse injuries in dance in view of motor learning and somatic models of distributed practice. *Journal of Dance Medicine & Science, 11*(3), 70-75.

Batson, G., Quin, E., & Wilson, M. (2012). Integrating somatics and science. *Journal of Dance & Somatic Practices, 3*(1-2), 183-193.

Brodie, J., & Lobel, E. (2004). Integrating fundamental principles underlying somatic practices into the dance technique class. *Journal of Dance Education, 4*(3), 80-87.

Calvo-Merino, B., Glaser, D.E., Grèzes, J., Passingham, R.E., & Haggard, P. (2005). Action observation and acquired motor skills: An fMRI study with expert dancers. *Cerebral Cortex, 15*(8), 1243-1249.

Enghauser, R. (2007). The quest for an ecosomatic approach to dance pedagogy. *Journal of Dance Education, 7*(3), 80-90.

Enghauser, R. (2007). Developing listening bodies in the dance technique class. *Journal of Physical Education, Recreation & Dance, 78*(6), 33-38.

Feldenkrais, M. (1972). *Awareness through movement*. New York: Harper and Row.

Franklin, E.N. (2013). *Dance imagery for technique and performance*. Champaign, IL: Human Kinetics.

Geber, P., & Wilson, M. (2010). Teaching at the interface of dance science and somatics. *Journal of Dance Medicine & Science, 14*(2), 50-57.

Green, J. (2002). Somatic knowledge: The body as content and methodology in dance education. *Journal of Dance Education, 2*(4), 114-118.

Ideokinesis. www.ideokinesis.com/pioneers/todd/todd.htm

Kearns, L.W. (2010). Somatics in action: How "I feel three-dimensional and real" improves dance education and training. *Journal of Dance Education, 10*(2), 35-40.

Krasnow, D. H., & Wilmerding, M. V. (2015). *Motor learning and control for dance: Principles and practices for performers and teachers*. Champaign, IL: Human Kinetics.

Mainwaring, L.M., & Krasnow, D.H. (2010). Teaching the dance class: Strategies to enhance skill acquisition, mastery and positive self-image. *Journal of Dance Education, 10*(1), 14-21.

Moyle, G.M. (2014). Mindfulness and dancers. In *The Cambridge Companion to Mindfulness and Performance,* pp. 367-388. Cambridge: Cambridge University Press.

Nordin, S.M., & Cumming, J. (2006). The development of imagery in dance: Part I. Qualitative findings from professional Dancers. *Journal of Dance Medicine & Science, 10,* 21-27.

Nordin, S.M., & Cumming, J. (2006). The development of imagery in dance: Part II. Quantitative findings from a mixed sample of dancers. *Journal of Dance Medicine & Science, 10,* 28-34.

Overby, L.Y., & Dunn, J. (2011). The history and research of dance imagery: Implications for teachers. *IADMS Bulletin for Teachers, 3*(2), 9-11.

Sweigard, L.E. (1988). *Human movement potential: Its ideokinetic facilitation*. Lanham, MD: University Press of America.

Todd, M.E. (1937). *The thinking body*. New York: Princeton Books.

Chapter 5

ACSM. (2011). Information on the female athlete triad. American College of Sports Medicine brochure. http://acsm.org/docs/brochures/the-female-athletetriad.pdf

Aujla, I.J., Nordin-Bates, S.M., Redding, E., & Jobbins, V. (2014). Developing talent among young people: Findings from the UK Centres for Advanced Training. *Theatre, Dance and Performance Training, 5*(1), 15-30.

Byrne, E., & Mainwaring, L. (2015). Walk it off: Walking to Regulate Negative affect. 14th European Congress on Sport Psychology, Bern, Switzerland.

Clark, T., Nordin-Bates, S.M., & Walker, I.J. (2009). Beyond physical practice: Psychological skills training for enhanced performance. *Foundations for Excellence Fact Sheet,* DSCF. Available to download at www.foundations-for-excellence.org/resources

Cumming, J., & Duda, J.L. (2012). Profiles of perfectionism, body-related concerns, and indicators of psychological health in vocational dance students: An investigation of the 2x2 model of perfectionism. *Psychology of Sport and Exercise, 13,* 727-738.

De Souza, M.J., Nattiv, A., Joy, E., Misra, M., Williams, N.I., Mallinson, R., Gibbs, & Matheson, G. Expert Panel. (2014). Female athlete triad coalition consensus statement on treatment and return to play of the female athlete triad: 1st International Conference held in San Francisco, May 2012 and 2nd International Conference held in

Indianapolis, Indiana, May 2013. *British Journal of Sports Medicine, 48*, 289. doi:10.1136/bjsports-2013-093218. http://bjsm.bmj.com/content/48/4/289.short

Dodge, R., Daly, A.P., Huyton, J., & Sanders, L.D. (2012). The challenge of defining wellbeing. *International Journal of Wellbeing, 2*(3), 222-235.

Frost, R., Marten, R., Lahart, C., & Rosenblate, R. (1990). The dimensions of perfectionism. *Cognitive Therapy and Research, 14*, 449-468.

Grove, J.R., Main, L.C., & Sharp, L. (2013). Stressors, recovery processes and manifestations of training distress in dance. *Journal of Dance Medicine & Science, 17*(2), 70. http://dx.doi.org/10.12678/1089-313X.17.2.70

Hamilton, L.H., Hamilton, W.G., Meltzer, J.D., Marshall, P., & Molnar, M. (1989). Personality, stress, and injuries in professional ballet dancers. *The American Journal of Sports Medicine, 17*(2), 263-267.

Krasnow, D., Mainwaring, L., & Kerr, G. (1999). Injury, stress and perfectionism in young dancers and gymnasts. *Journal of Dance Medicine & Science, 3*(2), 51-58.

Lazarus, R., & Folkman, S. (1984). *Stress, appraisal, and coping.* New York: Springer.

Liederbach, M. & Compagno, J.M. (2001). Psychological aspects of fatigue-related injuries in dancers. *Journal of Dance Medicine & Science, 5*(4), 116-120.

Mainwaring, L., Kerr, G., & Krasnow, D. (1993). Psychological correlates of dance injuries. *Medical Problems of Performing Artists, 8*, 3-6.

Mainwaring, L.M., & Krasnow, D.H. (2010). Teaching the dance class: Strategies to enhance skill acquisition, mastery and positive self-image. *Journal of Dance Education, 10*(1), 14-21.

Muilli, M., & Nordin-Bates, S.M. (2011). Motivational climates: What they are, and why they matter. *IADMS Bulletin for Teachers, 3*(2), 5-7.

Nordin-Bates, S. (2014). Perfectionism. Resource Paper. International Association for Dance Medicine & Science. http://www.iadms.org/?page=RPperfectionism

Nordin-Bates, S.M., & McGill, A. (2009). Standing on the shoulders of a young giant: How dance teachers can benefit from learning about positive psychology. *IADMS Bulletin for Teachers, 1*(1), 4-6.

Nordin-Bates, S.M., Walker, I.J., Baker, J., Garner, J., Hardy, C., & Irvine, S. (2011). Injury, imagery, and self-esteem in dance: Healthy minds in injured bodies? *Journal of Dance Medicine & Science, 15*(2), 76.

Quested, E., & Duda, J.L. (2009). Setting the stage: Social-environmental and motivational predictors of optimal training engagement. *Performance Research: A Journal of the Performing Arts, 14*(2), 36-45.

Radell, S.A. (2013). Mirrors in the dance class: Help or hindrance? Resource Paper. International Association for Dance Medicine & Science. www.iadms.org/?400

Ringham, R., Klump, K., Kaye, W., Stone, D., Libman, S., Stowe, S., & Marcus, M. (2006). Eating disorder symptomology among ballet dancers. *International Journal of Eating Disorders, 39*(6), 503-508. doi:10.1002/eat

Sekulic, D., Peric, M., & Rodek, J. (2010). Substance use and misuse among professional ballet dancers. *Substance Use & Misuse, 45*, 1420-1430. doi:10.3109/10826081003682198

Thomas, J.J., Keel, P.K., & Heatherton, T.F. (2011). Disordered eating and injuries among adolescent ballet dancers. *Eating and Weight Disorders, 16*(3), 216-222. doi:10.1007/BF03325136

Walker, I.J., & Nordin-Bates, S.M. (2010). Performance anxiety experiences of professional dancers: The importance of control. *Journal of Dance Medicine and Science, 14*(4), 133-145.

Chapter 6

Batson, G. (2009). The somatic practice of intentional rest in dance education—Preliminary steps towards a method of study. *Journal of Dance & Somatic Practices, 1*(2), 71-97.

Batson, G. (2007). Revisiting overuse injuries in dance in view of motor learning and somatic models of distributed practice. *Journal of Dance Medicine & Science, 11*(3), 70-75.

Batson, G., & Schwartz, R.E. (2007). Revisiting the value of somatic education in dance training through an inquiry into practice schedules. *Journal of Dance Education, 7*(2), 47-56.

Dance UK: www.danceuk.org/events/rest

Fietze, I., Strauch, J., Holzhausen, M., Glos, M., Theobald, C., Lehnkering, H., & Penzel, T. (2009). Sleep quality in professional ballet dancers. *Chronobiology International, 26*(6), 1249-1262.

Liederbach, M., Schanfein, L., & Kremenic, I.J. (2013). What is known about the effect of fatigue on injury occurrence among dancers? *Journal of Dance Medicine & Science, 17*(3), 101-108.

Twitchett, E., Manuela Angioi, M., Koutedakis, Y., & Wyon, M. (2010). The demands of a working day among female professional ballet dancers. *Journal of Dance Medicine & Science, 14*(4), 127-132.

Wyon, M. (2010). Preparing to perform periodization and dance. *Journal of Dance Medicine & Science, 14*(2), 67-72.

Chapter 7

Brown, D., & Wyon, M. (2014). An international study on dietary supplementation use in dancers. *Medical Problems of Performing Artists, 29*(4), 229.

Brown, D., & Wyon, M. (2014). The effect of moderate glycemic energy bar consumption on blood glucose and mood in dancers. *Medical Problems of Performing Artists, 29*(1), 27.

Burke, L. (2007). *Practical sports nutrition.* Human Kinetics.

Challis, J., Stevens, A., & Wilson, M. (2016). IADMS Nutrition Fact Sheet and Resource Paper. www.iadms.org/?page=186

Clarkson, P.M. (1998). An overview of nutrition for female dancers. *Journal of Dance Medicine & Science, 2*(1), 32-39.

Dixon, M. (2001). Eating and dancing: Nutritional advice for dancers from Jasmine Challis. *Ballet International-Tanz Aktuell, 5,* 72-73.

Gibney, M.J., Lanham-New, S.A., Cassidy, A., & Vorster, H.H. (Eds.). (2013). *Introduction to human nutrition.* Oxford, UK: John Wiley & Sons.

Lanham-New, S.A., Stear, S., Shirreffs, S., & Collins, A. (Eds.). (2011). *Sport and exercise nutrition.* Oxford, UK: John Wiley & Sons.

Manore, M., Meyer, N.L., & Thompson, J. (2009). *Sport nutrition for health and performance.* Champaign, IL: Human Kinetics.

Maughan, R.J., & Shirreffs, S.M. (2008). Development of individual hydration strategies for athletes. *International Journal of Sport Nutrition, 18*(5), 457.

Sawka, M.N., Burke, L.M., Eichner, E.R., Maughan, R.J., Montain, S.J., & Stachenfeld, N.S. (2007). American College of Sports Medicine position stand. Exercise and fluid replacement. *Medicine and Science in Sports and Exercise, 39*(2), 377-390.

Wilmerding, M.V., Gibson, A., Mermier, C.M., & Bivins, K.A. (2003). Body composition analysis in dancers: Methods and recommendations. *Journal of Dance Medicine & Science, 7*(1), 24-31.

Wilmerding, M.V., McKinnon, M.M., & Mermier, C. (2005). Body composition in dancers: A review. *Journal of Dance Medicine & Science, 9*(1), 18-23.

Chapter 8

Burckhardt, P., Wynn, E., Krieg, M.A., Bagutti, C., & Faouzi, M. (2011). The effects of nutrition, puberty and dancing on bone density in adolescent ballet dancers. *Journal of Dance Medicine & Science, 15*(2), 51-60.

Clippinger, K. (2016). *Dance anatomy and kinesiology.* (2nd ed.). Champaign, IL: Human Kinetics.

Donnelly, E. (1990). *Living anatomy* (2nd ed.). Champaign, IL: Human Kinetics.

Friesen, K.J., Rozenek, R., Clippinger, K., Gunter, K., Russo, A., & Sklar, S.E. (2011). Bone mineral density and body composition of collegiate modern dancers. *Journal of Dance Medicine & Science, 15*(1), 31-36

Koutedakis, Y., & Sharp, C. (1999). *The fit and healthy dancer.* Chichester: WileyMonahan, F.D., Drake, T., & Neighbors, M. (1994). *Nursing care of adults.* Philadelphia: W.B. Saunders.

Nattiv, A., Loucks, A.B., Manore, M.M., Sanborn, C.F., Sundgot-Borgen, J., & Warren, M.P. (2007). The female athlete triad. *Medicine & Science in Sports & Exercise.* Position Stand. American College of Sports Medicine, 39 (10), 1867-82

Olsen, A., & McHose, C. (2004). *BodyStories: A guide to experiential anatomy,* 2nd ed. Lebanon, NH: University Press of New England.

Peer, K.S. (2004). Bone health in athletes: Factors and future considerations. *Orthopaedic Nursing, 23*(3), 174- 179.

Pescatello, L.S. (Ed.). (2014). *ACSM's guidelines for exercise testing and prescription.* (9th ed.) Philadelphia: Wolters Kluwer Health/ Lippincott Williams & Wilkins.

Rizzoli, R. (2014). Nutritional aspects of bone health. Best Practice & Research Clinical Endocrinology & Metabolism, 28, 795-808

Robson, B., & Chertoff, A. (2008). Bone health and female dancers: physical and nutritional guidelines. Resource Paper. International Association for Dance Medicine and Science. www.iadms.org/?212

Tenforde, A.S., & Fredericson, M. (2011). Influence of sports participation on bone health in the young athlete: a review of the literature. *American Academy of Physical Medicine and Rehabilitation, 3* (9), 861-867.

U.S Department of Health and Human Services. (2004). Bone health and osteoporosis: A report of the surgeon general. Rockville, MD: Office of the Surgeon General. www.ncbi.nlm.nih.gov/books/NBK45513

Chapter 9

Batson, G. (2008). Proprioception. Resource Paper. International Association for Dance Medicine & Science. www.iadms.org/displaycommon.cfm?an=1&subarticlenbr=210

Clippinger K. (2016). *Dance anatomy and kinesiology.* 2nd ed. Champaign, IL: Human Kinetics.

Critchfield B. (2011). Stretching for dancers. Resource Paper. International Association for Dance Medicine & Science. www.iadms.org/?353

Critchfield B. (2010). First aid for dancers. Resource Paper. International Association for Dance Medicine & Science. www.iadms.org/?290

Hamilton, W.G., Molnar, M., & Sefcovic, N. (2015). Flexor Hallucis Longus Tendinopathy. In B. Reider, M.T. Provencher, & G.J. Davies (Eds.), *Orthopaedic Rehabiliatation of the Athlete* (pp. 1492-1510). Philadelphia: Elsevier Saunders.

Howse J., & McCormack, M. (2009). *Anatomy, dance technique and injury prevention.* (4th ed.) London: Methuen Drama.

IADMS Education Committee. (2000). The challenge of the adolescent dancer. Resource Paper. International Association for Dance Medicine & Science. www.iadms.org/?1

Irvine S., Redding E., & Rafferty, S. (2011). Dance fitness. Resource Paper. International Association for Dance Medicine & Science. www.iadms.org/?303

Richardson M., Liederbach M., & Sandow, E. (2010). Functional criteria for assessing pointe-readiness. *Journal of Dance Medicine & Science, 14*(3), 82-88.

Russell, J.A. (2015). Insights into the position of the ankle and foot in female ballet dancers en pointe. *IADMS Bulletin for Dancers and Teachers, 6*(1), 10-12.

Russell, J.A. (2013). Preventing dance injuries: current perspectives. *Open Access Journal of Sports Medicine, 4,* 199-210.

Russell, J.A. (2012). Breaking pointe: foot and ankle injuries in dance. *Lower Extremity Review, 4*(1), 18-22. http://lermagazine.com/cover_story/breaking-pointe-footand-ankle-injuries-in-dance

Russell, J.A. (2010). Acute ankle sprain in dancers. *Journal of Dance Medicine & Science, 14*(3), 89-96.

Sefkovic, N., & Critchfield, B. (2010). First aid for dancers. Resource paper for the International Association for Dance Medicine and Science, peer-reviewed by the Education Committee. www.iadms.org/?290

Weiss, D.S., Rist, R.A., & Grossman, G. (2009). When can I start pointe work? Guidelines for initiating pointe training. *Journal of Dance Medicine & Science, 13*(3): 90-92.

Chapter 10

Chatfield, S. (1998). The health of our dancers: What is it and what is it to be? *Journal of Dance Medicine & Science, 2*(1), 3.

Clippinger, K.S. (1997). Dance screening. *Journal of Dance Medicine & Science, 1*(3), 84.

Gamboa, J.M., Roberts, L.A., Maring, J., & Fergus, A. (2008). Injury patterns in elite preprofessional ballet dancers and the utility of screening programs to identify risk characteristics. *Journal of Orthopaedic & Sports Physical Therapy, 38*(3), 126-136.

Garrick, J.G. (2004). Preparticipation orthopedic screening evaluation. *Clinical Journal of Sports Medicine, 14*(3), 123-126.

Liederbach, M. (2010). Perspectives on dance science rehabilitation understanding whole body mechanics and four key principles of motor control as a basis for healthy movement. *Journal of Dance Medicine & Science, 14*(3), 114-24.

Liederbach, M. (2000). General considerations for guiding dance injury rehabilitation. *Journal of Dance Medicine & Science, 4*(2), 54–65.

Liederbach, M. (1997). Screening for functional capacity in dancers: designing standardized, dance-specific injury prevention screening tools. *Journal of Dance Medicine & Science, 1*(3), 93-106.

Liederbach, M., & Compagno, J. (2001). Psychological aspects of fatigue related injuries in dancers. *Journal of Dance Medicine & Science, 5*(4), 116-120.

Liederbach, M., Gleim, G.W., & Nicholas, J.A. (1994). Psychological and physiological measurements of performance-related stress and injury rate in professional ballet dancers. *Medical Problems of Performing Artists, 9*(1), 10-14.

Liederbach, M., Hagins, M., Gamboa, J.M., & Welsh, T.M. (2012). Assessing and reporting dancer capacities, risk factors, and injuries: recommendations from the IADMS Standard Measures Consensus Initiative. *Journal of Dance Medicine & Science, 16*(4), 139-153.

Liederbach, M., & Richardson, M. (2007). The importance of standardized injury reporting in dance. *Journal of Dance Medicine & Science, 11*(2), 45-48.

Liederbach, M., Schanfein, L., & Kremenic, I.J. (2013). What is known about the effect of fatigue on injury occurrence among dancers? *Journal of Dance Medicine & Science, 17*(3), 101-108.

Molnar, M., & Esterson, J. (1997). Screening students in a pre-professional ballet school. *Journal of Dance Medicine & Science, 1*(3), 118-121.

Plastino, J.G. (1997). Issues encountered in the screening process. *Journal of Dance Medicine & Science, 1*(3), 85-86.

Shah, S., Weiss, D.S., & Burchette, R.J. (2012). Injuries in professional modern dancers: Incidence, risk factors, and management. *Journal of Dance Medicine and Science, 16*(1), 17-25.

Siev-Ner, I., Barak, A., Heim, M., Warshavsky, M., & Azaria, M. (1997). The value of screening. *Journal of Dance Medicine & Science, 1*(3), 87-92.

Solomon, R. (1997). A Pro-active screening program for addressing injury prevention in a professional ballet company. *Journal of Dance Medicine & Science, 1*(3), 113-117.

Index
색인

ㄱ

가로면 transverse plane 31
가변성 reversibility 56
감각운동 시스템 sensorimoter system 73
감각적 피드백 76
감각지각 78
감정-중심 대처 94
강도 intensity 53, 57
거울 시스템 78
건병증 150
건열 손상 161
검진 178-179, 195
견봉쇄골(A-C) 관절 염좌 160
경골 비틀림 tibial torsion 40
고강도 인터벌 트레이닝 126
고관절염 162
고유 수용성 신경근 촉진 61
고유수용감각 77, 79
골간 136
골간막 143
골격 133
골격계 skeletal system 26
골다공증 osteoporosis 138
골단판 136
골수 136
골절 166
골화 137
공연불안 95
과신전된 무릎 hyperextended knees 43
과용 103
과운동성 hypermobility 62, 158

과잉훈련 103
관계성 87-88
관상면 frontal (coronal) plane 31
관절 가동 범위 60
관절 과운동성 62
관절 안정성 144
관절 joints 26-27, 49
관절연골 136
교차 훈련 cross-training 51-52, 147
균형 balance 47
근력 52, 58
근막 fascia 30
근육 불균형 152
근지구력 51-52, 58
근파워 52, 58
글리코겐 114
급성 상해 acute injuries 150
기밀성 confidentiality 194
기법 25-26

ㄴ

나쁜 습관 151
내재적으로 동기부여 intrinsically motivated 87
내측 발목 염좌 166
노출 186, 195

ㄷ

다량 영양소 113
다양한 호르몬 hormones 138

단골 135
단당류 113
단백질 protein 113, 116
대처 94
대처 전략 94
데시벨(dB) 19
동심 수축 concentric contraction 43
동적 정렬 41

ㅁ

마음챙김 83
마킹 100
만성 상해 150
멘탈 리허설 82
멘탈 연습 82
멘탈훈련 100
면적 변형 area deformation 15
목표 설정 199
몰입 83
몰톤 신경종 169
무게중심 center of gravity(COG) 47
무기질 119
무릎 활액낭염 165
무산소 운동 능력 anaerobic capacity 63
무지 외반증 169
무지 제한증과 무지 강직증 169
문제-중심 대처 94
미드솔 14, 20, 22
미량 영양소 113, 117

ㅂ

반사 reflexes 74
반사호 reflex arcs 74-75
반월 손상 163
발음성 고관절 161
번아웃 104
변수 variable 47-48
보상작용 compensation 56
복제 replication 45
불규칙골 136
불용성 식이섬유 120
불포화 지방 115
비구순 파열 163
비숙련활동 non-doing 105
비타민 117
뼈대 skeleton 27
뼈막 136

ㅅ

상부 upper 20
상해 149, 185, 195
상해 신호 150
상해 증상 150
설문조사 195
섬유 연골 fibrocartilage 29
섬유관절 143
성과 지향적 88
소매틱 교육 66
소매틱 훈련 64, 66
소매틱 somatic 훈련 52
송진 16
쇠약 153
수직 변형 15, 16
수화(水和) 113, 120

숙달 지향적 88
스트레스 92
스트레스 요인 92
스트레스 증상 92
스트레칭 61
슬개건병증 165
슬개골 아탈구 164
슬개대퇴 통증 증후군 164
시각적 심상 81
시각적 피드백 76
시상면 sagittal plane 31
시스템 systems 194
식이 보충제 129
식이섬유 113, 120
신경계 neurological system 53
신경근 훈련 neuromuscular training 66
신경성 식욕 부진 140
신진대사 123
신체상 89, 91
신체적 불안 95
신체-정신 99
신체활동 139
심상 79
심상을 통한 컨디셔닝 훈련 C-I training 66
심장 박동수를 최대치(HR max) 64
심폐지구력 cardiorespiratory endurance 63

ㅇ

아미노산 116
아이소토닉 음료 121
아킬레스건증 168
약간 무는 bite 16

어깨 탈구 159
어깨충돌 160
에너지 회수 energy return 15-16
역량강화 198
연골 143
연골관절 143
연골연화증 164
영양분 112
오스굿슐라터병 166
외재적으로 동기부여 87
외측 발목 염좌 166
외측 상과염 159
용해성 식이섬유 120
운동 감각 심상 81
운동 빈도 frequency 56
운동 학습 motor learning 44
운동계획 the motor plan 75
운동량 volume 57
운동시스템 the motor system 73
운동적 kinesthetic 77
유능감 87
유능성 88
유리질 연골 hyaline cartilage 29
유연성 51-52, 59
윤활관절 synovial joints 27, 143
윤활액 143
은유적 심상 81
이당류 113
인대 염좌 171
인대 파열 ligament ruputres 164
인대 ligaments 26, 29, 49
인솔 20
인지적 불안 95
인터벌 트레이닝 interval training 100
일정수립 100

ㅈ

자기관리 105
자기수용 proprioception 45
자기연민 89, 91
자기인식 self-awareness 89-90
자기효능감 89-90
자신감 self-confidence 89-90
자아개념 self-concept 89
자아존중감 self-esteem 89-90
자율성 87-88
자이로토닉 훈련 gyrotonic exercises 65
장골 135
장족무지굴근 건병증 168
저운동성 158
적극적 proactive 105
적응 adaptation 55
전문성 specificity 55
전방 충돌증후군 168
전분 114
점진적 과부하 progressive overload 52, 56
점프 jumps 49
접근-방지 대처 94
정렬 alignment 25, 39, 51-53
정리운동 cooling down 54
정적 정렬 41
종자골 136
좌골신경통 162
좌상 Strains 164, 171
주관적 심상 81
주기화 periodization 100-101
준비운동 warming up 53, 147
중립 골반 neutral pelvis 40
지각적 기술 perceptual skills 45
지구력 52

지방 113, 115
지속시간 suration 57

ㅊ

척추 후관절 증후군 170
척추분리증 170
척추전방전위증 170
철분 iron 119
체중 130
추간판성 요통 170
추선 plumb line 39
치밀골 136

ㅋ

칼로리 113
컨디셔닝 conditioning 51
콜라겐 136

ㅌ

탄성 있는 플로어 sprung floors 15, 23
탄수화물 carbohydrate 113
탈구 164
테이퍼링 tapering 100
테크닉 technique 41
토크 torque(회전력) 48
통증 150
특화 individuality 55

ㅍ

페이싱 pacing 100
편심 수축 eccentric contraction 43
편평골 flat bones 136

포화 지방 115
프랭클린 체계 franklin method 66
프로필 195
플라이오메트릭스 59
플로어 바 floor-barre 65
피로골절 150, 161
필라테스 65
필수 아미노산 116
필수 지방산 115

ㅎ

해면골 136
해부학 anatomy 25-26
혈당부하지수 115
혈당지수 요인 115
협력 collaborate 186
활액낭염 162
활액막 synovial membrane 29
회전 Turns 47
회전근개 파열 160
후방 발목 충돌증후군 167
훈련 전이 transfer of training 46
휴식 99, 147
힘의 감소 15-16, 22
힘줄 tendon 26

기타

HARM 172
PRICED 171

About the Editors
편집자 정보

M. 버지니아 윌머딩M.Virginia Wilmerding은 뉴욕에서 전문적으로 춤을 추었고, 현재 Albuquerque에 있는 뉴멕시코 대학University of New Mexico의 연구 교수로 활동하며 운동 과학과 무용 프로그램을 가르치고 있다. 과정에는 키네시올로지, 연구 설계, 운동생리학, 운동처방, 운동 및 질병예방, 컨디셔닝 등이 포함되어 있다. 또한 차터 스쿨인 공공 공연 예술 아카데미Public Academy for Performing Arts에서 가르치고 있다. 전직 국제무용의·과학협회(IADMS)의 최고 경영자였으며 IADMS의 회장을 지냈고 2001년부터 2011년까지 이사회에서 일했다. 무용 의학 과학 저널의 부편집장을 맡았다. 춤 의학 & 과학 저널, 공연 예술가의 의학 문제, 스포츠 & 운동의 의학 & 과학 저널, 힘과 조절 연구 저널, 그리고 아이디어 투데이에 독창적인 연구를 발표했다. 도나 크래스노우Donna Krasnow와 함께 IADM에 공동연구 논문을 게재한 바 있다. 연구 관심사에는 신체 구성, 훈련 방법론, 부상과 예방, 기술 수업에서의 교육학적 고려사항, 그리고 다양한 무용 관용구들의 생리학적 요구사항이 포함된다.

도나 H. 크래스노 Donna H. Krasnow는 캐나다 토론토 요크 대학교York University 무용학과 명예 교수이며 미국 캘리포니아 예술대학California Institute for the Arts의 특수 교수진이었다. 무용 과학 연구를 전문으로 하며 댄스 키네시올로지, 부상 예방과 관리, 무용수들을 위한 컨디셔닝, 모터 학습과 모터 제어에 중점을 두고 있다. 도나는 국제무용의·과학협회(IADMS)의 버지니아 윌머딩과의 공동논문 뿐만 아니라 '댄스의학 & 과학 및 의학적 문제 저널'에 수많은 기사를 실었다. 2004년부터 2008년까지 IADMS의 컨퍼런스 이사와 이사회에서 근무했다. 도나는 공연예술가의 의학 문제를 위한 무용의 부편집자였다. 요크 대학에서의 스승의 날 세미나 등 무용수들을 위한 정렬과 건강한 연습에 있어 무용 교수진을 위한 워크숍을 진행하고 있으며, 호주 멜버른 대학의 빅토리아 예술대학과 VCA 중등학교에서 9회 상주 객원 예술가로 활동하고 있다. 도나는 C-I 트레이닝(이미지와의 컨디션 조절)이라는 무용수들을 위한 전문 바디 컨디셔닝 시스템을 만들었다. 이 작품의 DVD 시리즈를 제작했고, 2010년에는 전문 무용수 조르다나 드보Jordana Devau와 함께 〈무용수들을 위한 이미지로 조건화Conditioning with Imagery for Dancers〉라는 책을 단독 집필했다. 그녀는 리몬 기술 교육학과 C-I 트레이닝의 교사들을 위한 강좌를 제공한다.

버지니아와 도나는 2015년 휴먼키네틱스가 출간한 '무용을 위한 모터 학습과 통제: 공연자와 교사를 위한 원칙과 실천Motor Learning and Control for Dance: Principles and Practices for Performers and Teachers'을 공동 저술했다.

이모젠 아우즐라Imogen Aujla, PhD는 베드퍼드셔 대학교 University of Bedfordshire의 MSc 무용 과학 프로그램의 무용 과정 코디네이터 겸 수석 강사다. 그녀는 무용수로 활동하다가 무용 과학과 후에 무용 심리학을 전공하였다. 그녀는 무용에 대한 참여를 이끄는 심리적 요인에 관심을 가지고 있다.

글레나 밧슨Glenna Batson, DSc, PT은 윈스턴-살렘 주립 대학교Winston-Salem State University 물리치료학과 명예교수, 웨이크 포레스트대학교Wake Forest University 보건운동 과학 부교수, 풀브라이트 무용 수석전문가로 활동하고 있다. 그녀는 40년 동안 교사, 연구자, 작가로서 인간 운동 연구에 대한 다원적 접근법을 연마해 왔다.

데릭 D. 브라운Derrick D. Brown, MSC은 연구원이자 공인 스포츠 영양사(CISSN)이다. 그는 스위스 베른 스포츠 과학 대학Bern Institute for sport Science의 무용 과학 프로그램 매니저와 강사를 맡고 있으며 네덜란드 국립 공연 예술 센터National Centre for the Performing Arts의 수석 연구원이다.

자스민 챌리스Jasmine Challis, BSC, RD는 영국 고성능 스포츠 및 운동 영양 등록부UK High Performance Sport and Exercise Nutrition Register에 등록된 영양사이다. 그녀는 25년 이상 동안 강연, 워크샵 운영, 일대일 세션 제공 등을 통해 전문 무용수, 교사, 학생들과 함께 일했다. 그녀는 또한 전국 및 국제회의에서 발표한 바 있다.

줄리아 크리스텐슨Julia Christensen, PhD는 런던 시립대학교City University London 인지신경과학연구부 영국 아카데미British Academy in the Cognitive Neuroscience Research Unit의 뉴턴 국제 연구 위원Newton international research fellow이다. 그녀는 무용수들과 다른 예술가들의 감정적 전문지식에 바탕을 둔 신경인지 메커니즘을 탐구한다.

브렌다 크래치필드Brenda Critchfield, MS, ATC는 브링함 대학교Brigham Young University 무용의학과 웰니스의 디렉터이다. 2001년부터 그녀는 모든 수준의 운동선수들과 무용수들과 일하는 공인된 운동 트레이너로 일하고 있으며 전 세계의 운동선수들과 무용수들에게 의료 서비스를 제공했다.

앨리시아 퐁 옌Alycia Fong Yan, PhD, BAppSc은 시드니 대학University of Sydney의 생물역학 강사다. 무용수이자 무용 교사였던 그녀는 운동과 스포츠 과학에 대한 지식을 무용 연구에 적용했다. 그녀의 주된 관심 분야는 댄스 슈즈와 그것이 무용공연과 부상 위험에 미치는 영향이다.

게리 갤브레이스Gary Galbraith, MFA는 여러 유명한 무용단에서 춤을 추었고 마사 그레이엄 댄스 컴퍼니의 수석 무용수였다. 그는 무용수들의 건강과 웰니스 요구를 충족시키기 위해 전 세계의 여러 학교, 전문 기업, 클리닉에서 사용하는 온라인 자원인 댄서 웰니스 프로젝트의 설립자 겸 이사다.

파멜라 게버 핸드맨Pamela Geber Handman, MFA, BFA은 유타 대학교University of Utah의 부교수 겸 현대 무용 학부 학과장이다. 그녀는 무용키네시올로지, 현대 기술, 즉흥 연주, 작곡, 교수법을 가르치고 있으며, 공연 무용단 단장을 맡아왔다. 파멜라는 무용과학과 소매틱 교육자Dance Science and Somatics Educators의 공동 설립자였고 국제무용의·과학협회IADMS의 오랜 회원이다.

기고자 정보

패트릭 해가드 Patrick Haggard, PhD, FBA는 런던대학 University college London 인지신경과학연구소 Insitute of Cognitive Neuroscience의 교수다. 춤을 보면서 춤의 전문지식이 뇌의 신경활동을 어떻게 변화시키는지에 대한 그의 선구적인 연구는 인지신경과학, 심리학, 예술, 춤 등 다양한 분야의 학자들에게 영감을 주었다.

루크 호퍼 Luke Hopper, PhD, BSc는 서부 오스트레일리아 공연 예술 아카데미 Western Autralian Academy of Performing Arts의 박사 후 연구원이다. 루크는 2007년과 2009년에 IADMS 학생 연구상 수상자였다. IADMS 학생 및 진흥 위원회에서 활동한 경험이 있으며, 2015년 국제무용의·과학협회IADMS 이사회에 선출되었다.

자넷 카린 Janet Karin, OAM, GradCert은 캔버라에서 발레를 가르치기 위해 호주 발레단의 수석 무용수로 은퇴했다. 현재 그녀는 호주 발레학교 Australina Vallet School에서 코칭에 신경운동과 체질의 원리를 적용하고 있다. 호주 훈장, 2014 호주 무용상, IADMS 2015 무용 교육자상 등을 수상한 바 있다. 그녀는 2013년부터 2015년까지 국제무용의·과학협회IADMS 회장을 역임했다.

키네스 로우 Kenneth Laws, PhD는 펜실베니아에 있는 디킨슨 대학Dickison Dollege의 물리학 명예교수다. 저명한 '무용물리학Physics of Dance'의 저자로 미국 물리학 저널, 무용 연구 저널, 무용 역학Kinesiology for Dance 등에 기고문을 냈다. 그는 국내외적으로 대학과 사립 무용학교에서 수업과 세미나를 해오고 있다.

마리젠 리거바흐 Marijeanne Liederbach, PhD, PT는 뉴욕대학교New York University 랑고네병원Langone Medical Center Hospital 관절질환Joint Disease의료센터 하크네스Harkness Center for Dance Medicine 센터장을 맡고 있다. 무용수 겸 안무가 출신인 그녀는 물리치료사 겸 공인된 운동 트레이너로 생체역학 및 인체공학 박사 학위를 받아 수백 명의 무용수, 무용단, 브로드웨이 쇼 등에서 치료를 제공하고 있다.

린다 메인워링 Lynda Mainwaring, PhD, CPsych은 토론토 대학University of Toronto의 키네시올로지 및 체육교육 부교수로 등록된 심리학자다. 그녀의 관심사는 무용 부상과 공연 및 재활 심리학이다. 그녀는 국제무용의·과학협회 IADMS 연구 위원회의 일원이며 캐나다 공연 심리학 센터 Canadian Centre for Performance Psychology의 공동 설립자다.

마리카 몰나르 Marika Molnar, PT, LAc는 물리치료사, 교육자, 무용의학의 선구자다. 1980년 조지 발란신George Balanchine은 그녀를 뉴욕 시티 발레단의 첫 현장 물리치료사로 초대했다. 웨스트사이드 댄스 물리치료사Westside Dance Physical Therapy 회장, 과거 국제무용의·과학협회 IADMS 회장 겸 회복 자조 기구인 파라세터Parasetter 개발자 등을 맡고 있다.

크리스티나 패탈리두 Christina Patsalidou, MFA, BSC는 무용 학사와 석사, 영양학 학사를 보유하고 있다. 니코시아 대학University of Nicosia 무용과정의 전임 연구교직원, 3533 댄스컴퍼니의 코디네이터, 무용의학과와 무용교육 분야의 활발한 연구원으로 활동하고 있다.

기고자 정보

엠마 레딩Emma Redding, PhD, MSc은 영국 트리니티 라반 음악무용 컨서바토리Trinity Laban Conservatoire of Music and Dance 무용과학 부장을 맡고 있다. 그녀의 프로젝트는 무용수들의 건강, 재능, 공연에 초점을 맞추고 있다. 엠마는 국제무용의·과학협회IADMS의 회장을 역임 하였고 이사회 일원이며 국립무용과학연구소National Institute for Dance Medicine and Science의 파트너다.

제프리 A. 러셀Jeffrey A. Russell, PhD, ATC은 오하이오 대학Ohio University의 체육교육 조교수 겸 예술적 공연에서 과학과 건강Science and Health in Artistic Performance(SHAPe)의 이사로 무용, 음악, 연극, 행진 밴드 프로그램을 위해 다각적인 공연예술 의학 계획을 고안하고 이끌고 있다. 그는 또한 무용 과학 박사 학위PhD in dance science를 가지고 있다.

섀넌 스턴Shannon Sterne, MS, MA은 영양 및 무용 석사 학위를 가진 영양사RDN로, 케이스에스턴 리저브 대학Case Western Reserve University 무용학과 조교수다. 그녀는 샌디에이고 발레San Diego Ballet와 댄싱 휠스 무용단Dancing Wheels Company에서 공연을 했으며 현재 무용수들의 영양 문제와 식습관을 연구하고 있다.

알린 수가노Arleen Sugano, MFA는 무용예술의 물리학Physics the Arts of Dance의 공동저자이자 조프리 발레학교와 전문무용단, 대학, 스튜디오에서 발레 마스터로 활동하였다. TED-Ed(Technology, Entertainment, Design-Education) 푸엣떼fouette 비디오를 집필한 그녀는 부상을 줄이고 장수를 촉진하기 위한 발레에 대한 과학적 접근법인 수가노 시스템 발레SuganoSystemBallet의 창시자이기도 하다.

마거릿 윌슨Margaret Wilson, PhD, MS은 와이오밍 대학교 University of Wyoming 연극무용과department of theater and dance 교수이자 무용과학 학부의 공동 디렉터로 현대 무용기술, 운동역학, 역사 등을 가르치고 있다. 그녀는 또한 실내외에서 로프rope를 가르치고 안무를 하고 공연하며 수직 댄스vertical dance를 구사하는 연구를 한다.

About the International Association for Dance Medicine & Science

국제무용의·과학협회에 관하여

국제무용의·과학협회IADMS는 1990년 무용의학 전문가, 무용교육자, 무용과학자, 무용수 등으로 구성된 국제단체로 결성되었다. 회원은 의료계와 무용계에서 동등하게 뽑혔으며, 1991년 초창기 48명에서 현재 35개국을 대표하는 1,200명 이상의 회원을 가진 단체로 성장했다.

IADMS는 무용의학과 과학 분야에서 몇 가지 관련 목표를 육성하기 위해 결성되었다. 조직의 목적과 목표는 이 임무에 요약되어 있다.

IADMS는 교육, 의료, 그리고 과학적인 우수성을 함양함으로써 무용수들의 건강, 웰빙, 훈련, 퍼포먼스를 향상시킨다. IADMS 활동 및 가입 방법에 대한 자세한 내용은 www.iadms.org을 참조하라.

역자소개

김지안
現 상명대학교 스포츠무용학부 교수, 문화예술교육사업단 단장
　　한국연구재단 대학중점연구소 글로벌문화예술교육연구소 소장
前 서울대학교 박사후연구원(Post doc)
　　연세대학교 박사

김형남
現 세종대학교 무용학과 교수, 세종무용콘텐츠 연구소 소장
　　한국무용학회 회장
　　한국무용협회 부이사장
　　PADAF 공동조직위원장
　　세종대학교 박사

홍애령
現 상명대학교 글로벌문화예술교육연구소 전임연구교수
前 인하대학교 스포츠과학연구소 박사후연구원(Post doc)
　　서울대학교 박사

차은주
現 송호대학교 공연영상IT과 교수
前 상명대학교 글로벌문화예술교육연구소 전임연구교수
　　중앙대학교 박사

김은혜
現 상명대학교 글로벌문화예술교육연구소 전임연구교수
前 중앙대학교 학교체육연구소 행정연구원
　　중앙대학교 박사